# BLOCK CHAIN

# 区块链
## 与数据共享

阎海荣 钟军 杨旸 郑灵 李艳 等 编著

电子工业出版社.
**Publishing House of Electronics Industry**
北京·BEIJING

U0126633

## 内 容 简 介

区块链是计算机科学领域近年来热门的研究方向，数字中国是数字时代推进中国式现代化的重要引擎，数据共享则是数字中国建设的重要支撑。本书既有区块链与数据共享方面的理论介绍，也有实验方法、应用系统架构与实践方面的经验分享，在强调理论的同时，注重实践与应用。第 1～2 章为概述，主要介绍数据和数据共享的相关背景；第 3～4 章侧重基础理论，分别介绍与数据共享相关的区块链和隐私保护技术；第 5 章侧重工程实现，剖析数据共享平台 SOLAR 的架构设计与关键代码编写；第 6～9 章侧重行业应用实践，分别介绍通用意义的数据交易平台、医疗数据共享，并拓展到知识与数据共建共享，分析其架构设计以及区块链和隐私计算技术的应用；第 10 章对未来的应用进行展望。

本书可作为高等院校计算机、区块链和其他信息学科相关专业的教材，也可供对区块链、数据共享和数字经济感兴趣的研究人员和工程技术人员阅读参考。

**图书在版编目（CIP）数据**

区块链与数据共享 / 阎海荣等编著. —北京：电子工业出版社，2023.5

ISBN 978-7-121-45514-8

Ⅰ．① 区…　Ⅱ．① 阎…　Ⅲ．① 区块链技术－高等学校－教材　② 数据共享－高等学校－教材

Ⅳ．① F713.361.3　② G253

中国国家版本馆 CIP 数据核字（2023）第 075589 号

责任编辑：章海涛　　　　　　　　特约编辑：李松明

印　　刷：北京市大天乐投资管理有限公司

装　　订：北京市大天乐投资管理有限公司

出版发行：电子工业出版社

　　　　　北京市海淀区万寿路 173 信箱　　邮编：100036

开　　本：787×1 092　1/16　　　印张：18.5　　　字数：470 千字

版　　次：2023 年 5 月第 1 版

印　　次：2023 年 5 月第 1 次印刷

定　　价：69.00 元

# 前　言

2020 年年初，写下本书扉页的时候，我们正处在一个特殊的历史背景下——新冠疫情在全球开始流行；而 2023 年年初，本书写作与编辑工作基本结束的时候，我们已经基本摆脱了新冠疫情的束缚。令人欣慰的是，我国 GDP 总量在 2020 年首次突破 100 万亿元，达到全年 2.2% 的经济增速。光鲜的 GDP 数据背后依靠的是数字经济（尤其在远程办公和数字抗疫方面）的高速发展。

大数据、区块链、人工智能、云计算、物联网等新一代信息技术正对人类社会的发展起着越来越重要的作用。从网络热搜也能看出这些新兴技术的受关注程度：我们在谷歌上搜索"大数据"，大概可以得到 8.62 亿条结果；搜索"区块链"时，大概可以得到 652 万条结果；搜索"数据共享"时，大概可以得到 333 万条结果。

可以说，数据承载和记录了人类社会从萌芽到信息爆炸时代的文明印记，从结绳记事时期到当前的大数据时代，都离不开数据的身影。数据在维基百科中被描述为"关于一个或多个人或物体的一组定性或定量变量"，人们在提到包罗万象的数据时，为了充分体现其 5V 特性，即 Volume（容量）、Velocity（速率）、Variety（多样性）、Value（价值）、Veracity（真实性），往往会默认其为"大数据"（Big Data）。

而区块链具备一个传奇故事的所有要素：神龙见首不见尾的作者，开创性的应用，一石激起千层浪的社会反响。我们不知道，当神秘的作者中本聪敲下第一行区块链代码时，他是否能够想象自己的代码创造出了新奇的、充满活力的新时代。现在提到区块链，人们已逐步从虚拟货币转化为关注技术本身。未来，区块链创造的价值将与数据共生。2023 年 2 月份，中共中央、国务院印发的《数字中国建设整体布局规划》指出，建设数字中国是数字时代推进中国式现代化的重要引擎，是构筑国家竞争新优势的有力支撑。加快数字中国建设，对全面建设社会主义现代化国家、全面推进中华民族伟大复兴具有重要意义和深远影响。要强化数字中国关键能力，一是构筑自立自强的数字技术创新体系，二是筑牢可信可控的数字安全屏障。区块链与数据共享技术，都是强化数字中国关键能力的有力支撑。

市面上区块链相关书籍已经很多，有科普性质的，也有开发性质的。本书的作者团队有幸负责或参与研发了几个与区块链和隐私计算相关的数据共享系统，也在联邦学习、知识图谱等领域进行了深入研究，这为本书的创作提供了很好的素材和知识、经验方面的积累。与其他区块链书籍相比，本书既有区块链与数据共享方面的理论介绍，也有实验方法、应用系统架构和实践方面的经验分享，在强调理论的同时注重实践和应用。

本书的第 1、2 章为概述，主要介绍数据和数据共享的相关背景；第 3、4 章侧重基础理论，分别介绍与数据共享相关的区块链和隐私保护技术；第 5 章侧重工程实现，剖析了数据共享平台 SOLAR 的架构设计与关键代码；第 6～9 章侧重行业应用实践，分别介绍通用意义的数据交易平台、医疗数据共享，并拓展到知识与数据共建共享，分析其架构设计以及区块链和隐私计算技术的应用；第 10 章对未来的应用进行展望。

本书在撰写过程中，除了署名的闫海荣、钟军、郑灵、李艳，参与编写人员还包括周容辰、许瑞坤、石顺中、沈运恒、陶　等，也得到了非常多师长、同事和朋友的帮助。感谢清华大学数基生命创新群体首席科学家张学工教授，给我宽松的研究环境、学术指导，并在多个医工交叉方向国家重点研发计划项目中应用了我们的研究成果，也感谢清华大学江瑞教授在学术研究方面持续的帮助和支持；感谢深时数字地球国际大科学计划的首席科学家王成善院士和周成虎院士的指导，以及孙旭东、诸云强、杜震洪、罗斌等博士的支持，本书在知识与数据共建共享章节中参考了团队的部分设计成果；感谢翼方健数的罗震博士、霍尼科的唐建锋博士和福建省大数据集团的徐晓清女士，授权我引用其设计案例；感谢福州数据技术研究院的陈阳红、李艺晖等，以及清华大学的研究生王天亨、王丰等，协助我进行了大量校稿和图片设计工作；感谢福州数据技术研究院的服务团队，给我提供了良好的写作环境；感谢本书的编辑章海涛先生，在我一再拖稿的情况下，对我保持了足够的耐心，并给予了鼓励；最后，由衷地感谢我的父母，以及我的妻子和女儿，他们对我毫无保留的支持，让我得以从工业界回到学术界，做自己喜欢的工作。

本书的撰写得到了国家自然科学基金会"原创探索计划"项目 NSFC42050101、国家重点研发计划"生物与信息融合"项目 2022YFF1202403、国家自然科学基金会"生物信息学创新群体"项目 NSFC61721003，以及福建省引才"百人计划"项目的支持，在此一并表示感谢。

需要说明的是，本书是一本面向工程应用实践教学的教科书或参考读物，书中对区块链技术和隐私保护技术的核心理论进行了介绍，对技术细节并未大篇幅展开介绍，需要对这两部分深入了解的同学，可以阅读相关专业书籍或相关论文。此外，本书写作过程中参详了大量的团队和项目组内部沟通交流材料，我们进行了溯源以追踪到原始材料的出处，尽可能详细罗列了参考文献并标注了引用，但仍有可能有遗漏或错误之处，欢迎各位读者提出建议、反馈和指正。

闫海荣

2023 年 3 月

# 目　录

# 第 1 章 引 论

## 1.1 数据的前世今生

数据，这个词对我们来说既熟悉又陌生。以前，数据只是事物的度量衡，经过千百年的发展，数据已然发展成为当下及未来的"新石油"。

尤瓦尔·赫拉利在《未来简史》一书中提到，人类并不擅长表达数据。因此可以推测，数据的诞生和使用也经历了相当长时间的发展。在遥远的史前文明时代，或许数据的起源是由于我们的祖先可能在一次偶然的机会中发现了三株果树出现在了东方草原上，两株果树出现在了西方草原上。此时，他们需要通过一些特殊的记录方法，把果树的数量记录下来，以便下一次采摘时精确地到自己应该去的地方，这样才能更准确、更快捷，把信息损失和口口相传造成的误差尽量减少。而数据，就是这样一种媒介，用来对客观世界进行测量和记录，以帮助人们更好地生活在这颗星球上。由于在开始时，数据最重要的作用是描述客观世界，因此数据主要是指基本的数字。

进入现代社会，物质和数据都得到了极大丰富。因此，需要存储和展示的内容开始变得更加多样化，数据的范围也得到了进一步的扩大，不再只是数字，还包括文字、字符、图形、图像、视频、音频等，这些都具有一定的意义。而当计算机出现时，数据的表达得以抽象和简短，以二进制信息单元 0、1 的形式在计算机系统中表达。这种记录方式不仅能很好地抽象出每个物体，还能使计算机直接识别数据，使数据计算的效率大大提高。而这样的计算和存储方式也成为当今所有大数据的基础，成为计算机世界与人类世界之间快速沟通的一种方式。

回溯数据的整个前世今生，数据的演变经历了三个主要阶段，分别是：朴素的记录时代、以数据驱动的数字经济时代和数据与事物高度融合的数字孪生时代。

## 1.1.1 朴素的记录时代

楔形文字的雏形产生于公元前 3400 年左右，也代表着人类开始有了手动存储和记录数据的能力。后来，人们发明了结绳记事的方法，然后逐渐发展出一些辅助工具，如算盘，以记录或计算更多的数据、进行更复杂的操作。

进入现代社会，由于物质社会的快速发展，人们逐渐发现现有的记录和处理数据的效率还是比较低。数据量非常大时会带来很多重复的工作量，所以开始探索如何让数据的计算变得更加自动化。1725 年，人们发明了穿孔卡带纸存储的方法。1888 年，Herman Horles 教授改进了这个方法，并且升级为第一台使用 Pack Card 技术的数据处理机器。这台机器在美国人口普查中得到了广泛的使用和推广，并取得了巨大的成功。1923 年，第一台电动打孔机由 CTR 公司（IBM 公司的前身）发明，在速度和精确度方面较旧版手动打孔机型大幅提升，电动打孔方式使生产力得到进一步解放。20 世纪 20 年代末，IBM 公司发明了一种 80 列打孔卡，使那个时代的计数效率又一次得到了提高，成为当时计算效率最高的机器[1]。

至此，数据的记录已经完成了从最简单的结绳记事到初步具有自动计算和记录能力的打卡计数的时代，我们称其为朴素的记录时代。

## 1.1.2　数字经济时代

当我们谈到当前大数据时代时，不可避免地必然联想到两个不可或缺的催化剂，一个是计算机的发明，另一个则是互联网的发展。

1946 年，世界上第一台通用计算机 ENIAC 诞生于美国宾夕法尼亚大学。一开始，ENIAC 主要用于美国国防部弹道计算的大规模科学计算。它在诞生之时身形巨大，使用了 18000 个电子管，占地 $170\ m^2$，重达 30 吨，消耗约 150 kW 的功率，能够进行每秒 5000 次的计算。尽管这种计算量现在看来微不足道，但在当时是前所未有的突破。此后，计算机经历了晶体管数字机时代（1958—1964，主要进步体现在运算速度的提高，可达 300 万倍）、集成电路数字机时代（1964—1970，运算速度进一步提高，一般每秒几百万到几千万次，可靠性明显提高，价格进一步下降，产品走向通用化、系列化和标准化）和大规模集成电路机时代（1970 年至今。这一阶段的进展主要来自美国硅谷第一个微处理器的诞生，此后微型计算机的应用领域开始不限于科学计算、事务管理、过程控制，逐渐走向家庭，计算机从原来的政府端业务开始面对更广泛的个人）[2]。

可以说，计算机是过去两个世纪以来人类社会最重要的发明之一。如果没有计算机，就不可能发展大数据。

互联网则是另一种催化剂。它于 1969 年诞生于美国。互联网又称为因特网，是全球性的网络，是当代社会最重要的公共信息载体，为信息的传播提供了重要的媒介。1969 年 10 月 29 日，美国国防部高级研究计划局的研究人员在加州大学洛杉矶分校和斯坦福研究所的实验室之间发送了第一个主机对主机信息。这标志着互联网的诞生。如今，全球一半以上的人口都可以上网，每年为全球经济的贡献高达数万亿美元[3]。

计算机互联网时代，也称为数字时代，是比特（bit）高度抽象并描述原子（物理世界）的过程。比特，即计算机通过 0 和 1 存储信息，物理世界用简化为 0 和 1 的串来表示。该方法可以提高描述客观世界的效率，进而提高数据计算的效率。基于计算机和互联网的应用，人类逐渐进入了数字经济时代。

数字经济时代的一大特点是数据驱动的决策。数据驱动的决策是利用事实、度量和数据来指导与目标、追求和计划相一致的战略业务决策，逐步从以人为中心的决策过渡到以数据为中心的决策。总体来说，完成数据驱动的决策的步骤如下。

步骤 1：确定主要目标。首先，了解任务的上游和下游目标。这可能是一个非常具体的目标（以网站的产品销售为例，目标是增加销售量和网站流量），也可能是一个更模糊的目标（如增加品牌知名度）。做决策之前必须先设定目标，这样有助于确定应该分析的数据和应该提出的问题，以便最终的分析能够支持关键的业务目标。如果营销活动的重点是增加网站流量，那么 KPI 可以与捕获的提交联系信息数量相关联，以便销售人员可以跟进潜在客户。

步骤 2：对关键数据源进行调查。为了确保成功，必须从整个组织中收集意见和建议，以便了解短期目标和长期目标，因此数据源的调查和挖掘尤为重要。这些关键数据源可以有助于人们在分析中提出有关问题的信息，并确定认证数据源的优先级，以更好地服务于主要目标。

步骤 3：收集和准备所需的数据。如果业务信息分散在相互隔离的多个数据源中，那么访问高质量的可信数据也需要克服重大障碍。一旦了解了整个组织中数据源的广度，并找到了通过管理或技术手段搜索数据的方法，就可以开始准备数据了。

步骤 4：形成见解。如果只是没有分析过的数据，相当于没有经过提炼的原石，没有足够的使用价值。真正有价值的是通过这些数据总结出来的真知灼见，提炼出来的规律。

步骤 5：根据见解采取行动并分享见解。发现规则后，需要总结和提取规则，采取行动，或与他人分享见解以进行协作。

上述步骤就是一种典型的数据驱动的思考方式，当我们在遇到具体的问题时，也可以参考这样的流程进行思考和分析。

# 1.1.3 数字孪生时代

人类对世界的探索，很大程度上源于对自身和周围环境的认知的不确定性，这带来了不安全感，进而促使人类不断前行。可见和可控始终是人类对未知事物的最大诉求。因此，发明创造是人类独有的，是用来抵抗外界不确定性的重要手段。技术，也是这样的一个产物，是人类这种生物在一个未知星球上探索的坚实拐杖，陪伴着一代又一代的人类砥砺前行。

当技术发展的浪潮达到新的高峰时，计算机描述的世界能够无限接近于物理现实世界，即"数字孪生"。数字孪生（Digital Twin）是物化事物的软件定义及其在客观世界中的发展规律的结果，这个概念最早出现在美国密歇根大学的产品生命周期管理课程中[4]。2010 年，美国国家航空航天局（National Aeronautics and Space Administration，NASA）提出的开展航空科学和空间科学研究的技术报告中正式提出了"数字孪生"[5]。2012 年，美国宇航局和美国空军联合发表了一篇关于数字孪生的论文，指出数字孪生是驱动未来飞行器发展的关键技术之一[6]。近年来，随着物联网、大数据、云计算、人工智能等新一代信息技术的快速发展，数字孪生不再局限于航空领域，而是面向各行各业，在医疗健康、建筑、制造、环保等行业纷纷开花结果。

2021 年，"元宇宙"（Metaverse）[7]一词突然引起各界的广泛关注，就像一块石头扔进平静的湖中，激起无尽的涟漪。

各界对"元宇宙"表现出极大的热情和兴趣。产业界和学术界纷纷讨论了元宇宙的起源、实现路径，并畅享了未来可以实现的宏伟蓝图。Facebook 更是将其公司名称更改为 Meta。互联网企业纷纷宣布进入，这充分显示出社会各界目前对这个新概念的关注程度。大家摩拳擦掌，跃跃欲试，希望在未来开辟新的竞争市场[8]。

从词语出现的时间线来看，元宇宙的概念要早于数字孪生。1992 年，"元宇宙"首次作为科幻概念被提出。美国科幻小说作家尼尔·斯蒂芬森在他的著作《雪崩》中给出了一个赛博朋克（Cyberpunk，一种极低的生活水平和极高的技术水平的组合）的设定。人类可以使用数字替身（Avatar）在三维虚拟空间中实现交互。现实世界中的一切都可以被数字复制到这个空间，作者称这个虚拟空间为"元宇宙"。

从技术的实现路径来看，数字孪生（2010 年出现）可以说是一个复杂的技术系统，而元宇宙（1992 年出现）是社会系统的综合。可以说，这两个概念各有侧重，但交叉融合的领域很多。从事物的发生来看，一般对底层概念科学和社会系统的设计会比较早出现基本的雏形，之后相应的技术支撑系统才会不断发展和出现[9]。因此，元宇宙相较于数字孪生更早出现也具备一定的合理性。

两者的交叉范围在于，数字孪生和元宇宙共同构成了人、自然和社会的闭环系统。数字孪生与工业化的需求和场景更加接近，主要是满足制造业的需求（如用于航天器设计的NASA），因此必然下沉并垂直延伸到产品设计和生产。

虽然目前人类技术整体水平以及元宇宙的基本概念和关系结构还处于比较早期的阶段，但随着技术的不断发展，文明的不断演化，数据的不断积累，未来，数字世界将与现实世界进一步结合，杀手级应用将可能出现。

## 1.2 共享是怎么发展的

### 1.2.1 共享——古老的美德

以交通工具、住宿、办公等共享为代表的共享经济是近年来被频繁提及的热门行业。虽然这看起来是一个新词，但共享这种行为实际上是一种有着悠久历史的美德，因为共享这种行为可能与人类的社会行为和基因选择有关。

托马塞洛在《人类交往的起源》一书中提到，人类交往在根本上是合作的。托马塞洛指出，由于早期人类的原始社会缺乏物质条件，加上环境恶劣，人类必须互相帮助才能有更大的生存机会。因此，更愿意分享资源帮助他人的人可以得到更多的欢迎。在帮助他人度过了一些特殊的生存困难之后，一旦他们可能不幸陷入了某种危险的环境，也会有较大的概率获得他人的帮助。在大自然的长期进化选择中，携带愿意共享资源基因的人可以世代繁衍。在现代社会，乐于助人、积极分享更是被视为一种美德。就这样，从古至今，共享作为一种被选择的美德，代代相传。

因此可以说，共享这样一种看似非常文明和先进的行为，其实在很早之前就已经印在了人类的基因中。直到最近几年，"共享"才与商业社会紧密相关，并产生了一些现象级的产品。

除了基因的不断自然选择，在人类生产力的早期发展和探索中，人们已经为未来的数据共享充分积累了相应的基础。

生产力是社会发展的最终决定力量。谁拥有先进的生产力，谁就能更好地推动社会进步。生产力形态的变化与工业革命的进程密切相关。

到目前为止，包括以 chatGPT 为代表的正在发生的工业 4.0 和智能化革命，人类社会进行了四次工业革命（如图 1-1 所示），其影响像水滴一样不断渗透和浸润到各行各业，改变着社会形态，推动着历史、文化和技术的更替[10]。回顾四次工业革命，不同阶段的重要发明成为特定历史进程的重要产物。生产力产生特定的生产关系，新的生产关系的出现进一步促进了生产力的发展。直到今天，我们仍处于其革命性演变的浪潮中。

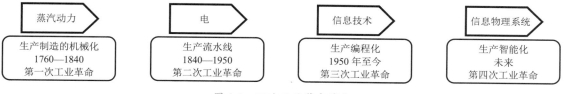

图 1-1　四次工业革命演化

第一次工业革命起源于 18 世纪 60 年代的英国。英国虽然远离文艺复兴较为热烈的欧洲大陆板块，但是独树一帜，在当时宛如一颗冉冉升起的新星，迅速成为超级大国。第一次工业革命并非发生在这些主要的欧洲大陆国家，而是发生在当时的英国，主要有如下原因[11,12]。

第一，一个国家对开放和创新的容忍程度。英国是第一个建立君主立宪制的国家。当其他国家仍然笼罩在严格的封建等级制度中时，英国已然开始酝酿一场革命。1642 年至 1651 年，英国议会与保皇党之间的一系列武装冲突和政治斗争是英国解除意识形态禁锢的根源。英国内战发生了三次，之后，以议会的伍斯特战役胜利而告终。战争胜利后举行的会议接受了议会提出的《权利法案》，该法案以法律的形式明确限制了国王的权力，确立了君主立宪制，并相应地保障其权利。18 世纪，英国的实质性权利已移交给议会，并确保了英国的政治稳定。从上到下，君主立宪制带来的宽松的政治氛围和经济环境成为一个基本的创意孵化器。英国对新思想的接受程度和对创新的容忍程度让英国在很长一段时期内处于全球最领先位置[13]。

第二，灵活的金融政策。工业革命带来的伟大思想迅速转变为可以执行和产生经济的企业，这离不开资金的支持。英国政府鼓励各种私人资本进入，并组建皇家海军，为英国商人服务。从 18 世纪开始到第二次世界大战时，英国已经拥有世界上最大的舰队。商业迅速发展，劲头强劲。财富的稳定流动促使英国开启了金融改革。经济的二级市场，如银行和股票市场，开始形成，鼓励人们投资并从中受益。直接的经济效益是，在整整一个世纪里，英国的国民生产总值翻了一番。

第三，基础设施建设。16～17 世纪，英国的道路系统极差，但道路是商业发展中最不可缺的重要资源之一。要想致富，必须先修路。1706 年，英国议会颁布了一项法律，鼓励当地商人修建永久性道路，并允许他们向路人收费。这项法律和政策的出台引起了当地商人的极大兴趣。在很短的时间内，大量的道路开始修建。此后，人们外出旅游或送货的时间也大大减少，这些举措进一步刺激了工商业的繁荣发展。不久，英国在全国开凿运河，使船只成为货物运输的手段，运河的建成将运费又降低了一半。

1860 年至 1950 年，电力、钢铁、铁路、化工、汽车等重工业兴起，石油成为新能源，世界进入第二次工业革命"电气时代"。随着全球信息和资源的快速交流，第三次工业革命"信息时代"（1950 年至今）的进程开始，人类文明达到了前所未有的高度。

第三次工业革命以电子计算机、航空航天技术、原子能技术（核能）的应用为代表，人类文明发展进入了一个空前繁荣的时代。科学转化为生产力的速度进一步加快，各领域的科学技术紧密结合，相互促进。大多数发达国家抓住了第三次工业革命时期巨大的发展红利期，并成为世界舞台上举足轻重的政治和经济力量。

遗憾的是，在前三次工业革命中，由于一些特殊的历史原因，中国并没有完全分享到技术进步带来的巨大红利。第一次工业革命时期，中国处于封建社会后期，相关政策阻碍了中西之间正常的经济和文化交流。此后，英国发动的鸦片战争更是使中国沦为半殖民地半封建社会，逐渐丧失政治主权。第二次工业革命期间，由于半殖民地半封建社会的性质大大加深，中国错过了追赶的良机。第三次工业革命初期，新中国的成立带来了良好的科技发展的环境，逐步在缩小差距。

2013 年，德国联邦教育和研究部和联邦经济和技术部首次提出了"第四次工业革命"（又称工业 4.0）的概念，并将其列入"高科技战略 2020"的十大未来项目；而当前如火如荼的人工智能（如 chatGPT）也被纳入了第四次工业革命的范畴。

第四次工业革命有几个重要的特点[14]：一是人工智能的高度智能化，即劳动、生产力、生产工具都可能发生重大变化，而人工智能与提供生产力的机器人不仅充当生产工具，也有可能成为生产者，或与人类一起参与生产过程；第二，一些领域或行业已经进入可编程时代，数字化介入极大地提高了行业的生产效率，进而指导实际生产和市场运作；第三，低成本个性化。第三次工业革命时期，机械化和批量流水线的快速发展，使生产成本大大降低，物质生产空前繁荣。但是存在的一个问题是，批量流水线生产的物品开始无法满足当前人们日益多样化、定制化的需求。而突出个性、追求个性成为第四次工业革命下人们的主要需求。当前机械化生产的快速发展使得满足这一需求成为可能。

在第四次工业革命时期，通过互联网分散收集是一种长尾需求，低成本的个性化定制将满足人们的个性化需求。这些特性的实现离不开数据的训练和支持。数据的重要性，或者说数据共享的重要性，也上升到了前所未有的高度。

## 1.2.2　数据孤岛

信息是现代社会赖以生存和发展的基础。作为信息的载体，数据的重要性不言而喻。

1969 年，美国国防部创立了 ARPANET，标志着互联网的诞生。建立互联网的初衷是创造一个与现实世界平行的虚拟世界，追求"开放、平等、合作、快速、共享"。在运营初期，互联网确实提供了极大的沟通便利，也为更加多元化的文化的出现提供了必要的生存土壤。然而，基于 TCP/IP 的传统互联网在实现上述目标的过程中遇到了一些问题，出现了一些负向影响。造成这种现象的一个最重要原因是，随着互联网应用领域的不断扩大，各领域的应用不断深入挖掘，各行业主体开始产生大量数据，但数据存在于独立的数据库中，各主体不会主动将数据分享给他人；同时，数据的流通缺乏动力和必要的有效保护措施，最终形成了"数据孤岛"现象。

数据作为一种资产形式，逐渐显现出"马太效应"（Matthew Effect），即富人更富、穷人更穷。具有第三方担保资质的银行、政府、大数据公司等，在马太效应下，海量数据聚集，而广大中小企业或公众个人或基本没有数据，或者即使有数据也没有分析数据的能力。这样，大多数人没有办法直接分享数据的红利，互联网的发展与它的初衷产生了距离。区块链技术的本质是分布式账本（Distributed Ledger）的一种形式，可以实现底层数据之间的互联互通，从根本上解决"数据孤岛"问题，推动互联网向进一步创新的方向发展。因此，很多学者做出了这样的判断，区块链技术可能是打破当前数据"马太效应"的最佳技术工具[15]。

在当代社会，各行各业的数据仍然以井喷的形式被生产，以维持个人或机构的运转，并做出科学的决策判断，逐渐从"以人为中心的决策"向"以数据为中心的决策"转变。数据已经成为个人、组织、社会乃至国家的重要战略资源。从企业运营的角度，数据量的大小直接代表其在特定行业中拥有的客户资源，既是维护现有客户资源的重要宝典，也是开拓更大版图的"羊皮书"。可以说，未来无论是一家企业还是一个国家，要保持强劲的发展势头，数据是重要资源之一。而数据的重要性加剧了数据垄断的问题，各数据拥有者所拥有的数据成为汪洋大海中的孤岛，就像不相连的屋顶上的烟囱。

因此，许多学者对解决数据孤岛问题进行了深入的探索和研究。目前，解决方案的主流集中在数据如何集成的集成技术的探索上。例如，通过用于构建面向服务的体系结构（Service-Oriented Architecture，SOA）的数据集成技术，建立内部数字资源整合系统，应用企业架构理论等。但是，这些解决方案并不能从根本上解决数据孤岛问题，而是通过行政指令等强制手段，用权宜之计把数据汇集在一起。政策支持固然是推进数据共享的重要保障，但本质上，解决数据孤岛问题必须从底层数据存储和共享模式入手，开启了一种技术驱动、安全可信的数据共享方式。

在过去的十年中，各行业在信息领域取得了长足的进步，各行业积累了大量的数据。由于各方根据封闭系统进行系统设计开发，在较长时期内形成了孤立的数据孤岛。从客观世界的角度，每个独立的系统只能代表单个数据源系统的情况，而不能真正外推到现实世界。另一方面，早期的信息系统更侧重于如何通过软件来减少重复性工作，从而提高工作效率，而较少关注特定行业相关业务的核心问题，因此如何将简单的现行业务系统升级为新一代信息系统也是需要共同考虑的问题[16-18]。

当一个骰子被随机向上抛出有限的次数时，我们能得到的各点出现的次数不一定是均匀的。但是只要我们无限次掷骰子，各点出现的次数会无限接近。在数学和统计学中，这是一个专有定律，称为大数定律（Law of Large Number），是描述相当数量重复实验结果的定律。根据这个定律，样本数量越多，算术平均值接近期望值的概率就越高。

大数定律之所以重要，是因为它说明了一些随机事件均值的长期稳定性。而且人们发现，在重复测试中，随着测试次数的增加，事件发生的频率趋于稳定值。比如无限次掷硬币，当次数达到几万甚至几十万、百万次时，硬币每面向上的次数约占总次数的 1/2。但是前提必须是重复无限次且数字足够大。

类比当前的信息系统，单一的、独立的系统和一个系统内现有的数据不能代表现实世界的情况，不能真正发挥数据的价值。只有当数据能够自由流通时，才能补偿由个体的、独立的主体数据所造成的随机误差，从而尽可能地接近现实世界。

在这个由数据驱动的决策时代，我们需要获得更多的数据，以帮助我们的决策尽可能正确，尽可能接近现实。因此，探讨数据孤岛的解决方案并不断尝试通过政策保障和技术支持来解决这个问题，将是从现在到未来持续探索的重要课题。

## 1.2.3 共享经济

在当今社会，共享甚至发展出了一种新的经济模式——共享经济。开放、包容、高效的特点使得共享经济跨越了传统产品供给和服务的时间和空间限制。

共享经济的最大意义之一就是有效提高了低频资源配置的效率，从而缓解了供需矛盾。通过一定的机制和机构在资源所有者和用户之间进行共享、交换、借用、租赁等行为，依托互联网平台的充分放大效应，实体产品（如商品）、服务或虚拟产品（数据、知识和技能等）的共享才可以实现。在整个宏观经济层面，共享经济带来了生产、消费、经营和使用等方面的颠覆性变革，将有效盘活存量并提高商品的使用率。由于增加了共享行为，提供共享对象的购入成本明显低于产品的再生产成本，边际成本递减具有显著的资源节约效果。同时，共享经济可以在保持原有物质总量的基础上创造和重新分配价值，从而扩大经济社会价值的总规模。不仅如此，共享经济在遏制消费主义、奢靡之风和攀比心理方面也具有积极意义[19-21]。

而要实现共享经济需要具备如下基本条件。

### 1. 保障所有权与使用权分离

要使共享经济顺利发生，首先要针对其所属商品或服务进行标记，使其所属商品或服务的所有权和使用权暂时分离，并可临时授权第三方使用资源。当约定的使用期限届满时，共享商品可以及时收回，不会发生欠费、恶意留存等不良事件。这就需要一定的政策保障和技术支持，授权时有效分离，恢复时顺利恢复，充分保护被授权用户充分享有共享物品的使用权。

所有权与使用权的分离可以有效提高商品的单位时间利用率，使闲置资源或服务得以充分流通，同时在生产层面不增加额外的生产负担，但对整个社会的经济总值能够产生新的增量。所以，从经济学的角度，这是一种有效的、低成本的经济扩张手段。

### 2. 需求与供给的匹配

共享经济通常起源于单个物品在所有者手中低频使用，这意味着单个所有者需要支付高的单价（如共享数码相机、镜头、汽车、自行车甚至移动电源），而物品共享可以显著降低使用单价。同时，可以共享的物品的使用有明显的使用高低波峰，共享可以有效地错开物品的使用，从而提高物品的利用率，这也为闲置物品或服务的共享和充分利用奠定了基础。

由于这类商品或服务是市场上的长尾需求，消费者相对分散，需要通过一定的匹配手段进行有效匹配，因此，这在很大程度上需要依托现有的互联网平台。由于互联网平台能够有效地聚合这些分散的、低频的需求，从而使需求与供给的匹配成为可能。可以说，互联网的发明甚至是能够产生共享这种经济行为的充分和必要条件。

### 3. 中介平台的服务构建

在互联网不普及的时代，信息的不对称使得资源所有者和需求者之间形成了天然的鸿沟，而信任危机无疑是共享行为发生困难的重要原因，所以共享就是一个难以展开的话题。互联网普及后，中介平台能够充分扩大商品和服务的使用边界，同时一系列智能算法（最优匹配、智能匹配等）可以保证资源的充分利用和流通。而国家层面对共享经济也是非常重视，出台了相关政策，对共享经济和相应行业进行刺激和促进，以互联网为信息中介平台的服务在短时间内迅速蓬勃发展。

供需双方的高效匹配可以有效提高商品和服务的利用率，实现"物尽其用"。此外，由于共享经济带来的经济促进效用，也促使国家、行业、企业将注意力集中在共享经济领域深挖用户需求与相应的产品研发上。

### 4. 信任机制的建立

共享经济的建立也很大程度上依赖于信任机制的建立，信任机制实质上遵循契约。契约可以分为以道德为约束的契约和以法律层面为约束的契约。

以熟人之间的借贷为例。甲向乙借一笔钱时，由于有比较熟悉的关系和信任基础，没有签借条或产生其他依据。双方确定将以对方的信用按期执行还款任务。如果甲能按时完成还款，这笔借贷就是一个以道德为约束执行的契约，并完成其信用机制。

还有一种情况是，出于各种原因，借款人没有按时完成还款。在这种情况下，受法律层面约束的合同开始启动进程。例如，在借款之前签订了一定的借条或其他具有法律效力的合同，在合同不能按时履行的情况下可以采取一定的法律措施，如拍卖、冻结等，追偿损失的金额。

而区块链技术中也有一种智能合约技术，即"代码即法律"（Code is Law）。将相应的执行合约写入智能合约，当程序运行时，代码会自动执行合约中包含的内容。因此，信任人成为一个自动化的程序，很大程度上可以降低人为误判的风险，从而建立更有效的信任机制。所以，区块链技术也可以成为支撑和保障共享经济的基础技术。

虽然共享行为有着悠久的历史，并且在当代社会通过互联网有效地收集了很多长尾需求，同时优化匹配算法有效地活跃了原本无声的供需市场，但是通往共享经济的道路上也有礁石。

以共享单车为例。截至 2019 年 7 月，小黄车一天退费约 3500 人，网上退押金人数近 1600 万人。2020 年 12 月 14 日晚间，摩拜单车 App 和小程序正式停止运行。曾经蓬勃发展的自行车共享模式面临着巨大困境，更糟糕的是，这几声惊雷让市场开始看跌共享经济模式。可以说，这对共享经济模式造成了巨大的打击，甚至各种关于共享经济的负面评论开始此起彼伏。没有明显的预期盈利模式、盲目扩张和高昂的运营维护成本，都是共享单车市场的痛点。

但是，共享单车模式为共享经济的发展提供了一些宝贵启示。在共享经济模式中，强大的规范运作是首要考虑。其次，任何企业最终都需要面对市场，短期资本造血带来的繁荣毕竟是虚假的泡沫。因此，盈利能力是企业的终极话题。共享经济模式不能总是依靠资本的支持和帮助。只有真正产生造血能力，与市场需求匹配，才能在市场中长期健康生存[22-24]。

## 1.3　当数据成为生产要素

在经济学中，生产要素又称为生产投入，是人们生产商品和劳务必需的基本资源，包括土地、劳动力、资本、信息、技术、数据等。生产要素的作用主要是促进生产，但不成为产品和服务的一部分，也不因生产过程而发生重大变化。在几千年的农业社会中，经济发展的决定性因素是土地和劳动力。就像政治经济学之父威廉·佩蒂的经典名言："土地是财富之母，劳动是财富之父。"

生产要素具有一定的时代特征。最初的生产要素只有土地、劳动力、资本和信息。然而，在第三次工业革命后，人们逐渐认识到技术的重要性，并将其纳入生产要素的范畴。但与土地、劳动力和资本不同，技术需要依附于人才上，它并不会凭空独立产生。近年来，技术转让和交易如火如荼。据统计，截至 2020 年 12 月 31 日，全国共登记技术合同 549353 项，交易金额高达 2.82515 万亿（包括技术转让合同、技术开发合同、技术服务合同、技术咨询合同）。但由于技术对人的依赖性强，不确定性高，操作难度大，技术交易总额在国民生产总值中的占比并不高。

2019 年 11 月，在党的十九届四中全会记者会上，中央财经委员会办公室副主任韩文秀在介绍坚持和完善社会主义基本经济制度的有关情况时指出，"要鼓励勤劳致富，完善劳动、资本、土地、知识、技术、管理、数据等生产要素按贡献参与分配的机制……"首次公开提出数据可以作为生产要素按贡献参与分配，这也标志着国家层面对数据作为生产要素的认可。

2020 年 4 月，《中共中央　国务院关于构建更加完善的要素市场化配置体制机制的意见》（以下简称《意见》）向社会公布。作为中央关于要素市场化配置的第一个文件，它的作用是明确了要素市场体系建设的方向和重点改革任务。这对于引导各种要素集聚先进生产力，加快完善社会主义市场经济体制，具有十分重要的意义，同时标志着新的市场要素的形成，将推动人类社会进入更高的发展阶段。另一方面，数据作为生产要素参与分配，实际上是技术发展到一定阶段的表现。只有高水平的技术才有可能使用数据来回溯或预测事件。

数据之所以被公认为生产要素，其中一个原因是，各行各业积累了海量的数据，但要想真正利用和挖掘这些数据背后的价值，还有两个亟待解决的问题。一是这些数据各自的所有权归谁。回答这个问题可以有效消除关于数据所有权的争议和讨论，并提示后续数据产生的收入应该属于谁。二是各行各业的数据应该用什么样的标准来规范。这个问题的解决可以有效形成行业共识，更高效、更快速地完成数据共享。

尽管这两个问题在现阶段可能很难厘清，但并不妨碍数据成为社会发展的动力。

《意见》在原来的四大类要素的基础之上（土地、劳动力、资本、技术）强调了数据作为生产要素的作用，具体来说：

在土地要素方面，重点增强土地管理的灵活性，建立健全城乡统一的建设用地市场。采取灵活的工业用地方式，探索增加混合工业用地的供给。此外，省级政府将被赋予更多权力。建议由省级政府负责城乡建设用地供应指标的使用。同时，探索建立全国建设用地和补充耕地指标跨区域交易机制。

在劳动要素方面，注重引导劳动要素合理、顺畅、有序流动。一是畅通落户渠道，探索推动长三角、珠三角等城市群率先实现户籍准入年限同城累计互认。放开和放宽除个别特大城市以外的城市落户限制，对经常居住地尽量实行户籍登记制度。二是畅通职称评审渠道。完善职称评审制度，制定以职业能力为核心的职业标准，畅通非公有制经济组织、社会组织、自由职业技术人员职称申报渠道，推进社会化职称评审。

在资本要素方面，重点完善多层次资本市场体系。一是完善股票市场基础性制度建设，制定出台完善股票市场基础性制度的意见，坚决打击各种弄虚作假行为，放松和取消不适应发展需要的管制，增强市场活跃度。二是完善债券市场统一标准建设，统一公司信用类债券信息披露标准，实行公司信用类债券发行登记管理制度。

在技术要素方面，着力激发技术供给活力，促进科技成果转化。一是激活产权激励，深化科技成果使用权、处置权和收益权改革，开展试点，赋予科研人员科技成果所有权或长期使用权，并同步推进"三权"改革和职务成果所有制改革。二是激活中介服务活力，培育一批技术转移机构和技术管理者，积极推进科研院所分类改革，加快应用技术型科研院所市场化、企业化发展。建立国家技术转移人才培养体系。

在数据要素部分，重点加快培育数据要素市场。通过制定新一批数据共享责任清单，探索建立统一的数据标准规范，支持构建多领域数据开发利用场景，全面提升数据要素价值。

数据作为一种新的生产要素写入文件，《意见》在许多方面强调了其价值。

（1）推进政府数据开放共享

数字政务是人民群众重要的服务展示窗口和名片，《意见》强调要优化经济治理基础数据库，加快推进各地区、各部门数据共享交流，并制定新一批数据共享责任清单，有助于提高政府数字办公的效率。

（2）提升社会数据资源价值

随着各行各业的发展，大量的社会数据将迅速积累。提高社会数据资源的价值也是深化数据要素使用的重要举措，因此要培育数字经济新产业、新业态、新模式，支持农业、工业、交通、教育、安全、城市管理、公共资源交易等领域的标准化数据开发利用场景建设。这些举措可以让数据真正发挥其价值，更好地服务于社会民生。

（3）加强数据资源整合和安全保护

进一步加强数据整合和安全防护，探索建立统一规范的数据管理体系，提高数据质量和标准化程度，丰富数据产品。

同时，《意见》要求，根据数据的性质，完善产权性质，开发数据隐私保护系统和安全审查系统，推动完善适用于大数据环境的数据分类和分类安全保护体系，加强对政府数据、企业商业秘密和个人数据的保护。

## 1.4 数据遇上共享，我们能做什么

数据要成为生产要素，本身就需要大规模的数据共享，而数据共享也是近年来比较新、比较热门的研究领域。随着全球信息化的浪潮掀起，各垂直领域的数据以前所未有的形式爆发。同时，数据作为实物生产和经济的总结性产物，也逐渐引起人们的重视。数据不仅是对事物的总结，也是指导生产和经济的重要依据。生产—生成数据—通过数据指导生产，形成以数据为决策依据的良性循环。要使指导生产的数据更有意义，就需要足够大的数据量来充分模拟和再现现实世界的真实情况，并建立真实准确的模型。在此前提下，数据共享的需求逐渐受到重视。

在中国，由于金融业天然具有得天独厚的数字化基础，与经济和资本直接挂钩，数据共

享最早起步于金融领域，广泛应用于信用评估和贷款评估。各领域纷纷开始效仿，迅速实现衣、食、住、行、医疗、公共服务、知识共享等行业的生活场景全覆盖。根据目前对共享经济数据的统计，交通、金融、生活服务、知识技能、医疗共享、住房住宿、生产服务是数据共享场景应用的前7位，7个场景的交易额增长超过100%，金额已达万亿级。

总体来看，虽然共享经济经历了一些弯路，但资本、学术、社会各界对共享领域的前景和发展仍持相对乐观的态度和预期，因为任何事物的发展都是在不断试错过程中螺旋式上升。世界上没有一帆风顺的道路，在旅途中跌倒、站起并不断地修整微调，才更符合事物的发展规律。

# 本章小结

共享这种社会行为和属性来自原始社会的互助，承载着厚重的历史感。

从基因层面，具有帮助和愿意共享资源基因的人在古代和现代都可以更好地生存。极端的利己主义表现为极端的利他主义。这证明了人类社会是一个很难完全脱离的巨型关系网络，善于利用自身资源，并且使周围关系网络上的人能够更容易获利的人，更容易受到他人的欢迎，更好地生存下去，这也显示出人类社会相互帮助、资源共享的价值。早期，这种帮助和共享的行为更多地依赖于氏族或家庭的帮助，但更像是一种随机的抽签，具有一定的局限性和随机性，并且这是人类唯一无法为自己选择的关系。随着个人独立意识的觉醒，人们开始期望脱离原始社会带来的直接种系关系的羁绊。但是，对共享资源的需求仍然在不断增加。

市场化的实现可以使得供需双方充分共享和交换手中闲置的物品、资源或数据，在不增加生产的情况下扩大经济总量。可以说，共享是未来经济增长的重要手段之一，而数据则是最重要的"原油"。

# 习 题 1

1. 您是否对共享经济的成功案例做过了解？如有，请阐释该案例是依靠何种手段取得盈利和成功的？

2. 除了数据共享，您认为在什么领域的共享将有可能取得重大的成功？

# 参考文献

[1] 刘香楠. IBM：个人电脑鼻祖[J]. 国家人文历史，2011(10): 72-76.

[2] 勒川. 谁发明了第一台电子计算机[J]. 中关村，2007(11): 60-61.

[3]  胡德良，本·塔诺夫．互联网是如何发明的[J]．世界科学，2016(10): 47-50.

[4]  Michael Grieves．Digital Twin : manufacturing excellence through virtual factory replication [R/OL]. (2014)[2020-12-17].

[5]  SHAFTO M, CONROY M, DOYLE R, et al．Modeling, simulation, information technology & processing roadmap[J].National Aeronautics and Space Administration, 2012, 32: 1-38.

[6]  Glaessgen E, Stargel D．The digital twin paradigm for future NASA and US Air Force vehicles[C]// 53rd AIAA/ASME/ASCE/AHS/ASC structures, structural dynamics and materials conference 20th AIAA/ASME/AHS adaptive structures conference 14th AIAA. 2012: 1818.

[7]  Metaverse[EB/OL]．[2022-11-02].

[8]  方巍，伏宇翔．元宇宙：概念、技术及应用研究综述[J]．南京信息工程大学学报（自然科学版），2022(12): 1-25.

[9]  郑诚慧．元宇宙关键技术及与数字孪生的异同[J]．网络安全技术与应用，2022(09): 124-126.

[10]  本刊编辑部．周济院士：智能制造是第四次工业革命的核心技术[J]．智能制造，2021(03): 25-26.

[11]  E.A 里格利．探问工业革命[J]．俞金尧，译．世界历史，2006.

[12]  A Maddison．The World Economy : a Millennial Perspective[R]．OECD, 2001.

[13]  高全喜．英国宪制中的妥协原则——以英国宪制史中的"光荣革命"为例[J]．苏州大学学报（哲学社会科学版），2017, 38(04): 55-62+191.DOI:10.19563/j.cnki.sdzs.2017.04.008.

[14]  黄忠．百年变局下第四次工业革命的发展与国际关系的走向[J]．当代世界与社会主义，2022(04): 30-41.DOI:10.16502/j.cnki.11-3404/d.2022.04.004.

[15]  万勇．企业信息孤岛问题研究[D]．合肥：中国科学技术大学，2006.

[16]  王轶辰．数据孤岛、技术差距、人才短缺——发展大数据三大难题待解[J]．江苏企业管理，2017(9): 29-30.

[17]  丛力群．工业 4.0 时代的工业软件[C]//第十届中国钢铁年会暨第六届宝钢学术年会论文集 III，2015: 1818.

[18]  范煜．数据革命：大数据价值实现方法[M]．北京：清华大学出版社，2017.

[19]  王含．共享经济新制度经济学分析[J]．合作经济与科技，2022(23): 22-23.DOI:10.13665/j.cnki.hzjjykj.2022.23.018.

[20]  周峻夷．共享经济发展的新制度经济学解析[D]．长春：吉林大学，2019.

[21]  宗平，李佳，周卓华．共享经济的新制度经济学分析[J]．经济研究导刊，2019(13).

[22]  吴杭韦，郑伟浩，朱迪．新制度经济学视角下的共享单车探析：优势、问题与治理[J]．生产力研究，2019(6).

[23]  郑九兵．城市公共自行车系统的新制度经济学分析[D]．深圳：深圳大学，2017.

[24]  张曙光，张弛．使用权的制度经济学——新制度经济学的视域转换和理论创新[J]．学术月刊，2020(1).

# 第 2 章　数据共享的现状

由于计算机技术的发展和互联网的发明，以及网络在各行业的广泛应用，人类社会开始逐渐进入大数据时代。在大数据时代，数据的开发利用离不开数据共享，也离不开数据产业的发展。而数据产业的发展进一步推动了数据的不断生成和积累。有"互联网女王"之称的玛丽·米克尔女士在《全球互联网趋势报告》中指出，数据共享将成为数据发展的必然趋势，数据收集和共享的方式也日新月异。数据共享可以有效地重用数据资源，降低数据收集成本，实现同类数据的社会效益最大化。

大数据产业日益成为一个被高度重视的产业，其快速发展的态势固然离不开信息化基础建设，更重要的是数据共享的强大驱动。如果数据只能由产生数据的一方使用，将限制在很小的使用范围内，而不能插入共享的翅膀，那么它的应用范围将非常有限，并且远远不能代表现实世界的情况。在对数据的需求如此强烈的今天，数据共享的边界和权限需要认真考虑。随着数据与每个人的生活联系越来越紧密，数据也成为记录和存储客观世界的重要媒介，因此数据往往承载着一些重要的隐私信息。如何利用有效的手段充分保证数据的安全性，最大限度地扩大数据共享的范围和深度，是数据共享面临的重要挑战。

## 2.1　政策因素

### 2.1.1　支持政策

在全球大数据浪潮的背景下，无论是以主动还是被动的方式，各国家（或地区）和组织都不可避免地加入这项运动。数据运动的火苗是通过政策和制度来保证的，这样才能保证数据共享运动成为熊熊之火，形成燎原之势。

在国际层面，联合国经济和社会事务部公布的《2018 电子政务调查报告》显示，2014 年，联合国所有 193 个成员都实现了某种形式的政府信息数字化。

美国、英国、澳大利亚、加拿大、新西兰等国家（或地区）纷纷出台相关数据政策，推动数据共享工作进一步发展[1-3]。

美国《联邦数据战略和 2020 行动计划》于 2019 年 12 月 23 日发布，详细描述了未来十年美国联邦政府在数据领域的愿景，以及各政府机构要执行的关键计划，分为三个层次。① 在数据共享方面，要求政府相关部门积极推进与民间机构、学术机构的合作，发挥各方优势，在程序、法规、法律、文化等方面消除障碍，推动政府与各机构之间的数据共享。② 在数据开放方面，要求联邦政府对政府数据进行广泛开放，保护各方隐私和利益，同时确保政府数据质量，有效利用通信工具和技术。③ 在资料安全上，应提供安全资料存取机制，评估资料公布风险，确保资料安全分享及公开。

欧盟将数据定位为数字化改造的核心，相关数据保护和应用政策相继出台。2016 年，《通用数据保护条例》（General Data Protection Regulation，GDPR）颁布，致力于政府数据的安全性、开放性和共享性。2020 年 2 月，欧盟发布了旨在提高数据可用性、数据共享、网络基础设施、研究和创新投入等方面建设的《塑造欧洲的数字未来》《欧洲数据战略》《人工智能白皮书》，旨在达到以下三方面的效果：一是政府应在安全评估框架内，主动将数据向企业（G2B）开放和公众开放；二是鼓励企业间共享隐私数据，即通过立法等方式明确各方权责，鼓励企业间共享数据，以促进 B2B 模式的发展；三是探索尝试 B2G 模式，鼓励企业将数据向政府开放，增强政府决策能力。此外，欧盟出台了《欧盟网络安全法》（EU Cyber Security Act，CSA）和《开放数据指令》（Open Data Commission）等，致力于建立欧盟范围内安全高效的政府数据共享开放。

在数据探索领域，爱尔兰在欧盟中也属于第一梯队。爱尔兰通过结合欧盟 GDPR 的相关要求，在制度设计上出台了《数据保护政策 2020》，对公共数据安全保护提出了要求，包括政府信息，明确了相关的责任机构和职责。同时，在其《开放数据战略 2017—2022》中明确提出了两个战略：第一，增加政府数据的高价值发布；第二，发挥数据的社会经济价值，推动与相关产业、社区的合作，推动数据利用。在人员保障方面，为指导政府数据共享的开放，爱尔兰成立了开放的数据治理委员会和公共机构顾问团。

我国也充分认识到数据共享的重要性，并出台了相关政策和相关法案，在总体执行层面已经达成了"以共享为原则，以不共享为例外"的基本共识[4-7]。

近年来，我家加快了与数据共享相关的政策和标准体系的制定。2015 年，国务院印发《促进大数据发展行动计划》，提出要"加快推进政府数据开放共享，促进资源整合"，"大力推进政务信息系统与公共数据互联互通、开放共享，并加快政府信息平台整合，消除信息孤岛，推动数据资源向社会开放。"

这是来自国家层面的明确信号，大数据的发展打响了第一枪。2020 年，《中共中央 国务院关于构建更加完善的要素市场化配置体制机制的意见》明确提出，数据是社会发展的生产要素，纳入生产要素范围，要推进政府数据开放共享，提升社会数据资源价值，加强数据资源整合和安全防护，强调引导和培育大数据交易市场。

顶层设计政策实施后，相关国家标准和地方标准也开始了研发工作。2020 年 6 月，《国家电子政务标准体系建设指南》正式发布，明确了数据安全等政府数据管理标准。

在地方层面，贵州省一直是数据开放共享的领先省份。2016 年，贵州省率先出台了《政府数据分类与分类指南》，为数据的分类分级提供了参考，是对政府数据实施有效有序管理的大胆尝试。

此外，具体细分领域也有规范和标准，如元数据、信息资源目录、开放共享等，如雨后春笋般涌现。数据安全主要国家标准及研究项目如表 2-1 所示。

表 2-1　数据安全主要国家标准及研究项目

| 研究方向 | 标准规范名称 | 标准号 |
|---|---|---|
| 元数据 | 电子政务数据元　第 2 部分：公共数据目录 | GB/T 19488.2—2008 |
| 信息资源目录 | 政务信息资源目录体系　第 1 部分：总体框架 | GB/T 21063.1—2007 |
| | 政务信息资源目录体系　第 2 部分：技术要求 | GB/T 21063.2—2007 |
| | 政务信息资源目录体系　第 3 部分：核心数据 | GB/T 21063.3—2007 |
| | 政务信息资源目录体系　第 4 部分：政务信息资源分类 | GB/T 21063.4—2007 |
| | 政务信息资源目录体系　第 5 部分：政务信息资源标识符编码方案 | GB/T 21063.5—2007 |
| | 政务信息资源目录体系　第 6 部分：技术管理 | GB/T 21063.6—2007 |
| 开放共享 | 政务信息资源交换体系　第 1 部分：总体框架 | GB/T 21062.1—2007 |
| | 政务信息资源交换体系　第 2 部分：技术要求 | GB/T 21062.2—2007 |
| | 政务信息资源交换体系　第 3 部分：数据接口规范 | GB/T 21062.3—2007 |
| | 政务信息资源交换体系　第 4 部分：技术管理要求 | GB/T 21062.4—2007 |
| | 信息技术大数据政务数据开放共享　第 1 部分：总则 | GB/T 38664.1—2020 |
| | 信息技术大数据政务数据开放共享　第 1 部分：基本要求 | GB/T 38664.2—2020 |
| | 信息技术大数据政务数据开放共享　第 1 部分：开放程度评价 | GB/T 38664.3—2020 |
| 安全管理 | 信息安全技术基于互联网电子政务信息安全实施指南　第 1 部分：总则 | GB/Z 24294.1—2018 |
| | 信息安全技术基于互联网电子政务信息安全实施指南　第 2 部分：接入控制与安全交换 | GB/Z 24294.2—2017 |
| | 信息安全技术基于互联网电子政务信息安全实施指南　第 3 部分：身份认证与授权管理 | GB/Z 24294.3—2017 |
| | 信息安全技术基于互联网电子政务信息安全实施指南　第 4 部分：终端安全防护 | GB/Z 24294.4—2017 |
| | 基于云计算的电子政务公共平台安全规范　第 2 部分：信息资源安全 | GB/T 34080.2—2017 |
| | 政务信息共享数据安全技术要求 | 20190907-T-469 |
| | 信息技术大数据数据分类指南 | GB/T 38667—2020 |
| | 政务信息资源安全分级指南 | 研究项目 |

## 2.1.2　约束政策

对于个人信息的含义和范围，目前尚无明确的法律法规予以界定，欧盟和美国较早尝试了比较官方的定义。

1995 年，欧盟发布了针对个人数据的数据保护指令（Data Protection Directive）95/46/EC，规定了欧盟范围内数据主体包括欧盟所有企业的个人身份信息适配条款和要求。该指令明确规定，任何个人资料都必须在法律的基础上完成，必须由资料使用者一方取得明确的资料拥有者同意，否则资料拥有者有权随时将数据撤回。《通用数据保护条例》（GDPR）于 2018 年 5 月 25 日正式生效，主要体现在对数据安全违规行为的严厉处理上，自称是欧盟最严格的通用数据保护法规[8]。例如，对于个人资料安全的违规行为，强制要求"监管者"必须将违规行为的详细说明、级别、后果、减轻影响的步骤等内容列入通知，立即通知或在得知情况的 72 小时内通知。

2018 年 3 月，美国 Cambridge Analytica 滥用消费者资料与信息的事件曝光。为了保护公民的合法数据和信息，美国社会各界纷纷要求立法部门迅速出台相关政策。美国《加利福尼亚州消费者隐私法案》（California Consumer Privacy Act，CCPA）被提上日程并通过。相对于其他国家（或地区）的数据保护法案，CCPA 有以下显著特点：第一，适用范围广，调节对象广；二是为处理消费者信息确立了基本规则；第三，让消费者有更大的信息支配权；四是救济措施明确。

我国在个人信息保护方面的规定仍在不断完善，但国外有关数据保护方面的法案已经给出了不少经验可供参考。《中华人民共和国网络安全法》自 2017 年 6 月 1 日起施行。《中华人民共和国数据安全法》自 2021 年 9 月 1 日起施行，围绕数据安全领域存在的突出问题，建立数据分类分级管理，建立数据安全风险评估、监测预警、应急处置、数据安全审查等基础制度，体现总体国家安全观的立法目标。这是我国在数据安全领域的第一部基础性立法，并明确了相关主体的数据安全保障义务，也是我国数据约束保护事业的一个里程碑[9]。《中华人民共和国个人信息保护法》自 2021 年 11 月 1 日起施行，切实将广大人民群众网络空间合法权益维护好、保障好、发展好，使广大人民群众在数字经济发展中享受更多的获得感、幸福感、安全感。

## 2.2 困难和挑战

### 2.2.1 数据权问题

虽然上面提到了很多促进数据使用和保障数据权利的相关政策，但是很多中间参与方往往会因为数据的产生和收集的过程而参与其中，导致数据的所属权限变得复杂。

例如，医疗数据的原始生产者是每个去医院接受治疗的个体，但是他们并不具备测量身体症状并将其转化为数据的能力，因此需要到特定的医疗或保健机构，在专业医护人员的帮助下出具相应的检查表，然后通过各种精密的医疗器械将体内的"密码"作为熟悉的数字进行测量。最终数据的读取离不开专业知识的帮助，所以这些包含各种数字的清单会重新回到发放检查单的医生手中，他们会负责将可能患有哪些疾病、需要哪些治疗方案向患者做出正确的解释。

在这一系列事件的过程中，医疗数据（患者、医疗机构、检验机构）的产生至少有三类参与方。可以说，只有这三方共同参与，数据才能够成功获得并被解读。有观点认为，既然数据来源于患者，就如同"羊毛出在羊身上"，那么数据的归属也要归患者所有；另一种观点则指出，在没有医疗机构、检验机构参与的情况下，这些结构化数据或影像类型数据对于患者来说犹如"天书"，因此应向这些参与的医疗机构、检验机构充分分配使用这些数据的权利。数据到底该归谁，迄今仍无统一意见。

上述医疗流程反映的是生产、流通、分析和存储等行业在获取数据时的普遍流程。数据的产生与维护是一个需要多方参与的长尾生态链。尽管没有合适的方案能够很好地对数据权限进行划分，但是这样的持续探索还是有必要的，合理并统一的共识才有可能在未来得到实现。

下面以医疗领域的数据为例，定义数据的所有权、使用权和收益权[10-17]。

## 1. 数据所有权

首先，数据所有权可以分为个人数据所有权、机构/企业数据所有权和政府数据所有权。

① 个人数据所有权：个人数据的所有权属于个人（如便携式医疗设备收集的数据），可以分为个人隐私权和数据资产权。

个人隐私权，即本人有权依法请求保护本人的数据隐私免受恶意或意外泄露；数据资产权是对数据与个人之间的强链接关系的约束。因为数据在后续的使用过程中可能产生一定的经济或社会价值，因此需要有效地绑定数据资产权，当数据能够产生一定的价值（经济或社会价值）时，数据所有者有权确定生成的资产为个人所有，不被他人授权获取或剥夺。

② 机构/企业数据所有权：对机构或企业的仪器或设备数据的采集、存储、管理、处理、挖掘、分析、呈现、评估、交易产生的衍生数据的所有权属于机构或企业。这里的所有权的主体产品是指对个人的原始数据进行二次加工的产品，如通过分析数据产生的研究报告、各种经过处理的统计数据或任何其他经过处理的数据结果。

③ 政府数据所有权：政府数据涉及社会和公共利益（如土地和资源数据、安全数据），因此政府数据所有权被规定为国家所有权，政府享有对这些公共数据的权利，同时通过政府履行数据公开义务，满足公众对政府数据的需求，实现个人数据与政府数据的平衡。

## 2. 数据使用权

① 个人数据使用权：个人数据的使用侧重于对数据使用过程的保护，使数据的合法使用不受他人或企业的干扰和侵权。数据所有者有权了解数据使用情况。

② 机构和企业数据使用权：从数据生产链可以看出，数据收益在不同阶段表现出不同的特征。机构和企业使用数据的前提是合法和可用的数据。在衍生数据的使用层面，权利的主体是数据收集机构/企业，其利益的最终索取权仅限于数据财产的利益。

③ 政府数据使用权：政府数据的使用范围应限于受控政府数据的范围。除了保密级别不能由政府共享的数据，应永久、免费且非排他性地授权个人或机构使用。也就是说，政府的公共数据要遵循发布的原则，让公共数据有针对性地面向更广泛的用户，发挥其公益性效用，为有需要的人服务。

## 3. 数据收益权

① 个人数据收益权：数据收益权的保护主体是拥有原始数据权的用户。例如，个人可以将自己的健康数据上传到数据交易平台，在数据质量审核中心审核后，确认相应数据的使用，

再授权使用该数据的相应机构将根据个人提供的数据的质量和数量签发相应的服务凭证。当数据提供方需要相应的机构提供服务时，由平台内的授权机构提供相应的服务，从而体现其共享数据的红利，促进数据资源的有序流通。

② 机构和企业的数据收益权：并不主要体现在经济利益上，与个人数据收益权相比，更多地体现在带来的社会价值和经济价值上，是整个社会层面或技术层面更长远的进步。

③ 政府数据收益权：政府数据在基础数据的开放和共享中不应盈利，应该有效地收集和管理开源公共数据，并建立一个方便公众使用的公共平台。但是，在设计公共平台的过程中，如需提供深度数据挖掘、分析适配、可视化等配套服务，也可以考虑增加付费项目。一方面可以弥补建设过程中的投入成本，另一方面可以作为特定业务单位或部门建设数据共享业务的收入来源，有效激发政府单位或部门开放数据共享渠道的积极性，建设服务型政府。

当数据的权限得以初步划分，要进行数据的交易时，从经济学角度，其关键问题是如何定价，并充分耦合数据所有权和数据使用权。数据作为一种资产，目前主要有四种定价方式，包括市场定价、平台预设定价、协商定价和混合定价[19-25]。

（1）市场定价

市场定价是根据消费者对产品价值的认知程度和需求强度来确定价格的方法，也就是消费者的价值观念。

一般而言，产品价值被认同程度越高，产品的定价就越高；产品在市场上的需求强度越大，产品的定价就越高。所以，市场定价的主观属性很强，不同的消费群体销售同样的商品，呈现的价格也不一样。商品的价格制定也可能是千人千面，甚至会衍生出现在的大数据来"杀熟"。即对价格不敏感的人尤其是对老客户，实行同物不同价的"价格歧视"政策，利用大数据技术，对收集到的用户信息进行分析处理，并通过算法做出相应的数据画像，实现利益最大化。

（2）平台预设定价

平台预设定价是指平台根据同类商品的销售情况、历史销售价格、价格区间、消费者竞价区间等进行综合评估，由平台相关算法测算推出数据提供方的定价，并协助完成交易的预设价格最大值和最小值。

（3）协商定价

协商定价，又称议价，是指买卖双方通过协商确定一个双方均愿接受的价格。协商的价格由于内部结算价不包括对外销售、管理费和税金，通常低于市场价格。在协商中，如果双方掌握足够的资料，了解各自部门的成本、收益等情况，就会完善谈判进程。有了免费的成本收入流信息，在转移过程中，管理者更容易找到各方获益的机会来增加自己的利润。在通常情况下，协商价格往往可以在这个区间内确定，以市场价格为上限，以变动费用为下限，更加灵活。

（4）混合定价

混合定价是因为单一的定价模式并不能反映产品的全部价值，也不能满足客户群体的不同层次或多元化的定价机制。例如，购买相关数据在数据共享平台上进行分析时，可以按次数收费，也可以在后续开发和产生的价值转移给数据需求方的情况下，使用全包购买的方式获得的数据所有权。如果期望在有限调用数据后就获得相应的结果，那么对于消费者来说，按次付费显然是一种性价比更高的组合方式。但这需要获得全量的数据，在后期长期回溯，并不断地应用数据进行分析，显然后一种方法对消费者来说才是比较合适的。

## 2.2.2　隐私保护问题

隐私保护最早发展于美国。《隐私》的作者沃伦和布兰代斯指出，个人隐私是非常重要的人权，应该通过立法和其他手段得到有效的保护和限制。

到目前为止，关于"隐私"概念的研究包括非常广泛的领域，如社会学、哲学和心理学，进行了 100 多年的研究，但是目前还没有达成明确的定义。目前，对隐私权的定义和描述主要分为两种：一种是与人权密切相关的，将隐私权视为社会道德和价值的组成部分；另一种是与信息相关的，包括一些不公开的信息，这些信息被认为是敏感的，不愿意公开。隐私不是一成不变的，它会随着特定的时间、空间和人员的变化而变化[26, 27]。

更具体地，隐私可以细化为以下几种[28, 29]。

① 信息隐私：个人数据的管理和使用主要包括可以与个人身份连接和匹配，且原则上不向公众开放的信息和数据。如果有特定的业务需求，业务部门就需要通过专业化的管理，通过特殊的授权后获得，包括：信息隐私，如身份证号，银行账号，收入和财产状况，婚姻家庭成员，网络活动痕迹（如 IP 地址、浏览痕迹、活动内容）等。

② 通信隐私：个人携带的包括信件、电话、邮箱、社交媒体等信息，通过各种通信方式与他人联系。

③ 空间隐私：标签、数据等与个人所在地、空间有关的信息，包括公共场所和个人进出的行动轨迹，如家庭住址、工作单位。

④ 身体隐私：如身高、体重、身体条件、健康问题、心理特点等。

数据的隐私保护关系到每个人的切身利益，关系到个人的安全。我们在互联网中留下了大量的信息足迹，这是信息传递的重要媒介。我们的各种行为、记录被社交媒体、购物平台和智能搜索引擎严密监控。这些行为和数据存储很多发生在用户完全不知情的情况下，有些甚至连最基本的通知和授权都达不到。数据的用途、去向等只有依靠各类商业机构的道德自律。更可怕的是，个别企业为了一己之私，秘密交易或出售数据，而不顾用户的个人隐私。这可能使人群暴露于危险之中，成为不法分子的重要打击对象，从而导致群体数据泄露的发生。

有报道称，仅 2020 年就发生了数十起重大数据泄露事件。

2020 年 2 月，一个黑客论坛上公布了 1060 多万名入住 Migaume 度假村酒店的客人的个人详细信息。这些被泄露的文件中包括姓名全称、家庭住址、电话号码、邮箱、生日等个人详细信息。

在以色列，由于选举应用配置错误，使近 650 万以色列公民的个人数据遭到曝光和破坏。

2020 年 5 月 7 日，江苏南通、如东两级公安机关经过 4 个多月的缜密侦查，破获特大侵犯公民个人信息"暗网"，抓获犯罪嫌疑人 27 名，查获贩卖公民个人信息数据 50 亿余条。

人、机、网的充分互动带来了无数的机遇和巨大的挑战，信息网络不可避免地夹杂着大量与人类隐私相关的基本信息，而这些信息一旦被用于非法目的，将使数千万人处于危险之中。保护海量、多样化和动态数据及其包含的隐私信息面临如下重要挑战[30-33]。

### 1. 难以确定保护个人隐私的范围

隐私的概念和范围不仅会随着时间的动态变化而变化，针对不同的人，还需要考虑自己的特点和特定的背景。同样的数据或信息可能被认为是某些群体中的个人隐私，需要通过强有力的手段来保护，但可能对于其他群体来说显得不是那么重要，也就不会被认为是个人隐私。隐私不是标准化的信息，也不是标准化的产品，隐私保护的范围很难完全界定。这种不规范的做法让个人隐私的保护变得更加困难。

### 2. 难以认定侵犯数据隐私权的范围和行为界限

关于利用数据隐私侵权到底是怎么侵权的，目前还没有比较一致的共识。一方面，个人隐私的范围本身确定起来难度比较大；另一方面，从违规到处罚都没有法律的约束层面，侵权程度也没有系统的、可量化的依据。例如，接触到隐私数据是否算是侵犯隐私，如果接触到隐私数据但没有进行分析和存储，是否已然属于侵权。这些目前都没有形成共识，应该采取何种处理措施，以及是否具备一定的量化依据，都是有待界定的。

### 3. 技术的日新月异也给隐私数据的管理造成了一定的难度和挑战

由于个人隐私数据往往千姿百态，并不完全保存在唯一的信息载体上，与隐私有关的数据被各种网页、各种系统分散存储。无论是由某些关键节点收集，还是利用每个人唯一的 ID 进行搜索，如何收集、存储、使用和发布来自隐私数据源的数据，以保护数据的隐私，这是在特定场景下需要考虑的问题，也是一项重大的系统工程。

而个人隐私数据从源头到最终使用需要经历数据生产、数据采集、数据存储和数据使用四个过程，生命周期长，过程比较复杂，因此衍生出了一系列的隐私保护技术（具体隐私保护技术见技术章节）。

## 2.2.3  价值流动闭环问题

在解决了数据权益和隐私保护后，有一个问题需要长期关注，就是如何有效地利用数据、促进数据的流动、发掘数据的价值，使生态形成闭环。目前，无论是政府统筹还是企业的探索，在数据价值实现方面都出现了一批探索和尝试的案例。

从 2015 年开始，国家开始建设数据交易平台。贵阳大数据交易所是排头兵，在贵阳市国资委的支持下挂牌运营，见证了第一笔交易。随后，长江大数据交易中心、华中大学数据交易所、武汉东湖大数据交易所、河北京津冀数据交易中心相继亮相。与繁荣的交易所接连出现相反，数据交易并没有朝着人们预期的方向发展。虽然这些大数据交易所在成立之初被寄予厚望，并设定了很多数据交易目标，但在市场操作上陷入了困境。在蓬勃发展的景象下，交易市场并未达到预期的活跃程度。

研究报告显示，最近几年，数据交易平台实际上交易很少，目前处于小规模探索阶段，没有获得可复制的经验，也没有进行大规模的推广和应用。

产生这样的现象主要因为以下痛点。

### 1．技术标准、数据标准、接口标准均不统一

多个领域都有很多数据生产方，各行各业积累了海量的数据。然而，各方数据的技术标准、数据标准、接口标准并不统一，因此数据没有得到相对统一的收集和转换。这使得在数据可以实际使用前，有必要进行一系列标准定义和转换，而这部分工作一直停滞不前。

### 2．数据质量不高，导致价值缺失

当前，数据定义主要有 3 类：结构化数据、非结构化数据和半结构化数据。

（1）结构化数据

信息可以用数据或统一的结构来表示，称为结构化数据。结构化数据是指以固定格式存在于记录文件中的数据，通常包括弹性分布式数据集（Resilient Distributed Dataset，RDD）和表格数据。其一般特征是数据以行为单位，一行数据代表一个实体的信息，每行数据的属性都是相同的。

（2）非结构化数据

非结构化数据意味着信息不是按照预先定义的数据模型或预先定义的方式组织的。非结构化数据包括所有格式的办公文档、文本、图片、XML、HTML、各种报表、图像和音频/视频信息。

（3）半结构化数据

半结构化数据是全结构化数据（如关系数据库、面向对象数据库中的数据）与完全非结构化数据（如声音、图像文件等）之间的数据。本质上，半结构化数据是结构化数据的一种形式，包括日志文件、XML 文档、JSON 文档、电子邮件等。

在数量方面，非结构化数据比结构化数据多得多。非结构化数据占总数据的 80%以上，并且每年以 55%～65%的速度持续增长。随着存储成本的下降和新兴技术的发展，行业对非结构化数据的重视程度有所提高。

在数据质量方面，结构化数据的质量相对较高，因为有一定的录入标准和验证规则。非

结构化数据由于较难形成强制性规范和共识，因而处于非标准状态，无法充分发挥数据赋能的作用，数据价值难以体现。

### 3. 缺乏运营，动力不足

当前数据运营或数据转化为数据资产的任务主要由政府主导，数据价值转化和运营的工作主要是自上而下得开展的。但就整体创意而言，市场化行为比政府的统筹方式更具活力和创造性，但目前整个行业缺乏一定的数据。一线从业者的市场思维和参与顶层规划设计，以及目前以政府为主的方式推动数据价值的实现略显僵化，导致数据挖掘和利用的动力不足，效率低下，数据的社会和经济效益很难发挥作用。

为解决上述问题，实现数据价值的有效闭环，在确定数据权限、拥有一定政府主导的数据交易平台的基础上，利用匹配引擎实现数据交易订单的撮合交易可能是一个比较好的解决路径。撮合交易按照"价格优先，同价下时间优先"的原则进行（交易委托簿是买方委托单或买方委托单的清单，通常按价格和时间排序）。这样可以引入部分市场化的引导机制，在目前政府主导的数据运作模式下，增加市场化手段，而从数据需求方到数据提供方的环节可以通过政府的引导和市场化的方式充分调动，不仅保证数据权在没有完全明确的情况下有足够的数据主权保护，还可以调动市场的积极性，让数据生态有序、持续、稳健运行。

我们将数据视为未来社会发展的新型"石油"。但客观地说，数据只能算是原油，作为社会发展的动力，还需要进行一系列净化提炼的复杂操作。就数据而言，真正有价值的是从数据中抽象出来的普遍性特征，从而总结出相应的客观规律，并通过规律分析客观世界、预测未来。因此，单一来源或封闭来源的数据不能完全代表世界的真实情况。需要掌握或获得足够大的数据集，以满足各种使用目的，然后才能推广应用，尽可能接近现实世界，以免产生过度的偏差。同时，需要确保数据的安全性，有相应的激励措施来促进或引导更多人共享手中的数据，才能使数据产生流动和共享，并实现数据的价值。

从价值层面，数据又具有分析价值、使用价值和交换价值。

### 1. 数据的分析价值

数据分析是数据收集的最终目的，通常此过程需要某些质量控制方法来支持。数据分析的目的是去粗取精，提取隐藏在杂乱无章的数据背后的一般规律。数据分析的作用在于引导人们进一步采取行动并进行合理预测，这也是数据分析的价值。例如，开普勒发现行星运动的规律就是通过对行星位置观测数据的分析。再如，餐饮企业可以通过分析顾客的订餐数量、订餐喜好，从而制定适合自己的营销方案。

### 2. 数据的使用价值

通常，当数据具有使用价值时，是在数据完成分析过程即数据产生分析价值后，此时数据的使用价值主要体现在以下几方面。

以健康医疗大数据为例，目前已经显示出越来越广泛的价值，主要应用于临床医学、卫生管理、公共卫生等领域，为医生、患者、公众提供越来越多的便利和决策依据[34-37]。

（1）临床诊断更加智能和高效

在临床医学领域，健康医疗大数据的数据使用价值主要体现在为临床医学提供辅助决策诊断和治疗的依据，为医生的临床医疗决策提供科学的参考。例如，**IBM**的沃森能为医生提供规范的临床路径和个体化的医疗建议，根据患者的临床、病理和遗传特点进行针对性的治疗。

又如，针对色素性皮肤病的计算机辅助诊断，我国现有团队已采用大数据深度学习技术实现。基本流程如下：研究人员利用大数据深度学习技术构建训练集，这些训练集由大量的彩色皮肤疾病图像组成，然后通过计算机神经网络技术进行应用，病人只需在大数据分析平台上拍照上传即可；通过图片特征提取技术，对病人进行特征提取和智能分类，可以初步诊断病情。

（2）大数据预测传染病传播趋势

在公共卫生领域，大数据技术可以帮助疾控部门预测传染病的传播趋势，进而提前做好疫情的预防控制和部署，这也体现了大数据的价值。

（3）为管理者决策提供科学的数据支持

医疗大数据的价值还体现在管理者对医疗机构运行的全局管控方面，可以为管理者提供强有力的数据支持，使其科学决策、合理决策，从而促进医疗机构运行管理水平的提高。常见的方式是对多维度的数据进行整合分析，进而可视化结果。比如，医疗大数据商业智能（Business Intelligence，BI）平台部署在部分三甲医院，是其商业化的重要呈现方式之一。

### 3．数据的交换价值

数据流通取决于先前数据分析产生的价值，最后呈现使用价值。然而，最关键和最能反映数据流通的是它的交换价值。数据的每次流通都是为了实现数据的交换价值。

数据交换的价值可以以价格－商品形式呈现，即将数据视为商品。在数据交易的早期，由于没有统一的价格管理中心或常规的价格准则，早期的数据商品价格可能大大偏离生成数据所需的输入成本。价值是价格的基础，而价格是价值的货币表现，一般而言，商品价值与价格成正比，但由于早期的数据价值交换市场处于相对自由的增长状态，因此与实际价值可能有较大的差异。

一旦涉及真正的价值流通和交换，就涉及双重安全的问题，既需要保证数据的安全，也需要保证数据转化为经济价值的安全。目前，区块链技术和联邦学习技术为数据的交换价值保护提供了新的模式。区块链作为一种分布式系统，具有数据不易篡改、不易伪造、可追溯等特点。由于区块链的共识机制可以确定记录的有效性，并有效防止数据被篡改，因此能够协助确认交换数据的价值。特别是利用联邦学习技术后，联邦学习的加密算法可以确保结果与普通明文操作的结果一致。在训练模型时，这种加密方法可以将模型加密后发送给对方，然后对方使用自己的数据和加密后的模型进行操作后再发回，从而实现多方数据的通用。因为整个过程是加密和可控的，所以数据不会泄露。

在整个过程中，区块链技术和联邦学习技术使得数据的物理存储没有转移和变化，却能形成数据的交换价值，有效保障数据安全，促进数据的流动；同时，数据没有被复制或盗取，因此数据的原始价值没有减少或丢失。

可以看出，通过一些必要的技术来辅助，数据可以处于原始数据不移动但是价值可交换的形式。这是保护数据主权、降低使用门槛、促进数据使用的有效手段。

# 本章小结

百花齐放皆是春。自工业革命以来，人类科学技术的发展大大加快了演进进程，特别是计算机发明后，发展速度有了很大的提高，为数据的安全和使用衍生出多种流派的数据安全保护技术。在实际的项目开发中，有许多技术可以实现数据共享。

目前采用的数据安全共享技术一般是在考虑减少对业务数据流的干扰和损害的同时，建立基于整体数据视图、分层分类的动态保护策略。同时，在数据安全事件发生时，细粒度数据行为审计和追溯技术能够帮助系统快速定位问题，并对缺口进行校验。

与这些技术相比，区块链是一种相对较新的技术，其特色是分布式账本、非对称加密、共识机制和智能合约。但值得注意的是，任何只追捧一种技术的思潮都是狂热和危险的。在具体的工程实施中，区块链技术有优势，但仍需与其他技术紧密耦合，相互补充，才能更好地为实践奠定基础，实现数据安全共享的任务。

为了实现项目的特定目标，绝不应该有狭隘和排他的想法。"只要能抓到老鼠，它们都是好猫。"区块链技术固然是目前数据安全的新秀，但长江后浪推前浪，未来或许还会有更多适合业务场景的技术和服务。无论如何，只有以开放和共享的态度，我们才能更乐见新兴技术的诞生和蓬勃发展。

# 习 题 2

1. 区块链技术对于数据安全保障和共享最主要的意义是什么？
2. 在工作和学习中，你是否有遇到需要进行数据共享的场景，是如何解决的？

# 参考文献

[1] 黄如花，刘龙. 英国政府数据开放的政策法规保障及对我国的启示[J]. 图书与情报，2017(1): 1-9.

[2] 蔡婧璇，黄如花．美国政府数据开放的政策法规保障及对我国的启示[J]．图书与情报，2017(1)：10-17.

[3] 黄璜．美国联邦政府数据治理：政策与结构[J]．中国行政管理，2017(8)：47-56.

[4] 马海群，蒲攀．国内外开放数据政策研究现状分析及我国研究动向研判[J]．中国图书馆学报，2015，41(05)：76-86.DOI:10.13530/j.cnki.jlis.150026.

[5] 岳丽欣，刘文云．我国政府数据开放保障机制的建设研究[J]．图书与情报，2016，60(19)：40-48+39.DOI:10.13266/j.issn.0252-3116.2016.19.005.

[6] 王本刚，马海群．开放数据安全问题政策分析[J]．情报理论与实践，2016，39(09)：25-29. DOI：10.16353/j.cnki.1000-7490.2016.09.005.

[7] 温芳芳．我国政府数据开放的政策体系构建研究[D]．武汉：武汉大学，2019.

[8] 马亚文，张溪瑨．欧盟GDPR的域外适用及对我国的借鉴[J]．对外经贸实务，2022 (10)：37-42 +58.

[9] 王乐枭，李凯，张晓晴．欧盟GDPR对个人信息保护影响评估实践研究[J]．中国新通信，2022，24(17)：128-130.

[10] 吴伟光．大数据技术下个人数据信息私权保护论批判[J]．政治与法律，2016(07).

[11] 吴晓灵．大数据应用：不能以牺牲个人数据所有权为代价[J]．中国人大，2016(14).

[12] 吴超．从原材料到资产——数据资产化的挑战和思考[J]．中国科学院院刊，2018，33(08)：791-795.DOI:10.16418/j.issn.1000-3045.2018.08.004.

[13] 刘德良．个人信息的财产权保护[J]．法学研究，2007(03)：80-91.

[14] 齐爱民，盘佳．大数据安全法律保障机制研究[J]．重庆邮电大学学报（社会科学版），2015，27(03)：24-29+38.

[15] 肖冬梅，文禹衡．数据权谱系论纲[J]．湘潭大学学报（哲学社会科学版），2015，39(06)：69-75.DOI:10.13715/j.cnki.jxupss.2015.06.014.

[16] 苏可依．大数据时代的数据权权属划分[J]．网络安全技术与应用，2021(08)：63-64.

[17] 陈乐诗．个人数据所有权制度概念及基本设立框架研究[J]．中国商论，2020(20)：176-178.

[18] 史宇航．个人数据交易的法律规制[J]．情报理论与实践，2016，39(05)：34-39.DOI:10.16353/j.cnki.1000-7490.2016.05.007.

[19] 王融．关于大数据交易核心法律问题——数据所有权的探讨[J]．大数据，2015，1(02)：49-55.

[20] 杨训，周　．数据资产核算可行性分析[J]．合作经济与科技，2016(16)：151-153.DOI:10.13665/j.cnki.hzjjykj.2016.16.071.

[21] 张敏　．数据流通的模式与问题[J]．信息通信技术，2016，10 (04)：5-10+57.

[22] Koutris P, Upadhyaya P, Balazinska M, et al．Query-Based Data Pricing[J]．Journal of the ACM, 2015, 62(5): 41-44.

[23] Cai L, Zhu Y．The Challenges of Data Quality and Data Quality Assessment in the Big Data Era [J]．Data Science Journal, 2015, 14(2): 1-10.

[24] 张晓玉．基于讨价还价博弈的大数据商品交易价格研究[D]．鞍山：辽宁科技大学，2016.

[25] Liang F, Yu W, An D, et al．A Survey on Big Data Market：Pricing, Trading and Protection[J]．IEEE

Access, 2019, 6: 15132-15154.

[26] 赵付春. 大数据环境下用户隐私保护和信任构建[J]. 探索与争鸣, 2017, 1(012): 97-100.

[27] 彭宁波. 国内数据隐私保护研究综述[J]. 图书馆, 2021(11): 69-75.

[28] 季永伟. 电商用户隐私保护措施分析[J]. 数字经济, 2020(24): 189-190.

[29] 张韬. 大数据背景下电子商务个性化推荐服务下的用户隐私保护[J]. 梧州学院学报, 2016, 26 (01): 18-20+70.

[30] 姜盼盼. 大数据时代个人信息保护研究综述[J]. 图书情报工作, 2019(15): 140-148.

[31] 张玥, 朱庆华. 国外信息隐私研究述评[J]. 图书情报工作, 2014(13): 140-148.

[32] 方新军. 一项权利如何成为可能?——以隐私权的演进为中心[J]. 法学评论, 2017(6): 109-118.

[33] 张新宝. 从隐私到个人信息: 利益再衡量的理论与制度安排[J]. 中国法学, 2015(3): 38-59.

[34] Vayena E, Blasimme A. Biomedical big data: New models of control over access, use and governance [J]. Journal of Bioethical Inquiry, 2017, 14 (04): 501-513.

[35] Alrahbi D A, Khan M, Gupta S, et al. Challenges for developing health-care knowledge in the digital age[J]. Journal of Knowledge Management, 2020. doi:10.1108/JKM-03-2020-0224.

[36] 曾润喜, 顿雨婷. 健康医疗大数据: 理论、实践与应用——中国信息化专家学者"围观基层"系列活动第八站研讨会综述[J]. 电子政务, 2017(01): 117-121.

[37] 郭熙铜, 张晓飞, 刘笑笑, 等. 数据驱动的电子健康服务管理研究: 挑战与展望[J]. 管理科学, 2017, 30(01): 3-14.

# 第3章 区块链与数据共享技术

区块链（Blockchain）是一种去中心化技术，随着区块链网络节点的增长，区块链抵御外界网络节点和内部篡改节点攻击的能力就越强，从而保证了其数据在没有获得授权的情况下可以不受任何干涉。因此，区块链的分布式存储功能有助于共享技术的改进，从而提升数据共享的可靠性和安全性。本章重点阐述区块链的历史发展、基础原理及相关的应用。

## 3.1 区块链背景

区块链的概念被广为知晓是由于比特币的迅猛发展，因为比特币的底层架构就是区块链技术。不限于加密代币的应用，区块链在经过技术工程师不断耕耘后，在各行各业都涌现出创新性的应用，如电子财产市场、政务系统数据加密存储、数据记录验证审计、供应链或者生产链溯源等。区块链技术正不断渗透到人类的生活生产之中。

### 3.1.1 区块链的概念

《中国区块链技术和应用发展白皮书（2016）》[1]对区块链的定义是：狭义来讲，区块链是一种按照时间顺序将数据区块以顺序相连的方式组合成链式数据结构，并以密码学方式保证数据不可篡改和不可伪造的分布式账本。广义上，区块链是利用块链式数据结构来验证和存储数据、利用分布式节点共识算法来生成和更新数据、利用密码学的方式来保证数据传输和访问的安全性、利用由自动化脚本代码组成的智能合约来编程和操作数据的一种全新的分布式基础架构与计算范式。

以上定义很好地概括了当前对区块链的普遍认识，本节将围绕区块链六层经典架构展开介绍。区块链的经典架构在区块链的发展历程中发挥了承上启下的作用，不但继承了比特币底层技术的模块和理解，而且为区块链架构的后续演化奠定了基石。

经典区块链技术结构可以分为6层，如图3-1所示，从下至上分别为数据层、网络层、共识层、激励层、合约层和应用层（具体见3.2节）。下三层继承了比特币通用的基础区块链架构，也有一些模型会从数据层中独立出加密层，紧随在数据层后，上三层是可定制化的，丰富了区块链的内涵和外延能力。例如，合约层来自区块链后续发展过程中智能合约的引入，比特币没有图灵完备的智能合约语言，只有逆波兰表达式的脚本。又如，作为区

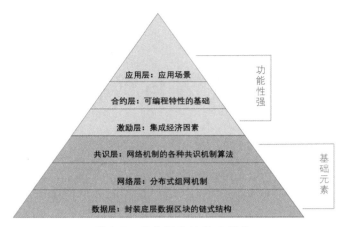

图 3-1　经典区块链技术架构

块链的新分类，许可链与比特币等公有链不同，常常不需激励层。为了使区块链适应不同场景，区块链架构演变出很多不同而复杂的变体，有三层到七层等不同的层级架构。例如，在应用层上增加用于定义数据治理目标和方向的目标层，用于定义数据治理的目标和方向，形成七层区块链架构。

　　数据层的数据结构是区块链的基本特征，其中，哈希算法（Hash Algorithm）[2]构成了数据区块间的链式结构，区块封装了对旧账本的认识和新的交易序列，给出了新账本的提案。为什么要封装对旧账本的认识呢？假如区块只存储了对应时间段的交易，每个区块间是相互独立存在的，其组成的序列依然是完整的账本，但这样的账本可以随意替换其中的区块而不需改变其他区块，资金流转过程形成的链条可能被一次区块篡改而打断或重塑，且无法还原。通过封装对旧账本的认识，当前区块自身便携带着过往交易的信息，可以用于发现并还原对过往区块的篡改，以保障新账本所含交易的可追溯性和有效性。如何将历史交易信息封装入当前区块成为一个重要问题。区块链技术作为去中心化的方案，同一套账本在各节点都有相应的副本，直接将历史交易信息封装到当前区块必然引起大量的存储资源浪费，因此只需要发现和还原对应旧账本的线索，即锚定旧账本的标识就可以追溯历史交易信息，避免使用大量存储媒介。在区块链技术中，哈希算法被用来生成旧区块的线索，生成的哈希值也被称为摘要或指纹，即当值域远大于输入数量时，可以使用哈希值唯一标识对应的输入，极小概率会打破哈希值的唯一性。哈希算法对每个区块内记录的数据进行哈希运算，获取哈希值作为区块索引，而账本由区块序列组成，只要后区块都引用和存储了前区块的哈希索引，即可追溯前区块，进而递推追溯之前的所有区块，直至展现完整的账本。哈希索引就像是区块的指针，形成了区块作为节点的链式结构，因此区块链被称为"链"，而非"队列"。另一方面，哈希值对于输入是唯一的，且难以通过哈希值反过来获得符合哈希算法的输入。区块的哈希索引来自区块数据，重新找到另一组数据对应同一哈希索引几乎是不可能的。哈希索引锁定了区块数据，进而锁定区块的先后顺序和整个账本，任何账本的微小改变几乎都会带来哈希索引的变化，而被认为是全新的账本。这使得哈希索引可以对账本完整性进行自我验证。作为唯一标识，哈希索引不仅标识了对应区块，在递推引用中也标识了对应的整个账本，通过存储前区块的哈希索引就解决了封装旧账本的认识的问题。如果攻击者篡改了过往区块，节点可以通过区块哈希索引的匹配和校验，从其他可信的节点中毫无二致地获取原来的账本。实际上，比特币的区块内部通过哈希算法构建默克尔树，以组织和存储交易，与链式结构有异曲同工之妙，哈希算法作为骨架完全贯通了区块链的数据结构。

网络层的对等网络（P2P Networking）[3]是区块链的容错基础，也是信任之源。对等网络结构没有中心化的服务器节点，所有节点平等，称为"去中心化"。节点对等地参与系统的维护，限制了单节点对区块链的权责，减少了单个恶意节点对整个系统的冲击力，任意节点的崩溃不会影响系统运作。与其他分布式架构不同，区块链的分布式注重的是安全，而非性能，所有节点冗余备份账本并参与系统维护，但没有提高系统对外提供服务的能力，反而成为性能负担。为此，部分区块链项目赋予少数节点更高的权力，牺牲部分安全，以提高效率，称为"多中心化"。对等节点组成对等网络的拓扑结构是区块链安全的重要组成部分，需要对拒绝服务（Denial-of-Service，DoS）[4]攻击和日蚀攻击（Eclipse Attack）[5]有一定的韧性。

共识层的共识算法[6]维护了各诚实节点账本副本的一致性，是区块链不可篡改的核心手段。各诚实节点遵循巧妙设计的共识协议，实现了状态复制（State Replication），保证了所有诚实节点账本副本的一致，因此本地的账本副本就是公共账本，节点 A 的账本副本就是节点 B 的账本副本，在此基础上达成共识并形成信任，对抗双花攻击（Double Spend Attack）[7]和重放攻击（Replay Attack）[8]。由于区块链数据结构的精巧，保持账本一致可简化为保持末端区块的哈希索引一致，考虑到还需要对交易等区块内容进行检验，节点间的共识过程实际是末端区块的同步。

不同区块链系统有不同的需求和环境，采用的共识算法也大不相同，主要分为 3 类：① 公有链，节点任意进出，主要挑战为对抗女巫攻击（Sybil Attack）[9]，采用 PoW、PoS、PoC、PoST 等证明类共识算法，依托不可伪造的难题证明鼓励节点间竞争，以淘汰处于劣势的恶意节点；② 联盟链，对特定群体或个人开放，依赖数字签名算法（Digital Signature Algorithm，DSA）的安全性，遵循公钥基础设施（Public-Key Infrastructure，PKI），设立认证机构（Certification Authority，CA）来颁发数字证书（Digital Certificate），采用 PBFT 等投票类共识算法，通过票数阈值确保提案统一，通常有严格的一致性证明；③ 私有链，机构内部使用，不考虑拜占庭攻击（Byzantine Attack）[10]，仅需要支持崩溃容错（Crash Fault Tolerance，CFT），一般直接使用经典分布式一致性算法，如 Paxos、Raft 等，效率较高。共识算法是区块链研究的热点，新的共识算法如 PoL、PoX 等相继出现。

激励层的激励机制使参与者自发地维护区块链系统的运作和稳定，并减少恶意攻击的意愿。在开放的没有负责主体的公有链中常见各种代币，如比特币、以太币等，以鼓励参与者向区块链系统输入设备、电力等资源，同时利用押金机制震慑违反协议的行为。反过来，存在隐患的设计可能导致理性参与者趋向特定攻击类型，如 PoS 的无利害关系（Nothing At Stake）问题。公有链维护者众多而每周期达成共识的区块唯一，记账竞争内卷，每周期获益概率极低，属于高风险高收益的投资。为了降低风险，"矿工"们联合为中心化的矿池（Mining pool）[11]，成为区块链研究的衍生课题。

合约层的智能合约（Smart Contract）[12]极大地丰富了区块链的功能和应用，将区块链从公共账本系统拓展为公共计算机系统。1995 年，Nick Szabo 提出了智能合约的概念："一个智能合约是一套以数字形式定义的承诺，包括合约参与方可以在上面执行这些承诺的协议。"区块链为智能合约提供了实现平台，智能合约将合同和承诺转化为确定性的执行逻辑和程序代码，存入公共账本，由交易自动触发，输入和输出都在区块链账本上有据可查。因此，智能合约的执行由区块链系统所有节点共同见证和监督，且所有节点对执行结果达成共识。为保证智能合约在不同节点的异构设备上的执行过程一致，区块链的智能合约机制常常配套相应的虚拟机，甚至为了消除不确定过程设计了智能合约专用语言，如部署在以太坊虚拟机（Ethereum Virtual Machine，EVM）上的智能合约专用编程语言 Solidity。智能合约编写必须专业和严谨，在 The DAO 事件中，智能合约漏洞导致了几千万美元的直接损失。

应用层组建具体的区块链应用，与用户交互。除了以上所述的用户不需感知的各层区块链底层机制，完整的区块链项目还附带各类辅助模块，方便用户使用区块链。身份认证服务是许可链的基础，绑定现实身份和虚拟身份，避免节点多票破坏共识安全，同时支持节点分级和分工。区块链浏览器方便用户浏览和查询区块链所有信息，包括链本身信息、区块信息、交易信息、智能合约信息等。区块链 API 和 SDK 方便开发者接入区块链系统和服务，降低区块链使用门槛。预言机（Oracle）服务向区块链输入系统外的可信的信息，如随机数、汇率、天气预报等，以实现部分智能合约。智能合约 IDE 辅助和简化智能合约的编写和部署，甚至提供智能合约安全检测服务。对于需要配套电子货币系统以支持激励机制的公有链而言，区块链钱包和区块链交易所等应用的开发也是普及的关键。在这些区块链设施之上，金融、物流、政务、医疗等区块链应用蓬勃发展，在原本信任成本较高的各方之间建立了可信的数据共享平台。

## 3.1.2　区块链的发展历程

2008 年 11 月，中本聪（Satoshi Nakamoto）在密码学论坛[13]发表的一篇名为《比特币：一种点对点的电子现金系统》[14]的文章中首先提出了比特币的设想。2009 年 1 月 3 日，中本聪发布了比特币系统并挖掘出第一个区块，被称为"创世区块"（Genesis Block），获得了 50 比特币。创世区块附带了一句话来证明这个区块挖出于 2009 年 1 月 3 日，这句话来自 2009 年 1 月 3 日的《泰晤士报》头版新闻标题——财政大臣正处于第二次救助银行之际（*Chancellor on brink of second bailout for banks*）。这个新闻标题暗示了货币的中心化发行带来了货币超发和金融掠夺等危机，比特币则尝试通过点对点、无第三方信任和发行机构的方式，建立更公开、更透明、更公平的电子货币系统。

至今，比特币系统已经运行了十多年。比特币系统软件全部开源，硬件设备分布在全球各地，无中心机构管理服务器，无任何负责的运营主体，无外部信用背书，看似无源之水，无根之木，然而面对大量黑客无数次的攻击尝试，比特币系统一直稳定运行，没有发生过重大事故，证明了比特币系统背后技术的完备性和可靠性。人们尝试总结和归纳比特币系统背后的技术，并加以发展，希望将这样一个去中心、去信任的安全系统拓展到其他应用中，而这就是区块链技术。

虽然中本聪是比特币系统的开创者，但是区块链技术不是凭空产生的，也不是从天上掉下来的，是密码学和分布式计算的集大成者，将众多的密码学和分布式计算技术融为一体，站在了历代"巨人"的肩膀上。

1976 年，Whitfield Diffie 和 Martin Hellman 发表了开创性论文《密码学的新方向》[15]，覆盖了现代密码学的主要研究方向，包括非对称加密算法、椭圆曲线加密算法、哈希算法等内容，首次提出了公共密钥加密协议和数字签名概念，构成了现代互联网中广泛使用的加密算法体系的基石，这是比特币系统的核心技术。

1979 年，Merkle Ralf 提出了默克尔树（Merkle Tree）[16]数据结构和相应的算法，现在被广泛用于校验分布式网络中数据同步的正确性，对密码学和分布式计算的发展起着重要作用，这是比特币中用来做区块同步校验的重要手段。

1982 年，Leslie Lamport 提出了拜占庭将军问题（Byzantine Fault），并证明了在将军总数大于三倍的背叛者个数时，忠诚的将军们可以达成一致，标志着分布式计算理论和实践正逐渐走向成熟。这是之后出现的区块链分支——联盟链的核心技术。

同年，David Chaum 公布了密码学支付系统 ECash，加密数字货币先贤已经开始尝试将现代密码学技术运用到货币、支付等相关领域。

1985 年，Koblitz 和 Miller 各自独立发明了椭圆曲线加密（Elliptic Curve Cryptography，ECC）算法[17]。经典的 RSA 的算法计算量大，实际落地时存在性能障碍，ECC 算法的提出极大地推动了非对称加密体系真正进入生产实践领域并发挥巨大影响。ECC 算法标志着现代密码学理论和技术开始走向更加普遍的应用。

1997 年，Adam Back 提出了 Hashcash 算法，用于解决垃圾邮件（E-mail Spam）和 DoS（Denial-of-Service）攻击问题。Hashcash 是一种工作量证明（Proof of Work）算法，这是全新的信用来源，被比特币系统采用。

1998 年，Wei Dai 和 Nick Szabo 各自独立提出加密数字货币的概念，其中 Wei Dai 的 B-Money 公认为比特币的精神先驱，而 Nick Szabo 的比特黄金（Bitgold）设想基本就是比特币的雏形。

2008 年底，中本聪发表《比特币：一种点对点的电子现金系统》，随后在 2009 年初创建比特币（Bitcoin）的创世区块，标志着比特币的诞生。

2012 年，Sunny King 提出了 PoS 共识，用于解决比特币 PoW 共识耗能问题，并发布了点点币（PPCoin）。

2013 年，Vitalik Buterin 发布了以太坊白皮书，随后在 2015 年正式推出以太坊。以太坊通过引入可编程的、图灵完备的智能合约，解决了比特币机制的扩展性问题。

2015 年，Linux 基金会宣布了超级账本项目（Hyperledger）[18]，包含一组区块链工具和多个区块链子项目，其中 Fabric 作为超级账本项目的基石，提供了一个基于许可的区块链框架，适用于企业联盟应用场景。

### 3.1.3　区块链的抽象模型

区块链，顾名思义，即区块的链，更具体为区块的时序链，其基本数据单元为区块，而区块封装了一段时间内的交易，区块连成链则记录了完整的交易历史。各节点对区块链账本达成共识，在引入区块的概念后，分解为每隔一段时间对区块达成共识。于是，区块数据结构需要在完整的区块链账本和单个的交易之间获得平衡，一方面，若区块涉及的时段过小，甚至只包含一个交易，则需要频繁达成共识，而共识是需要消耗大量资源的；另一方面，若区块链所涉及的时段过大，甚至包含整个区块链账本，则需要达成共识的信息量过大，既提高了节点参与的设备性能门槛，也加大了达成共识的难度。

以比特币为例，区块主要包含区块大小、区块头、交易个数计数器、不定长度的交易序列等信息，而区块头主要由版本号、父区块哈希值、默克尔树根、时间戳、难度指标、随机数（Nonce）等信息构成。父区块哈希值即之前所说的前区块的哈希指纹索引，由前区块所含数据进行哈希运算获得，作为指针进行唯一指定，在区块间构建了顺序关系，形成了区块的链式结构。默克尔树根概括了交易信息，用于检验交易。时间戳记录了区块产生的近似时间,通过自适应调节 PoW 共识中的哈希算法难题的难度可以控制共识周期稳定在 10 分钟左右。鉴于此，某些区块链应用将该时间戳作为可信时间戳使用。难度指标记录了产生该区块时难题的难度。随机数是节点给出的难题答案，即 PoW 共识的工作量证明。

根据功能，信息可以分为 4 类：① 元数据，用于方便数据存储和处理，如区块大小、版本号、交易个数计数器等；② 交易数据，用于记录和验证交易，如默克尔树根和交易序列等；③ 共识数据，用于参与和维护共识机制，如时间戳、难度指标、随机数等；④ 引用数据，用于表明区块顺序和继承逻辑，如父区块哈希值等。

当明确执行环境和难题难度时，我们可以把比特币协议中的本地状态 $s$ 抽象化为区块序列 $\vec{b}$，其内任意区块 $b$ 由四元组 $<h_{-1}, n, m, h>$ 组成，其中 $h_{-1}$ 为父区块哈希值，$n$ 为随机数，$m$ 为囊括了区块内所有交易信息的记录，$h$ 为该区块的哈希值。区块序列 $\vec{b}$ 起源于创世区块 $b_{genesis}$，创世区块没有父区块，其父区块哈希值需要特别设置。在公有链中，创世区块常常分配了最初的代币资产，而在联盟链中，创世区块常常创建了最初的规则。

区块 $b =< h_{-1},n,m,h >$ 对于父区块 $b_{-1} =< h'_{-1},n',m',h' >$ 是有效的，需要满足如下 3 个条件：① $h_{-1} = h'$；② $h = H(h_{-1},n,m)$；③ $h \le D_p$。条件①描述了父区块存在，条件②描述了区块通过哈希指纹索引对区块数据进行自我验证，条件③描述了 PoW 的工作量证明（在共识算法中展开）。基于此，本地状态 $s = (b_0,\cdots,b_l)$ 是有效的，需要满足如下 3 个条件：① $b_0$ 是约定的创世区块；② 对于任意 $i \in [l]$，$b_i$ 对于 $b_{i-1}$ 是有效的；③ $V(C(s)) = 1$。

至今，区块链从比特币脱胎成为一个复杂的体系，各种各样的区块链项目琳琅满目，各有千秋。研究人员试图忽略上层的激励机制、智能合约和业务逻辑等拓展机制，从繁杂的共识算法等表象中抽象出区块链的共性，探究区块链的关键所在，大量的研究工作从不同侧面勾勒出区块链的轮廓，试图逼近区块链的内核。结合前人的工作，Rafael Pass、Lior Seeman 和 Abhi Shelat 较好地归纳出了区块链抽象模型，且总结了区块链协议应满足三大特性：链增长（Chain Growth）、链质量（Chain Quality）和一致性（Consistency），并证明了三大特性直接支持公共账本所需的活性（Liveness）和恒定性（Persistence）。链增长描述了记录增加速度的下限；链质量描述了链中诚实记录的占比下限；一致性描述了不同节点或不同时刻的账本前缀一致。活性描述了每段时间都至少有一个新诚实记录成功加入公共账本；恒定性描述了一个记录在公共账本中总是在一个固定的位置。

区块链协议是一对算法 $(N,C)$，其中 $N(k)$ 是一个有状态算法，接收安全参数 $k$ 作为输入并维护本地状态。算法 $C(k,s)$ 输出一个有序的记录序列 $\vec{m}$，作为一个参与者的账本，$s$ 是参与者的本地状态。为了简化记号，当 $k$ 在上下文明确时，用 $C(s)$ 替代 $C(k,s)$ 表示，用 $N$ 替代 $N(k)$ 表示。在此描述下，账本的基本单位不再是交易，而是记录。记录代表了一个区块存储的账本信息，而区块封装了记录及其元信息。在比特币系统中，记录体现为一段时间内的新交易序列（及其默克尔树），当使用比特币服务时，需要的是记录序列组成的账本，即 $C(s)$，而非包含了区块高度、工作量证明等额外数据的由算法 $N$ 所维护的 $s$。为了引入实际应用需求，算法 $N$ 以有效性的断言 $V$ 作为参数，表示为 $N^V$，而 $V$ 封装了区块链应用想要达到的语义特性。比如，在比特币的资金流通中为无双重支付等。当且仅当在这些特定的有效性概念下账本 $\vec{m}$ 是有效时，$V(\vec{m})$ 返回 1，基于此，可以根据实际应用需求，对参与者本地状态 $s$ 的更新进行约束，进而保证账本 $\vec{m}$ 存在的现实意义。该区块链协议的定义实际上没有对区块链的数据结构进行限制，而是通常用本地状态 $s$ 代表。具体到比特币，$s$ 表示的是区块的链式结构，即参与者本地状态。

下面在通用组合安全（Universally Composible Security）框架下讨论区块链协议的执行过程，引入环境（Environment）、参与者（Parties）、对手（Adversary），作为计算实体，以交互式图灵机（Interactive Turing Machine，ITM）的形式参与协议执行。这些计算实体能接受输入集并生成对应的本地输出，且复杂度都是概率多项式时间（Probabilistic Polynomial Time，PPT）。环境 $Z(1^k)$ 指导算法对 $(N,C)$ 的执行，模拟算法以外的输入和输出，同时控制激活参与者个数。参与者 $i \in \{1, 2, \cdots, n\}$，在被环境激活后，若是诚实的，则以 $1^k$ 作为输入值，从空白本地状态 $s$ 开始执行算法 $N$，并完全遵循算法对 $(N,C)$；若是腐化的，即被对手 $A$ 控制了，则被 $A$ 读取输入，且输出 $A$ 所给的值，也就是说，该参与者是拜占庭（Byzantine）的，具有任意行为。算法对 $(N,C)$ 的执行过程如下：

① 将时间等分为没有重叠的区间——轮次，执行过程按轮次进行。在每轮次中，每个参与者 $i$ 从环境 $Z$ 接收一条消息 $m$，模拟了新记录上链的实际场景，也可能收到区块链网络传入的消息（由对手 $A$ 转达）。

② 参与者 $i$ 可以执行任何计算，随后向所有其他参与者广播一条消息（由对手 $A$ 转达），并更新参与者 $i$ 的本地状态 $s_i$。

③ 对手 $A$ 负责转达所有参与者之间传递的消息，使得参与者无法获知消息发出者的身份。对手 $A$ 不能修改诚实参与者广播的消息的内容，但可以延迟或重新排序消息的送达时间，只需要保证所有消息在一定时间内都会被送达。

④ 任何时候，环境 $Z$ 都可以与对手 $A$ 沟通，也可以从任意参与者 $i$ 获取账本 $C(s_i)$。

⑤ 任何时候，环境 $Z$ 都可以腐化诚实参与者 $j$，使得对手 $A$ 可以获取该诚实参与者的本地状态 $s_j$，且随后控制诚实参与者 $j$。

⑥ 任何时候，环境 $Z$ 都可以还原一个腐化参与者 $j$ 并通知对手 $A$，同时参与者 $j$ 从新状态 $s_i$ 重新开始执行 $N(1^k)$，随后从对手 $A$ 获得所有之前从诚实参与者发出的信息。还原腐化参与者模拟了新节点加入区块链系统的实际场景。

随机变量 $\mathrm{EXEC}^{(N,C)}(A,Z,k)$ 表示执行过程中所有参与者的视图汇总，包括所有的输入、生成的随机数和收到的消息，完全决定了一次具体的执行过程，同时通过五元组断言 $\Gamma(\cdot,\cdot,\cdot,\cdot,\cdot)$ 对协议的执行环境进行约束，规范环境 $Z$ 和对手 $A$ 的能力和行为，提供安全基础。

定义 3.1.1（许可环境） 五元组 $<n(\cdot), \rho, \Delta(\cdot), A, Z>$ 对协议 $(N^V, C)$ 而言是 $\Gamma$ 许可的，如果 $A$ 和 $Z$ 是非均匀概率多项式时间算法，$\Gamma(n(\cdot), \rho, \Delta(\cdot)) = 1$，且对于 $\forall k \in \mathbb{N}$，任何 $\mathrm{EXEC}^{(N,C)}(A,Z,k)$ 过程中的视图 view 有以下条件：① 在 view 中，$Z$ 激活了 $n = n(k)$ 个参与者；② $A$ 最多把消息延迟 $\Delta = \Delta(k)$ 轮次；③ 在 view 的任意轮次 $r$，$A$ 最多控制 $\rho \cdot n(k)$ 个参与者；④ 在 view 的任意轮次 $r$，$Z$ 只发送本地输入 $m$ 给诚实参与者，且对于诚实参与者 $i$，保证 $V(C(s_i) \| m) = 1$。在环境中，协议 $(N^V, C)$ 任何时候被明确，就认为 $<n, \rho, \Delta, A, Z>$ 是 $\Gamma$ 许可的。$\|$ 符号表示拼接符号两边的串，$V(C(s_i) \| m) = 1$ 断言本地账本 $C(s_i)$ 和 $Z$ 发送的消息 $m$ 同时为真。

为了简化后续表述，先引入一些记号和概念。

对于任意对手 $A$ 和环境 $Z$，$\mathrm{EXEC}^{(N,C)}(A,Z,k)$ 过程中的任意视图 view，用 $|\mathrm{view}|$ 表示执行总轮次数，用 $\mathrm{view}^r$ 表示前 $r$ 轮次 view 的前缀视图，用 $s_i(\mathrm{view})$ 表示在 view 中参与者 $i$

的本地状态，并约定 $C_i(\text{view}) = C(s_i(\text{view}))$，$C_i^r(\text{view}) = C_i(\text{view}^r)$。同时，定义函数的（强）可忽略：函数 $\epsilon(\cdot)$ 是可忽略的，若对于任意多项式 $p(\cdot)$，存在 $k_0$ 使得任意 $k \geq k_0$，则有 $\epsilon(k) \leq 1/p(k)$；函数 $\epsilon(\cdot)$ 是强可忽略的，那么存在常数 $C_0 \geq 0$ 与 $C_1$ 使得对于任意 $k$，则有 $\epsilon(k) \leq e^{-C_0 k + C_1}$。基于区块链协议及其执行的定义，接下来可以探究一个"好"的区块链方案所需的特性：链增长、链质量和一致性。

### 1．链增长

链增长的数学数学描述：

$$\text{min} - \text{chain} - \text{increase}^{r,t}(\text{view}) = \min \left| C_j^{r+t}(\text{view}) \right| - \left| C_i^r(\text{view}) \right| \tag{3.1}$$

其中，$i$ 在 $\text{view}^r$ 中和 $j$ 在 $\text{view}^{r+t}$ 中是诚实参与者。

使断言 $\text{growth}^t(\text{view}, \Delta, T) = 1$，当且仅当以下两个条件成立：① （长度一致）对于任意轮次 $r \leq |\text{view}| - \Delta$，$r + \Delta \leq r' \leq |\text{view}|$，对于任意两个参与者 $i$ 和 $j$，且 $i$ 在 $\text{view}^r$ 中和 $j$ 在 $\text{view}^{r'}$ 中是诚实参与者，有 $\left| C_i^{r'}(\text{view}) \right| \geq \left| C_i^r(\text{view}) \right|$；② （链增长）对于任意轮次 $r \leq |\text{view}| - t$，$\text{min} - \text{chain} - \text{increase}^{r,t}(\text{view}) \geq T$。换言之，断言 $\text{growth}^t$ 描述了如下内容：① 诚实参与者的账本长度大致相同；② 在执行过程中经过任意 $t$ 轮，所有诚实参与者的账本长度都至少增加了 $T$。链增长的概率模型定义如下：

**定义 3.1.2** 区块链协议 $(N^V, C)$ 在 $\Gamma$ 环境下有链增长速度 $g(\cdot, \cdot, \cdot)$：对于任意 $\Gamma$ 许可的 $< n(\cdot), \rho, \Delta(\cdot), A, Z >$，存在常数 $c$ 和可忽略函数 $\epsilon_1$ 和 $\epsilon_2$，使得对于 $\forall k \in \mathbb{N}$，$T = c \log k$，$t \geq T / g(n(k), \rho, \Delta(k))$，以下条件成立：

$$\Pr[\text{view} \leftarrow \text{EXEC}^{(N,C)}(A, Z, k) : \text{growth}^t(\text{view}, \Delta(k), T) = 1] \geq 1 - \epsilon_1(k) - \epsilon_2(T) \tag{3.2}$$

如果 $\epsilon_1 = 0$，那么 $(N^V, C)$ 在 $\Gamma$ 环境下无误差链的增长速度为 $g$。

### 2．链质量

基于诚实参与者的定义可以给出诚实记录的定义：记录 $m$ 对于 $\text{view}$ 和前缀记录 $\vec{m}$ 是诚实的，那么对于轮次 $r'$，使得参与者 $j$ 在 $\text{view}^{r'}$ 中是诚实参与者，并从环境 $Z$ 接收 $m$ 作为本地输入，且 $\vec{m}$ 是 $C_j^r(\text{view})$ 的前缀记录，即存在诚实玩家在本地账本包含 $\vec{m}$ 时收到 $m$ 作为输入。使断言 $\text{quality}^r(\text{view}, \mu) = 1$，当且仅当对于每轮次 $r$ 和每个参与者 $i$ 使得参与者 $i$ 在 $\text{view}^r$ 中是诚实的。假设一个参与者（节点）是诚实的，在第 $i$ 个参与者的第 $r$ 轮次的账本 $C_j^r(\text{view})$ 中，任意连续 $T$ 个记录组成的账本子集 $M \subseteq C_j^r(\text{view})$，对于第 $r$ 轮次的视图 $\text{view}^r$ 和 $M$ 在 $C_j^r(\text{view})$ 中的前缀记录 $\vec{m}$，诚实记录的占比应满足大于等于可变参数 $\mu \in [0,1]$。

用概率公式定义链质量的数学公式如下：

**定义 3.1.3** 区块链协议 $(N^V, C)$ 在 $\Gamma$ 环境下有链质量 $\mu(\cdot, \cdot, \cdot, \cdot)$：对于任意 $\Gamma$ 许可的 $< n(\cdot), \rho, \Delta(\cdot), A, Z >$，存在常数 $c$ 和可忽略函数 $\epsilon_1$ 和 $\epsilon_2$，使得对于 $\forall k \in \mathbb{N}$，$T = c \log k$，以下条件成立：

$$\Pr[\text{view} \leftarrow \text{EXEC}^{(N,C)}(A,Z,k):\text{quality}^T(\text{view},\mu(k,n(k),\rho,\Delta(k)))=1] \geqslant 1-\epsilon_1(k)-\epsilon_2(T) \quad (3.3)$$

如果 $\epsilon_1 = 0$ ，那么 $(N^V,C)$ 在 $\Gamma$ 环境下有无偏链质量 $\mu$ 。

3．一致性

定义断言 $\text{consistent}^T(\text{view})=1$ ，当且仅当对于任意轮次 $r \leqslant r'$ ，任意参与者 $i,j \in \mathbb{Z}^+$（ $i \geqslant j$ $i \leqslant j$ ），使得参与者 $i$ 在 $\text{view}^r$ 中和 $j$ 在 $\text{view}^{r'}$ 中是诚实参与者，账本 $C_i^r(\text{view})$ 和 $C_j^{r'}(\text{view})$ 的前 $\ell = |C_i^r(\text{view})| - T$ 个记录组成的前缀是相同的。断言 $\text{consistent}^T(\text{view})$ 同时从两方面约束了账本的一致性：① 不同参与者在同一轮次的账本具有相同的前缀；② 同一参与者在不同轮次具有相同的前缀，两者缺一不可。

定义 3.1.4 区块链协议 $(N^V,C)$ 在 $\Gamma$ 环境下有一致性：对于任意 $\Gamma$ 许可的 $<n(\cdot),\rho,\Delta(\cdot),A,Z>$ ，存在常数 $c$ 和可忽略函数 $\epsilon_1$ 和 $\epsilon_2$ ，使得对于 $\forall k \in \mathbb{N}$ ， $T = c\log k$ ，以下条件成立：

$$\Pr[\text{view} \leftarrow \text{EXEC}^{(N,C)}(A,Z,k):\text{consistent}^T(\text{view})=1] \geqslant 1-\epsilon_1(k)-\epsilon_2(T) \quad (3.4)$$

如果 $\epsilon_1 = 0$ ，那么 $(N^V,C)$ 在 $\Gamma$ 环境下有无偏一致性。显然，一致性可以直接导出，排除在 $T$ 上的可忽略概率，两个诚实参与者的账本长度差距最多为 $T$ 。

由上述对区块链特性的讨论可以发现，最后 $T$ 个记录不受特性约束，其安全无法保证，这反映为较长的交易确认时间。以比特币为例，当交易进入诚实节点的账本时，还不能保证该交易的安全，该交易所在区块可能在随后的过程中因为其所在分支不再是最长链而被诚实节点抛弃，一般认为，还需要等待 6 个区块的共识时间，即约 1 小时后才能进行交易确认，此时再被舍弃的概率可忽略。交易确认时间的长短是区块链系统的重要指标，影响实用性和适应性。

为了更好地理解这 $T$ 个记录的行为，代入比特币具象化，对应的现象为"分叉"。在 PoW 共识中，第一个达标者为优胜，由于优胜者获胜消息传播的延迟，不同网络片区的节点可能对优胜者有不同看法，在同一共识周期内可能产生多个优胜者区块，而这些节点也会在不同的优胜者区块之上继续延伸账本，使得产生不同的账本分支，称为"分叉"。随着后续的新的优胜者产生，大多数无法保持优胜的分支将被淘汰，节点挖矿重新汇聚到优胜分支，而淘汰分支上的区块及其交易也被抛弃。区块链版本迭代也会出现"分叉"，不同节点升级时间不同，甚至部分节点拒绝升级，导致账本出现分支，根据是否向前兼容，可分为"软分叉"和"硬分叉"。

与区块链类似，公共账本可以定义为：公共账本是一对算法 $(N,L)$ ，其中算法 $N$ 维护本地状态 $s$ ，算法 $L(k,s)$ 输出一个有序的消息的序列 $\vec{m}$ 。相应地， $\text{EXEC}^{(N,L)}(A,Z,k)$ 表示随机变量， $L_i(\text{view})$ 表示在视图 $\text{view}$ 下参与者 $i$ 的账本， $L_i^r(\text{view})$ 表示在视图 $\text{view}$ 下参与者 $i$ 在第 $r$ 轮次的账本。一个公共账本需要实现两个特性：活性和恒定性。

（1）活性

使断言 live(view, t) = 1，当且仅当对于在 view 中任意连续 t 轮次 r,⋯,r+t，存在轮次 $r' \in [r, r+t]$ 和参与者 i，使得在 view 中有：① i 在轮次 $r'$ 中是诚实参与者；② i 在轮次 $r'$ 中收到消息 m 作为输入；③ 对于任意在 r+t 轮次是诚实的参与者 j，有 $m \in L_j^{r+t}(\text{view})$。

**定义 3.1.5** 公共账本 (N, L) 在 Γ 环境下有以 $\omega(\cdot, \cdot, \cdot, \cdot)$ 为等待时间的活性：对于任意 Γ 许可的 $< n(\cdot), \rho, \Delta(\cdot), A, Z >$，存在安全参数 $k \in \mathbb{N}$ 的可忽略函数 $\epsilon$，以下条件成立：

$$\Pr[\text{view} \leftarrow \text{EXEC}^{(N,L)}(A, Z, k) : \text{live}(\text{view}, \omega(k, n(k), \rho, \Delta(k))) = 1] \geq 1 - \epsilon(k) \quad (3.5)$$

（2）恒定性

使断言 $\text{persist}_\Delta(\text{view}) = 1$，当且仅当对于每轮次 $r \leq |\text{view}| - \Delta$，在视图 $\text{view}^r$ 中每个参与者 i 是诚实的，且任意位置 $pos \leq |L_i^r(\text{view})|$，若 $L_i^r(\text{view})$ 在位置 pos 包含消息 m，则对于任意轮次 $r' \geq r + \Delta$ 和每个诚实参与者 j（参与者 j 也可以是参与者 i），$L_j^{r'}(\text{view})$ 在同一位置 pos 有同一消息 m。

**定义 3.1.6** 公共账本 (N, L) 在 Γ 环境下有恒定性：对于任意 Γ 许可的 $< n(\cdot), \rho, \Delta(\cdot), A, Z >$，存在可忽略函数 $\epsilon$，使得对于任意安全参数 $k \in \mathbb{N}$，以下条件成立：

$$\Pr[\text{view} \leftarrow \text{EXEC}^{(N,L)}(A, Z, k) : \text{persist}_\Delta(\text{view}) = 1] \geq 1 - \epsilon(k) \quad (3.6)$$

可以证明，区块链的账本输出舍弃最后 T(k) 个记录且 $N = N^{\text{TRUE}}$，则可作为公共账本使用。详细证明在此不再赘述，有兴趣的读者可以参见文章[19]。

## 3.1.4 区块链的分类

区块链根据参与者类型、节点数量、共识机制等不同，可以划分为公有链、联盟链和私有链三类[21]。公有链的节点数量最多但参与者准入不做约束，共识机制较为复杂；联盟链中，联盟成员需要许可才能准入，节点数量相对较少；私有链仅属于个人或者单一团体，不对外公开，如果只有单一节点参与，将退化成集中式的计算、存储单元。

### 1．公有链

公有链的典型特例就是去中心化的电子货币系统——比特币，任何人都可以随时获取比特币系统内的所有数据，也可以随时作为新的节点加入比特币系统的维护工作。经过十多年发展，比特币生态已经趋于成熟，发展出各有侧重的、安装便捷的、功能集成的客户端。加入比特币生态，使用比特币系统只需下载相应的客户端，就可以创建钱包地址、转账交易、参与挖矿，没有门槛限制。

这种对公众开放且鼓励公众参与维护的范式被瑞波币、以太坊等后来者继承，统称为"公有链"。公有链系统没有中心机构管理，其运行和安全完全依赖约定的区块链协议，并基于协议形成完整的内生生态，依靠良好的生态吸收新的参与者、节点和资源，增强系统安全，提高生态价值，促成良性循环。为了支持参与者的动态演变，节点容量巨大，节点数量不定，节点和用户也常常是匿名的，一方面体现为一定的隐私保护能力，另一方面使得环境相对复杂，风险同时作用于区块链系统内外。公有链的公众参与、公开透明的特性提供了较好的信用保证，起到了较好的去第三方的作用，较适用于跨国支付、众筹、分布式能源等领域的应用场景。但是，公有链系统主要存在以下问题。

（1）吞吐量低

公众节点鱼龙混杂，带来两个挑战：其一，多个匿名节点有可能被同一蓄意攻击者控制，系统需要容纳大量的冗余节点，以削弱单节点的破坏力，提高安全性；其二，参与门槛不能过高，部分节点性能和稳定性较弱，处理和传播消息时间较慢。两者结合使得公有链网络十分臃肿，消息广播具有较大延迟，为了保证共识算法的正确执行，需要设定较长的共识周期，使得区块生成效率较低，交易吞吐量低。这个问题貌似可以通过增大区块的容量，使得一个区块能容纳更多交易来解决，但是区块容量增加同样会降低区块的处理速度和节点间的传播速度，增加总体的延迟，并不能从本质上改善。

为了确保交易在账本中稳定存在，需要再等待多个区块生成后才能对交易进行确认，区块生成时间长导致交易确认时间成倍增加。以比特币为例，为了保证区块可以在网络中充分传播，并减少挖矿的先发优势，一个区块的生成时间控制在 10 分钟左右，交易确认时间达到 1 小时，无法支持快捷支付。

（2）资源消耗高

公有链为了解决女巫攻击的虚拟节点问题，使用证明类共识算法，让节点进行资源竞赛，消耗大量资源。以比特币的 PoW 共识为例，各节点为了提高获胜概率，争相购买更高级的矿机，提供更充足的电力，以获取更高的算力。比特币系统的耗电量与近乎不变的吞吐量形成鲜明对比，近年来节节攀升，甚至超过了阿根廷、荷兰、阿联酋等国家的用电量。这种资源消耗的趋势由比特币价值调节，只要参与挖矿成本少于挖矿收益，就会鼓励参与者加大资源投入，直到竞争饱和。反过来，参与者注入了大量资源，为了获利也会提高交易记入区块的门槛，要求更高的手续费，反而不如第三方抽成的中心化实现，比特币真实价值因此存在潜在的风险。

（3）隐私泄露

公有链的安全来自公众共同地、对等地维护系统，建立在信息公开的基础上，系统内的所有数据对系统内的所有参与者开放透明，任何人都可以获取任意数据，以便对其处理进行监管和恢复。在比特币中，"地址匿名"方式解除了现实实体和虚拟身份的绑定，但虚拟身份在比特币系统内的任何操作都如同在无影灯下清晰可见，甚至可以通过交易关联等手段尝试在现实世界中追踪比特币账户的幕后操手。数据隐私泄露是公有链系统的极大缺陷，大量研究工作试图通过隐私保护技术改进公有链机制，以适应特定的隐私安全需求，如门罗币使用了环签名技术。然而，对于涉及大量商业机密和利益等高安全需求的场景而言，数据开放依然存在巨大隐患，是难以接受的。

（4）抵触监管

公有链建立的目的是摆脱中心化管理机构，节点对等意味着没有任何节点拥有高于其他节点的权力，只要节点遵循公有链规则，不管做了什么事情，除非大多数节点协力纠正，否则其他节点均不能干预其行为。独立的生态脱离了固有的社会秩序，冲击了既定的规则，带来了一定的负外部性，洗钱等现实世界中的违法犯罪活动会利用比特币进行。同时，为了解决隐私泄露问题，隐私保护技术与公有链的融合阻碍了对幕后操手的追踪，现有执法者难以对违法犯罪行为进行惩处。如何既要保留去中心化优势，又要具备有效监管机制，成为公有链融入主流社会面临的难题和挑战。

（5）回滚风险

前面通过区块链和公共账本抽象模型内容对区块链特性进行了讨论，特别分析了最后若干区块的行为，可以发现，这些描述都有前提"除了可忽略情况"，通过改变参数来压缩误差空间，换句话说，区块链系统不需保证特定的某笔交易一定被包含进区块中。而 PoW等公有链证明类共识算法通过竞争所维护的一致性被称为"最终一致性"：如果不再更新共享状态，那么最终系统进入安静（Quiescent）状态，即节点之间不需要发送额外消息，且共享状态是一致的。隐含的意思是在最终状态之前一致性不能得到保证，即使交易写入账本也可能在后续共识中再被回滚。如在比特币中，一笔交易在经过 1 小时的确认时间后，稳定概率为 99.9999%，仍然存在约 0.0001%的可能丢失，这对工商业和法律等应用场景而言仍有较大风险。

（6）激励设计难

为鼓励公众参与并投入资源，自发维护系统，公有链必须配套激励机制，绕不开代币发行。为了构建独立生态，代币发行又常常与共识算法深度绑定，比特币激励机制设计巧妙，经过了十多年考验，而其他公有链的激励机制不乏会促使参与者发动特定攻击的情况，如 PoS 的无利害关系（Nothing At Stake）问题。即使是比特币的激励机制也存在各种各样的问题，如币值频繁大幅度波动，成为投机工具，偏离了原来的数字货币的初衷。

## 2．联盟链

公有链虽然存在各种各样的问题，但是证明了区块链可以协调大量实体，共建具有价值闭环、生态可独立的社区。企业界吸收了公有链为代表的区块链概念，再创造出联盟链概念。联盟链不再依赖公众，而是建立在多个互相已知身份的组织之间，进行组织间的业务协调，如多个银行之间的支付结算、多个企业之间的物流供应链管理、政府部门之间的数据共享等。联盟链与公有链的核心区别在于严格的身份认证，只有获得认证的节点可以加入系统。基于身份认证，联盟链可以建立不同于公有链的生态体系，如投票类共识算法、权限分级管理、舍弃激励机制等，可以缓和甚至解决公有链的矛盾，拓展区块链应用领域和场景，典型代表是 Hyperledger Fabric 项目。联盟链的优势如下。

（1）性能提升

针对参与者类型不同的场景差异，联盟链的预期节点数将远小于公有链（公有链需要支持过万的节点数，而联盟链的节点数通常不过百），而且严格的身份认证可以保证节点具有较好的安全性，因此，节点间的通信能力远优于公有链。在联盟链环境下的拜占庭容错（Byzantine Fault Tolerance，BFT）的分布式一致性算法研究在区块链诞生之前就已开始，且已经有成熟的方案，如实用拜占庭容错（Practical Byzantine Fault Tolerance，PBFT）算法。该类方案的共识过程常常按每轮同步执行，每轮节点投票表决，当其作为共识算法成为联盟链的一部分时，与公有链的证明类共识算法对应，所以被称为投票类共识算法。

虽然在一个共识周期内投票类共识算法相比证明类共识算法要通信更多轮，但是联盟链的网络延迟远远小于公有链，反而使得联盟链的共识周期远小于公有链，吞吐量远大于公有链。一般，公有链的吞吐量为几十TPS（Transaction Per Second，笔每秒）量级，而联盟链可达千TPS量级。同时，过程更繁复的投票类共识算法的一致性为强一致性：一个系统的所有节点就系统的当前状态达成一致。一旦特定交易进入公共账本，除非多数节点强制回滚，否则永久存在，不可能丢失。节点数量决定了对某交易的共识效率，联盟链以节点数量少著称，因此可实现毫秒级的交易确认。

（2）分级管理和隐私保护

基于严格的身份认证，联盟链可根据现实世界的组织层级，通过成员服务管理机制，为不同节点分配不同角色和权限，获取不同层级的信息，并执行不同层级的功能。与中心化架构中的管理员独断专行不同，联盟链的权限管理由智能合约机制自动维护，只有满足预定的条件才可以更改规则。

权限管理使得联盟链在隐私保护方面不仅可以结合密码学技术，还可以直接实现数据隔离。数据仅联盟成员可获取，非联盟成员无法访问联盟链数据；即使在同一联盟链中，不同业务的数据也可以相互隔离。比如，**Hyperledger Fabric** 的通道（**Channel**）机制将不同业务的账本分割，参与业务合作的联盟成员只能访问和使用对应的通道。监管机构可以作为联盟成员加入联盟链，通过设定特殊的角色和权限，容易实现区块链监管。

（3）不需激励机制

联盟链中的各方是为了业务合作而共建的，各方自觉维护己方节点，以保障在业务合作过程中的己方权益，而业务收益填补了联盟链的维护成本，因此联盟链不需设计激励机制。不过，为了方便量化价值并记录价值流通，也常常设立资产和代币。

## 3．私有链

除了联盟链，进一步限制节点加入的区块链可称为私有链，通常与联盟链统称为许可链。私有链不对外开放，仅在组织内部使用，也就不需考虑恶意攻击，即不需实现拜占庭容错，只需考虑部分节点突然不可用的情况，可采用更经典的崩溃容错（Crash Fault

Tolerance）的分布式一致性算法。实际上，这类算法已经在服务器集群上广泛使用，支撑起了当前大量的互联网应用。鉴于区块链机制复杂且每个节点都进行了账本冗余备份，私有链很好地杜绝了内外部攻击。传统的分布式技术在抵御内外部攻击和恶意行为方面比私有链弱，然而在不考虑各种网络攻击和恶意行为的前提条件下，由于不需要数据冗余备份，在具体的应用场景中表现出比私有链更好的性能。

公有链、联盟链、私有链对比如表 3-1 所示。区块链作为发展中的技术，不会止步于联盟链或私有链，将有更多不同形式和类型的区块链涌现，如 DAG 链、公众联盟链等。

表 3-1　公有链、联盟链、私有链对比

|  | 公有链 | 联盟链 | 私有链 |
|---|---|---|---|
| 用户 | 自由加入 | 联盟成员 | 个体或公司内部 |
| 维护者 | 自由加入 | 联盟成员 | 个体或公司内部 |
| 中心化程度 | 去中心化 | 多中心化 | （多）中心化 |
| 节点容量 | 万 | 百 | 十 |
| 吞吐量 | 十 | 千 | 万 |
| 共识算法 | PoW、PoS、DPoS 等 | PBFT 等 | Paxos、ZAB、Raft 等 |
| 一致性 | 最终一致性 | 强一致性 | 强一致性 |
| 激励机制 | 必要 | 可选 | 可选 |
| 隐私保护 | 密码学技术 | 密码学技术+数据隔离 | 可选 |

## 3.2　区块链技术架构

原始区块链由特定的几种技术融合而成，随着应用场景的复杂化，对区块链技术的需求日渐多样化，因此系统地对区块链系统进行分层成为趋势，于是不同的区块链技术架构不断面世。六层区块链结构是比较公认、应用相对较广的架构，自下而上包括数据层、网络层、共识层、激励层、合约层和应用层。

### 3.2.1　数据层

数据层主要依赖两大技术：哈希算法和数字签名。其中，哈希算法是区块链的基石，区块链数据结构的骨架由哈希算法支撑，区块链的安全性与其所采用的哈希算法复杂度息息相关；数字签名则保证了区块链各项操作由具有权限的实体完成，为数据本身的真实性提供了证明。

#### 1. 哈希算法

哈希算法（Hash Algorithm）即散列算法，又称杂凑算法或消息摘要算法。哈希算法的输入是任意长度的消息，并输出固定长度的消息。一个好的哈希函数应（近似地）均匀：

每个输入都被等可能地映射到值域中的任何一个取值，并与其他输入已映射的取值无关。输入的消息称为原像，输出的消息称为哈希值，又称消息摘要或指纹。在数据存储中，常常配合表结构组成哈希表，以实现快速查找。

（1）哈希算法的特性

在区块链中，哈希算法要求满足现代密码学的特性：正向快速、逆向困难、输入敏感、抗碰撞等特性。

正向快速：正向即输入计算输出的过程，对给定数据，可以在短时间内正向计算获得哈希值，如当前常用的 SHA-256 算法在普通计算机上 1 秒钟能做 2000 万次哈希运算。

逆向困难（单向性）：无法在短时间内根据哈希值计算出原始输入信息，是哈希算法安全性的基础，也因此是现代密码学的重要组成。哈希算法在密码学中的应用很多，如当前生活离不开各种账户和密码，为了记忆方便，很多人的多个账户均采用同一套密码。如果这些密码原封不动地保存在数据库中，一旦数据泄露，该用户所有其他账户的密码都可能暴露，造成极大风险。所以，后台数据库只会保存密码的哈希值和随机生成的盐（Salt），每次登录时，将用户输入的密码与盐拼接后计算哈希值，并与数据库中保存的哈希值进行比对。哈希算法是确定性的，一致的输入必然得到相同的哈希值，因此只要用户输入密码的哈希值能通过校验，就可以认为用户确实知道密码。在这种方案下，即使数据泄露，黑客也无法根据密码的哈希值得到密码原文。找到特定哈希值的合法原像称为原像攻击。

输入敏感：输入消息发生任何微小变化，哪怕仅仅是 1 比特的更改，重新生成的哈希值与原哈希值不具有相关性。结合均匀性，哈希值极大可能放大了微小变化，可以通过哈希值容易验证两个文件内容是否相同，广泛应用于错误校验。在网络传输中，发送方在发送数据的同时发送该内容的哈希值。接收方收到数据后，只需将数据再次进行哈希运算，与收到的哈希值对比，就可以判断数据的完整性（Integrity），即数据是否损坏或篡改。同时，该特性保证了无法通过对比新旧哈希值的差异获取数据内容变化的信息，提高了哈希算法的逆向困难的安全性。有趣的是，局部敏感哈希算法反其道而行，赋予了哈希算法新的功能。

抗碰撞：分为弱抗碰撞性和强抗碰撞性。弱抗碰撞性指无法短时间内找到另一个对应特定哈希值的输入；强抗碰撞性即无法短时间内找到两个产生同样哈希值的输入。在现代密码学中，哈希算法不仅需要具备弱抗碰撞性，还需要具备强抗碰撞性。抗碰撞性补充了逆向困难，使得哈希算法能够广泛使用。还以账户密码为例，如果抗碰撞性很弱，那么黑客不需要逆向还原密码，可以直接枚举，尝试找到与该密码具有同样哈希值的输入，一样可以通过哈希值验证。这被称为第二原像攻击。需要注意的是，弱抗碰撞性的"弱"只相较"强"而言，不是抗碰撞性弱。

因为哈希算法输出长度是有限的，即哈希值取值数量是有限的，但输入是无限的，所以根据抽屉原理及模运算，哈希算法直观上必然存在碰撞。因此，这里衡量逆向困难和抗碰撞性都是短时间内无法实现，常常以多项式时间作为判断标准，进一步，我们希望除了枚举没有任何捷径。此时，只要通过调整哈希算法的安全参数，改变哈希值的值域，即可保证发生碰撞的概率足够小，这意味着需要庞大的算力和很长时间的计算，付出很大甚至现实世界中不可能的代价才能破解哈希算法，所以理性的黑客不会尝试破解，甚至不具备破解条件。以 256 位的值域为例，集合当今全球计算资源也需要上千万亿年才能破解。

哈希算法也时刻面临着被破解的风险。MD5、SHA-1 从大量哈希算法中脱颖而出，是国际最广泛通用的哈希算法标准，但均已被攻破，发现安全漏洞。不过，新的哈希算法也会不停诞生，弥补安全哈希算法的空缺，目前安全的哈希算法有 RIPEMD-160、SHA-2、SHA-3、SM-3，其中 SM-3 是国产的哈希算法标准。

（2）哈希算法的作用

哈希算法在区块链数据结构中起核心作用，主要包括：

① 区块的哈希指纹索引将区块信息都绑定在一起，并"唯一"标识，一旦篡改任意信息，都会导致哈希指纹索引改变，与原区块相区分。

② 子区块通过引用父区块哈希值形成了单向链表，且父区块哈希值也会被概括进子区块哈希值，使得父、子区块哈希值间产生依赖，锁定了"唯一"合法的引用，进而嵌套锁定完整的区块链状态。

③ 在 PoW 等共识算法中验证证明凭证。如果想篡改区块链状态中的任何信息，意味着该信息所在区块及其之后的所有区块的哈希值都需重新计算，相当于建立了一个全新的区块链状态。为了防止重用，共识算法的证明常常与区块哈希值挂钩，修改区块的哈希值意味着区块附带的证明需要通过重新解答难题获取。篡改的区块所处位置越早，需要重新解答的难题就越多，而其他节点依然在源源不断地解答新的难题，往主链上加入更多区块。为了赶上其他节点的共同努力的进度，若忽略区块传播的耗时，篡改行为就要付出超越其他节点努力之和的代价，该机制压制甚至消除了篡改行为。

（3）默克尔树

由于哈希算法输入的长度是不定的，在计算区块哈希值时可以直接以区块所含的所有交易作为输入，以此保证交易难以篡改。不过，这意味着当验证区块链状态的有效性时需要下载所有交易，并逐一处理，以重新计算区块哈希值并完成匹对。实际上，比特币参与者大多只关心部分特定交易，如在校验新达成的交易时，只需追溯相关比特币资产流通过程中的交易。那么，有没有方法可以简化交易验证过程呢？比特币引入了默克尔树，后来的区块链项目也大多继承了该解决方案。

默克尔树是一种哈希树，1979 年 Ralph Merkle 申请了该专利，故此得名。其构建过程如下：首先对每个交易计算哈希值作为节点，然后进行两两分组，对同组的两个哈希值再进行哈希运算，得到一个新的哈希值，并以此生成新的节点，作为两个旧的哈希值节点的父节点，新节点们再两两分组；循环重复上述过程，直至最后只剩一个哈希值，以此生成的新节点作为默克尔树的根，最终形成一个二叉树的结构。如果对所有数据块的完整性进行校验，只要保留根哈希值。如果只对其中一个交易进行校验，只需保留该交易哈希值到根哈希值的路径上所有哈希值的兄弟哈希值，被称为简单支付验证（Simplified Payment Verification，SPV）。区块内的所有交易被概括为默克尔树根哈希值，使得区块有效性的检验集中于区块头，在对收到的区块链状态进行检验时，对于与所关注交易无关的区块就只需获取和检验区块头，而不需获取和检验具体交易信息。

区块、链式结构和默克尔树都离不开哈希算法，哈希算法将所有信息有机地组合在一起，绑定为一体，支撑起了区块链数据结构，为区块链安全打下了坚实基础。

区块链的数据结构为区块链共识机制的设计提供了大量便利。众节点在共识过程中不断提出对公共账本和有效交易的新认识，每种认识都代表着一个完整的区块链状态，涉及成千上万的交易和庞大的数据，节点间同步所有区块链状态的所有细节显然是巨大的挑战。幸运的是，只要把握住区块的哈希值，就可以明确一种区块链认识，明确一个完整的区块链状态，明确整个公共账本和所有有效交易，节点间需要达成共识的对象也从庞大的账本数据转为一个简单的哈希值。

### 2．数字签名

数字签名，也称为电子签名，是一串字符串，通过一定算法实现类似传统物理签名身份认证的效果，是非对称密钥加密技术与数字摘要技术的应用。目前，包括欧盟、美国和中国等在内的 20 多个国家（或地区）认可数字签名的法律效力。2000 年，新的《中华人民共和国合同法》首次确认了电子合同、数字签名的法律效力。2005 年 4 月 1 日，《中华人民共和国电子签名法》正式实施。数字签名在 ISO7498-2 标准中被定义为："附加在数据单元上的一些数据，或对数据单元所做的密码变换，这种数据和变换允许数据单元的接收者用以确认数据单元来源和数据单元的完整性，并保护数据，防止被人（如接收者）进行伪造。"

在数字签名场景中，用户预先生成一对密钥，分为公钥和私钥，私钥由用户私下持有，公钥公开。数字签名算法包括签名和验签两种运算，用户发送消息时，利用自己的私钥对消息内容进行签名，并将签名附加在消息中。其他用户收到消息后，对交易中附加的数字签名进行验签，同时验证消息的完整性和消息发送者的身份，且消息发送者无法抵赖。与传统物理签名需要专业手段鉴别不同，数字签名算法是公开的，消息接收者只需获取与消息发送者的私钥相匹配的公钥，就可以自行执行验签运算进行验证。由于在只知晓公钥的情况下难以破解对应的私钥，公钥可以预先分发给任何潜在的消息接收者，因此数字签名使用起来既便捷又经济。同时，同一私钥对不同消息的签名也是不同的，难以根据已公开签名伪造新消息的签名，伪造数字签名也远比伪造传统物理签名困难，数字签名的安全性也优于传统物理签名。

使用正确私钥的签名必然能通过公钥验证，不知私钥而伪造签名只有极小概率能通过公钥验证。本质上，数字签名验证的是消息发送者是否拥有公钥对应的私钥，但是公钥本身是否可信不处于数字签名场景的安全保护之内。这也是比特币的匿名性所在，比特币存储在公钥对应的账户地址中，但对地址背后的实体是个人或机构，是诚实商贩抑或洗钱集团一无所知，而一个实体也可以随意发布公钥并同时管理多个账户。如果商家通过网络发送比特币的账户地址，黑客就可以偷偷替换该账户地址为自己的账户地址，获取不义之财。在 PoX 共识算法中，信任来自不可伪造的证明，因此，公钥安全还不会危及区块链底层机制本身。但投票类共识算法以公钥验证身份进行计票，若公钥无法保证安全可信，那么区块链底层机制的安全就出现了致命缺陷。

实际上，公钥安全是虚拟网络进行身份认证的普遍问题，为此人们设计了公钥基础设施（Public-Key Infrastructure，PKI）。公钥基础设施是为了能够更有效地运用公钥而制定的一系列规范和规格的总称，基本组成要素为用户、认证机构（Certification Authority，CA）、仓库（Repository，也称证书目录）。认证机构为用户颁发数字证书，数字证书附带了认证机构的签名，记录了用户信息和绑定公钥，而证书保存在仓库数据库中。用户先通过可靠的途径获取认证机构的公钥，之后就可以从仓库中获取所需用户的数字证书，在通过认证机构的公钥验证后信任并使用其中的信息，如用户的公钥等。仓库只负责存储数字证书，数字证书的信息由认证机构核对和背书，信任来源于认证机构，因此，认证机构必须足够权威、严谨和可信。认证机构可以形成层级结构，即父认证机构为子认证机构颁发证书，形成信任树，所有信任源自根认证机构（Root CA）。显然，公钥基础设施是中心化的实现，在联盟链中，常常是每个联盟成员各自建立认证机构，分别管理和认证旗下的节点。数字签名本质上是一个加密、解密的过程，如图 3-2 所示。RSA、DSA、ECDSA 是三种现阶段主流的加密签名算法。

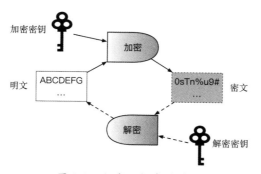

图 3-2　加密、解密的过程

RSA（由 Ron Rivest、Adi Shamir、Leonard Adleman 联合提出）是目前计算机密码学中最经典的算法，也是目前为止使用最广泛的数字签名算法。RSA 数字签名算法的密钥实现与 RSA 的加密算法是一样的，都叫 RSA，密钥的产生和转换也是一样的。RSA 签名算法在生活中广泛应用，场景包括 SSL 数字证书、代码签名证书、文档签名及邮件签名等。

由于签名算法性能不佳，直接对大文件签名不可取，实际使用中常常与哈希算法配合使用，先用哈希算法获取文件摘要，再签名，因此可以看到各类 RSA 签名算法库常常提供哈希算法参数配置，以明确获取数据摘要的方式。

DSA（Digital Signature Algorithm）只是一种签名算法，与 RSA 不同，不能用于加密和解密，也不能进行密钥交换，但在控制安全参数使得两者安全性差不多的情况下，计算远比 RSA 快。DSA 的一个重要特点是两个素数公开，验签者即使不知道私钥，也可以通过两个素数判断私钥是否随机产生，防止恶意行为。

ECDSA 是椭圆曲线加密（ECC）算法与 DSA 的结合，基于椭圆曲线数学理论，具有以下优点：① 在相同密钥长度下，安全性能更高，反之，在相同安全性能下，密钥所需的存储空间和传输流量小，如 160 位 ECC 已经与 1024 位的 RSA、DSA 具有相同的安全强度；② 计算量小，处理速度快，在私钥的处理速度上，ECC 远比 RSA、DSA 快。

为了抵抗量子计算机的安全威胁，数字签名算法也在不停地迭代更新，目前基于高维格理论（Lattices）的密码算法研究正在紧密开展。

数字签名在区块链系统中被广泛使用，一是便于用户控制自己的虚拟账户，区块链账户的地址常常由公钥经过处理生成，二是节点可以为自己发送的消息提供一定的信任基础，以便节点联合起来，共同维护区块链系统。这里需要特别强调如下两点。其一，PoX证明类共识算法的信任内生于不可伪造的证明，这些公有链共识算法不需要数字签名即可保证账本一致性，确保公有链可以履行公共账本的职能，数字签名在公有链中常常仅用于验证交易是否由账户的管理实体发起，以支持设立由用户独立控制的账户，是为了实现私有制而引进的基于代币系统的激励机制。但在投票类共识算法中，节点的身份认证服务依赖数字签名，投票的可信度取决于数字签名是否有效，因此数字签名作为信任根源融入区块链的底层机制，是必需的。其二，无论是公有链还是联盟链，共识机制只能保障数据纳入区块链后不可篡改，至于数据本身是否真实可信需要区块链技术以外的机制细细斟酌，而当前的区块链项目还是常常使用数字签名来提供数据真实归属的依据。

## 3.2.2　网络层

传统的网络服务架构主要是基于客户—服务器（Client/Server，C/S）架构，即通过中心化的服务器节点或集群，对许多发送请求的客户端进行应答和服务。C/S 架构也称为主从式架构，客户端之间传递消息需要通过服务器来转达。比如，当前流行的即时通信（Instant Message，IM）应用大多采用 C/S 架构：手机端 App 仅被作为一个客户端使用，客户端之间收发信息需要依赖中心服务器，会先将消息发给服务器，再由服务器转发给接收方手机客户端。C/S 架构的优势在于对服务进行管理、维护和升级十分方便，主要改进工作集中于服务器，但是其缺陷也是致命的，整个网络的服务完全基于服务器的能力和信誉，服务器的性能成为整个网络的瓶颈，而当服务器发生故障时，所有服务都会陷入瘫痪。

与中心化的 C/S 架构相反，对等网络（Peer-to-Peer Networking，P2P 网络）消除了中心化的服务器端节点，所有的网络节点身份对等，每对节点之间都能相互通信，因此任务和工作负载可以分配到所有节点。P2P 网络节点间建立连接组成网状结构，节点间的数据传输存在多条冗余路径，单一或者少量节点故障不会影响整个网络的正常运转，具有较好的容错能力。节点间可以相互直接收发消息，不再需要通过中心化的服务器端节点，避免了网络拥堵，提高了数据隐私，然而降低了数据的通信安全。基于 BitTorrent 内容分发协议的下载工具就是 P2P 网络的典型应用：每个下载者将已下载的文件提供给之后的下载者下载，而文件可以分割为多个数据块，下载者可以同时从不同的节点获取不同的数据块，充分利用节点的带宽。

P2P 网络的每个节点都是平等的，与区块链的分布式概念十分契合。区块链要求每个节点都需要存储包含完整账本的区块链状态，实时更新数据，并据此参与维护工作。节点间不存在先验的信任，只有节点间通过广播的方式相互通信交换观点，才能达成区块链系统的共识，进而保障区块链主账本的稳定和安全。然而，区块链网络是以广播方式进行通信的，每个节点不能同时与其他节点建立稳定的连接，只能与其他节点建立动态连接，因此存在通信盲区。日蚀攻击（Eclipse Attack）可以利用这种短暂的时间盲区，先控制节点的邻居节点，然后进行广播与目标节点进行通信并控制目标节点，这样可以屏蔽一部分网络节点的通信，形成腐蚀的网络分区。

与点对点通信不同，区块链内消息的传播并非节点间的单信道通信，而是采用流言协议（Gossip Protocol），即从单个节点广播给所有节点。流言协议也称为流行病协议（Epidemic Protocol）。当节点广播消息时，将消息发送给邻居节点，邻居节点收到消息后，再转播给它的邻居节点，通过一传十、十传百的方式，最终将消息发送给 P2P 网络内的所有节点。收到消息后，转播给邻居节点前，如果进行消息验证，那么可以及时地消除无效转播，减轻网络信道的负担，但验证过程会造成消息广播延迟，区块链项目根据应用场景决定是否验证消息。在分布式 P2P 网络中，消息是以广播的方式传递到所有节点，是不可靠通信，通信消息容易被截取，但是具有快速、容错、简单的优点。由于网络带宽的限制，每个节点不能一次性同时将消息广播给邻居节点，而是借用跳播协议，如反熵（Anti-Entropy）和谣言传播（Rumor-Mongering）等，缓解节点广播负载的问题。但跳播会带来网络信息传播延迟，而且会导致冗余消息发送给同一个节点。

区块链网络允许新节点的动态加入或者退出，同时在出现节点崩溃时维持网络稳定，这就需要对网络节点及其连接进行管理。以太坊使用分布式哈希表（Distributed Hash Table，DHT）技术的 Kademlia 方案，每个节点附带可以度量的地址，类似局部路由表的功能，依据规则，与一揽子相邻节点建立连接，并适时更新相邻节点列表，吸收新节点并抛弃无回应节点，构建了动态的稳定的网络连接，增强了 P2P 网络的容错能力。

区块链建立在 P2P 网络的这些技术之上，不需要一个中心服务器来存储或广播任何消息，区块链系统的一切维护工作由网络中的所有节点协同完成。由于没有现实世界对节点的先验信任，消息的真伪需要节点自行判断，因此节点收到消息后必须进行一系列验证才可采纳。与之相应，用户使用区块链服务时也必须选择信誉高的节点，甚至自己组建节点，直接参与系统维护工作。

区块链网络要求每个节点存储完整的账本，以便达成共识，但实际上部分节点只关注账本的部分信息，并不想参与区块链系统完整的维护工作，轻量级节点和节点分工的概念应运而生。在以太坊 alpha 版本中，节点分为三类：轻节点（Light Peers），维护轻钱包，以控制地址和账户；标准节点（Standard Peers），维护部分区块链，以支持轻节点；对等交换机（Peer Exchanges），维护完整区块链以提供区块链分析服务。在 Hyperledger Fabric 中，节点分为排序节点和背书节点：排序节点负责交易排序，背书节点负责记账和验证。

## 3.2.3 共识层

基础区块链协议分为两个过程：交易广播和区块共识。在交易广播过程中，用户自行选择节点提交交易，节点按协议将验证通过的交易广播到其他所有节点，每个节点在自己的交易池（Memory Pool/Transaction Pool）中缓存未入链账本的所有交易。而在区块共识过程中，每隔一段时间，节点各自封装缓存中的所有交易构建成交易区块，作为提案参与共识算法，最终角逐出唯一区块，该区块及其祖辈区块所形成的区块链账本即为众节点的新共识。两个过程相互协作，缺一不可，共同完成交易到区块到账本的构建。将不定间隔的交易封装为周期性的区块是区块链协议的精妙之处，极大简化了共识算法的设计，使共识算法只需要考虑周期性的区块作为输入。不过与之对应，只有获得记账权的区块内的交易得以生效，用户在提交交易后必须等待一定时间并进行交易确认，只有交易入链才形成一次安全、可信任的交易。

现阶段区块链系统使用的共识算法多种多样，除了私有链忽略恶意节点的攻击，其他共识算法都需要实现拜占庭容错（BFT），在去中心化的环境下抵御恶意节点的攻击并达成共识。拜占庭节点是指一个可能呈现任意行为的节点，任意行为可以是不发送消息，向不同邻居发送不同且错误的消息，谎报自己的输入值，偶尔遵循协议。若一个算法能够在存在 $f$ 个拜占庭节点的情况下正确工作，则被称为 $f$-适应（$f$-resilient）。区块链系统使用的拜占庭容错共识算法主要可以归类为三类：证明类（PoX）共识算法、投票类算法、结合可信执行环境的共识算法。

### 1. 证明类共识算法

证明类共识算法主要包括比特币采用的 PoW 共识及其变种 PoS 等，即大家熟知的"挖矿"类算法。PoX 类共识算法的核心思想是，所有节点竞争记账权，占多数的诚实节点联合起来比恶意节点集群更有竞争优势，更倾向于达成一致，因此保证账本控制权尽可能归诚实节点。

对于不需身份认证的公有链而言，区块链节点数量可以伪造，如女巫攻击（Sybil Attack）利用单个物理设备伪造多个虚拟节点身份，可以掌握更多的节点数量控制权，因此节点数量在公有链中不可作为竞争力衡量指标。为对抗垃圾邮件而生的算力证明提供了一个可靠的竞争力衡量指标的设计思路：找到一组"难题"，使得解决这种"难题"付出的劳动在没有突破性的简易的解法之前是可预期且可衡量的。"难题"的解答不可伪造，即可作为劳动的可信证明，无论是诚实节点还是恶意节点都在公平的竞技场上，谁先解答难题，谁就可以生成新的区块。

接下来需要解决的问题是如何把单打独斗且相互不信任的诚实节点联合起来，集成竞争力，迎接串联起来的恶意节点的挑战。区块链的链式结构凭借难以篡改的特性提供了一个很好的诚实节点的联合机制，只要认为只有全网络承载工作量最高的区块链状态分支（常常称为最长链）是合法的，称为主链。显然，相比于其他承载工作量少的分支，在主链上延伸更有可能成为新的主链，诚实节点都会在主链上延伸承载自己工作量的新区块，而这些工作量由于链式结构的哈希值引用的束缚无法转移到其他分支，使诚实节点的工作量都聚焦于主链上。不过，一旦某幸运节点率先解答难题，生成了新的区块，主链就发生了变化，其他节点获知后会在新主链基础上重新解题，原有的工作量化为无用之功。虽然解题竞赛使得诚实节点的竞争力集成在主链上，但是其工作量并没有在主链区块上有任何体现，主链的各区块被各幸运节点独占。

为了保障诚实节点的竞争力集成损失小，证明类共识算法的难题必须满足两点：首先，难题不易解答但可以迅捷验证；其次，难题的"难度"作为共识算法的参数可调节。通过难度可估算出全网节点解出一个难题所消耗的预期时间，以此控制新区块的生成速度，也称为链增长速度。速度控制保证了，若有一个节点成功解决难题完成出块，能够以远大于其他节点解决难题的速度在节点之间广播，同时验证新区块和新主链的时间很短，使得诚实节点在主链选择上基本达成一致，而不是各自在自己认为的主链上工作，防止被恶意节点集群逐一攻破，尽可能把诚实节点的竞争力都集成起来。

假设忽略网络广播延迟，诚实节点理想化地联合起来，如果占据了全网 50%以上的竞争力比例，期望上，下一个新区块大概率是由诚实节点生成的，即下一个主链大概率是由诚实节点决定的。注意到诚实节点必然在旧主链——该轮共识前，承载工作量最高的分支之一上拓展，新主链无疑会成为该轮共识后的承载工作量最高的分支，所有诚实节点都只认可新主链合法，实现各节点账本的一致性。

如果恶意节点要破坏一致性，它的选择必然是提拔稍微落后的分支，使其在该轮共识后与其他分支一同成为承载工作量最高的分支之一，诚实节点就会选择不同的主链。然而，恶意节点保持竞争胜利的可能随着区块链延长指数衰减，保持一致性破缺几乎是不可能的，账本极大概率会在某诚实节点获得记账权时账本的一致性回归诚实节点达成。

当恶意节点想要篡改数据，选择一个远远落后当前主链的分支时，需要填补区块空缺，追上现有主链，才有可能成为主链被诚实节点认可，这不仅需要弥补过去的工作量，还要实现在追赶过程中新延伸的工作量，因此篡改是更不可能完成的任务。反过来，如果恶意节点占据了全网 50%以上的竞争力，只要时间足够长，足以创造额外的工作量填补过去的工作量，重构主链成为可能，可以撤销过去的交易，发动双花攻击（Double Spend Attack）——把支付出去的资产重新支付给另一个账户。这种掌握 50%以上竞争力比例的攻击方式称为 51%攻击。由于网络广播延迟，实际上攻击者拥有更多优势，竞争力比例低于 50%也可发动攻击。实际上，攻击者优势可以通过策略来扩大。比如，自私挖矿（Selfish-mining）[21]攻击，也称为区块滞留（Block-withholding）或先挖矿（Pre-mining）攻击，难题解答成功后不即时广播新区块，使得其他节点依然停留在旧主链上，而恶意节点私下先一步在新主链上解题，通过抢跑的方式也能积累出一些工作量优势。

好的哈希算法拥有良好的特性，如哈希值均匀随机且独立不可预测，可以作为伪随机数生成器等。在比特币经典的 PoW 共识算法中，难题即寻找一个随机数 Nonce，使得区块数据与随机数拼接后的哈希值小于阈值，阈值由难题的难度指标计算。由于好的哈希算法的良好特性，找到随机数不存在捷径，只能一个一个地试验，而某数符合条件是一个随机事件，概率与阈值相关。如此，直到找到一个符合条件的数的预期试验次数（工作量，Work）可以通过难题的难度指标控制和换算。找到的这个随机数作为难题的解答可以用于哈希运算的验证，因此该随机数作为解出难题的证明附于区块上。随着节点算力提升，完成相同工作量所需的时间越来越短，无法保证远大于网络广播延迟，这会影响共识算法的安全性，比特币为此设计了难度调节机制，每 2016 个区块即近似每两周调整一次难度。

然而，PoW 算法为生成证明付出的巨大计算量在消耗大量能源的同时没有任何其他意义，节点算力却因竞争越来越高。鉴于此，各种改进方法接连诞生，证明类共识算法百花齐放。难题竞赛主要防止恶意节点投机取巧，并在保证随机的情况下筛选记账候选者，以消除分叉，保持诚实节点账本一致。在遵循不易解答、迅捷验证、难度可调的原则上，难题可以结合区块链生态的具体需求进行设计，引导节点的行为，避免 PoW 难题带来的巨大能耗。比如，将难度指标与节点的可验证的虚拟属性（拥有的代币数量、持币时间、声誉等）绑定，属性越高难度越小，并使得属性增加的成本相比于提升算力的成本更低，节点就会更趋向虚拟属性而不是算力，在提升虚拟属性价值的同时抑制算力内卷，主要代表有权益证明（Proof of Stake，PoS）。再如，替换 PoW 的算力资源工作量证明为其他资源的使用证明，使得矿工通过购入和维护其他资源获得收益，不再聚焦于显卡等算力资源，主要代表有容量证明（Proof of Capacity，PoC）和时空证明（Proof of Spacetime，PoST）。另外，PoW 中无意义的哈希算法可以替换成更具实际意义的计算，使得能耗物有所值，如

Tensority 以矩阵和张量计算作为难题，这些算力在深度学习中广泛使用，可以满足人工智能的计算需求。委托权益证明（Delegated Proof of Stake，DPoS）采取了更激进的方法，把记账权集中于少数节点手中，以组建委员会的方式维护账本安全，其他节点只有选出委员会成员的权力，是多中心化的一种改进，杜绝了算力竞赛。证明类共识算法与生态激励息息相关，设计时不仅考虑一致性，还要考虑是否会产生激励上的缺陷，导致节点为了利益趋向特定攻击方式，如 PoS 导致了无利害关系问题，节点趋向在多个分支挖矿阻碍了一致性的达成。

为了适应公有链的高节点容量的需求，PoX 证明类共识算法的节点在参与难题竞赛时很少或甚至不存在与其他节点的协作，节点解答出难题后把区块广播出去不会收到其他节点的反馈，只有在后续的共识过程中才能从新的提案间接了解其他节点过去是否采纳了自己的提案，这样能显著减少节点间的通信，降低网络负担。但是，在一轮共识中节点之间缺乏彼此信息，由于网络广播延迟的存在，可能导致分叉现象，没有实现强一致性，只可能实现最终一致性（Eventual Consistency）。即便概率低，非主链的分支可能在之后的轮次成长为新的主链，也导致原主链上生效的交易可能在新主链上丢失。

在比特币 PoW 共识算法提出前，对分布式一致性问题已经有大量研究。Leslie Lamport 是关键人物，他对一致性进行了大量阐述并在 1982 年与其他学者一起在论文 *The Byzantine Generals Problem* 中正式提出了拜占庭容错问题，描述了分布式网络节点通信的容错问题。1990 年，Leslie Lamport 提出了崩溃容错的经典分布式一致性算法 Paxos。1999 年，Miguel Castro 和 Barbara Liskov 提出了实用拜占庭容错（PBFT）算法，极大降低了算法复杂度，使拜占庭容错算法也可以实际应用于分布式系统。

## 2．投票类共识算法

证明类共识算法都是基于身份认证服务的，虽然限制了节点在系统中的自由进出，但是使得女巫攻击不再成为问题，可以直接使用不可伪造的身份作为信用来源。在这些算法的应用场景中节点容量有限，公平更容易实现，领导者的选择不再需要通过没有捷径的竞赛随机挑选，可以采取更简单的选举方式，如按顺序各节点轮流提案新区块。同时，网络环境得到简化，节点簇可以直接对每个节点提出的决策值进行协商和投票，通过多轮信息确认，产生所有诚实节点一致认可的输出，且该输出是诚实节点的共识，即任意诚实节点知道其他诚实节点认可该输出，任意诚实节点知道其他诚实节点知道其他诚实节点认可该输出等。既然达成共识，又保留有投票作为证据，集体通过的提案除了强制回溯，不会被后续的共识过程推翻，交易一旦生效永久生效，确认时间很短。区块的链式结构带来的不可篡改保障也显得不再那么必要，不过哈希值依然可以作为"唯一"索引使用，方便区块存储和管理。投票类共识算法一般有完备的安全性证明，能在算法流程上保证在区块链网络中恶意节点数量最多不超过三分之一（部分算法的阈值更低）时，诚实节点的账本保持一致性。由于投票类共识算法的通信开销比较大，通常假设这种共识能承载的最大节点数目不超过 100 个。因此，投票类共识算法仅适用于联盟链或私有链。

### 3．结合可信执行环境的共识算法

上述两类共识算法的信任都来源于巧妙设计的协议，即使恶意攻击者偏离协议，只要诚实节点遵循协议就可以与其他诚实节点保持一致。除此之外，有些共识算法直接通过硬件规范节点行为，限制拜占庭攻击，常使用可信执行环境（Trusted Execution Environment，TEE）。可信执行环境是一类能够保证在该类环境中执行的操作绝对安全可信、无法被外界干预修改的运行环境，与设备上的普通操作系统（Rich OS）并存，并且给普通操作系统提供安全服务。可信执行环境能够访问的软/硬件资源是与普通操作系统完全分离的，从而保证了安全性。这类共识算法对硬件设备提出了更高的要求，提高了区块链系统的参与门槛，但安全性相应地得到了提升。

## 3.2.4　激励层

区块链系统需要大量节点参与维护，而设备、场地、电力等资源都需要购买和维护成本，特别对于公有链而言，只有构建一套完善的激励机制才能鼓励越来越多的节点加入区块链系统，加强区块链系统的安全性。同时，良好的激励机制可以惩罚和抑制某些攻击行为，而糟糕的激励机制会驱使理性节点偏离协议作恶。

例如，对于比特币，每当某个矿工成功解决难题，创建区块时，他可以宣称区块内报酬的所有权，当其他节点认可该区块所在分支为主链并继续延伸时，该矿工即拥有区块内的报酬。报酬由两部分组成：一部分是新铸的比特币，另一部分是区块中的交易所附带的手续费。一开始，每个区块可以新铸 50 个比特币，大约每 4 年减半，2021 年每个区块可以新铸 6.25 个比特币，预计最终发行 2100 万比特币。在交易中，转出的金额可以少于引用的资金，其差值就是支付给矿工的手续费。比特币的吞吐量十分有限，一个交易的手续费越高，矿工越有动力优先打包该交易，使该交易生效。随着新铸数额的减少，矿工收入越来越依赖手续费。

随着比特币的价值上升，挖矿能获得更多收益，更多的人加入矿工群体，总算力增加，短期内区块出块时间更短。为了保持出块时间的稳定，根据约定的难度调节算法，解题难度会相应调节得更高，导致挖矿代价也变得更加昂贵。在理想情况下，当区块的创建成本等于所得的报酬时，系统将达到平衡。更多的矿工和更多的算力使得 51%攻击的门槛更高，更高的比特币价值意味着更好的安全性，更好的安全性反过来支撑起更高的比特币价值。

当参与矿工非常多时，小矿工获得回报的可能性非常低。一个全时运行的 ASIC 设备挖掘到下一个区块的概率不到 60 万分之一，这意味着矿工可能几年都没有挖矿收益，却在源源不断地支出成本。这种高风险高回报的模式并不符合大多数人的预期和能力，人们会选择更少但更稳定的收入方式，以支付挖矿的电费等资源消耗成本。

矿池（Mining Pool）将矿工的计算资源整合在一起，挖矿报酬在成员之间分配。矿池比每个矿工单打独斗的算力大得多，挖到的区块的概率也大得多，能够更频繁地向参与矿工支付小额的报酬。矿池服务器将正在处理的下一个区块头发送给矿池成员，成员一起求解相应的密码学难题，报酬分配给矿池中有贡献的成员。矿池引入区块链生态后，矿池与其成员的博弈、矿池之间的博弈都需要加以考虑，只有良好设计的贡献衡量方法和报酬分配方法才可以有效解决跳池攻击（Pool Hopping Attack）、区块滞留攻击（Block-withholding Attack）等问题，矿池才得以可持续发展。在区块链网络中，矿池整体作为一个节点，导致区块链系统的节点减少，与去中心化的愿景相违背，会降低区块链系统的安全性。

## 3.2.5 合约层

1995 年，Nick Szabo 提出了智能合约的概念，对智能合约的定义为："一个智能合约是一套以数字形式定义的承诺，包括合约参与方可以在上面执行这些承诺的协议。"智能合约是一种在满足一定条件时就自动执行的计算机程序，且合约参与者对预期执行结果达成共识，保障的是确定性和一致性。

传统合约在生活中处处可见：租赁合同、借条等，依靠法律进行背书，当产生违约及纠纷时，往往需要借助法院和公安等司法和执法机构的力量进行裁决和执行。类似地，智能合约也会强制执行，不同的是，以数字形式存在，由计算机协议执行。智能合约不仅是将传统合约电子化，真正的意义在于将传统合约的背书和执行由法律及相关机构替换成了死板的协议和代码，没有解释空间，只会严格执行。

尽管智能合约的理念在 1995 年就被提出了，然而一直没有引起广泛的关注。虽然这个理念很美好，但是缺少一个良好的运行智能合约的平台，确保智能合约一定会被正确执行，执行逻辑无法干扰和篡改。区块链这种去中心化、防篡改的平台完美地解决了这些问题。智能合约一旦在区块链上部署，所有参与节点都会严格按照既定逻辑执行。如果某节点修改了智能合约逻辑，导致不一样的执行结果，那么该执行结果无法通过其他节点的校验，不会被区块链承认，直到正确的执行结果广而告之。

一个基于区块链的智能合约需要包括事务处理机制、数据存储机制和完备的状态机，用于接收和处理各种条件。事务的触发、处理及数据保存都必须在区块链上进行。当满足触发条件后，智能合约即根据预设逻辑，读取相应数据并进行计算，最后将计算结果永久保存在链式结构中。

传统的合约往往需要专业的律师团队来撰写，防止利用法律漏洞。当前智能合约的开发工作常常由软件从业者来完成，没有经过专业培训，其编写的智能合约就可能在完备性上有所欠缺，更容易产生逻辑上的漏洞。2016 年著名的 The DAO 事件就是因为智能合约漏洞导致市值大约几千万美元的直接损失。The DAO 是当时以太坊平台最大的众筹项目，上线不到一个月就筹集了超过 1000 万以太币，时值 1 亿多美元。但是该智能合约的转账函数存在漏洞，攻击者利用该漏洞，盗取了 360 万个以太币。由于此事件影响过大，以太坊最后选择进行回滚即硬分叉方式挽回损失。

另一方面，由于现有的部分支持智能合约的区块链平台提供了利用如 Go、Java 语言等高级语言编写智能合约的功能，而这类高级语言不乏一些具有"不确定性"的指令，可能造成执行智能合约节点的某些内部状态发生分歧，从而影响整体系统的一致性。因此，为了智能合约能忠实履行既定职能，智能合约的编写者需要极为谨慎，避免执行动作本身有不确定性的智能合约。为了完善智能合约机制，一些区块链平台提出了改进方案，消除了执行动作的不确定性，如超级账本项目的 Fabric 子项目引入了先执行、背书、验证，再排序写入账本的机制；以太坊系统限制用户只能通过其提供的确定性的编程语言 Solidity 编写智能合约，确保了其上运行的智能合约在执行上的确定性。

比特币已经植入了智能合约的雏形，称为脚本（Script）。在验证交易时，并非固定执行数字签名验签，而是通过执行相关解锁脚本进行验证，人们常常将解锁脚本设置为数字签名验签，但这不是必然的，只要解锁脚本正确执行，都可以操作对应的资产。

区块链节点为不同实体所拥有，其部署设备和系统并不统一，为了在不同环境下确保一致的执行结果，区块链智能合约机制常常有相应的虚拟机支持。用智能合约语言编写的智能合约在开发完成后编译为字节码，虚拟机则通过执行字节码运行智能合约。虚拟机需要根据设备和系统独立开发，将智能合约翻译成同样的字节码，确保智能合约的执行在各节点保持一致。

一款优秀的虚拟机不仅要有确定、高效、安全地执行合约字节码的功能，还应该兼容各式各样的设备和系统，能最大化满足开发者的需求，降低开发和使用的成本，甚至能形成独立的开发者生态。另一方面，虚拟机为智能合约提供计算资源和运行容器，可以与区块链的底层共识机制解耦，方便维护和更新。在区块链 2.0 项目中，大部分项目将虚拟机作为区块链项目的一个子模块，一同编译进二进制文件，更新时需要重新编译整个区块链项目，而 Fabric 将链码改造成独立的服务，在不同 Docker 容器中隔离运行，通过 GRPC 协议与节点交互，解除了虚拟机与其他区块链模块间的耦合。

以太坊虚拟机（EVM）是以太坊协议的一部分，用来处理智能合约的部署和执行。除了在外部账户（Enternal Owned Account）之间的简单转账交易，其他所有涉及账本状态更新的操作都是通过 EVM 计算来实现的。从高层抽象的角度，运行在以太坊上的 EVM 是一个包含了数百万副本的全球化去中心计算机，具有极高的可用性。每个节点都有一个 EVM 副本，每个副本都独立存在，不存在单点崩溃的问题。另一方面，EVM 是一个"准"图灵完备的状态机，在其中执行智能合约的每步计算都需要消费 Gas（燃料），而一个智能合约可用的 Gas 是有限的，确保只能支持有限的计算步骤，防止某智能合约死循环，永久占用 EVM。

### 3.2.6 应用层

随着智能合约的引入，区块链的应用领域得到极大的扩展，区块链项目和应用千姿百态，将在 3.3 节展开叙述。随着越来越多的应用加入区块链生态，基于区块链运行的工具应运而生。

区块链浏览器方便用户浏览和查询区块链所有信息，包括链本身信息、区块信息、交易信息、智能合约信息等。区块链安全某种程度上在于其公开透明，受所有参与者监视，其协议是开源的，其数据是公开的，区块链浏览器可视化并展示这些公开数据，极大方便了用户认识和观测区块链状态。

另一方面，区块链又充斥着资产和信息私有化，被数字签名和隐私保护等手段遮蔽，钱包极大地降低了这些手段使用的门槛。钱包用于存储和管理用户密钥，与生活中的钱放在钱包内不同，区块链资产并非存储在钱包中，其数据一直记录在区块链账本中，区块链钱包管理和存储的是用户密钥，而用户可以通过密钥控制区块链上对应的资产。这些密码学安全的随机产生的密钥毫无规律可言，难以记忆。随着区块链用户越来越多，钱包的功能进一步拓展，如提供用户界面、管理账户地址、跟踪账户的余额、创建并签名交易，甚至可以与智能合约交互。

预言机（Oracle）服务实现向区块链输入系统外的可信的信息，以实现部分智能合约和应用。这些信息可以分为两类：现实世界信息，如汇率和天气预报等，由外部可信源提供；另一类信息是随机数，是许多应用的前提需求。区块链为了维持共识，其执行结果总是唯一且可预测的，这导致在区块链系统内部随机数极难产生且易受干扰，一种解决方式就是通过预言机从外部输入可信的随机数。

区块链的用户不一定是区块链的维护者，可以是区块链节点的拥有者，也可以是挖矿的收益者，其区块链资产来源于与其他区块链用户的交易。区块链交易所方便了区块链用户交易区块链资产，盘活了区块链经济。

区块链工具随着区块链生态的蓬勃发展不断更新迭代，除了上述，还有区块链 API 和 SDK、智能合约 IDE 等，极大地降低了用户和开发者参与区块链生态的门槛，方便了用户和开发者对区块链的使用和维护。

## 3.3　区块链拓展

区块链的理论、设计和应用水平都在日新月异地提高，极大地丰富了区块链技术栈，但区块链技术仍处于发展过程中，还未达到完全成熟的阶段，落地面临着大量的困难和挑战，可以预期更多的创新会出现，使区块链技术更安全、更高效、更实用。

### 3.3.1 应用拓展

比特币开展了一场规模空前的加密数字货币实验，并验证了区块链方案的可行性，于是乎各类从比特币衍生出的各种加密数字货币。然而，比特币暴露出三大问题：能耗过高、吞吐量过低和通用性不足。比特币挖矿所需的电力资源庞大，但没有产生额外的价值；比特币作为全球化系统却只支持每秒 7 笔交易，交易确认需要大约 1 小时，不能满足高吞吐量低时延应用的需求；比特币内置的脚本系统非图灵完备，可以实现的逻辑和功能有限，若要拓展应用能力，需要直接定制化改造比特币系统，否则难以满足非加密数字货币类应用的需求。

为了拓展应用范围，后续的区块链系统对比特币脚本系统非图灵完备缺陷和比特币系统高耗能问题进行了创新改进。以太坊引入了智能合约机制，支持图灵完备的智能合约语言，2022 年 9 月 15 日，以太坊从 PoW 共识转向了 PoS 共识，能耗降低到原来的百分之一，同时提高吞吐量为原来的百倍。比特币短板的优化极大地扩展了区块链技术的应用范围，在股票、清算、私募股权等众多金融领域崭露头角。

习近平指出："进入 21 世纪以来，全球科学创新进入空前密集活跃的时期，新一轮科技革命和产业变革正在重构全球创新版图、重塑全球经济结构。以人工智能、量子信息、移动通信、物联网、区块链为代表的新一代信息技术加速突破应用。"区块链作为新一代信息技术，可以与其他信息技术结合，满足各行业多样化的需求，包括但不限于：与 CA 认证结合构建联盟链，与数字签名结合提供数字存证服务，与物联网结合优化供应链管理，与分布式存储结合进行数据共享。

### 3.3.2 性能拓展

区块链系统本身的性能是绕不开的一个话题，区块链作为发展中的技术，各项性能相当受限，与大规模应用需求还有一段距离，因此提高和拓展区块链性能是区块链系统的发展趋势。

早期比特币每 10 分钟出一个区块，区块大小限制为 1 MB，也就是吞吐量约为每秒 7 笔交易（Transactions Per Second，TPS），即使联盟链采用多中心化架构，吞吐量依然限制在千数量级，而当前中心化的金融系统吞吐量常常在万数量级，因此交易吞吐量不足是区块链面临的主要性能问题，大量的区块链系统以改进吞吐量为首要目标，进行了大量的创新设计。吞吐量过低主要在于共识过程，在一个完全去中心化的环境里需要统一多数节点的认识，消息传播到所有节点受带宽限制，受网络延迟干扰，同时为了抵抗拜占庭攻击，多次交互不可避免，区块链系统的吞吐量注定难以比肩中心化服务，但如何使区块链系统的吞吐量尽量接近高效的中心化网络服务系统也是一个有意义的研究问题。

## 1. 区块扩容

为了解决吞吐量过小的问题，最直接的方法是对区块大小进行扩容。更大的区块可以容纳更多交易，在出块时间相同的情况下，就可以获得更大的吞吐量。但是区块大小增加意味着校验区块的需时增加，传输区块的耗时增加，新区块的传播速度随之减慢，分支和孤块也多了起来，对安全和效率产生负面影响

隔离见证（Segregated Witness，常简写为 SegWit）将签名信息（也称为见证信息）存储在基本交易块（Base Transaction Block）之外。该改进协议原本是用于解决交易可塑性（Transaction Malleability）的漏洞，使得交易 ID 只与交易内容相关，与签名信息无关，防止恶意修改交易 ID。前面提到，公有链的账本不可篡改性实际上不依赖签名信息，除了需要针对特定交易进行校验，签名信息是可以舍弃的，这样就可以提高有限区块大小内可以容纳的交易数量，变相地进行区块扩容。

## 2. 增加分支

一个朴素的想法是，如果一条链的区块链系统性能较差，那么再来一条链好了。链扩展主要包含以下方法。

① 分片（Sharding）。从数据库获得灵感，以太坊把区块链状态分成多个分片，每个分片都有自己的交易历史，且在某分片中的交易只影响该分片的状态。当所有矿工不再需要处理所有交易只需要处理其中的部分交易时，区块链吞吐量就可以得到提升。最简单的场景是每个分片的资产隔离，交易只能在同一个分片的账户上进行，而当交易需要跨分片时，就需要设计相应的跨链交易机制。

② 多通道。与分片类似，作为联盟链的代表，Hyperledger Fabric 项目把账本分成多个通道。通道之间相互独立，各自有自己的节点管理模式，各自运行维护链码（Chaincode，Fabric 的智能合约载体），各自有不同的资产形式，节点可以加入一个或多个通道，执行不同的链码，进行信用背书和账本备份，不过所有通道共用一套排序服务。这与企业联盟中不同企业之间开展不同类型业务合作的应用场景相契合。实际上，多通道主要用于数据隐私保护。

③ 侧链（Sidechain）。在原区块链外建立一条附属的侧链可以提高性能，不过相比于提高吞吐量，其意义更在于实现额外的功能，如建立比特币的侧链，以实现图灵完备的智能合约。侧链可以让主链的代币安全地从主链转移到其上，又可以从其上安全地返回主链。交易验证的方式依据系统结构不同而不同，如 BTC-Relay 依赖于 SPV 证明，Cosmos 还依靠验证节点签名数量等。

④ 子链（Subchain）。比侧链更进一步，任何人都可以在底层区块链之上创建子链，

子链可以使用与主链完全不同的运行机制。与侧链不同，当子链作恶时，用户可以提交交易凭证到主链，在主链上取回资产并获得罚金。如子链 Plasma 可以构建层级关系，作为主链生成子链。大量的交易下沉到子链中，实现丰富多彩的功能，只有在结算和仲裁时进行更高层次的见证。

⑤ 闪电网络（Lighting Network）。小额频繁交易可以直接在链下进行，保留交易凭证随时进行结算和仲裁。闪电网络包含两大合约：可撤销序列到期合约（Revocable Sequence Maturity Contract，RSMC）和哈希时间锁定合约（Hashed Time Lock Contract，HTLC）。前者实现了两个用户之间链上冻结共同资产，链下安全再分配，最后可信结算；后者将两两用户连接成通道，实现跨用户支付。两者结合，组建了链下的小额迅捷支付网络。

### 3．共识算法多样化

区块链三元悖论指出，高效性、去中心化和安全性不可能同时取得最佳，提高其中某一个指标必然以损害另一个或者两个作为代价。安全性是区块链的核心特征，常常在去中心化和高效性中取得平衡，以"准去中心化"或者"多中心化"来换取高效性。

共识算法中提到的 DPoS 就是多中心化的典型，选出 21 个超级节点负责共识和安全。虽然，21 个超级节点是民主选择出来的，但是不能保证 21 个超级节点不会密谋串联。与此同时，吞吐量达到千数量级而确认时间只有秒量级，极大提高了区块链的应用潜力。

随机委员会基于可验证随机函数（VerifiableRandomFunction，VRF），Algorand 在共识过程的每轮每回合中都从全部节点中随机选出部分节点，组成委员会，进行共识协商。共识参与节点数量减少可以提高共识达成速度和系统可容纳节点数量，而安全性下界的降低是可以接受的。

轻节点部分参与区块链系统的设备受性能限制或部分用户只是希望使用区块链系统而不作为矿工参与维护。那么，这些设备或用户其实没有必要运行完全的区块链协议，只需要保留自身所需数据，用于验证涉及自身的事务，必要时随时可以从完全节点下载其余数据。至此，节点之间的对等关系残缺，区块链网络也可以具有层级关系。

除了高效性的需求，不同业务场景对节点数量、节点活性、进出限制、确认时间等需求也完全不同，因此大量的共识算法出现。共识算法中已经提到了证明类和投票类的多样化，以及证明类中证明凭证的多样化，这些共识算法变种满足了各式各样的环境约束。

### 4．智能合约优化

随着智能合约与区块链结合，智能合约在区块链系统中已经不可或缺。智能合约的执行机制、虚拟机实现、计费方法、编写模式、自动审查等都是值得深入研究的课题，更高效、更实用的智能合约会反哺区块链系统的发展。从比特币逆波兰表达式到图灵完备编程语言的智能合约，从以太坊合约账户存储智能合约到 Fabric 系统链码实现系统功能，从顺序执行到百度 Xuper Chain 事务 DAG 图并行化执行，智能合约升华了区块链技术，使其从公共账本转变为公共计算机，随着与人工智能技术结合，有望成为"公共大脑"，进行公共资源和共享资源的管理和调度，如 GOLEM 和 Singularity NET 等。

## 5. 与分布式存储系统结合

区块链通过分布式架构解决了数据不可篡改的问题，在另一个方向上，分布式存储系统通过分布式架构提高了数据容量和可用性。既然区块链受其特性约束，难以实现存储大量数据，那么，将数据存储在分布式存储系统内，区块链保障数据不可篡改就成为一种选择。作为分布式存储的常见形式，分布式数据库与区块链结合后诞生了 BigchainDB。它号称具备每秒百万笔交易\PB 量级的数据存储和亚秒级的响应速度，可以作为优秀的资产交易账本。但是，BigchainDB 不支持智能合约，应用存在一定的局限性。

分布式存储系统是个经典的研究方向。随着数据量越来越大，谷歌公司为了存储和管理这些数据提出了 GFS（Google File System）分布式文件系统架构。而在此之前，去中心化的文件系统管理思想就已经在 xFS 中体现。数据共享的流行带来了迅捷的 BitTorrent 内容分发协议，继而引出了 IPFS（InterPlanetary File System，星际文件系统）分布式存储、传输协议，将参与者集成为一个庞大的分布式文件系统。IPFS 具有以下特征和优点：

① 对等网络。与区块链类似，IPFS 没有中心化控制，具有单点容错的特性。数据分散存储在多台独立设备中，能解决单点崩溃和数据丢失的问题。对等网络还可以减少带宽消耗，用户可以从分散的节点并行下载所需资源。

② 内容寻址。IPFS 不关心从哪里下载，只关心下载内容是否所需内容，会自动从已有所需资源的节点中下载该资源；同时，内容唯一标识符根据内容的哈希函数值生成，能自我验证内容是否正确。

在众人一起维护共有资源的基础上，IPFS 用户只需要存储自己感兴趣的数据，而整个系统内的数据具有永久保存的特点。为了协调各独立的节点，与采取共识机制的区块链有所不同，IPFS 使用了 DHT（Distributed Hash Table，分布式哈希表）及其变种 DSHT（Distributed Sloppy Hash Table，分布式草率哈希表）。以此，元数据和资源得以被定位和获取，但其数据完整性仍通过哈希函数和数据签名算法保证。

虽然 IPFS 与区块链有所区别，但网络结构均是对等网络，其数据完整性均通过哈希函数传递和数字签名算法验证，两者结构上十分契合。同时，IPFS 作为存储和传输协议，缺乏更高层次的访问控制能力，区块链的智能合约恰好提供了持续的访问控制能力，而 IPFS 又可以作为区块链的链下存储部分，提供扩展性支持。两者优劣互补，在健康医疗领域的区块链文献中基本讨论了 IPFS 所代表的链下拓展方案。区块链和 IPFS 协作主要表现为"链上控制，链下执行"。链上将身份认证、记录登记和授权情况上传，通过密码学技术加密，以削弱区块链开放透明性带来的隐私泄露问题，并采用智能合约的形式进行管理和访问控制；链下则采用分布式存储技术存储和传输加密数据，并使用区块链智能合约提供的密钥进行加密数据的解密工作。

### 6．图结构创新

综合所有节点的视图，区块链其实是树结构，按照最长（重）链协议，以最长链为唯一合法主链。部分研究者尝试将树结构拓展到有向无环图（Direct Acyclic Graph，DAG）结构，代表有 Dagcoin、IOTA、Byteball。合法交易不再限于唯一主链，分支交易也具有初步的合法性，这样，从同步记账提升到异步记账，尝试解决传统区块链的高并发问题，是区块链容量和速度的一次革新。异步记账使得区块结构也不需要加以保留，直接以交易作为共识算法中的数据结构的基础单位，极大提升了交易进入共识环节的速度，加速支付过程。其特点是：

① 交易速度快。DAG 实现的局部处理和并行结算可以使得交易速度大幅度提升。

② 拓展性强。各节点不需等待同步其他的节点的数据即可生成证明凭证并延展账本，对总节点数不敏感，因此 DAG 适用于物联网等大量节点的项目，如机器微支付。

③ 作恶难度大。相比于链式结构，在 DAG 中恶意修改的难度会大很多，因为 DAG 中的交易节点拥有着很多的出度和入度，不再是链结构的单入单出，如果修改某节点，那么对应的所有出度和入度都要随之修改。

链式结构只能串行处理，大量时间浪费在等待同步过程中：广播消息需要将消息同步到所有节点，收到消息后的确认消息也需要全网同步，消息跨越整个网络。DAG 则不存在这样的问题，消息处理只需要接收、校验和分析局部消息，相当于记账过程分散化，每个节点都在做类似拼图的工作，把自己的和别人的记账内容拼接起来。至于账本的完整内容，后续慢慢接收也不着急。

需要注意的是，虽然所有分支交易都是合法候选者，但为了抵抗恶意攻击，DAG 仍然需要主链选择机制，根据主链来判定具体交易的合法性。实际上，账本记录本身就是严格偏序集合，大部分记录之间不存在关系，没必要考察先后，只有遇到极少数情况——记录本应有序而所在区块无序如双花攻击和重放攻击等时，才有健全顺序的意义。这在源石币（NANO）中体现得淋漓尽致，一位用户一条链，只有冲突时才投票裁决。不过，目前 DAG 安全性证明和实践还比较缺乏，只有一小部分加密货币在使用 DAG 体系结构。

## 3.3.3 跨链兼容

没有哪一个或者哪几个区块链系统优秀到足以覆盖其他所有系统，跨链是一个不可回避的问题。两条链作为相互独立的系统，需要额外的机制来维护两者相关事务的一致性，在跨链交易时完成对另一条链的交易确认工作。根据"交易如何确认""在哪确认""由谁来确认"等不同解决方案，跨链交易可以分为三种实现方式，即公证人模式（Notary Schemes）、侧链/中继链（Sidechain/Relaychain）和哈希锁定（Hash-Locking）。

### 1．公证人

公证人模式是最简单的模式，同时存在于两条链上的可信第三方为分隔在两条链上的交易需求服务。公证人不断地进行数据收集，并进行交易确认和验证，收取中介费用。公证人模式又分为中心化/单签名公证人机制、多重签名公证人机制、分布式签名公证人机制。

### 2．侧链/中继链

侧链在收到交易数据后可自行验证，完成交易确认，其资产也可以返回主链。进一步，在两条链之间创建共同的侧链称为中继链。这样，跨链交易可以在中继链上换算和操作，并将结果回馈到两条主链上。某种意义上，相当于以区块链扮演公证人角色，比中心化的公证人更安全，但跨链交易行为需要在中继链中达成共识，较公证人模式更受限制，且需要严谨的安全技术和协议支撑，实现跨链交易验证。

侧链一般是以锚定某种原链上的代币为基础的新型区块链。比如，以太坊可以成为比特币的侧链，比特币作为以太坊的主链。但是主链不知道侧链的存在，侧链知道主链的存在，即侧链能读懂主链。例如，BTC Relay 允许以太坊的智能合约安全地验证比特币的交易，而不需要任何中间机构。

### 3．哈希锁定

哈希锁定即闪电网络中的哈希时间锁定合约，实现了价值在节点之间安全的单向流动，同样可以实现链之间的单向流动。其基本原理如下：区块链甲以 $A$ 生成的随机数的哈希值锁定 $A$ 的特定资产，在时刻 $T$ 到来前（常以区块链高度表述），如果 $B$ 能够向 $A$ 出示这个哈希值的原像，$B$ 就能获得该资产，否则 $A$ 可以解冻并拿回该资产。有此基础，另一个区块链乙上也可以进行相似操作，以相同的哈希值将 $B$ 的特定资产锁定，$A$ 如果获得 $B$ 的资产，就需要提供自己生成的随机数，$B$ 获得该随机数后也可以从区块链甲上获取 $A$ 的资产，$A$ 和 $B$ 实现了跨链交易。不过，哈希锁定的跨链交易模式仅支持少量场景。

## 3.4 区块链的经典框架

一方面，目前已有以太坊、Fabric、EOS、IOTA 区块链项目珠玉在前，另一方面，区块链组合其他技术形成互补之势也大有可为。本节以 Filecoin 和 BAFFLE 为例，介绍目前区块链的经典框架，让读者了解不同技术的优劣和发展趋势。

### 3.4.1 以太坊

以太坊是一个区块链开源项目，可以让开发者构建以区块链为底层平台的去中心化应用。以太坊的创始人 Vitalik Buterin 在 2013 年发表了以太坊白皮书，提出了多个项目应用由统一一个区块链系统去支撑完成链上任意复杂计算的思想。以太坊项目于 2014 年 6 月正式宣布开始。

### 1. 以太坊账户管理

以太坊的账户由一对公钥和私钥进行定义，使用公钥的最后 20 字节作为账户地址的索引。以太坊区块链的所有交易或状态转移都附带了参与操作的账户信息。我们可以规定，以太坊的所有状态都有各账户进行交互操作，每个账户状态共同组成以太坊的全局共享状态。以太坊有两种类型的账户。

① 外部拥有账户（Externally Owned Account，EOA）：由私钥控制，一般是给用户分配的账户，用户可以创建自己的私钥并对交易进行签名。外部拥有账户可以给另一个外部拥有账户或合约账户发送消息，并且可以触发合约账户激活或执行其对应的合约代码。

② 合约账户（Contract Account）：由合约代码控制且只能由一个外部拥有账户操作。合约账户不能发起交易，只有在收到来自一个外部拥有账户或另一个合约账户的交易后，才可以触发另一合约账户，以完成交易。也就是说，任意交易总是被外部拥有账户发起，合约账户负责执行或触发下一个合约账户来完成交易。

### 2. 以太坊账户的组成

以太坊账户一般包含 4 部分。

① 随机数（Nonce）：指定唯一一个合约代码，以确保每个交易只会被处理一次。

② 账户余额（Balance）：账户当前的以太币余额。

③ 账户合约代码（codeHash）：对于合约账户，是此账户的合约代码的哈希值，哈希值实际上是一串字符如图 3-3 所示；对于外部拥有账户，是一个空字符串。

```
$ echo "hello blockchain world, this is yeasy@github"|shasum -a 256
db8305d71a9f2f90a3e118a9b49a4c381d2b80cf7bcef81930f30ab1832a3c90
```

图 3-3　哈希码示例

④ 存储（storageRoot）：账户转态 Merkle 树根节点的哈希值，通常默认为空值。

### 3. 以太坊挖矿与共识算法

以太坊采用的共识算法称为 Ethash 算法。Ethash 算法是基于工作量证明（PoW）的一个共识算法，其前身为 Dagger Hashimoto 算法，本质上与比特币挖矿机制一样，需要寻找符合条件的随机数来生成新的区块，证明自己的工作量。但与比特币的 PoW 不同，Ethash 的设计目的是抵制专用挖矿的矿机（ASIC）。这些矿机在比特币上的 SHA-256 挖矿算法可以大大提升挖矿效率，从而催生了大规模的集中式矿场，导致比特币的去中心化受到严重的侵蚀，Ethash 算法则利用将挖矿效率与内存带宽和内存大小关联的算法特点来限制专用挖矿机、CPU 挖矿、GPU 挖矿等。在 Ethash 中，随机数 Nonce 需要满足如下不等式约束：

$$Rand(hash, Nonce) \leqslant MaxValue / Difficulty$$

其中，hash 为区块头中去除 Nonce 生成的哈希值；Nonce 是需要寻找的符合条件的哈希值；MaxValue 为生成哈希值的最大取值，固定值为 $2^{256}$；Difficulty 是挖矿难度，以太坊可以通过调整 Difficulty 来调节挖矿的难度，值越大，挖矿的难度越大；Rand() 是哈希运算。

该公式的基本含义是，用 hash 和 Nonce 生成的哈希值必须落在 [0, MaxValue / Difficulty] 的合法区间。Ethash 的挖矿流程是节点虚拟机开启多个线程并分配给各线程一个随机数，去寻找符合条件的 Nonce。如果 Nonce 不符合条件，就把重试新的 Nonce 值，否则一直迭代计算，直到找到符合条件的 Nonce 或挖矿程序被叫停。

以下介绍以太坊挖矿的主要组件和函数。

① 挖矿入口函数 Seal()：挖矿引擎的入口，负责管理挖矿的线程，启动、更新或停止挖矿线程。

② 挖矿函数 Mine()：负责挖矿，先根据相关区块的内容给挖矿线程分配一个种子（Seed），会把种子作为 Nonce 的初始值，然后使用缓存（Cache）生成伪随机数集成为数据集（Dataset），伪随机数数据集会传到 Rand() 哈希函数，以计算出符合条件的 Nonce。

③ 缓存数据集和伪随机数数据集。缓存数据集存放的都是伪随机数，缓存会在每个周期（每个周期大概几千到 3 万个区块）更新一次，通过哈希计算和异或运算生成基于 DAG 结构的伪随机数数据集。该伪随机数数据集作为哈希运算结果的验证。

④ 哈希运算 Rand()：实现为 HashhimotoFull() 和 himoto() 函数，随机从伪随机数数据集选取元素，同时将哈希值和 Nonce 传入 HashhimotoFull()，对其进行哈希，最后验证输出结果是否符合指定的难度要求。

### 4．以太坊智能合约和以太坊虚拟机

与比特币脚本一样，以太坊的合约代码是基于堆栈的字节码语言环境来编写的，但是以太坊系统提供了一个具有可编程性且灵活的智能合约编程虚拟机环境，即以太坊虚拟机（EVM）。以太坊的智能合约可以使用高级编程语言进行编写，包括 Soildity、Viper、Serpent、LLL、Mutan 等，是图灵完备的。使用 Solidity 编写的智能合约不能直接在 EVM 上执行，代码需要在 EVM 编译成低级语言编码指令才能运行，以太坊使用的低级语言指令称为 opcodes。EVM 定义了 140 个 opcodes 指令，会被编码成字节码（bytecode），目的是提高 opcodes 的存储效率。每个 opcodes 为 1 字节，因此 opcodes 可以有最多 256 个指令。

opcodes 可以操作的属性大概如下：① 堆栈操作，包括 POP、PUSH、DUP、SWAP；② 运算/比较/按位操作，包括 ADD、SUB、GT、LT、AND、OR；③ 环境操作，包括 CALLER、CALLVALUE、NUMBER；④ 缓存操作，包括 MLOAD、MSTORE、MSTORE8、MSIZE；⑤ 存储操作，包括 SLOAD、SSTORE；⑥ 程序计数操作，包括 JUMP、JUMPI、PC、JUMPDEST；⑦ 程序缓停操作，包括 STOP、RETURN、REVERT、SELFDESTRUCT、

INVALID。

当一个合约部署到以太坊时，交易就会产生，但此交易没有接收方。同时，字节码会作为输入数据，添加到交易中。交易的字节码可以分为三部分：构造方法（constructor）、运行时（runtime）和元数据（metadata）。构造方法在整个合约部署生命周期中智能执行一次，将初始化的变量和存储等传入运行时并复制到合约的代码。字节码会在智能合约触发时执行，同时与合约相关的数据存放到合约的元数据中。

### 5．以太坊交易

在以太坊中，交易是指外部拥有账户签名且发送的消息包。

交易内容包含如下：① 发送方的签名；② 消息的接收方；③ 交易中发送方给接收方的以太币数量；④ 交易允许消耗的最大计算步骤数量，即 startGas 值；⑤ 交易中每个计算步骤的费用，即 gasPrice 值。

为了防止恶意攻击和无限循环的计算浪费，以太坊在每个交易中设置了计算步骤的限制，单位为燃料（Gas）。计算步骤通常指一个操作的执行，需要消耗指定数量的燃料，每个交易的成本是由 startGas 和 gasPrice 定义的，总燃料数量即 startGas × gasPrice 需要满足总计算步骤的消耗，才能够完成全部的操作。每个操作都有自己对应的基础燃料，计算复杂且计算量更大的操作的燃料需求会更多，如 KECCAK-256（可以看作 SHA-3）的基础费用为 30 Gas，而 COPY 操作只需要 1 Gas。

本质上，消息的传输或交易的产生是外部拥有账户和合约账户之间发生的作用，合约账户在收到来自外部拥有账户的消息时，执行相应的合约代码，并完成账户状态的转移，最终达成交易。因此，可以把交易过程视为账户状态的转移，过程可以简要体现在状态转移函数 Apply($S$, TX) → $S$ 上。

① 验证交易是否合法，包括签名是否正确等。

② 从签名中获得发送者的地址，用 startGas × gasPrice 计算交易的费用，并验证发送者是否持有足够完成交易的费用，若有，则从发送者的账户中减去相应的以太币。

③ 根据交易中的字节数取走一定量的燃料。

④ 如果接收者是一个合约账户，就执行合约代码，直到完成或者燃料完全被消耗。若代码完全执行完之前燃料消耗光，则恢复除了已支付费用外的所有状态，并且将支付的费用添加到矿工账户中；若接收者是一个外部拥有账户，则把交易需要转移的值从发送者账户转移到接收者账户。

⑤ 将一部分燃料支付给执行合约的矿工，然后把剩余的燃料退还给发送者。

## 3.4.2　Hyperledger Fabric

超级账本生态架构如图 3-4 所示，主要包括区块链系统框架（Frameworks）和区块链应用工具（Tools）。为了更好适应企业在应用场景、去中心化、信任的不同需求，超级账本（Hyperledger）的各子项目需要共同遵守共同的设计理念，并具有如下特点。

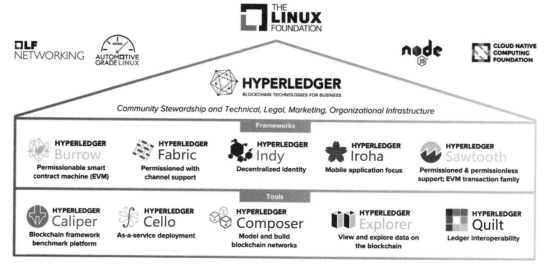

图 3-4　超级账本生态架构

① 模块化设计：项目的架构设计建立在可扩展的框架基础上，确保单个模块的更改不会影响整个系统，并保障新功能可以容易扩展。模块化设计使开发者可以根据应用需求的不断演化，集成基础的模块去构建各式各样的分布式账本解决方案。

② 高度安全性：超级账本的各子项目和模块包括共识算法、协议、模块设计、密码包工具等，需要经过开放社区和专家的检验审查，以保障交易和隐私数据的安全。

③ 规范化应用程序接口与系统互操作性：各项目提供丰富且易用的应用程序接口，确保客户端或应用可以快速调用超级账本的核心账本底层模块，并支持与其他系统进行互操作功能。

超级账本鼓励模块化设计理念和基础模块的可重用性，因此超级账本推出了面向不同应用场景的子项目，包含 5 个框架平台类项目和 5 个工具类项目。

超级账本的 5 个框架平台类项目如下：

① Burrow 提供了具有权限控制的通用智能合约执行引擎，其智能合约编译器遵循 EVM 协议规范。Burrow 的主要组件包括共识引擎、区块链应用程序接口（ABCI）、智能合约应用引擎、系统网关等组件。

② Fabric 是一个面向企业级各种应用场景的分布式账本框架，提供了可插拔的共识算法、成员管理、权限管理等组件，并利用虚拟化技术来执行被称为"链码"的智能合约，以支撑系统的业务逻辑。

③ Indy 是一个基于分布式账本的分布式身份管理平台，为分布式账本系统提供构建数字身份的基础模块。Indy 的主要特点包含两方面：一是自我身份主权，身份信息存储在

分布式账本中，只有身份主人可以更改或删除身份；二是可验证证明，身份认证可以通过只提供部分的身份信息或证书，如护照、驾驶证等证件，使用零知识证明算法进行验证。

④ Iroha 主要是面向移动应用开发的区块链平台，提供了基于 C++领域驱动设计的简单框架架构，可以为很多需要分布式账本基础设施的项目提供服务。

⑤ Sawtooth 是一个面向开发、部署、运维分布式账本的区块链平台，使用可信执行环境（TEE）和零知识证明来支持安全隐私的交易模式，同时支持并行的交易处理，大大提高了区块链整体系统的性能。

超级账本的 5 个主要的应用工具有：Caliper，一个区块链性能指标测试工具；Cello，区块链的生命周期管理工具包；Composer，开发工具框架；Explorer，区块链浏览器；Quilt，分布式账本的跨链协议，并提供支付协议。

### 1．Hyperledger Fabric 的功能

① 资产管理：资产可以以键值（key-value）对结构进行存储和表示，可以通过提交交易链码去更改特定的资产。

② 链码管理：采用以 Docker 为主的虚拟化技术作为链码的执行环境，为链码开发和部署提供便利和灵活性，同时确保用户本地数据与链码的执行环境相互隔离，保护各环境中的数据安全

③ 分布式账本功能：提供内置的分布式账本，用作平台中所有状态转移的记录，并且支持丰富的账本操作和底层状态账本的数据库引擎。

④ 隐私保护：用户在同一个区块链中可以通过通道（channel）进行数据和业务上的隔离，同时支持安全的数据加密传输和跨业务的处理机制。

⑤ 模块化的共识算法：提供可插拔的共识算法组件，通过设置策略和验证条件交易来完成整个生命周期的验证。

⑥ 成员管理：为区块链网络节点提供基于 PKI 公钥的身份证书管理功能

目前，Fabric 支持两种状态数据库，分别是 LevelDB 和 CouchDB。Fabric 默认的状态数据库是 LevelDB，并嵌入 peer 节点。状态以默认的键值对形式存储。CouchDB 是可选的 LevelDB 状态数据库替代，可以根据不同的应用场景支持更复杂的查询操作。

在 Fabric 中，所有账户最新的状态和信息构成了世界状态对象。世界状态是通过键值对对象存储的，每笔交易是世界状态转移的结果，即对世界状态进行了增删改查的操作，这些操作在 Fabric 中被抽象成了一种对象，即读写集（Read-Write Set）。读集包含所有被读取 key 的 value，而写集包含待更新的所有 key 和对应的 value。Fabric 通过维护读写集达到世界状态的全局一致性。

Fabric 的节点主要有 4 种，每种节点在网络中有不同的功能和访问权限，以下简单介绍（后续具体介绍）。

① 客户端节点（client）：客户应用程序节点，本身没有运行或维护区块链账本，只是需要在区块链上完成交易。客户端节点需要通过 peer 节点或排序服务节点（orderer）才能与区块链网络进行通信，还可以向背书节点提交交易提案并收集背书等。

② peer 节点：Fabric 的一般节点，负责维护区块链的主要功能如记账、交易执行、与客户端节点或其他节点的信息交换等，根据不同的功能和角色，可以分为 4 种，如表 3-2 所示。

表 3-2　Fabric 的 peer 节点分类

| 类　型 | 描　述 |
| --- | --- |
| 记账节点（Committer peer） | 负责维护账本副本和世界状态，对所有排序服务节点提交的交易进行验证。所有 peer 节点都是记账节点 |
| 背书节点（Endorser peer） | 负责执行交易并对结果进行签名，同时为其提供背书 |
| 锚节点（Anchor peer） | 负责多个机构间的通信和信息交换。每个机构需要通过锚节点与其他机构进行联系 |
| 主节点（Leader peer） | 负责与排序服务节点进行通信，并将最新的区块同步到机构内部。一个机构只能有一个主节点 |

③ 排序服务节点（order）：接受交易的签名背书，并对提交的交易进行排序，通过共识算法对交易排序达成共识然后生成区块，广播给 peer 节点。

④ 证书认证（Certificate Authority，CA）节点：负责接受客户端的注册申请，颁发身份证书和用户身份的验证等。

Fabric 主要支持三种共识算法：Solo（单节点共识）、Kafka（分布式队列）、SBFT（简单拜占庭容错）。Fabric 的所有交易都要通过共识服务，使用以上三个共识算法之一对其交易的排序达成共识，然后将排序后的交易打包存入区块链。

Fabric 身份管理体系采用基于 PKI 的身份认证标准规范，用户可以以不同的身份与网络节点沟通或进行链上操作，包括排序者身份、peer 身份、客户端应用身份、区块链管理员等，允许以 X.509 数字证书标准进行创建、存储和验证。身份管理服务起到了极大的作用，可以判断用户是否有权限访问链上的资源或进行特定的操作等，是实现区块链权限控制的重要模块。身份验证应先获得可信机构的授权认证，成员管理服务即 Fabric 中的可信机构。基于 PKI 的身份管理的主要组成部分包括以下。

① 数字证书：遵循 X.509 标准的数字证书。

② 公私钥对：用户的公钥和私钥，私钥用于对文件或交易进行签名。

③ 证书认证（CA）：只要这些认证机构被认为是可信的，那么这些认证机构签发的数字证书也是可信的。

④ 证书撤销列表（Certificate Revocation List）：包含认证机构中心撤销的证书列表，当第三方验证其他用户身份时，将先查看提供的证书是否在证书撤销列表上。注意，被撤销的证书与过期的证书不同，过期的证书是在时间维度上超过时限而无效，被撤销的证书

则可以因某种原因如恶意攻击等行为而被添加到证书撤销列表上，使得证书变得无效。

Fabric 证书的默认算法为 ECDSA，并使用 SHA-256 作为哈希算法。实现的证书考虑了如下三种设计。

① 登记证书（ECert）：由 CA 颁发给用户或节点实体的身份凭证，代表区块链网络中的身份，一般长期有效。

② 交易证书（TCert）：实现匿名性的交易权限控制，一般短期有效

③ 通信证书（TLSCert）：对网络层的访问接入进行控制，对其访问的远端节点进行身份校验，保障网络通信安全以及防止窃听。

Fabric 为认证机构中心提供了它们之间的信任链（Chain of Trust），使得认证机构中心以两种形式存在，分别为根级认证机构中心（Root CA）和中级认证机构中心（Intermediate CA），如图 3-5 所示。

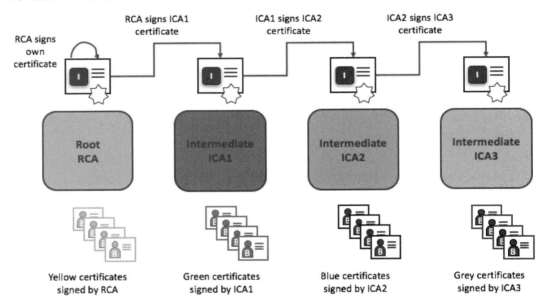

图 3-5 认证机构中心和分层

根级认证机构中心签发自己的数字身份，而中级认证机构中心的数字身份需要由根级认证机构中心或其他的中级认证机构中心签发。中级认证机构中心的数字身份是由上一级认证机构中心签发的，这使得数字证书的信任链从根级认证机构中心可以建立，为多机构业务场景提供高灵活性的认证机构中心服务。

若加入一个已有的区块链网络，用户首先需要从可信的 CA 获得身份证书，但远远不够，还需要成为该区块链网络的成员，即用户需先加入区块链网络的联盟（consortium）并成为成员，才可以在此区块链中进行交易。成员服务提供商（Membership Service Provider，MSP）提供了此类成员管理的服务。CA 签发并验证用户的身份，而 MSP 主要包含网络（区块链网络）中的许可身份列表和这些身份的管理规则，从而定义和设置一个

区块链网络允许哪些成员加入，即联盟链的重要功能。一个区块链网络可以由一个或多个MSP共同管理，MSP设置的方法是将成员管理配置的相关文件夹添加到区块链网络的配置中。MSP提供了两种网络作用范围（scope），即本地MSP和通道MSP。本地MSP是针对客户端和普通节点，需要在本地指定启用哪些peer节点或orderer节点。每个节点必须配置本地MSP，因为它定义了节点本身的管理权限。通道MSP定义了一个通道的管理权限，任何加入通道的机构必须制定通道MSP。同一个MSP下的成员组成的一个群体称为机构（organization）。机构可以按照其业务场景配置多个MSP，各MSP负责管理不同的业务和不同的成员。机构与MSP的最佳映射是一对一，考虑到不同业务的管理，可以采用如下方式。

① 一个组织采用多个MSP：针对组织的具体情况，可以根据管理层级的各部门由MSP进行代表，这意味着机构的部门范围内的数据和信息可以与一组同级成员共享。

② 多个机构采用一个MSP：适用于联盟组织管理的情况，多个机构通过同一个MSP实现联盟范围内的信息传播。

Fabric还提出了一种灵活的身份标记设计用来定义实体的特定身份，从不同颗粒度对身份进行分类，称为身份集合（MSP Principal）。身份集合的架构如图3-6所示。身份集合的属性如表3-3所示。

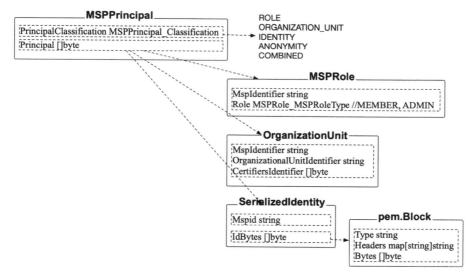

图 3-6　身份集合的架构

表 3-3　身份集合的属性

| 属　性 | 描　述 |
| --- | --- |
| role | 用户或节点角色，由证书来定义节点角色，如客户端节点、peer节点等 |
| organizationunit | 根据身份的 organizationUnit 信息阈来定义区分 |
| identity | 由具体某指定的证书组成，需要完全匹配证书中的条件才认为合法 |
| anonymity | 证书是否是匿名的，用于 idemix 类型的 MSP |
| combined | 由多个子身份集合组成，符合所有的子身份集合才认为合法 |

Fabric 的通道是利用多账本体系设计的一种安全保护机制，每个通道都有一个完全独立的账本、背书、链码执行环境，同一个通道的 peer 节点才保存着一份相同的账本，因此各通道之间是相互隔离的。通道由成员（组织）、每个成员的锚节点、账本、链码应用程序和排序服务节点定义，每个交易都在一个通道上执行且必须经过身份认证才能够进行交易。

2．Hyperledger Fabric 数据包

在 Fabric 中，交易可以理解为对智能合约（链码）的所有操作，可以以两种方式进行：交易部署（Transaction Deployment），即将智能合约部署到区块链上，或者交易调用（Trans-action Invocation），即执行智能合约代码。交易部署是指创建新的交易合约，把交易合约的链码代码部署安装到指定的区块链上。交易调用是指链码代码在链上的执行，客户端向区块链调用对应的交易合约来完成某交易或某业务逻辑，链码代码运行会改变账本的相应状态，并把输出返回给对应的节点或客户端。为了更好地理解 Fabric 的交易，我们需要深入了解交易的结构。交易包含以下内容。

① 交易头：主要包含交易相关的元数据，如链码名称、Fabric 版本等。

② 交易签名：交易发起者（一般是客户端应用程序）构建的加密签名，用来判断交易是否合法、发起者的身份认定等。

③ 交易提案：主要对链码的输入参数进行编码并在链码运行时负责传递编码的参数。

④ 交易提案响应：智能合约执行后的输出，包括交易前后的世界状态，以读写集语义展示。

3．Hyperledger Fabric 的交易流程

① 客户端发起交易提案：用户通过应用程序的客户端节点构造好交易提案（Proposal），包括本交易需调用的合约、合约参数和用户签名等信息，然后向背书节点提交交易提案。

② 执行提案并进行背书：背书节点在收到交易提案后将其进行验证，通过后根据当前的账本数据通过执行链码代码逻辑生成读写集并进行签名，然后生成提案响应（Proposal Response）并返回给客户端。在此过程中，链码执行只是模拟执行，不会更新账本数据。

③ 收集交易的背书：客户端节点收到来自背书节点的提案响应后对其签名进行验证。若客户端需要更改账本的状态，如对账本进行 invoke 操作，则需要向排序服务节点提交交易进行账本更新。若客户端不需要更改账本的状态，如进行账本查询等操作，则不需要向排序服务节点提交交易，只需要直接查询提案响应即可。

④ 构造交易请求并发送给排序服务节点：客户端收到所有背书节点的签名后，通过调用 SDK 将交易提案、提案响应和背书签名打包生成交易，然后向排序服务节点广播。交易的生成需要确保所有背书节点的执行结果集的提案响应完全一致。

⑤ 排序节点对交易进行排序并生成区块：排序节点从所有通道中收集提交的交易，并

按照各通道的接收时间顺序对交易进行排序，然后打包生成区块。

⑥ 排序节点向主节点广播生成的区块：排序节点把生成的区块广播给机构的主节点，主节点会将新生成的区块广播通道的所有 peer 节点（或记账节点，因为所有 peer 节点都是记账节点）。

⑦ 记账节点验证区块内容然后写入状态账本：记账节点验证区块的有效性，检查交易是否符合背书规则等，若交易验证通过，则将区块写入本地账本，然后将交易的读写集写入世界状态数据库，实现完整的交易流程。

## 3.4.3 EOS

### 1. EOS 概述

EOS 是 Block.One 公司研发的一种区块链底层系统框架，为去中心化应用（Decentralized Application，DApp）的开发提供底层的模板并实现分布式应用的性能扩展。多个应用可以在 EOS 区块链底层平台上同时运行，因此 EOS 通常被看成一款商用级的区块链操作系统。目前的公链系统普遍存在转账吞吐量低、安全性低、系统并发能力差、转账手续费高、开发难度过高等问题，问题阻碍了区块链系统的商业化应用。EOS 是为了解决这些问题而生的，主要提供异步通信的并行链方式并采用 BFT-DPoS（Byzantine Fault Tolerance-Delegated Proof of Stake）共识算法机制，可以支持每秒百万级别的交易处理。

EOS 是基于石墨烯区块链底层（Graphene Blockchain Library）架构设计的，主要包括应用层（Programs）、插件层（Plugins）、库函数层（Libraries）、智能合约层（Contracts）。其优点是高度模块化和可扩展性，将分布式应用程序封装成一系列的可执行程序，提高了节点之间的通信能力和动态调用，极大降低了开发难度，并有利于分布式应用程序的部署。

EOS 的核心组件如下。

① Nodeos：应用系统的核心模块，是节点的服务器，即网络中的"节点"，用于配置相关插件、接收客户端的远程请求，并将交易打包成区块。

② Cloes：客户端命令请求的入口，客户端可以通过 Cloes 命令行接口（CLI）访问 EOS 网络，并进行相应的操作，如查看区块信息、操作钱包等。

③ Keosd：钱包管理模块，主要存储用户的公钥、私钥和对产生的交易进行签名。

EOS 的插件模块提供一些动态加载相关的组件，提供基础的业务功能，实现了区块链底层技术和应用层业务逻辑的解耦，有利于功能的开发和扩展。表 3-4 列举了 EOS 主要插件模块及每个模块对应的功能描述。

EOS 的库函数层提供了区块链的底层关键技术，为应用层和插件层提供基础能力服务。库函数层实现了交易处理、区块生成等基础功能，同时提供加密、文件 I/O 操作和网络通信能力等。智能合约层提供智能合约相关操作的功能，还包含一些智能合约的示例代码。

表 3-4　EOS 主要插件模块

| 插件模块 | 功能描述 |
|---|---|
| Chain_plugin | 提供节点与区块链交互的基本功能，包括：区块链的更、删、改、查操作，本地链的参数设置，账户黑白名单设置，智能合约黑白名单设置等 |
| Net_plugin | 承载 P2P 网络层相关的服务，提供 P2P 网络中 TCP/IP 相关协议的功能，主要提供节点之间、交易/区块请求的发送和接收以及验证接收的数据是否合法等功能 |
| Http_plugin | 提供 P2P 网络中 HTTP 相关协议的功能包含交易/区块请求的发送和接收、验证接收的数据是否合法等功能 |
| Producer_plugin | 为区块链生产节点提供功能服务的插件，区块链生产节点必须使用此插件，普通节点不需要 |
| Wallet_plugin | 钱包相关功能的插件，功能包括钱包的创建和读取、解锁超时时间的设置、钱包密钥导入等 |
| Account_history_plugin | 账户历史记录插件，提供本地链查询的相关功能，包括区块查询、账户状态查询、交易查询等功能 |
| Bnet_plugin | 承载节点之间数据同步的相关功能和算法 |

### 2．EOS 共识算法与治理

EOS 提供了社区的自治治理机制。自治社区通过定义"宪法"给社区制定明确的规则，并以系统提供的算法来判断出现的错误是否确实存在，以及社区对规则的修复是否正确。当系统算法无法做出决策时，社区可以再通过投票等机制达成共识，并对"宪法"和相关规则进行修复，根据约定的协议提出硬分叉的系统升级。EOS 使用内置的 WebAssembly 虚拟机来支持智能合约的编译，因此可以使用标准的 C/C++/Rust 等高级语言编写智能合约。EOS 的智能合约在节点上进行登记注册和执行。

## 3.4.4　IOTA

### 1．IOTA 概述

随着物联网的快速发展，传统的区块链系统如比特币，以及区块链 2.0 为代表的以太坊、Fabric 等，区块链 3.0 为代表的 EOS 不能有效地处理高吞吐量的交易，也不能够很好地满足物联网中的小额支付的需求。这些区块链系统可能存在两方面的缺陷：一是高额的支付手续费用，针对小额支付场景，支付手续费用的比例相对变得很高；二是用户节点角色，如比特币需要有不同的节点角色，矿工负责验证交易和普通用户发起交易。

异质的节点角色导致系统变得复杂庞大，用户需要维护多个节点或角色，造成冲突的可能性变大，导致资源利用上的浪费。针对上述问题设计出一个全新的区块链底层数据结构和交易处理机制，为物联网等领域的应用提供高效、高吞吐量、无交易手续费的区块链底层框架，即 IOTA（Internet of Things Architecture，基于物联网的架构）。

### 2．IOTA 数据结构与交易模型

与一般的区块链的数据结构不同，IOTA 采用的不是单向连续的链式架构，而是基于有向无环图结构（DAG）作为底层的区块链数据结构（如图 3-7 所示），称为 Tangle。Tangle

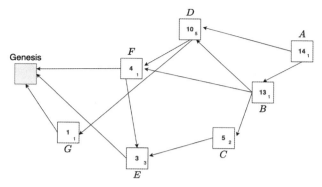

图 3-7　IOTA 的数据结构

是由站点和节点组成的。站点相当于有向无环图结构的顶点，代表交易，而节点是可以发起交易的用户节点本身。

　　Tangle 的基本原则是，每笔新发起的交易必须完成前两笔旧交易的验证，因此 IOTA 没有特定的矿工，每个用户需要验证已有的交易才能够发起新的交易。每个节点代表一个交易，随着用户的加入，交易数量也会不断增加，新的交易意味着已有交易的确认，因此交易完成的吞吐量会变得越来越大。基于 DAG 的设计能够实现高吞吐量的另一个因素就是交易的平行验证，由于 DAG 结构可以让新的交易可以从任何节点扩展（只要不造成环结构），因此不同用户可以在同一时间对不同的交易进行验证。关于交易的验证，Tangle 没有规定要选择哪笔交易进行验证，节点可以根据所在的地区或社区选择参考制定的规则作为交易验证的选择。未获得验证的新交易称为 Tip。当两个或多个 Tip 交易发生冲突时，Tip 选择算法（Tip Selection Algorithm）会用来解决交易冲突，会被执行很多次，从而正确的交易会有更大的可能性被算法选取，而其他交易从 DAG 中被去掉。Tangle 交易包的重要属性如表 3-5 所示。

表 3-5　Tangle 交易包的重要属性

| 属　　性 | 解　　释 |
|---|---|
| 权重（Weight） | 交易本身的权重，一般与交易发起人投入资源成正比 |
| 累计权重（Cumulative Weight） | 交易本身的权重加上所有直接和间接交易的权重 |
| 积分（Score） | 交易累计的贡献 |
| 高度（Height） | 从交易到创世区块的最长路径 |
| 深度（Depth） | 从任意交易到一个具体区块的最长路径 |

## 3.4.5　Filecoin

　　IPFS 是一种点对点的分布式文件系统，可以理解成一个 P2P 文件传输协议，结合了分布式哈希、P2P 传输和版本管理系统，是实现可快速索引且具有版本管理的去中心化文件系统。

　　HTTP 目前存在一些问题，即四大痛点。首先，效率低下，服务成本相当昂贵，HTTP

只能从一台服务器一次连接下载一个文件，不能从多台服务器获取多个文件。其次，历史文件容易被删除或丢失，Web 网页的平均寿命较低，大量文件不能长期保存，由于过于中心化的存储方式和缺乏数据的分发备份，有些重要文件可能永远在互联网消失了。再次，过度中心化的网络结构，容易被控制，易受单点攻击等，限制了应用的发展。最后，过度依赖骨干网，太过依赖大规模的中心服务器，无法有效利用全网的计算和通信资源。IPFS 是为了解决以上痛点而提出的解决方案，如图 3-8 所示。

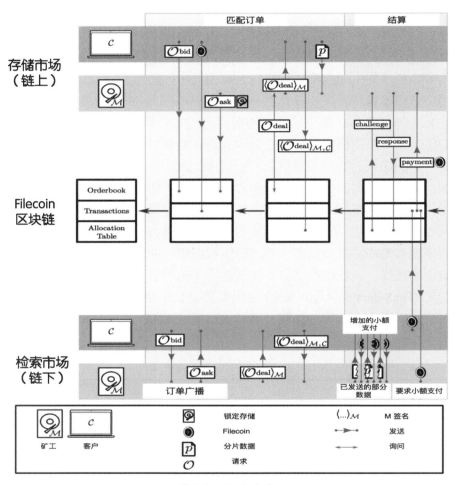

图 3-8　IPFS 方案

① 内容寻址的文件系统：IPFS 网络中存储的文件会根据文件内容计算出唯一的哈希值，从而可查询该内容的地址并获取文件内容，实现全网的资源共享；不同于 Web 的网络协议，IPFS 不是基于域名寻址的，因此不需要额外对内容的域名管理进行维护，同时基于内容的分布式哈希是唯一的且不易恶意篡改，内容不会重复存储，大大降低了存储成本。

② 文件的版本控制：让多节点使用和保存不同版本的文件。

③ 分布式内容分发：每个存储到 IPFS 网络中的文件会被分散成很多份，并分别存储

到网络中的各节点，下载文件时会同时从各节点获取相应的内容，因此 IPFS 有抵挡 DDoS 攻击、单点攻击、防御自然灾害的能力，同时提供了自动备份和内容修复功能。某种程度上，IPFS 中的文件可以达到相对永久性的存储。

④ 存储激励机制：通过 Filecoin 代币的激励机制，IPFS 激励用户存储数据，为整个网络提供开放的存储空间。用户可以使用 Filecoin 代币去支付文件存储的费用。Filecoin 代币在市场流通起来后，便可产生实际价值并与实体经济相结合。

Filecoin 是一个基于公有链的分布式存储网络，运行在 IPFS 的激励层上，通过 Filecoin 代币激励用户为 IPFS 网络提供存储空间的服务。本质上，Filecoin 提供了存储资源使用者和提供者之间沟通的桥梁，促成了存储交易的市场。Filecoin 与互联网的数据传输场景一样，数据传输是在两个个体之间进行的，这就促成了 Filecoin 协议中的两个市场概念，即存储市场和检索市场。这两个市场相当于存储服务的去中心化交易所，存储提供者和使用者可以向市场请求服务或根据服务请求的订单提供服务，使用者会被收费，而提供者会得到一定的报酬。Filecoin 协议的底层系统由以下 2 个模块组成，每个模块包含 2 个基本组件，共计 4 个基本组件：存储市场、检索市场、复制证明、时空证明。

① 去中心化存储网络（Decentralized Storage Network，DSN）：由存储市场和检索市场组成的去中心化交易所，用户（使用者）和矿工（数据提供者）设定所要求服务的价格，并将其订单提交到市场。

② 存储证明方案：验证矿工是否按服务要求存储规定的数据，包括复制证明（Proof-of-Replication）和时空证明（Proof-of-Spacetime）。

任何用户都可以作为客户端、存储矿工和/或检索矿工参与到 Filecoin 网络。存储市场和检索市场中的订单和交易都存储到 Filecoin 的区块链账本中，这个账本是由存储矿工和/或检索矿工通过共识机制进行维护的。下面通过矿工和网络的执行来概述 Filecoin DSN 的工作原理。

对于存储矿工而言，大概的挖矿流程如下：首先，存储矿工需提交抵押，以保证提供指定的存储服务，然后从存储市场获取存储服务请求，并向交易所提交报价订单；若交易达成，则存储矿工需将数据存储到矿工的硬件上，然后生成相关的存储证明，并发布到区块链中，由网络来验证。对于检索矿工而言，检索矿工需要从检索市场获取数据请求的订单，若交易达成，则检索矿工将数据发送给客户。当数据接收完成后，矿工和客户需要共同签署交易并提交到区块链。

从网络执行的角度，整个生命周期大概是客户向存储市场提交报价订单，当矿工和客户达成交易并向市场提交成交的订单后，网络将数据分配给各参与交易的矿工进行存储，然后把各记录存入分配表。对于每个存储交易参与者，网络会定期随机检查每个矿工的存储证明是否有效；若存储证明无效，则存储矿工的部分或全部抵押会被扣除，若所有存储该数据的矿工都出现了故障，则该数据被认定为丢失，客户将获得全额退款。

### 3.4.6　BAFFLE

联邦学习作为一种具有隐私保护的分布式机器学习框架，为分布式智能提供了安全的计算能力。在联邦学习中，一个聚合者会在每个训练周期选出一部分的用户进行本地的训练，然后那些用户把更新后的模型发送到聚合者，去迭代更新全局的模型。可以看出，一般的联邦学习是中心化的，各用户需要依赖中心服务器作为聚合者去更新迭代全局模型；另外，联邦学习一般假设中心服务器是可信的，不会存在恶意攻击等行为。BAFFLE 针对这两方面提出了基于分布式账本的联邦学习框架，使用区块链的智能合约技术来替代中心服务器的功能，实现模型聚合的去中心化计算。BAFFLE 的基本思想是在区块链上维护全局模型的状态，然后使用智能合约去共同更新全局模型的状态，整个过程不需要一个独立的中心服务器来负责全局模型的更新，每个参与者都可以加入全局模型的计算。

区块链系统如以太坊支持的交易数据大小大概为 24 KB，一般远远小于机器学习模型的大小，BAFFLE 的解决方法是将模型分成大小相同（如 24 KB）的模型组块（Chunk），然后对每个模型组块进行序列化（Serialize），实现高效率的模型存储同时兼容了区块链系统的交易数据结构。BAFFLE 的联邦学习全过程如下。

① 用户从区块链获取最新的全局模型并与本地当前的模型聚合得到平均模型，然后使用平均模型对本地数据迭代训练获得新的本地模型。此时，很多用户已经同时完成了本地的训练，这些训练完的本地模型需要通过智能合约进行聚合，以更新全局模型。

② 各用户把本地模型分成若干模型组块，并随机选取一部分模型组块，然后对每个模型组块计算出其分数，分数最高的模型组块才会被选取，用于全局模型的更新。模型组块分数是当前的本地模型组块 $Q_{k+1}^{j}$ 与最新的全局模型组块 $Q_k$ 的范数差 $\left| Q_{k+1}^{j} - Q_k \right|$ 计算得出。用户把模型组块及其分数发送给智能合约。

③ 智能合约选取分数最高的模型组块，然后调用另一个智能合约，把这些模型组块更新到全局模型。

分数最高的模型组块会被更新到全局模型，而不是将各用户的整个本地模型进行聚合。某种意义上，分数高的模型组块对全局模型学习最优帮助的模型组块。宏观上，整个过程的大致分为三个阶段：模型训练/分块/提交分数、选取最高的模型组块、训练周期结束。

## 3.5　基于区块链的数据共享

区块链作为分布式账本，各节点间相互共享着数据，甚至公有链将数据暴露，人人均可获取，区块链系统本身已经可以用于部分数据共享场景，如物流追踪。不过，区块链基于流言协议实现了数据共享[22]，还结合了共识等机制，本身致力于数据安全，仅用于数据共享难免大材小用，并带来其他问题。

### 3.5.1　区块链自身难适应数据共享场景

前面介绍了区块链的能力及其实现，难免给读者留下了区块链功能强大的印象。笔者认为，知道区块链不能做什么和知道区块链可以做什么同样重要。事实上，区块链有着许多根植于基础架构上的难以优化的缺憾。

与分布式一致性算法不同，区块链协议通过区块的时序链结构对历史进行了保护，不同时间的后来者查看历史时，其获得的信息一致。人们可以通过任意的诚实节点了解到从创世区块开始到近期的明晰的历史进程，区块链的状态改变是有据可查的。无可避免地，区块链要求其节点保存从创世区块开始的整条主链甚至额外包括部分分支的数据，而这些数据随着时间流逝将会越来越多。若单个区块的数据量很大，周期的共识将很快将区块链数据膨胀到现有存储设备难以接受的大小。节点运维成本上升，设备门槛卡住了更多节点的加入，区块链的安全也会受到制约。区块大小受限，则单条记录的数据量受限，可容纳的记录数量也会受限。

除了基础数据结构的制约，区块链的共识算法也使得其数据共享效率十分低下。区块链需要所有节点达成一致，首先需要把数据都分发给所有节点，其次通过决策过程完成统一。联盟链采用了传统的分布式一致性算法，共识常常需要多轮的投票达成。而在公有链中，最长链原则巧妙地把共识决策融入流言协议的数据传播过程，减少了共识互动，但仍然不可避免交易和区块的全量分发。无论何种区块链都对现有的网络设备带宽提出了巨大的挑战。

除此之外，其他区块链要素在带来优点的同时也引入了一些问题。随着智能合约的引入，区块链需要解析执行区块内的各个交易的合约代码才可完成校验，实现所需的安全性，但是交易的顺序与执行结果息息相关，并行优化困难重重，进一步拖慢共识的达成。全球化的节点分布带来了全球的网络延迟，等等，都可能产生负面影响。

这些因素综合起来决定了区块链吞吐量低，容量小的特点，也使得区块链难以适应大型数据共享和频繁数据共享的常见场景，在数据共享场景中使用区块链需要对相关性能需求慎重考虑和测试。

### 3.5.2　区块链实现数据共享安全性优化

数据共享研究历史悠久，互联网技术日新月异，离不开大众对数据共享的需求。不同的数据共享技术满足了不同应用场景下的需求，教条地使用技术框架会制造大量麻烦，在实际应用中必须实事求是，从应用需求出发，寻找合适的技术来搭建系统。

迅雷和网盘等数据共享工具集成了各式各样的数据共享协议，面对不同的应用场景。BitTorrent 协议与区块链一样采用了 P2P 网络架构，人人为我，我为人人，下载者在下载内容的同时上传已下载的内容给其他下载者，提高共享速率。IPFS 进一步优化，去除了中心化寻址节点，用户不再需要先获取种子文件，只需要知道文件哈希即可下载内容。网盘、COS 等是由云供应商提供的云存储服务，用户不用关心存储细节，由云供应商保障可用性，进而实现数据共享。既然已经存在满足各种应用需求的合适好用的数据共享工具和技术，没有必要舍本逐末，以区块链一个技术覆盖所有数据共享功能。

除了核心的数据传输，数据共享还涉及几方面的需求。在数据完整性方面，各项数据共享技术常常使用哈希算法进行数据校验，以确保用户下载的数据是完整的、一致的，但是，在验证前需要获取正确的哈希值。而在知识产权保护、信息溯源等场景中，明确数据提供方或所有方是系统必须具备的能力。大数据时代数据泄露的乱象也促使人们更加关注数据安全，规范数据处理原则，尤其需要显式地声明数据授权。区块链可以作为基础组件，为这些元数据提供信用担保，确保数据合规、可信且不可篡改，提高数据共享的安全性。

区块链和传统数据共享技术协作的主要表现为"链上控制，链下执行"。链上将身份认证、记录登记和授权情况上传，通过密码学技术加密，以削弱区块链开放透明性带来的隐私泄露问题，并采用智能合约的形式进行管理和访问控制；链下则采用传统数据共享技术存储和传输加密数据，并使用区块链智能合约提供的密钥进行加密数据的解密工作。

# 本章小结

本章首先介绍了区块链的基本概念，然后介绍了涉及的相关技术，进而引申到区块链技术的延伸和扩展，包括应用扩展、性能扩展及跨链兼容，分别介绍了以太坊、Hyperledger Fabric、EOS、IOTA、公有链+IPFS 和区块链+联邦学习六大区块链技术典型框架，最后介绍了区块链与数据共享相结合形成的技术。

# 习 题 3

1. 除了 6 层架构，区块链还有哪些架构模型？
2. 区块链与比特币有什么关系？
3. 什么是共识算法？目前有哪些共识算法？
4. 拜占庭问题是什么？
5. 区块链的核心技术有哪些？
6. 在区块链的实操中，智能合约的部署为什么建议使用虚拟机？如果不使用虚拟机部署，智能合约会出现什么情况？
7. 除了在币圈有很成熟的应用，区块链还有哪些场景的应用？
8. 什么是默克尔树（哈希树）？有什么作用？

# 参考文献

[1]  工业和信息化部. 中国区块链技术和应用发展白皮书[R/OL]. (2016-10-18)

[2]  Davda Y. Design of Hash Algorithm for Blockchain Security[M]//Blockchain Applications in Cryptocurrency for Technological Evolution. IGI Global, 2023: 118-135.

[3]  Khalid M I, Ehsan I, Al-Ani A K, et al. A Comprehensive Survey on Blockchain-Based Decentralized Storage Networks[J]. IEEE Access, 2023.

[4]  De Neira A B, Kantarci B, Nogueira M. Distributed denial of service attack prediction: Challenges, open issues and opportunities[J]. Computer Networks, 2023: 109553.

[5]  Hu Y, Tian G, Jiang A, et al. A Practical Heartbeat-based Defense Scheme Against Cloning Attacks in PoA Blockchain[J]. Computer Standards & Interfaces, 2023, 83: 103656.

[6]  Xu J, Wang C, Jia X. A Survey of Blockchain Consensus Protocols[J]. ACM Computing Surveys, 2023.

[7]  Kim D, Ryu D, Webb R I. Determination of equilibrium transaction fees in the Bitcoin network: A rank-order contest[J]. International Review of Financial Analysis, 2023: 102487.

[8]  Han P, Yan Z, Ding W, et al. A Survey on Cross-chain Technologies[J]. Distributed Ledger Technologies: Research and Practice, 2023.

[9]  Platt M, McBurney P. Sybil in the Haystack: A Comprehensive Review of Blockchain Consensus Mechanisms in Search of Strong Sybil Attack Resistance[J]. Algorithms, 2023, 16 (1): 34.

[10] Zhao Z, Li X, Luan B, et al. Secure Internet of Things (IoT) using a Novel Brooks Iyengar Quantum Byzantine Agreement-centered Blockchain Networking (BIQBA-BCN) Model in Smart Healthcare[J]. Information Sciences, 2023.

[11] Tovanich N, Cazabet R. Pattern Analysis of Money Flows in the Bitcoin Blockchain[C]// Complex Networks and Their Applications XI: Proceedings of The Eleventh International Conference on Complex Networks and Their Applications: COMPLEX NETWORKS 2022 —Volume 1. Cham: Springer International Publishing, 2023: 443-455.

[12] Silviu O. An Overview of Security Issues in Smart Contracts on the Blockchain[C]// Education, Research and Business Technologies : Proceedings of 21st International Conference on Informatics in Economy (IE 2022). Singapore: Springer Nature Singapore, 2023: 51-63.

[13] 密码学论坛[OL].

[14] Nakamoto S. Bitcoin : A peer-to-peer electronic cash system[J]. Decentralized Business Review, 2008: 21260.

[15] Diffie W, Hellman M E. New directions in cryptography[M]//Democratizing Cryptography:

The Work of Whitfield Diffie and Martin Hellman, 2022: 365-390.

[16] Avula Gopalakrishna C, Basarkod P I. An efficient lightweight encryption model with re-encryption scheme to create robust blockchain architecture for COVID-19 data[J]. Transactions on Emerging Telecommunications Technologies, 2023, 34 (1): e4653.

[17] Ullah S, Zheng J, Din N, et al. Elliptic Curve Cryptography; Applications, challenges, recent advances, and future trends: A comprehensive survey[J]. Computer Science Review, 2023, 47: 100530.

[18] Pass R, Seeman L, Shelat A. Analysis of the blockchain protocol in asynchronous networks [C/OL]//Proceeding of the 36th Annual International Conference on the Theory and Applications of Cryptographic Techniques, Paris, France: Springer 2017: 643-673.

[19] Ahmed M, Pranta A R, Koly M F A, et al. Using IPFS and Hyperledger on Private Blockchain to Secure the Criminal Record System[J]. European Journal of Information Technologies and Computer Science, 2023, 3 (1): 1-6.

[20] Praveen G, Singh P K, Ranjan P. A comprehensive blockchain technology survey: architecture, applications and challenges[J]. International Journal of Internet Technology and Secured Transactions, 2023, 13 (1): 26-63.

[21] Jahromi A N, Saghiri A M, Meybodi M R. Nik Defense: An Artificial Intelligence Based Defense Mechanism against Selfish Mining in Bitcoin[J]. arXiv preprint arXiv:2301.11463, 2023.

[22] McMillen D. Privacy, confidentiality, and data sharing: Issues and distinctions[J]. Govern-ment Information Quarterly, 2004, 21 (3): 359-382.

# 第 4 章 隐私保护与数据共享技术

本章将从多个层面对隐私保护技术进行分析和总结，详细介绍在数据共享的全流程中常用的零知识证明、同态计算、安全多方计算、联邦学习和其他加密技术，以及如何在进行数据共享时有效地保障隐私安全。

## 4.1 隐私保护简介

自 2012 年 AlexNet[1]以远超传统机器学习方法的成绩夺下 ImageNet[2]图像识别比赛的冠军起，为人工智能（Artificial Intelligence，AI）引来了一波新的研究高潮，也正式拉开了大数据时代的帷幕。2016 年，AlphaGo 以 30 万盘棋局作为训练数据，成为第一个连续击败人类职业围棋选手的人工智能机器[3]。AlphaGo 展示了深度学习的巨大潜力，也标志着人工智能技术的一个重大进展。往后几年，随着训练硬件的快速发展、大量训练数据的积累以及相关模型算法的优化，这些机器学习技术，尤其是深度学习（Deep Learning，DL），凭借强大的泛化拟合能力在各行各业迅猛发展，通过计算机视觉、自然语言处理、语音识别、推荐算法等技术，在安防、医疗、金融、教育、广告、搜索、购物等领域展现出优异的性能，甚至在某些场景（如图像识别等）已经远远超越了人类的表现。近年来，几乎各行各业都引入了人工智能技术进行智能化转型，人工智能技术已经成为新时代科技发展的重要基础设施。

然而，人工智能的进展离不开大数据的发展，这些人工智能算法尤其是深度学习的效果是建立在高质量、大数量的训练数据之上的，数据成为新时代重要的有价值资产，甚至被誉为新时代的"石油"。基于大数据快速发展的背景，在信息化进程迅速的当今社会，数据的收集和发布越来越方便，个人数据信息的采集量呈指数级增长。但是，随着大规模数据的采集和发布，数据隐私问题也愈演愈烈，不少数据泄露事件频频出现，个人隐私数据和敏感信息被滥用现象层出不穷。这些问题不仅严重侵犯了个人的隐私安全，也对企业造成了巨大的经济和信誉损失，有些甚至危害到了国家安全。因此，对于数据共享的发展而言，隐私保护的重要性不言而喻，隐私保护技术是大数据时代促进数据共享发展的重要支柱工具。如果个人的隐私数据和敏感信息得不到保护，人们将不会愿意将自己的数据共享出去；反之，如果能够保障个人隐私数据的安全，人们就会更愿意将自己的数据共享出去，从而促进大数据技术的发展。这样，人们就可以获得更精准、更便捷和更可靠的服务，并生成更多、更丰富的数据，从而达到一种良性循环，真正促进大数据时代的发展。

在医疗健康领域，虽然医院信息系统和电子病历数据管理系统已经初步普及，但仍然存在许多不足和问题，主要表现为缺乏有效的数据安全和管理机制，数据所有权定义不清，数据权限不明，医院对数据共享持消极态度等。这些问题使得医疗健康数据安全问题日益突出，数据隐私安全事故也频频发生。例如，2015 年，DeepMind 技术团队与英国国家医疗服务体系（NHS）秘密达成协议，同意向 DeepMind 分享 172 万名患者的医疗数据。这件事在被揭露后，引发了社会对隐私问题的广泛讨论和极大担忧，经过相关监管部门的调查，被判定为违反了数据保护法律。又如，2018 年 6 月，新加坡的 SingHealth 遭受网络黑客攻击，近 150 万名患者的个人医疗数据和 16 万人的门诊配药信息被盗。这些事件表明，数据隐私安全是一个极其重要且不容忽视的问题。

出于对数据隐私安全的关切，为了加强对数据隐私安全的保护，不少政府机构和国际组织出台了个人数据隐私保护的相关法律、法规、标准及意见，如欧盟在 2018 年发布了新的法案《通用数据保护条例》（GDPR）[4]。我国也发布了《中华人民共和国个人信息保护法》（以下简称《个人信息保护法》）和《信息安全技术个人信息安全规范》，对个人数据的保护和处理原则、跨境传输原则等方面进行了规范和约束。2020 年，国务院发布《关于构建更加完善的要素市场化配置体制机制改革的意见》，强调要加强对企业商业秘密、个人数据的保护，推动完善适用于大数据环境的数据安全保护制度。在隐私保护日渐受关注的背景下，机构和企业应该思考在不违背国家法律或意见对个人信息数据保护的规定下，加强对数据共享技术的研发，既实现机构、团体之间的数据共享，又保护个人隐私和数据拥有者的商业权益。

在讨论隐私保护技术及其概念前，需要明确定义和区分隐私保护和数据安全的性质和需求。数据安全和隐私保护经常并列在一起被提及，两者之间存在很多共同点，都是围绕着数据或信息的机密性和隐私性展开的，但存在明显的差异。数据安全对于数据的保护要求及其需求更为广泛，关注的目标不仅包括数据的机密性，还包括数据的完整性、真实性、不可否认性、可验证性、平台安全和数据权属等。而隐私保护中的数据保护和匿名的关注点主要是数据的机密性，并较数据安全中的要求严格得多。隐私保护涉及的隐私可以是集中在某个信息系统中的特定数据，可以是存储在多个大数据中心的数据，也可以是存储在个人计算机或终端设备的数据，并且存在多种数据形式。隐私数据也可能出现在存储的数据条目中，可由公开属性推理分析的方法得到。关于"隐私"的定义和界定存在着很大的模糊性和争议，不完全属于技术范畴，下面将给出基本的隐私概念说明。

## 4.1.1　隐私概念和数据匿名

隐私是一种与公共性相对的概念，指的是某些信息或行为是私有的、保密的或不愿意披露的。根据维基百科的定义,隐私是个人或团体能够将自己或自己的属性隐藏起来,从而可以有选择地表达自己。具体什么被视为隐私,不同的文化或个体可能有不同的理解,但主要思想是一致的,即某些数据是某个人(或团体)的隐私通常意味着这些数据对他们来说是特殊的或敏感的。这些数据通常是指个人、机构等数据拥有者不愿意透露给外界的信息,可能包括个人的健康信息、财务信息、住址信息、通信信息、个人行为和意见、组织的财务状况等。一般来说,任何可以确认到特定个人(或团体)且个人(或团体)不愿意披露的信息都可以被称为隐私。

为了明确隐私的概念,我们给出隐私的一般属性。隐私一般存在两种相互关联的属性:保密性和匿名性。保密性涉及其他人可能收集到的关于个人的信息,而匿名性涉及个人在计算机或网络中的真实身份的暴露程度。如果我们将隐私视为对用户信息的保密,那么用户隐私安全的破坏就是用户信息遭到泄露,进而导致用户在网络空间中遭受严重的安全威胁。用户隐私泄露可以通过多种方式来衡量,比如没有授权的数据被访问的概率或被恶意访问的次数、恶意访问者看到数据后的知识变化等。如果从匿名的角度考虑,隐私泄露则往往可以根据信息不确定性程度来衡量,如在数据发布中,信息不确定性程度更高的数据使得其他人更难以收集到精确的个人信息,故而往往具有更高的匿名性。

隐私保护的概念与匿名技术之间有着悠久历史和密不可分的关系,在许多情况下,隐私与"匿名"(Anonymous)的定义和概念是等价的。1998 年,Samarati 和 Sweeney 提出了匿名化的概念,为隐私保护技术的发展奠定了基础。我们在此讨论的匿名度量通常是针对特定的数据匿名化方法定义的,目前主要使用三种方法:随机扰动、数据泛化和数据抑制。

对于数值数据,匿名化最直接的方式是对其进行随机扰动,使原来的数值数据发生随机的变化,增加数值数据的信息不确定性。比如,我们希望保持一个数值 $x$ 的匿名性,即不希望其他人知道数值 $x$ 的真实数值,随机扰动匿名化方法选择将原始数值 $x$ 加上适当随机扰动的数值 $r$,从而得到 $\tilde{x} = x + r$,其中 $r$ 是从适当分布(通常为无偏差分布)中抽取的随机值,这样其他人只能获得具有微小随机扰动的 $\tilde{x}$,而不能获得原始数值 $x$。这种简单的随机扰动仍存在一些问题,假如每次查询 $x$ 时都是独立地选取随机值 $r$,由于随机值 $r$ 是从无偏差分布中抽取的,那么潜在攻击者通过对多个 $\tilde{x}$ 进行简单的平均值运算就可以消除随机扰动的影响,因此无偏差的随机值采样无法确保一些统计运算(如总和、平均值等)的数值匿名。然而,一旦我们在随机扰动中引入有偏差的随机值采样,那么上述数值统计分析如计算平均值、方差值等往往会受到影响,此时我们需要提前考虑随机值偏差的影响并进行相应的扰动修复,才能够在确保数值匿名的情况下完成相应的分析。注意,若数据 $x$ 具有 $R$ 值域以外的数值,则扰动过程和方法会变得更加复杂,但只要数据仍属于连续的数值空间就依然可以类似地定义和进行随机扰动。如果数据不属于连续的值域,而是属于类别或离散数据,就必须采用其他方法进行匿名化处理,如数据库中的各条记录存储或数据表格等其他类型数据可以通过删除项目和随机插入其他选择的项目来达到匿名化。

随机扰动方法根据数据的计算过程可以分为两种：输入扰动和输出扰动。输入扰动是在计算发生之前对数据进行扰动，而输出扰动发生在计算之后，对计算结果进行扰动。输入扰动是对数据源（计算的数据输入）本身进行扰动，所有的查询和计算都是在扰动数据的基础上运作的。输出扰动并不对数据源本身进行扰动，而是对查询输出或计算结果进行扰动，然后将扰动数据输出给其他人。输出扰动的优点是简单易实现，原始数据可以轻易地更新，比较适合个人云中心或远程访问环境。

另一种数据匿名化的方法就是数据泛化，通常应用于层次结构数据中，实际中通常与数据抑制方法结合使用。假设数据域具有自然的层次结构，如邮政编码可以认为具有树结构，邮政编码 1230*是 12301 的父级，而 123*是 1230*的祖先，以此类推。在这样的层次结构下，用它们的（公共）父项的值可以替换它们的值，从而概括了它们的共同属性。比如，12301、12302、12304 形式的邮政编码可能被通用邮政编码 123*取代，然后根据叶节点之上的高度来测量扰动程度。数据泛化就是基于这种思路对具有层次结构的数据进行匿名化的，方法是对公共的属性进行随机扰动，从而达到下层整个子树的扰动。

数据抑制方法的原理相对更简单，就是对数据进行有选择的删除和筛选来达到数据匿名化。例如，一组数据库元组可能都具有 12301 或 12302 形式的邮政编码字段，也有像 90210 的少数元组，这时离群值（异常）的元组可以通过构造有效且紧凑的泛化来抑制少数数据暴露的风险。数据抑制的方法是用字段中的通用标识符号来替换隐藏字段中的特定符号。在上面的示例中，邮政编码字段值 90210 可能被替换为空值或者任意特定的数字。

## 4.1.2　隐私衡量方法

为了更好地管理隐私、进行隐私计算，明确在何种情况下数据发布方、数据存储方、数据使用方要对哪些隐私数据进行保护，我们有必要对隐私数据进行可量化的衡量。首先将信息本体定义为拥有隐私的用户，隐私以信息本体和属性为基础，包含时间、地点、来源和使用对象等因素。在隐私数据的量化过程中，需要综合考虑用户的属性、行为，以及数据的属性、传播途径、利用方式等相关因素，才能对隐私数据的计算和保护提出相对较好的支撑方案。隐私数据的量化方法很多，其中一种常见的方法是使用可信度指标对隐私数据进行量化，即基于数据发布方、数据存储方和数据使用方的角色信任关系来评估数据的可信程度并决定对数据进行保护的程度。另一种方法是使用隐私风险指标，即基于数据在第三方中的可见性和可获取程度等因素来评估数据的风险程度，并根据风险程度来决定对数据进行保护的程度。

另一方面，隐私保护技术在保护隐私的同时需要尽可能地保证数据的有效性，即兼顾对实际应用的价值，以便于实际应用，因为在现实中我们是无法也不可能利用无限的资源来完全确保数据的隐私的，即数据隐私保护必须考虑隐私性和效用性之间的权衡。人们通常认为，保护数据隐私的最有效方法是对其进行完全加密，然而在实际应用中这是很难实现的。假设需要访问数据的用户已经可以安全地获得密钥，然后使用该密钥对加密数据进行解密来获得正确的数据，整个过程看起来解决了所有的数据隐私安全问题。但由于数据加密的种种限制，这种方法并不适用于复杂的数据共享场景（如大数据共享分析），效用仍是目前隐私保护的一个难题。隐私和效用从根本上是相互矛盾的，我们可以通过不发布任何数据来实现完美的隐私，但这种解决方案难以带来相关效用。因此，如果没有对效用措施的相应讨论，任何对隐私措施的讨论都是不完整的。

关于隐私的衡量方法，主要可以分为以下三种：统计学隐私衡量方法、概率学隐私衡量方法和密码学衡量方法。统计学隐私衡量方法从早期的统计数据库工作发展而来，主要通过对统计数据库中关键变量的方差进行扰动来达到对这些关键变量的隐私保护，变量的扰动越大，则数据隐私保护程度越好。但近期的相关研究发现，使用统计学隐私方法很难准确量化攻击者在多种隐私保护场景中拥有的用户的信息量。因此，研究人员使用了信息论和贝叶斯理论来更精确地量化信息传输或丢失的程度，这被称为概率学隐私衡量方法。密码学隐私衡量方法则不依赖于统计或概率学去估计信息量的泄露，而是从资源受限的恶意对手出发，通过衡量攻击者可以访问到的用户的信息量来衡量隐私。相对于前两种隐私衡量方法，密码学隐私衡量方法难度更大。

统计学隐私衡量方法是随着查询限制而发展起来的，属于隐私衡量方法中最早的方法之一。查询限制的主要思想是，通过为任何查询返回大量记录来保持数据库的匿名性，即对于一个大小为 $N$ 和固定参数为 $k$ 的数据库，所有返回少于 $k$ 条或多于 $N-k$ 条记录的查询都被拒绝（这基本形成了 $k$-匿名方法的核心思想，后续详细介绍）。统计学隐私衡量方法便是以数据扰动为基础对隐私进行衡量的方法，通过测量扰动数据的方差来测量该数据的匿名性。前面提到数据扰动方法即对数据添加随机扰动 $\tilde{x}=x+r$，从直觉上可以理解：对数据进行的扰动越大，数据越模糊，则数据隐私越能够得到保护。因此，数据扰动的方差越大，数据匿名性的保护程度就越高。基于这个性质，目前的一些研究主要通过降低敏感属性估计量的方差进行优化，另一种思路则基于固定置信水平去测量该置信界限下随机扰动估计量的区间长度；如果测量的估计量的区间长度越大，意味着估计量的不确定性程度越高，那么匿名化越成功。在这个方法下，效用可以通过多种方式来衡量，一种常见的方式是通过将扰动方案与查询限制方法相结合，测量扰动后所允许的查询比例。显然，扰动（由方差衡量）越大，返回的数据查询的比例就越大，这呈现了隐私和效用（通过增加允许查询的比例而增加）之间的自然权衡。Agrawal 和 Srikant 的论文通过原始数据分布重构的难度来间接地衡量隐私效用。他们使用了贝叶斯过程中的多次更新迭代方法来进行数据分布重构并根据其难度来测量评估隐私效用，然而缺点是，目前的数据分布重构方法仍无法逼近真实的数据分布，因此无法提供任何理论上的保证。

概率学隐私衡量方法考虑了隐私保护场景中攻击者可能拥有的信息使用概率并使用信

息理论对其进行量化。如果我们将信息泄露定义为数据库中特定数据项的泄露，即使攻击者无法访问这些特定数据项，但有可能利用获得的其他相关信息（允许访问获取的信息）来推断出用户的隐私，从而造成信息泄露。

例如，假设我们试图通过使用从区间 $[-1,1]$ 中均匀选择的随机值来扰乱数值 $X$ 对其进行匿名化，将置信水平固定为 100% 并使用统计学隐私衡量方法，我们推断该扰动实现的隐私为 2（区间 $[-1,1]$ 的长度）。然而，一旦我们揭示了 $X$ 值的分布，如 $X$ 在范围 $[0,1]$ 中取值的概率为 1/2，在范围 $[4,5]$ 中取值的概率 1/2，那么无论 $X$ 的实际值是多少，攻击者都可以从扰动值 $\tilde{X}$ 推断出 $X$ 的真实值位于上述两个区间中的具体一个，从而将有效隐私最多减少到 1（ $X$ 可能取值的某区间的最大长度）。

上述例子表明，在测量某些数据被发布的可能性之外，我们还可以测量在发布场景中其他人从数据中所能学习到的信息量总和，此时需要比扰动值的方差更精确的信息泄露概念，我们可以将信息论的知识应用于信息泄露的衡量中，即使用信息熵 $H(A)$ 来表示随机变量 $A$ 的隐私和不确定性程度。$H(A|B)$ 表示给定 $B$ 时 $A$ 的条件熵，这里可以理解为在 $B$ 被揭示之后 $A$ 还保留的隐私。由于熵通常以信息位数表示，因此我们用 $2^{H(A)}$ 表示 $A$ 的隐私度量，那么信息 $B$ 被揭示后泄露的隐私比例可以表示为 $P(A|B) = 1 - 2^{H(A|B)} / 2^{H(A)} = 1 - 2^{-I(A;B)}$，其中，$I(A;B) = H(A) - H(A|B)$ 为随机变量 $A$ 和 $B$ 的互信息。

## 4.1.3 隐私保护的关键技术

目前，社会上可应用的数据正在呈指数级增长，数据共享的应用场景也愈加丰富，数据挖掘是数据共享的一个重要场景与核心目的，数据挖掘即从海量的数据中以某种模式、模型和趋势的形式提取出有用的知识和信息。尽管数据挖掘的结果可能并未明确包含原始实际数据，但其仍有可能会被利用来推断包含在原始数据中的信息，然后侵犯数据所涉及的各方隐私。因此，必须在数据的整个生命周期中考虑隐私保护问题，保证基本的数据隐私不受损害，大数据的挖掘与应用才能有效开展。

在数据共享场景中，大数据发布、存储、分析和使用的整个生命周期过程涉及数据发布者、数据存储方、数据挖掘者和数据使用者等多种类型的用户，这里对大数据生命周期中的各阶段涉及的一些基本的大数据隐私风险和保护技术简单罗列。

（1）数据发布

数据发布阶段涉及的数据发布者即采集数据和发布数据的实体，包括政府部门、网络信息公司、网站用户等。传统的数据匿名发布技术包括 $k$-匿名、$l$-diversity 匿名、$t$-closeness 匿名、个性化匿名、$m$-invariance 匿名、基于"角色构成"的匿名等方法。

（2）数据存储

随着云计算平台的发展壮大，数据的存储模式发生了巨大的变化，数据存储的参与者包括云存储提供商、服务商和用户，大数据的存储者和拥有者是分离的，并且云存储服务商对于其他参与者而言并不能保证是完全可信的。用户的数据面临着"被不可信的"第三方偷窥或者篡改的风险。加密方法是解决该问题的传统思路，但在大数据时代中面临一系列新的挑战。大数据的查询、统计、分析和计算等操作在云端进行，这为传统加密技术带来了新的挑战，已有一系列防止数据存储中隐私泄露的方法，包括同态加密技术、混合加密技术、基于 BLS 短签名的 POR 模型、DPDP、Knox 等方法。

（3）数据分析

数据分析阶段涉及的数据挖掘者即从发布的数据中挖掘知识的人或组织，他们往往希望从发布的数据中尽可能多地分析挖掘出有价值的信息，可能分析出用户的隐私信息。为了解决大数据访问和使用时的隐私泄露问题，现在的技术主要包括基于属性集加密访问控制（Attribute-Based Encryption Access Control，ABE）、基于密文策略属性集的加密（Ciphertext Policy Attribute Set Based Encryption，CP-ASBE）、基于层次式属性集的访问控制（Hierarchical Attribute Set Based Encryption，HASBE）等技术。

## 4.1.4 数据发布隐私保护

数据发布中的隐私保护显然取决于隐私的定义，即理清原始数据中哪些信息是敏感的并防止直接或间接的敏感信息泄露，这里介绍数据发布隐私保护中的一个关键技术，即 $k$-匿名（$k$-Anonymity）。

$k$-匿名性可以理解为数据集的一个属性，可以表示其数据集中某记录的可重识别程度。如果数据集中每个记录的准标识符与数据集中的至少其他 $k-1$ 个记录相同，那么数据集是 $k$-匿名的。$k$-匿名是 Samarati 和 Sweeney 在 1998 年提出的技术，可以保证存储在发布数据集中的每条个体记录的敏感属性不能与其他 $k-1$ 个个体记录相区分，即 $k$-匿名机制要求同一个准标识符至少有 $k$ 条记录，因此用户以外的观察者无法通过准标识符关联或识别出其中的每个记录。

$k$-匿名的具体使用如下：隐私数据脱敏的第一步通常是对所有标识符列进行移除或脱敏处理，使得攻击者无法直接标识用户。但是攻击者还是有可能通过多个准标识列的属性值识别到个人。攻击者可能通过（如知道某人的邮编、生日、性别等）包含个人信息的开放数据库获得特定个人的准标识列属性值，并与大数据平台数据进行匹配，从而得到特定个人的敏感信息。为了避免这种情况，通常需要对准标识列进行脱敏处理，如数据泛化等。

隐私保护的数据表格中的数据已通过删除标识符（如 SSN 和名称）进行去标识化，但是其他一些属性的值，如出生日期、婚姻状况和性别等，仍可能与个别用户的身份一起出现在一些外部表中。如果这些属性的某些值组合使得它们的出现是独一无二的或较少见的，那么观察数据的各方可以通过此来确定数据所对应的用户身份或减少对有限用户集的不确定性。$k$-匿名性要求被揭示或公开的私有表中的每个元组都与不少于 $k$ 个用户不可区分地相关。出于一个非常不切实际的假设，即潜在攻击者知道哪些数据集可用于识别用户身份，$k$-匿名采取了一种安全的方法，要求在已发布的表格中用户在属性集方面（在给定的用户集内）是不可区分的，这些属性集称为准标识符。换句话说，$k$-匿名性要求准识别属性的组合如果出现在表中则必须至少出现 $k$ 次。

为了说明这一点，我们可以考虑这样一个私密表格 PT，该表格具有个人的婚姻状况、性别、工作时长、是否患有高血压等属性。假设在该表格中，婚姻状况、性别和工作时长是共同构成准标识符的属性，我们可以通过将具有相同准识别值的元组合并为一个元组，得到一个该表的简化表，用于隐私保护，如表 4-1 所示。

表 4-1　表 PT 的简化表

| 婚姻状况 | 性别 | 工作时长 | 高血压 |
|---|---|---|---|
| 离婚 | 男 | 35 小时 | 2 (0Y, 2N) |
| 离婚 | 男 | 40 小时 | 17 (16Y, 1N) |
| 离婚 | 女 | 35 小时 | 2 (0Y, 2N) |
| 结婚 | 男 | 35 小时 | 10 (8Y, 2N) |
| 结婚 | 女 | 50 小时 | 9 (2Y, 7N) |
| 单身 | 男 | 40 小时 | 26 (6Y, 20N) |

"高血压"中的数字报告每个元组的实际出现次数，以及高血压属性值分别为 $Y$ 和 $N$ 的人数。不难看出，表 4-1 仅在 $k \leqslant 2$ 时保证 $k$-匿名性。实际上，表 4-1 中只有 2 位离婚男士的工作时长为 35 小时（见表格第一行），如果在特定的相关外部表中也存在这种情况，那么此类受访者身份的不确定性将被缩小至 2 个特定个体。换句话说，数据接收者可以推断出任何表格中出现的工作时长为 35 小时的离婚男士的信息实际上属于某两个特定个体之一。

注意，如果一个元组有 $k$ 次出现，那么它的任何子元组必须至少出现 $k$ 次。换句话说，任何子元组出现 $k$ 次是超元组出现 $k$ 次的必要（但非充分）条件。例如，准标识符{婚姻状况，性别，工作时长}的 $k$-匿名性要求，各属性的每个值以及与它们的组合对应的任何子元组的值至少出现 $k$ 次。表 4-1 中只有 1 个元组指代离婚女性，我们可以断言，该表肯定不会满足 $k > 2$ 的 $k$-匿名性。

理论上，$k$-匿名技术需要保证以下三点才能够满足 $k$-匿名性质：① 攻击者无法知道某特定用户是否在公开的数据中；② 给定一个用户，攻击者无法确认他是否有某项敏感属性；③ 攻击者无法确认某条数据对应的是哪个用户。

类似 $k$-匿名方法还有 $l$-diversity 和 $t$-closeness。$l$-diversity 的目标是保证每个等价类的敏感属性至少有 $l$ 个不同的值，这样攻击者最多以 $1/l$ 的概率确认某个体的敏感信息，这使得等价组中敏感属性的取值多样化，从而避免了 $k$-匿名中的敏感属性值取值单一所带来的缺陷。$t$-closeness 匿名以 EMD（Earth Mover's Distance，推土距离）衡量敏感属性值之间的距离，并要求等价组内敏感属性值的分布特性与整个数据集中敏感属性值的分布特性之间的差异尽可能小，即在 $l$-diversity 基础上，$t$-closeness 匿名考虑了敏感属性的分布问题，要求所有等价类中敏感属性值的分布尽量接近该属性的全局分布。

## 4.1.5　数据存储隐私保护

在人工智能和大数据的时代，人们对数据的存储方式、数据使用方式、数据授权及其数据的隐私保护越来越重视。在传统互联网背景下，基础设施服务和网络服务均由极度中心化的传统服务商提供。而在云技术及其应用的发展日渐成熟的背景下，数据存储与使用逐渐分离，数据存储和使用的权责由一方拥有开始转变为云存储平台和服务提供商共同拥有，因此数据的拥有权及其隐私保护变得越来越复杂，不只是用户与网络服务提供商两者之间的事情，这使得人们开始考虑完善大数据中数据的归属和使用的权责，并为互联网中不同的角色身份划分相应的权责。

云计算为大数据的存储提供了基础平台，云服务器的计算和存储能力使得对大数据的访问更快速、更便宜、更简单和更标准化。用户将应用服务平台产生的数据通过互联网服务提供商托管到云计算中心集中存储，用户是数据发布方及拥有方，互联网服务提供商是数据使用方，而云计算中心是数据存储方，其中数据存储隐私保护主要的研究对象是数据存储者。尽管近年来云存储服务商不断加强对数据安全及隐私保护的力度，但隐私保护的相关问题仍然存在，云存储服务商仍不能保证数据的完全性和隐私安全，用户托管在云服务的数据仍面临着第三方对数据进行偷窥或篡改的风险。如何安全、可靠地将隐私数据交由云平台存储和管理，是大数据隐私保护必须解决的关键问题之一。目前的研究中，加密方法是解决以上问题的传统思路，但是大数据的查询、统计、分析和计算等操作也需要在云端进行，这为传统加密技术带来了新的挑战。同态加密、混合加密等技术是针对数据存储防止隐私泄露可以采取的一些重要方法。

从上述描述可以看到，大数据存储给隐私保护带来了新的挑战。一方面，数据存储涉及更多第三方，安全的存储环境需要确保第三方完全可信；当用户的隐私信息存储在不可信的第三方中，那些数据有可能由于管理不当和权限不明等原因被第三方或其他人有意或无意偷窥。另一方面，数据完整性受到更大的侵犯威胁，一部分数据存储方无视用户对数据拥有的所有权，有可能无意或有意地丢失或篡改数据，从而使得大数据的完整性得不到保证。数据隐私泄露和数据完整性威胁对数据隐私带来了新的挑战，下面介绍应对上述挑战的加密存储和第三方审计技术。

对于含有敏感信息的大数据来说，加密方法是最有效的技术手段之一。加密方法是指将用户的数据使用加密算法进行加密，得到一串无特定意义的密文，将密文发送到云端进行存储。以密文的形式存储在云端能够极大地保护用户的隐私，因为攻击者无法直接从密文获得有用的信息，攻击者需要相应的密钥才能解密密文，再从中获取用户的信息。

加密方法主要可分为对称加密和非对称加密两大类。对称加密是加密和解密时使用同一个密钥的算法，非对称加密算法在加密和解密时使用不同的密钥。一般，非对称加密算法会使用一对密钥，即两个密钥：公钥是加密使用的密钥，私钥是解密使用的密钥。对称加密中常用的算法包括 AES、DES、3DES、TDEA、RC2、RC4、RC5 等。加密方法简单易行，应用场景广阔，但缺点也很明显。首先，加密算法的代价极高，目前尚不能很好地支持高效快速加密/解密大容量数据；其次，若使用传统的 DES、AES 等对称加密方法，目前一定程度上能保证数据加密速度，但密钥管理较为复杂，用户或数据平台需要管理好数据的密钥才能确保数据的安全，然而密钥的存储和管理仍存在一定的风险和安全漏洞，难以适用于有大量用户的大数据存储系统。非对称加密常用的算法包括 RSA、DSA、ECC 等。对于传统的 RSA、Elgamal 等非对称加密手段，密钥管理相对于对称加密算法更简单，一般只需维护一个私钥，但非对称加密算法比对称加密算法的计算量大，不适用于数据量大且不断增长的数据存储应用场景。无论是对称加密还是非对称加密，加密算法加重了云平台的计算和存储开销，需要额外的密钥管理机制，同时限制了数据的直接使用和共享，一定程度上造成了数据的壁垒。因此，开发适用于大数据平台的快速加密/解密技术是大数据隐私信息存储保护的一个重要研究方向。

Lin H Y 等人于 2012 年提出了一种针对 HDFS( Hadoop Distributed File System，Hadoop 分布式文件系统）的混合加密技术，利用分布式文件系统来提高数据存储的效率，同时结合密钥管理机制，将对称加密和非对称加密进行融合。在 HDFS 中，当有新的隐私数据文件需要加密时，分布式系统的某节点先通过非对称加密方法（可以选择 AES 或 RC4）对该文件内容进行快速加密，并将加密文件分发到每个节点上，被分发到的节点再使用对称加密方法对用于加密该文件内容的密钥进行加密，将结果存于该数据的头文件中。这个过程提供了分布式存储对密钥的有效管理，能够很好地实现对大数据隐私信息的存储保护。但是，这些加密后的隐私信息需要先经过解密才能在大数据平台进行运算，运算结果在存储到大数据平台时同样需要重新加密，其弊端也体现在加密和解密的计算开销上，因为系统的加密和解密过程同样会造成很大的时间开销。

注意，对称和非对称加密算法是对存储数据进行加密/解密，另一类加密算法可以允许在不对数据进行解密的情况下直接对加密数据进行特定的运算，如同态加密算法。同态加密算法一般应用于数据分析隐私保护中，目前在数据存储隐私保护中也有一定的应用，将在 4.3 节详细介绍，这里仅简单介绍。同态加密算法允许人们对密文进行特定的运算，运算结果解密后，与用明文进行相同运算所得的结果一致。其中，全同态加密算法是同态加密算法中技术难度最高的，可以实现对明文所进行的任何运算，都可以转化为对相应密文进行恰当运算后的解密结果。同态加密算法用于大数据隐私存储保护可以有效避免存储的加密数据在进行分布式处理时的加密和解密过程。从这个角度，Wang 等人基于代理重签名的思想，设计了一个可以有效支持用户撤销的云端群组数据的同态解密验证方案，即保护群组用户的身份隐私，并提高数据存储的计算和通信效率。在群组用户的撤销过程中，云端主要承担数据完整性的维护开销，而不是用户来承担，从而大大减轻了群组在用户撤销过程中的计算和通信开销。

第三方审计技术的目标是引入第三方来维护、管理云服务平台中数据的发布、使用、读写和控制权，确保平台中的一切操作能够被安全、可靠地记录。假设当用户将数据存储在云服务器中时，用户已经完全丧失了对数据的控制权，即假定云服务提供商是完全不可信的，云服务提供商完全有能力、有意愿、有手段对数据进行偷窥、篡改、丢弃，那么云存储的第三方审计技术是为了防止这种风险漏洞。云存储审计是指数据拥有方或者第三方机构对云平台中的数据完整性进行审计、监视，通过对数据进行审计，确保数据不会被云服务进行违规操作，并且通过审计的过程确保用户的隐私不会被泄露。目前，这方面已有不少研究，包括可证明的数据持有模型（Provable Data Possession，PDP）、可恢复证明模型（Proof of Retrievability，PoR）、基于对称密钥加密的动态删改 PDP 模型、第三方审计模型、Knox 云数据隐私保护策略等。

## 4.1.6　数据分析隐私保护

数据分析隐私保护是指在保护隐私前提下的数据挖掘技术，主要关注两点：一是对原始数据集进行必要的修改，使得数据接收方不能侵犯他人隐私；二是数据产生保护模式，通过限制对大数据中敏感知识的挖掘而达到对数据隐私保护的目的。

虽然大数据应用快速发展，但是大数据的数据分析隐私保护目前依旧处于起步阶段，数据分析隐私保护技术仍在追赶大数据的脚步，大数据的种种特性给数据分析隐私保护带来了不少难题和挑战。例如，大规模数据系统目前仍没有有效且可扩展的隐私保护技术，来应用于高效率并行处理大规模数据。另外，隐私保护技术仍存在很大的发展空间，即在分布式存储环境下，如何有效地对用户信息进行隐藏及管理，仍没有理想的解决方法。由此可见，如何快速、有效地区分不同数据挖掘应用的领域存在一定的困难，而不同应用场景对于隐私保护的要求和条件也是不同的，有效的隐私保护技术需要根据应用场景的特性进行设计，才能满足用户的隐私保护需求。近年来，数据分析隐私保护技术主要从关联规则、分类和聚类三个方向来限制敏感信息的知识挖掘，部分解决了数据分析重要环节中的隐私保护问题。

关联规则的隐私保护技术主要分为两大类：第一类是数据变换（Distortion）隐私保护技术，基本原理是通过修改、处理支持敏感规则的数据，使得规则的支持度和置信度小于一定的阈值，而实现规则的隐藏；第二类是隐藏（Blocking）隐私保护技术，该类方法不对原始数据进行修改，而是对频繁敏感的数据集的生成规则进行隐藏。这两类方法都对非敏感规则的挖掘具有一定的负面影响。

由分类方法的结果通常可以发现数据集中的隐私敏感信息，因此需要对敏感的分类结果信息进行保护，其目标是在降低敏感信息分类准确度的同时，不影响其他应用的性能。

与分类结果的隐私保护类似，保护聚类的隐私敏感结果也是当前研究的重要内容之一。Oliveira 等人对发布的数据采用平移、置换等几何变换的方法进行变换，以保护聚类结果的隐私内容。此方法首先对原始数据进行几何变换，以对敏感信息进行隐藏，然后是聚类过程，经过几何变换后的数据可以直接应用传统的聚类算法（如 $k$ 近邻）进行聚类，在聚类准确度和保护隐私方面达到了较好的平衡。

## 4.1.7　比特币和区块链的隐私保护

比特币和区块链涉及的隐私保护问题与传统的大数据和信息系统有所不同，两者在数据全生命周期上存在着不同的隐私风险点。大数据和信息系统的数据全生命周期主要包含数据的采集、传输、存储、处理、共享和销毁等环节，而比特币和区块链的数据全生命周期主要围绕交易数据（账本中的区块信息），涵盖在网络层、应用层、合约层中的数据传输、存储和处理等环节。由于区块链系统的隐私主要与交易相关，即与交易金额和交易的参与方有关，因此区块链系统中的隐私问题更多的是匿名的问题。隐私是个体不希望被外部知道的隐私数据，但区块链系统（如比特币）是建立在公有的分布式账本上的，因此隐私保护和区块链这两个技术显得比较矛盾，区块链系统能否实现匿名化是一个值得思考的问题。

本节首先讨论比特币中的匿名化技术，然后探讨为解决区块链系统隐私问题所提出的解决方案。比特币的"匿名"概念可以简单理解为在比特币中隐藏真实的身份（如姓名）或者不使用任何身份。比特币就是随着这样的思想诞生的，用户使用公钥作为比特币的身份，而非用户自己的真实身份，但是需要注意的是，用户使用的公钥或地址其实也是一种身份，可以称为伪身份（Pseudo-identity），此类现象称为伪匿名（Pseudo-anonymity）。伪匿名与不可关联性（Unlinkability）息息相关，不可关联性可以理解为用户在与系统的多次交互中，攻击者不能将这些交互进行关联。目前，伪匿名性质远远不能满足人们对比特币或区块链隐私保护的需求，首先，攻击者通过多次交互或交易就可以或多或少推断出用户的身份信息。其次，目前的相关服务（如钱包、商店、信用卡等）都是需要记录真实的身份才可以完成服务。

比特币中的不可关联性应该满足：① 难以将同一用户的不同地址关联在一起；② 难以将同一用户的不同交易关联在一起；③ 难以将交易中的付款人和收款人关联在一起。

由区块链的介绍可知，基于区块链的货币系统中的交易将以区块化的形式记录到分布式账本中，这意味着账本上的交易是完全公开、透明且永久记录的，人们可以通过相关地址追溯到任意一笔交易。不难发现，基于区块链的货币系统的匿名程度是较弱的，如比特币相比于传统银行系统的隐私安全保护级别低得多。如果用户不慎将真实世界的身份与比特币地址进行绑定，那么用户将在过去、现在、未来的所有交易中失去匿名性，用户的所有交易将是公开透明的，这意味着在用户没有意识到的情况下，任何人都可以通过匿名推理把用户识别出来。

比特币只能实现伪匿名，而不是真正意义上的匿名，所以用户的所有交易和地址在理论上可以被关联起来。Wikileaks 的比特币地址如图 4-1 所示，显示了比特币的介绍内容和比特币地址。比特币地址旁有"刷新"按钮，每按一次，或者刷新页面，将生成一个全新

**Bitcoin** is a secure and anonymous digital currency. Bitcoins cannot be easily tracked back to you, and are safer and faster alternative to other donation methods. You can send BTC to the following address:

13DFamCvSxG8EG16VyXzdpfqxyooifswYx

图 4-1　Wikileaks 的比特币地址

的比特币地址，地址都是之前从未用过的。Wikileaks 的目的是，希望每笔捐款都会进入全新的地址，利用创建伪匿名来提高整体匿名的保护级别，这可以说是针对比特币钱包的匿名优化的一个例子。

我们可能认为，Wikileaks 的多个不同的地址是不可关联的，每个地址接受的捐款是相互独立的，并且可以将收到捐款的地址分别处理，每个地址的接收和花费看上去是相互独立的。但实际上，以上方法仍存在一定漏洞，下面通过一个经典的例子来阐释多个地址的可关联性。

假设小明想购买一个 8 个比特币的茶壶，他的比特币存在三个不同的未花费交易输出（Unspent Transaction Output，UTXO）中，分别存有 3、5 和 6 个比特币，所以小明需要将两个地址中的比特币合并成一个交易，然后支付给商家，如图 4-2 所示。小明的交易已经暴露了他的地址关联，人们可以通过查看记录在分布式账本上的该交易，推断出该交易的两个输入地址很可能都是属于小明的。攻击者可以重复以上过程，将整个交易集关联到一个实体下。如果其他地址通过上述方式与小明的地址关联，就会知道哪些地址属于小明，这样就可以对所有地址进行分析，把关联的地址组合起来，成为地址簇。这个例子说明了交易输入地址的关联性，下面通过一个例子来阐述交易输入地址和输出地址的关联性。

假如茶壶的价格从 8 个比特币上涨到 8.5 个比特币，那么小明无法将组合两个未花费交易输出获得的刚好 8.5 个比特币来进行支付。由于比特币可以有多个输出，那么小明可以将存有 6 和 3 的未花费交易输出作为交易输入支付给商家，剩余的比特币存入小明的另一个"零钱"地址中，如图 4-3 所示。

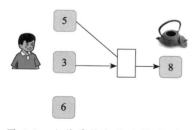

图 4-2　比特币的支付流程（一）

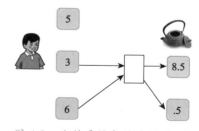

图 4-3　比特币的支付流程（二）

攻击者大概可以推断出存有 3 和 6 个比特币的未花费输出地址属于同一用户。关于输出，攻击者可能无法猜测出哪个地址是"零钱"地址，存有 8.5 和 0.5 个比特币都有可能。假如茶壶的价格为 0.5 个比特币，那么小明完全可以使用任意一个地址进行支付，而不需要产生一个拥有两个输入地址的交易，所以攻击者更有理由认为茶壶的价格为 8.5 个比特币，而交易输入的"零钱"地址应该属于小明。但是这种启发式方法的有效性完全取决于常用钱包软件的实现细节，目前暂没有什么办法阻止钱包或用户合并交易。

在 2013 年的 *A Fistful of Bitcoins: Characterizing Payments Among Men with No Names* 文中突出了共享支出（Shared-spending）和全新"零钱"地址的两种启发式方法，对比特币地址进行聚类分析，结果如图 4-4 所示。节点代表一个实体（地址簇），每个边代表一个交易，圆的大小代表实体的交易额。

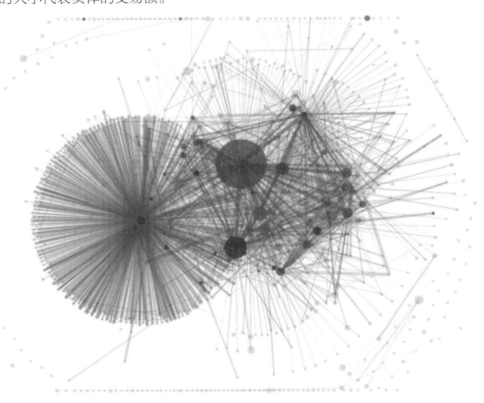

图 4-4　比特币地址在交易中的聚类分析

由图 4-4 可以了解到地址簇的信息，但每个地址簇都是没有标签的，没有关联到具体的真实世界身份。2013 年，Mt.Gox 是最大的比特币交易所，因此研究者通过分析上面的聚类图可以认定，最大的圆（紫色）应该是 Mt.Gox 控制下的比特币地址，棕色圆的地址簇的交易额很小，但是交易数量很大，人们猜到此簇应该属于 Satoshi Dice( 网络赌博服务 )。总之，通过启发式方法来分析比特币地址，可以将不同的地址进行聚类，而要将每个地址簇关联到具体的真实世界身份，则需要额外的知识和猜测，且仅适于广为人知的服务个体。

另一种将地址和真实身份关联起来的方法是给交易贴标签（Tagging by Transacting），就是在与服务提供者或商家进行交易时，可以获知商家的一个地址，然后将要进行的交易贴上一个标签，来表明商家的真实身份。此地址会出现在聚类图的地址簇中。研究人员通过与矿池、交易所、钱包服务、赌博网站和各种其他服务提供者进行交易互动，共产生了

344 笔交易，并给每个交易贴上标签，揭示了地址簇的真实身份，如图 4-5 所示。

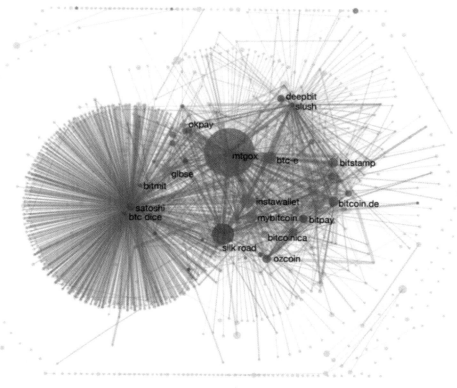

图 4-5　比特币地址的聚类分析中的真实身份揭示

　　基于启发式方法的交易图分析可以将地址进行聚类，并将真实世界身份关联。目前存在很多种方案，其中一个便是混币服务（Mixing Service）。混币服务帮助用户保持匿名的服务，确保没有人跟踪你的交易。混币对于匿名实现的解决方案很简单，用户将比特币发送到一个中间人（混币器），再从中间人取回存入的比特币，这使得攻击者更难追踪用户的交易。每个混币操作的过程都是由多个用户一起进行的，因此中间人会收到来自多个不同用户的比特币，而且用户从中间人取回的比特币也来自其他用户，很难将正确对应的输入和输出地址关联到一个实体下。混币服务的流程为：用户将比特币和要发送的地址发送到混币器（中间人），混币器将收到的来自多个用户的比特币进行混合，然后把比特币分别发送到预定的用户地址中，如图 4-6 所示。

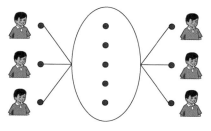

图 4-6　混币服务

混币服务的缺点是，用户需要信任提供混币服务的中间人，因为其通常不需要用户的身份而且承诺不会保存用户记录，所以用户不需要任何伪身份信息（甚至用户名）来使用混币服务。用户只需把比特币发送到混币服务提供的收款地址，并告知要发往的目标地址，然后表示希望混币服务很快将比特币发送到指定地址。混币服务把多个用户的交易和地址地址的关联打乱，从而提高了受攻击的难度，但是需要信任混币器（中间人）提供可信的混币服务，并保证在服务过程中没有保存用户的任何记录，才能够确保用户的隐私受到保护。针对以上问题，研究者提出了用于改善混币服务在实际应用中的一些实践原则，以提高混币服务的匿名性，同时确保比特币委托给混币器的安全性。

其中一个原则是使用多个混币服务组合。研究者建议使用多个混币服务，而不是一个混币服务，即采取一个混币服务接着另一个混币服务的多重混币服务。多个混币服务可以降低对单个混币服务的依赖，只要其中一个混币服务是安全可信的，便可以认为无人能够关联整个交易的输入和输出地址，那么整个交易也是安全可信的。

然而，混币服务的实际情况并不乐观，现实是每个混币服务的服务数量很小，导致匿名集也变小，从而匿名性大大降低；同时，由于混币服务的收益很少，近年来用户在使用混币服务时甚至会丢失比特币，降低了混币服务的可信度。

针对混币服务的信任问题，研究者提出了分布式混币（Decentralized Mixing）服务，核心思想是使用点对点协议来替代中心化的混币服务，因此用户不再需要依赖一个中间人来当混币器，而是可以通过点对点协议来混合用户的比特币。显而易见，相对于中心化的混币服务，分布式混币服务带来了很多实际的好处。首先，用户不需要依赖中心化的混币服务来提供可信任的混币服务。其次，分布式混币服务不可能出现偷窃现象，点对点协议确保用户的比特币不会丢失。分布式混币服务显得更加容易，因为服务提供者不需要证明自己是可信的。

分布式混币服务的主要方案是 Coinjoin，即多个不同的用户共同创建拥有各用户输入的比特币交易，关键技术是使交易中的多个输入对应的签名相互独立，每个地址都由不同的用户控制，因此不需要由任何一方来负责收集所有的私钥。在交易创建过程中，每个用户依次提供输入和输出地址，然后共同生成一个交易，交易的输入和输出地址的顺序是随机的，因此非参与者将无法确定输入和输出地址之间的映射关系。然后，参与者检查他们的输出地址是否包含在交易中，并且确认接收的比特币数量是否与输入相同（减去交易费等费用），经确认后对交易进行签名。

Zerocoin 和 Zerocash 在区块链协议层面提供了匿名性质并具有一定的密码学保证，如 Zerocoin 中的密码学保证就较之前讨论过的匿名技术更好，其不需要任何节点、任何矿工、混币服务甚至共识协议来确保交易的隐私。Zerocoin 是第一种实现了零币协议的加密货币，通过使用零币协议（Zerocoin Protocol）来保障账务隐私的加密货币，确保交易双方的相关地址信息免遭泄露，完全切断了铸造所得的币和赎回的币之间的联系。当用户铸造出 1 个

Zerocoin 时，同时销毁了 1 个 Zerocoin，也会生成一份证明，证实用户销毁了 1 个 Zerocoin。这份证明只是证实用户销毁了 1 个 Zerocoin，却不用证明销毁了具体哪一个，用户可以赎回一个完全交易历史记录的崭新的 Zerocoin。同样，Zerocoin 也没有交易图表供分析，相比于其他匿名方法，隐私匿名性将得到很大提升。Zerocoin 提供匿名性的关键功能是将 Basecoin 与 Zerocoin 进行转换。Basecoin 是一种类似比特币的代币，Zerocoin 则是 Basecoin 的一个扩展。在此协议中，用户使用 Basecoin 作为交易的代币，Zerocoin 提供了一种保护机制，使得在交易中新的 Basecoin 不会与旧的 Basecoin 产生任何关联。Zerocoin 将每个 Zerocoin 视为一个代币，用户通过零知识证明（Zero Knowledge Proof）来证明用户确实拥有一个 Basecoin 并使其无法进行交易和使用，不会揭露用户拥有哪个 Basecoin，但可以证明用户确实拥有 Basecoin，因此 Basecoin 不会被特定用户所持有。每次用户想使用代币时，都需要向矿工兑换新的 Basecoin，并且向矿工出示持有代币的零知识证明，证明确实持有等额的代币。

Zerocash 是一种不同的匿名加密货币，建立在 Zerocoin 的概念上，使用 SNARKs（zk-SNARKS）零知识加密技术。zk-SNARKS 零知识证明比其他零知识证明方法更加有效，使得整体的区块链系统效率大大提升，所有交易都可以不再需要 Basecoin 作为交易的支撑。Zerocoin 在混合交易中需要对代币面值进行拆分和合并，所以增加了大量的计算成本，而这些计算成本仅用于混合交易。Zerocash 的交易金额在区块链上不可见，而是直接存在交易的 commitment 中，零知识证明确保交易面值金额的拆分和合并的正确执行。区块链账本只记录了交易的存在，以及供矿工进行交易验证的相关证明，而不会记录交易相关的地址和金额，除了交易双方，任何人不会知道具体的交易金额。

最后，关于区块链中匿名技术的特性对比如表 4-2 所示。

表 4-2 区块链中匿名技术的特性对比

| 系统 | 匿名特性 | 匿名性攻击 | 可部署性 |
|---|---|---|---|
| 区块链 | 伪匿名 | 交易图分析攻击 | 默认 |
| 混币服务 | 交易混合 | 交易图分析攻击/恶意节点和服务 | 可信服务，目前可用性强 |
| Zerocoin | 零知识证明+交易混合 | 边信道攻击 | Altcoin，可信初始化 |
| Zerocash | 完全匿名 | / | Altcoin，可信初始化，部署过程复杂 |

# 4.2 零知识证明

本节介绍在区块链与数据共享相关应用场景中广泛使用的零知识证明技术。顾名思义，零知识证明技术希望在没有知识（完成隐私保护）的情况下完成证明（共享一些可用信息或数据）。我们先从证明的概念出发，论证方法对现代科学发展是不可或缺的，在数学上根据一定的规则，依靠演绎推理，以严谨的数学语言表达方式证明某个命题是正确的。在工程或其他科学领域中，我们想通过数据分析和实验统计等手段来论证某研究假设或科学论断，从而揭示自然现象。在密码学中，证明也是一个重要的概念，在一般的加密系统中，密钥可以用作证明，拥有密钥的人可以解密获取原文信息，某种意义上，拥有密钥的人可以证明自己可以看到或持有原文信息。

一般，为了证明某个论断，人们通常需要提供一些相关信息或凭据来论证该论断的正确性。例如，当一个人想证明他的外语语言能力时，需要通过读、写、听或者与验证者直接交流来证明他掌握了此门语言；另一种方式就是向验证者出示他的语言等级考试证书，如英语四级、六级考试证书等。再如，要证明 $m = 26781$ 不是一个质数，可以通过证明 $26781 = 133 \times 237$ 来进行，就是告知验证者该数的因子分解，验证者则可以通过计算因子的乘积是否等于此数来验证该论断。

由以上证明过程可知，论断的论证、证明需要提供与论断相关的信息。例如，要证明一个数不是质数，需要提供此数的因子分解。零知识证明（Zero Knowledge Proof）的原理与以上所述例子相似，零知识证明旨在证明一个论断的同时避免向验证者透露关于论断的任何信息。在上面的例子中，零知识证明希望证明一个数不是质数，但不能向验证者提供此数的因子分解算式，或者其他与此数相关的信息，如为偶数或奇数等信息。

总而言之，零知识证明的主要思想是，证明者向验证者提供一定条件的信息用来证明一个事实，但在证明过程中不能向验证者透露任何关于事实的信息。互式零知识证明的概念由 Shafi Goldwasser、Silvo Micali 和 Chaless Rackoff 在 20 世纪 80 年代提出，目前已出现很多改进的方案，其中非交互式零知识证明越来越受到关注，并在很多领域中有广泛的应用，其中包括区块链。

## 4.2.1　零知识证明的基本原理

零知识证明的一般过程是证明者和验证者对一个约定函数或一个约定数值进行验证的过程。证明者在一系列的交互过程中利用其交互信息向验证者证明一个论断是正确的，则验证者会认为这个论断是正确的。换句话说，若某论断是正确的，则验证者接受它的概率很高；若论断是错误的，则验证者拒绝的概率很高。

零知识证明的一般流程为：① 证明者生成满足一定条件的随机数，称为"承诺"，并将该"承诺"发送给验证者；② 验证者根据接收到的"承诺"生成满足一定条件的随机数并发送给证明者；③ 证明者对其接收到的随机数执行秘密的计算，并把结果发送给验证者；④ 验证者对其结果进行验证，若验证成功，则返回①，重复执行 $n$ 次；若每次均验证成功，则验证者以很高的概率相信证明者提供的论断是正确的；若验证失败，就说明证明者不具备证明论断的"知识"，零知识证明的整个过程结束。

简单来说，零知识证明中的证明者 $P$（Prover）需要向验证者 $V$（Verifier）证明某个论断是正确的，验证者需要通过证明者发送过来的"承诺"验证论断是否正确。通过重复多次成功的验证，验证者可以认定证明者确实拥有关于该论断的知识，在非交互式零知识证明中，证明者只需要一次性把承诺或证明提供给验证者，验证者也只需进行一次性而非重复多次的验证，就能够认定证明者确实拥有关于该论断的知识。

零知识证明的形式定义如下。

**定义 4-1** $L$ 是一个任意的 $\{0,1\}^*$ 的子集，称为一个语言（Language）。一个零知识证明协议是两个概率多项式时间算法 $P$ 和 $V$ 之间互动的过程，$P$ 向 $V$ 证明 $x \in L$，并且满足以下性质。

① 完备性（Completeness）。如果 $x \in L$，$w$ 是正确的见证且协议由 $P$ 和 $V$ 两方诚实执行，那么 $V$ 输出"接受"。

② 合理性（Soundness）。如果 $x \notin L$，对所有概率多项式时间算法 $\hat{P}$，存在一个可忽略函数 $\mathrm{negl}(\cdot) \approx 0.000001$ 满足 $\Pr[\hat{P} \text{ 向 } V \text{ 证明 } x \in L] \leqslant \mathrm{negl}(\cdot)$，仅存在极小的概率使得非诚实的证明者 $\hat{P}$ 能够向 $V$ 提供充分的证明。简单而言，一个非诚实的证明者无法冒充证明者使其向诚实的验证者提供的证明成功通过。

③ 零知识（Zero-knowledge）。如果对所有 $x \in L$，存在一个概率多项式时间算法 $S$（通常称为模拟机（Simulator）），输出 $\tau'$ 且 $\tau \approx_c \tau'$，其中 $\tau$ 是原交互协议的输出分布。直观上，此定义表示，$P$ 可以让 $V$ 来单独执行协议而不会泄露任何信息，如果 $V$ 单独执行协议，那么 $V$ 无法从 $P$ 的交互中获得任何其他信息，也就是说，只有 $P$ 才能获得关于"知识"的相关信息。

下面以一个简单的例子进一步说明以上定义的零知识证明协议需满足的三个性质。例如，小明想向小王证明他知道图书馆的门禁密码，但小明不能向小王直接透露门禁密码，此时小明希望利用零知识证明方法来向小王证明"小明知道图书馆的门禁密码"这个论断是正确的。根据零知识证明协议，以上定义的三个性质便是：

① 完备性。如果小明真的知道图书馆门禁密码，那么小王一定接受小明的证明，小王确认小明确实知道了门禁密码。

② 合理性。如果小明不知道门禁密码或任何不知道门禁密码的人通过协议向小王证明他们知道门禁密码，那么只存在极低的概率，这些人能够成功说服小王相信他们。

③ 零知识。在小明证明的过程中，无论小王使用任何其他方法（协议模拟机可以理解为求助其他人或上网求证），自始至终不会获知门禁密码或者与门禁密码相关的知识。

零知识证明及其有关的协议主要有以下优点：① 安全性不会随着零知识证明的使用而降级，因为该证明具有零知识性质；② 效率高，计算量小，双方交换的信息量少；③ 安全性高，因为该过程依赖于未解决的数学难题，如离散对数、大整数因子分解、平方根等。

## 4.2.2　交互式零知识证明

**定义 4-2**　对于 $L \subseteq \{0,1\}^*$ 这样一个正则语言，$(P,V)$ 是图灵机的一个交互对，$V$ 是一个概率多项式，若满足以下两个条件，则称 $(P,V)$ 是关于 $L$ 的一个交互式证明系统。

① 对 $\forall x \in L$，作为 $(P,V)$ 的输入，$V$ 接受并且停止的概率至少为 $1 - 1/k^n$。其中，$n$ 表示交互次数，$k$ 表示输入的长度。

② 对任意的图灵机 $P'$，$\forall x \notin L$，作为 $(P',V)$ 的输入，$V$ 接受的最大概率是 $1/k^n$。其中，$n$ 表示交互次数，$k$ 表示输入的长度。

与零知识证明的定义相似，交互式零知识证明协议中的证明者和验证者需要进行多次交互来完成零知识证明的过程。根据零知识证明的定义，在 $P$ 和 $V$ 完成交互过程后，如果 $x \in L$，那么 $V$ 大概率相信关于"知识"的论断是事实，即零知识证明的完备性；如果 $x \notin L$，那么 $P$ 或者 $P'$ 大概率不会欺骗 $V$，使 $V$ 相信 $x \in L$，满足了合理性或正确性条件。"难题"在零知识证明中具有非常重要的地位，指的是密码学或数学上一般无法在限定的时间和计算资源内给出解法，只有具备其关键知识才能给出解法。因此，在零知识证明中常把"难题"的解法视为"知识"。在此背景下，零知识证明问题变成证明者希望向验证者证明自己某特定"难题"的解法，但证明者不会向验证者透露该"难题"及其解法。椭圆曲线、哈希函数、三染色、哈密尔顿图等难题是零知识证明较为常见的方案。基本的交互式零知识证明协议的一般过程如下。

① 证明者提供承诺，生成一个随机数，将自己知道的信息和生成的随机数转变构造一个新难题。新的难题与原难题必须是同构的（即证明者希望证明的原难题或"知识"）。

② 证明者利用自己所知道关于难题的信息去解该新难题。

③ 证明者向验证者透露新生成的难题，零知识证明性质保证验证者不能从这个新生成的难题中获得关于原难题或其解法的任何信息。

④ 验证者发起挑战，要求证明者提供所需的证明，验证者随机选择让证明者证明新的难题和原有难题是同构的，或者选择让证明者给出新难题的解法。

⑤ 证明者接受挑战，向验证者提供所需的证明，即难题同构的证明或者新难题的解法。前一步骤验证者的选择是随机的，所以证明者同时具备验证难题同构性以及解法的能力才能成功通过验证者的挑战。

⑥ 证明者和验证者重复①～⑤步骤 $n$ 次，如证明者都能成功向验证者提供正确的证明，则验证者可以以很高的概率认定或相信该论断的正确性。

为了更方便地理解交互式零知识证明的概念，我们来看下面的例子。洞穴里有一个秘密，两条通道被一个密门挡住，只有知道咒语的人能打开密门，如图 4-7 所示。小明知道这个洞穴的秘密，想对小王证明这一点，但是不想向小王透露咒语，那么过程如下：小王站在 $A$ 点，小明一直走进洞穴，到达 $C$ 点或者 $D$ 点；在小明消失在洞穴后，小王走到 $B$ 点；

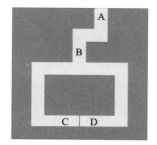

图 4-7　零知识证明洞穴的例子

小王向小明喊叫，要她从左通道出来，或者从右通道出来；小明答应了，如果有必要，她就用咒语打开密门；小明和小王重复前面的步骤，直至可以打开密门。

在这个过程中，小明是证明者，小王是验证者。小明向小王证明了他知道咒语，但没有向小王透露一点关于咒语的信息。如果小明不知道咒语，那么小明成功骗过小王并成功证明自己知道这个咒语的概率是 $1/2^n$，这里 $n$ 是小王的重复验证次数。如果 $n$ 很大，那么小明冒充知道咒语成功的概率是很小的。因此，通过交互式零知识证明，证明者小明拥有关于咒语的知识，但在不将该知识的相关内容泄露给验证者小王的前提下，通过几次交互向小王证明自己拥有该知识。在满足零知识证明的性质前提下，验证者不可能向任何第三方假冒证明者，因为验证者没有得到关于秘密的任何一点信息。另外，证明者不可能欺骗验证者，因为这个过程重复了多次，证明者欺骗成功的概率很小。

## 4.2.3　非交互式零知识证明

在非交互式零知识证明协议过程中，证明方只需一次性把承诺或证明提供给验证者，证明者和验证者不需要经过多次交互来进行零知识证明协议的过程，因只需一次交互，故称为非交互式零知识证明（Non-Interative Zero-Knowledge Proof）。非交互式零知识证明的典型协议包括 NIZK、zk-SNARK、zk-STARK。其中，zk-SNARK 被广泛应用到区块链技术中，在数据共享应用场景中具有重要意义。在实践中，zk-SNARK 常见于以下几种应用场景，主要解决以下关键应用问题。

①　实现私密交易（Confidential Transaction）：可以帮助数字货币交易大大提升安全性，典型例子有 Zcash 中设计的私密交易机制。

②　提高安全区块链的交易效率：目前区块链在扩展问题上的解决方法包括牺牲共识强度增加出块速度、启用侧链或者使用类似闪电网络（Lightning Network）线下点对点通道来减轻主链的出块压力，从而提高整体区块链系统的交易吞吐量。这里，zk-SNARK 的应用可以向主链高效快速地提供一大批交易证明，而把证明计算外包到侧链或其他地方，减轻了主链的负荷。

③　实现去第三方的交易：传统的数据交易方案依赖第三方委托来完成数据和货币的验

证交换，基于 zk-SNARK 的交易设计方案可以使双方相互验证，从而直接进行点对点的交易。

④ 数据所有权的转移：zk-SNARK 提供了密码学上的安全保证，保证数据在交易时不会出现问题，确保交易的安全性和完整性。

与交互式零知识证明不同，在非交互式零知识证明的协议执行过程中只需要证明者一次性构造承诺方案，然后将方案的难题解法公之于众，所有人都可以成为验证者去验证证明者提供的难题解法是否正确。基本的非交互零知识证明协议过程如下：

① 证明者构造承诺方案，将所需证明的事实的 $n$ 个随机数转化为不同的 $n$ 个新难题，与原难题必须是同构的。

② 证明方利用自己知道的信息找出 $n$ 个新难题的解法。

③ 以简单的单向散列函数验证协议为例，证明方把提交的所有难题解法作为一个单向散列函数的输入，然后保存这个单向散列函数输出的前 $n$ 位。

④ 证明者取出在第③步产生的 $n$ 位，针对第 $i$ 个新难题，依次取出这 $n$ 位中的第 $i$ 位，若是 0，则证明难题之间是同构的；若是 1，则公布证明者在第②步中提交的解法，并证明它是这个难题的解法。

⑤ 证明者将第②步关于新难题的所有解法及第④步的解法向所有人透露。

⑥ 验证者或者需要验证证明者信息的人，可以验证从第①～⑤步是否被正确执行。

以上协议过程使用一个无偏随机位生成器的单向散列函数作为例子。如果证明者想要欺骗验证者，那么证明者必须能够准确预测出单向散列函数的输出，但是由于单向散列函数的性质，证明者没有办法根据单向散列函数输出来选择相应的难题作为函数合适的输入，因此这里单向散列函数相当于验证者在交互式协议中步骤④的随机选择。非交互零知识证明协议可以以不同的证明形式存在，实际使用了一些计算更为复杂、验证简单的函数来替代步骤③和④中的验证过程，使得协议变得更加安全、高效。

如今，非交互式零知识证明在区块链应用中有着至关重要的地位。Zcash 是首个使用零知识证明机制的区块链系统，可提供完全的支付保密性，同时能够使用公有区块链来维护一个去中心化网络。在 Zcash 被提出前，区块链系统大多是公有链，如比特币和以太坊等，所有人都可以加入区块链网络。区块链账本也是由网络中的节点公开、共同维护的，因此除了用户节点的部分信息，如密钥和部分重要的钱包信息等，都会在区块链上被所有人看到。在 Zcash 系统中，用户可以选择隐藏自己发出交易的发送方地址、接收方地址和交易金额，而矿工节点可以在不知道这些信息的情况下验证该交易是否合法。

## 4.3　同态计算

数据的核心作用是计算，本节介绍一种重要的隐私保护计算技术，即同态计算技术。在一般计算场景中，客户端的可信任程度高但算力较弱，而计算能力强的服务器的可信任程度较低，因为我们无法完全控制服务器。外包计算或委托计算的安全性和私密性有着重要的研究意义。例如，如何将医疗数据计算外包，并始终对其进行严格的安全保密工作？普遍的解决方案是使用加密算法对用户的隐私数据进行加密，中心化服务器数据存储的隐私问题便可以得以解决。但是，加密方案并不能满足我们数据分析中需求的所有功能，因为我们无法对加密的数据进行任何计算或分析处理。作为密码学一个具有无限发展潜力的研究重点，同态加密技术为大数据存储与计算提供了一个相对成熟可行的解决方案。同态加密可以对数据进行加密，并在数据密文上直接进行计算，而不需透露原始数据。同态加密概念的提出起初是为了解决云计算等外包计算中的数据机密性保护问题，防止云计算服务提供商获取用户或机构的隐私数据，其实现了"先计算后解密"的数据共享体系，相对于传统的"先解密后计算"具有更加完善的安全性。随着区块链、隐私计算等新兴领域的发展及其对隐私保护的更高要求，同态加密的应用边界已经拓展到更广阔的领域。一方面，除了需要满足加密功能的实现，同态加密方案还可以用于密文数据的计算。近年来，随着网络技术的发展，以同态加密技术为支撑的密文数据计算越来越多地被应用于各种分布式计算，如安全云计算和安全云存储中有关用户隐私的保护和高效的安全多方计算协议需要同态加密技术支持，电子选举、远程文件存储、密文检索、版权保护等也需要同态技术的支持。

## 4.3.1 同态加密的定义、安全性和简单实例

同态加密的概念和理论由 Rivest、Adleman 和 Dertouzous 首先提出，方案主要局限于特定类型的函数 $f$，如加法和乘法。如今，同态加密研究已经取得全面进展，目前的同态加密基本支持了所有函数，以此为代表的全同态加密技术近年来取得了突破性的进展，同态加密技术的研究和应用正如火如荼地进行。

同态加密允许对加密的数据进行有限定的计算。如果一个用户希望他的数据能够以加密的形式存储在服务器或云中心，并进行一些基本的计算，那么同态加密可以为这类应用场景提供一个安全可行的解决方案。用户通过客户端将他的数据 $x$ 进行加密 Enc($x$) 然后发送到服务器进行存储或计算，同态加密的引入可以让服务器使用一个函数 $f()$ 对客户端的数据 $x$ 进行评估，计算得到密文结果 Enc($f(x)$)。然后，客户端可以解密其密文结果 Enc($f(x)$)得到计算结果 $f(x)$。在该过程中，服务器始终不会得知客户端的原数据 $x$，因为服务器只对 Enc($x$) 执行计算操作，始终只能看到用户加密后的数据，而不是用户的原始未加密数据。

下面先给出同态加密中的同态性定义。设一个加密系统的加密函数与解密函数分别为 $E:U \to C$ 和 $D:C \to U$，其中 $U$ 和 $C$ 分别为明文和密文空间，$+$ 和 $*$ 分别为同一加解密空间上的加法和乘法运算，则加密方案的同态性定义为：给定任意两个 $u_1, u_2 \in U$，若加密系统的加密函数和解密函数满足代数关系 $E(u_1 + u_2) = E(u_1) + E(u_2)$ 或 $E(u_1 * u_2) = E(u_1) * E(u_2)$，

则该加密系统具有同态性。

同态加密算法可以由四个多项式概率时间过程（Probabilistic Polynomial Time，PTT）定义，其中包括密钥生成算法（KeyGen）、加密算法（Encrypt）、解密算法（Decrypt）和评估算法（Evaluate），由此同态加密算法表示为 $\xi = (\text{KeyGen}, \text{Encrypt}, \text{Decrypt}, \text{Evaluate})$，具体可以定义如下。

❖ $(\text{sk}, \text{pk}) \leftarrow \text{KeyGen}(1^{\lambda}, 1^{\tau})$ 密钥生成算法，用于生成一个公钥 sk 和一个私钥 pk 组成的密钥对。其中，$\lambda$ 是安全参数，$\tau$ 是密钥生成算法的其他参数。

❖ $c \leftarrow \text{Encrypt}(\text{pk}, b)$ 加密算法，给定一个公钥和明文中的一个位，输出相应的密文位。

❖ $b \leftarrow \text{Decrypt}(\text{sk}, c)$ 解密算法，给定一个私钥和密文中一个位，输出一个明文位。

❖ $d' \leftarrow \text{Evaluate}(\text{pk}, \prod, d)$ 定义同态加密的计算部分，输入公钥 pk、电路 $\prod$ 和密文向量 $d = [d_1, \cdots, d_n]$，每个向量维度电路 $\prod$ 对应各输入位，输出另一个密文向量 $d'$。

## 4.3.2　同态加密的主要类型

目前的同态加密方案可以大致分为以下三种：部分同态加密、浅同态加密和全同态加密。部分同态加密只能实现某一种代数运算（或、乘、加），其中加法同态加密是部分同态加密最主要的加密算法，因此部分同态加密通常被称为加法同态加密。浅同态加密能同时实现有限次的加法运算和乘法运算，而全同态加密能实现任意次的加法运算和乘法运算。

部分同态加密算法（Partial Hormomorphic Encryption，PHE）可以定义如下：对于一类簇 $\prod$ 中的电路 $\prod_1$，如果 $\prod_1$ 的所有布尔电路仅由 XOR 门组成，那么算法 $\xi$ 是加法同态加密的。由于一个电路理论上等价于一个函数，因此可以将函数表示为一个由多门电路组成的表示空间。加法同态加密的一个例子是 Goldwasser-Micalischeme。部分同态加密算法有着悠久的研究历史，因此研究成果多且比较成熟。XOR 门的布尔电路特性使得加法同态加密算法比乘法同态加密算法的出现要多一些。在经典的公钥加密算法中，RSA 算法是部分同态加密算法，还是一个乘法同态加密算法。部分同态加密算法虽然仅支持一种运算（加法或乘法），但原理简单、易实现，已有很多成熟的实现方案，在实践场景中可以作为同态加密的首选技术。

浅同态加密（SomeWhat Hormomorphic Encryption，SWHE），也称为层次同态加密（Leveled Hormomorphic Encryption，LHE），支持有限次数的加法和乘法同态加密运算。浅同态加密框架下比较著名的算法包括 Boneh-Goh-Nissim（BGN）和姚氏混淆电路等。BGN 浅同态加密算法在 2005 年提出，是一种基于双线性映射的公钥密码方案，支持无限次数的加法同态加密运算和一次乘法同态加密运算。已有的浅同态加密方案已经具备较为完备的加密功能，目前此方面研究发展方向主要是研究如何解决浅同态加密效率低的问题。浅同态加密对于部分同态加密有明显的优势，同时支持加法和乘法同态加密运算。另外，与全同态加密方案相比，浅同态加密的效率更高且技术更加成熟，这使得浅同态加密在三类同态加密中成为功能和性能较为折中的技术框架。

全同态加密算法（Fully Hormomorphic Encryption，FHE）理论上可以支持无限次数的加法同态运算和无限次数的乘法同态运算，最初的理论框架及方案于 2009 年由 Gentry 提出，后续的研究大多基于格代数结构来展开。目前，已在主流同态加密开源库中得到实现的全同态加密算法包括 BGV 方案、BFV 方案、CKKS 方案等。全同态加密算法的优点是支持的算子多且运算次数没有限制，缺点是目前效率仍然很低，尚无法支撑起大规模数据的计算与处理。

全同态加密算法对于计算的运算函数没有限制。给定明文集 $u_1, \cdots, u_n$，使用全同态加密方案下的密钥对其进行加密得到密文 $c_1, \cdots, c_n$，并给定任何可有效计算的函数 $f$，任何人都可以有效地在加密密文（或密文集）上进行函数计算得到 $f(c_1, \cdots, c_n)$，这意味着全同态加密可以为云计算提供完全可靠的安全隐私功能。用户可以向云计算发送一个函数 $f$ 的描述，让云计算直接对密文 $c_1, \cdots, c_n$ 通过全同态加密方案进行计算得到 $f(c_1, \cdots, c_n)$，然后将计算结果发送给用户，用户对其解密得到最终的结果，这种情况下云计算永远不会看到任何未加密的数据。在此之上，可以进一步对函数 $f$ 的描述也进行加密，这可以使得云计算无法获知用户最终进行了什么计算，保证云计算完全的安全可靠性。然而，目前全同态加密算法仍存在效率低下的问题，无法撑起云平台的高性能计算，这也是全同态加密算法目前在实际应用落地中主要面临的问题。

基于对全同态加密中函数运行的研究形成了两个额外的密码学概念，分别是功能加密（Functional Encryption）和混淆计算（Obfuscation）。功能加密使用依赖于函数 $f$ 的主密钥去生成计算密钥，在给定密文的情况下，计算密钥可以让用户知道相对应的函数 $f$ 的计算结果，而不知道其他函数的运行结果。功能加密的性质允许主密钥持有人能够控制使用哪个函数对数据执行计算，而这种计算控制功能是通过用户根据指定选取的函数而选择向其他用户发布相应的密钥来实现的。关于混淆计算，其最初的设计理念类似黑盒计算，参与方只能获知黑盒的输入和输出，而不能获知其他信息，包括黑盒中的任何计算过程。混淆计算把密钥放置到黑盒程序中，去运行指定的计算，如果黑盒是安全的，那么程序中的密钥就不会泄露，通常做法是，在黑盒程序中生成一对公钥和私钥，然后使用生成的密钥对输入数据进行加密处理，接着再执行所需的函数计算，最后对结果进行解密。

# 4.4　安全多方计算

从数据采集和数据分析角度，数据挖掘似乎与个人的隐私权存在着直接的矛盾，大规模的数据采集的确有效驱动了数据挖掘的应用，但也使得用户的数据隐私受到威胁。具备隐私保护的数据挖掘技术方案旨在解决这种大数据自相矛盾的痛点，即希望数据挖掘算法在使用数据为我们服务的同时又无法真正地"看到"数据。安全多方计算（Secure Multi-Party Computation，SMC）就是在此背景下诞生的，其核心目标就是，在实现数据挖掘功能的同时，保护有关用户的个人隐私，从而为云计算服务提供安全隐私的计算环境。

与此同时，近年来分布式计算逐步成熟起来，多个设备互联互通的计算场景已然形成，在此场景中各方都希望针对某些任务进行数据的共享及协同的计算。例如，分布式数据库系统中服务器集群需要执行的计算可能就是某数据库的更新，安全多方计算的目的便是使各方以安全的方式执行此类分布式计算的任务。也就是说，安全多方计算协议的两个重要的安全性要求便是隐私性和正确性。

安全多方计算是解决一组互不信任的参与方之间协同计算问题的隐私保护技术，确保输入的独立性、计算的正确性、去中心化等特征，同时不泄露各输入值给参与计算的其他成员。在隐私性的要求上，安全多方计算主要针对在无可信第三方的情况下如何安全地计算一个约定函数的问题，同时要求每个参与主体不能得到除计算结果外的其他参与方的任何输入信息。在正确性要求上，安全多方计算主要确保各方收到正确的计算输出，即避免攻击者影响原本计算的输出结果，保证整个计算执行的完整性和正确性。安全多方计算的特点为：① 两方或者多方参与者基于他们各自的隐私或秘密数据输入进行计算；② 参与者不愿意让其他参与者或任何第三方获知自己的输入信息。基于这些特点，安全多方计算在电子选举、电子投票、电子拍卖、秘密共享、门限签名等场景中发挥着重要的作用。

## 4.4.1  安全多方计算的基本概念和数学模型

安全多方计算任务的目标是，让参与方可以安全地计算出某些约定函数，且其中任意参与方都希望各自的函数输入保持机密而不被其他参与方获知。这里出现的一个关键问题是，安全多方计算可以提供什么样的安全功能？首先，可以先想象一种解决方法，提供应保留的安全属性列表，并明确告诉其他参与方哪些属性是隐私或机密的。但是，这种方法通常无法实现，因为计算的输出结果通常会泄露有关其他方输入的一些信息，这个问题在计算模型中极为突出。例如，在两个分布式数据库上共同计算出的决策树可能泄露了两个数据库各自的一些信息。由此，隐私上的要求通常被形式化为即使参与方中恶意攻击行为存在，任意参与方在计算过程中唯一学到的信息是完全由计算函数输出的，而不是其他任何信息。可以看到，以上例子中共同计算出的决策树不满足安全多方计算隐私保护上的要求。而正确性的要求是由各方函数计算的实际输出所决定的。同样是上面的例子，如果计算模型不能保证其正确性，那么攻击者会收到正确训练的决策树，而正常使用者会收到经过恶意修改的决策树，从而获得不正确的计算输出结果。由此可见，安全属性列表的设计通常无法实现，而传统的计算模型在恶意攻击模型的分布式计算场景下无法满足其隐私性和正确性要求。在此背景下，安全多方计算在 20 世纪 80 年代由姚期智提出，目前已成为密码学中最活跃的领域之一。

安全多方计算场景中一般设有 $n$ 个互不信任的参与者 $p_1,\cdots,p_n$，他们分别持有秘密数据 $d_1,\cdots,d_n$。各方参与者希望使用秘密数据 $d_1,\cdots,d_n$ 对共同约定的函数 $f$ 进行计算。具体地，这 $n$ 个参与者共同执行函数 $f(d_1,\cdots,d_n)\to(x_1,\cdots,x_n)$，其中 $d_1,\cdots,d_n$ 为约定函数 $f$ 的输入，$x_1,\cdots,x_n$ 为约定函数 $f$ 的输出；同时，每个参与者 $p_i$ 除了自己本身的输入 $d_i$ 和输出 $x_i$，不能得到关于其他参与者输入的任何信息。

安全多方计算协议可分为两方计算协议和多方计算协议。经典的两方计算协议包括混淆电路（Yao's Garbled Circuit）、不经意传输（Oblivious Transfer），多方计算协议包括秘密共享、GMW 协议、BGW 协议、BMR 协议等。

下面介绍安全多方计算的重要算法：同态哈希算法，以探讨多方安全计算的根本性质，通过应用案例来简单解析多方安全计算的技术问题，包括双线性群、一般同态哈希算法、抗碰撞同态哈希（Collision-Resistant Homomorphic Hash）。

双线性群（Bilinear Group）的参数化的定义为 $B_G=(q,\mathbb{G}_1,\mathbb{G}_2,e,g,h)$，其中 $\mathbb{G}_1,\mathbb{G}_2$ 均为 $q$ 阶的乘法循环群，$e$ 为一个双线性配对映射 $e:\mathbb{G}_1\times\mathbb{G}_2\to\mathbb{G}_1$，$g$ 和 $h$ 分别为 $\mathbb{G}_1,\mathbb{G}_2$ 的随机数生成器。一般假设 $e$ 满足以下条件：

❖ 双线性：对于任意的 $g\in\mathbb{G}_1,h\in\mathbb{G}_2$ 及随机数 $\alpha,\beta\in\mathbb{Z}_q$，有 $e(g^\alpha,h^\beta)=e(g,h)^{\alpha\beta}$；

❖ 可计算性：对于任意的 $g\in\mathbb{G}_1,h\in\mathbb{G}_2$，$e(g,h)$ 的计算可以在多项式复杂度时间内高效完成；

❖ 非退化性：$e(g,h)\neq1$ 时存在 $g$ 和 $h$ 分别为 $\mathbb{G}_1,\mathbb{G}_2$ 的随机数生成器。

在一个 $B_G=(q,\mathbb{G}_1,\mathbb{G}_2,e,g,h)$ 的双线性群上，定义在 $D\subset\mathbb{Z}_q$ 定义域、$\mathcal{R}=\mathbb{G}_1\times\mathbb{G}_2$ 值域的抗碰撞同态哈希函数族由三个算法参数 $(H_{\text{KeyGen}},H,H_{\text{Eval}})$ 表示。对于一个函数 $f$，一般的同态哈希算法满足以下同态性质：

$$H_{\text{Eval}}(f,H(u_1),\cdots,H(u_n))=H(f(u_1,\cdots,u_n))$$

而抗碰撞同态哈希算法则包括以下协议。

① $H_{\text{KeyGen}}$：生成公钥 $K$ 和随机数 $(\alpha,\beta)$，从函数族抽取出一个函数，即选择随机 $\alpha,\beta\leftarrow\mathbb{Z}_q$，且 $K=(g^{\alpha\beta},h^{\alpha\beta})$。

② $H(u)$：计算哈希函数 $(x_1,x_1')\leftarrow(g^{H_{\alpha,\beta}(u)},h^{H_{\alpha,\beta}(u)})\in\mathbb{G}_1\times\mathbb{G}_2$。

③ $H_{\text{Eval}}(f,u,v)$：允许在 $\mathcal{R}$ 上计算，给定两个双线性对 $H(u)=(x_1,x_1')$ 和 $H(v)=(x_2,x_2')$ 时，对于加法或乘法的函数运算 $f$ 有以下性质。

❖ 加法同态（Addition）：两个值的和为 $H_{\text{Eval}}(f,u,v)\leftarrow(g^{H_{\alpha,\beta}(u)+H_{\alpha,\beta}(v)},h^{H_{\alpha,\beta}(u)+H_{\alpha,\beta}(v)})$。

❖ 常数乘法同态（Constant Multiplication）：一个值与一个常数 $a$ 的乘积为 $H_{\text{Eval}}(f,a,u)\leftarrow(g^{a\cdot H_{\alpha,\beta}(u)},h^{a\cdot H_{\alpha,\beta}(u)})$。

❖ 乘法同态（Multiplication）：两个值的乘积为 $H_{\text{Eval}}(f,u,v)\leftarrow e(x_1,x_2')\in\mathbb{G}_1$，可由 $x_1$ 和 $x_2'$ 的双线性配对映射求得。

## 4.4.2　安全多方计算的应用场景与案例介绍

当多个机构进行数据共享时，系统被攻击入侵的风险天然存在，缺乏安全保护的系统很可能产生数据丢失和隐私信息泄露等问题，因此数据共享各方希望其共享的数据能够加密以得到安全上的保障，同时能够允许其他人访问和处理需要的数据以获得有用的信息。得益于多方安全计算提供的安全性质及其技术特性本身，多方安全计算在以下场景中具有广泛的应用意义。

① 信息安全存储：企业可使用安全多方计算技术（如同态加密、秘密共享等）将数据以密文或分片的形式存储，有效防止内部人员非法盗用数据的情况发生；同时，能够在密文上直接进行运算，存储的数据不需解密即可进行其他计算，既保证了安全性，又提升了计算效率。

② 个人隐私保护：对于一些面向个人的应用，如定位导航类系统，安全多方计算能够在不暴露个人位置信息和目的地信息的情况下为个人提供安全的定位或导航服务。

③ 模型联合训练：数据模型的准确性取决于数据量、数据种类和数据质量，为了搭建一个可靠的机器学习模型，通常需要将来自多个不同机构的数据集中到一个中心服务器上进行训练。这种情况使跨机构中私有数据的联合训练在现实中变得不可行，而安全多方计算技术的应用可以对中间计算过程给予安全保障，使得跨机构的联合计算成为可能。

④ 安全的模型推理：安全多方计算还可以在不泄露用户数据隐私和服务商模型参数隐私的情况下进行准确的模型推理。其一般过程是，客户端从服务器请求一个预先训练好的私密模型，将该私密模型和客户端的私有测试数据输入安全多方计算，输出为相应的客户端预测结果。

除了上述以数据共享为背景的应用场景，安全多方计算还在一些其他隐私保护应用场景中有着广泛的应用，如拍卖、竞标、投票等，隐私保护和匿名投票是这些场景的核心要素，基于安全多方计算可以实现安全的电子投票，准确安全且隐私地计算出票数总和。

## 4.4.3　混淆电路

下面介绍安全多方计算中的一个重要解决方案，即混淆电路。混淆电路的基本原理是先把计算问题转换成电路问题，然后通过混淆电路协议来进行安全的计算。首先先来了解一下电路，一个电路由若干门组成。门是实现基本逻辑运算的单元电路，常用的门电路包括与门（AND gate）、非门（NOT gate）、或门（OR gate）、异或门（XOR gate）等。在两方参与的混淆电路协议中，$A$ 和 $B$ 希望通过混淆电路协议来完成一个计算，但 $A$ 和 $B$ 双方都不希望彼此的计算输入被对方知道。在混淆电路协议中，$A$ 先生成一个混淆电路（某种意义上可以将其理解为加密的电路），再把该混淆电路以及自己的加密输入发送给 $B$，接着 $B$ 通过不经意传输向 $A$ 请求获取电路中 $B$ 的输入电线所对应的密钥集合，最后 $B$ 使用混淆

电路对 $A$ 的加密输入和 $B$ 自身的加密输入进行安全的计算。可以看到，$A$ 只知道混淆电路的构造，而不知道 $B$ 具体使用了哪个输入的加密密文用于混淆电路进行计算。$B$ 只能获取加密后的混淆电路，以及 $A$ 和 $B$ 的加密输入，因此 $B$ 从始至终都不知道 $A$ 的输入明文。

对于一个混淆电路，定义 $W$ 为电路中的电线集，$G$ 为电路中的门集。对于电路中的每个电线 $w$，都需要构建两个密钥来标记电线对应的输入是 0 还是 1，即

$$w \in W, s_w^0, s_w^1 \leftarrow \{0,1\}^k$$

其中，$s_w^0$ 是电线 $w$ 输入为 0 时对应的密钥，$s_w^1$ 是电线 $w$ 输入为 1 时对应的密钥。这里使用的密钥是基于对称加密框架，所以这些密钥可以用于加密以及解密。$B$ 只能知道密钥 $s_{w_i}^i$ 和输入 $i$ 是相对应的，但不知道 $i$ 对应的输入是 0 还是 1。

下面以"与非"（NAND）门为例构造一个包含两个输入的混淆电路，假设与非门 $g$ 的两个输入电线分别为 $w_1, w_2$，输出电线为 $w_3$，其真值表如表 4-3 所示。对每个输入电线分别构造 2 个密钥，共产生 4 个密钥。其中，$s_{w_1}^0$ 和 $s_{w_1}^1$ 分别是 $w_1$ 输入 0 或 1 的密钥，$s_{w_2}^0$ 和 $s_{w_2}^1$ 分别是 $w_2$ 输入 0 或 1 的密钥。

接着利用门 $g$ 的不同输入的密钥对相应的输出进行加密，可以得到 4 个相应的密文 $e_g^{i,j}, i, j \in \{0,1\}$，具体可以表示为

$$e_g^{00} = \mathrm{Enc}_{s_{w_1}^0}\left(\mathrm{Enc}_{s_{w_2}^0}, (s_{w_3}^1, 0^k)\right)$$

$$e_g^{01} = \mathrm{Enc}_{s_{w_1}^0}\left(\mathrm{Enc}_{s_{w_2}^1}, (s_{w_3}^1, 0^k)\right)$$

$$e_g^{10} = \mathrm{Enc}_{s_{w_1}^1}\left(\mathrm{Enc}_{s_{w_2}^0}, (s_{w_3}^1, 0^k)\right)$$

$$e_g^{11} = \mathrm{Enc}_{s_{w_1}^1}\left(\mathrm{Enc}_{s_{w_2}^1}, (s_{w_3}^0, 0^k)\right)$$

其中，$\mathrm{Enc}_{s_{w_1}^0}()$ 表示使用密钥 $s_{w_1}^0$ 对其输入执行加密。与表 4-3 中的真值表相对应，门 $g$ 对于输入 $w_1, w_2$、输出 $w_3$ 以及输出密文 $e_g^{ij}$ 的真值表如表 4-4 所示。

表 4-3　与非门输入与输出的真值表

| $w_1$ | $w_2$ | $w_3$ |
|---|---|---|
| 0 | 0 | 1 |
| 0 | 1 | 1 |
| 1 | 0 | 1 |
| 1 | 1 | 0 |

表 4-4　与非门输入、输出及对应密文的真值表

| $w_1$ | $w_2$ | $w_3$ | $e_g^{ij}$ |
|---|---|---|---|
| $s_{w_1}^0$ | $s_{w_2}^0$ | $s_{w_3}^1$ | $e_g^{00}$ |
| $s_{w_1}^0$ | $s_{w_2}^1$ | $s_{w_3}^1$ | $e_g^{01}$ |
| $s_{w_1}^1$ | $s_{w_2}^0$ | $s_{w_3}^1$ | $e_g^{10}$ |
| $s_{w_1}^1$ | $s_{w_2}^1$ | $s_{w_3}^0$ | $e_g^{11}$ |

此时 $A$ 将门 $g$ 的加密输出 $e_g^{ij}$ 随机打乱，得到 $e_g^a, e_g^b, e_g^c, e_g^d$，然后发送给 $B$。值得注意的是，由于混淆电路是由 $A$ 构造的且门 $g$ 的加密输出是经过随机置换的，所以 $B$ 不会知道 $e_g^{ij}$ 对应的电线输入真值。

计算和解密步骤的目标是让 $B$ 计算出门 $g$ 的输出，$B$ 可以通过向门 $g$ 输入密钥 $S_{w_1}, S_{w_2}$

以及 4 个经随机置换的加密输出 $e_g^a, e_g^b, e_g^c, e_g^d$ 来找到门 $g$ 输出的 $S_{w_3}$；具体来说，$B$ 可以使用密钥 $S_{w_1}, S_{w_2}$ 去依此解密加密输出 $e_g^a, e_g^b, e_g^c, e_g^d$，直到发现以 $k$ 个数字 0 为结尾的字符串，这代表着解密成功，除去结尾的 $0^k$ 字符串便可获得输出 $S_{w_3}$。但由于 $0^k$ 字符串也可能是 $S_{w_3}$ 中的内容，所以无法据此得到完全确定的解密，可以通过增加电路混淆时 0 字符的数量 $k$ 来增加解密的难度以及准确率。整个解密过程可以表示如下：

$$i \in \{a,b,c,d\} : \mathrm{Dec}_{S_{w_2}}\left(\mathrm{Dec}_{S_{w_1}}\left(e_g^i\right)\right) = S_{w_3}, 0^k$$

### 4.4.4　不经意传输

多方安全计算中的另一个重要解决方案是不经意传输（Oblivious Transfer，OT），可以保证在消息传输过程中，消息发送者和接收者都不会知道关于另一方的任何信息，也就是说，发送者不知道接收者在协议中的输入选择，接收者也不知道发送者的输入。

我们构建这样的场景（如图 4-8 所示）：作为发送者，甲的两个产品价格为 $x_0, x_1$，乙作为接收者需要获知某产品的价格，但乙希望选择产品 1，但乙不希望甲知道乙向甲询问了哪个产品的价格。通过执行不经意传输，乙知道了其中一个产品的价格 $x_1$，但不知道另一个产品 $x_2$ 的价格；而甲不知道乙到底选了哪个产品。这就是 1-out-of-2 OT 协议的核心思想，发送者有两个输入 $x_0, x_1$，接收者提供一个选择位 $b \in \{0,1\}$，通过 OT 协议，接收者会知道对应选择 $b$ 的 $x_b$，而发送者不会知道接收者的输入 $x_b$。

图 4-8　1-out-of-2 OT 协议

不经意传输概念的提出可以追溯到 1/2 OT 协议。1/2 OT 协议在 1981 年由 Michael Rabin 提出，接收者有 1/2 的概率知道其中一个数值 $x_b$，即成功猜对发送者发送的输入值的概率为 1/2。1-out-of-2 OT 协议的发送者有两个数值 $x_1, x_2$，区别是接收者知道其中一个。

Michael Rabin 提出的 1/2 OT 协议流程如下，发送者表示为 S，接收者表示为 R。

① 发送者 S 找到两个大素数 $p, q$，并计算它们的乘积 $n = pq$，然后将 $n$ 发给接收者 R。

② 接收者 R 选择一个随机数 $x \in Z_n^*$，并将 $t = x^2 \bmod n$ 发送到 S。

③ 发送者 S 计算 $s = \sqrt{t}$，解有 4 个平方根，分别是 $\pm x$ 和 $\pm y$。S 可以很快计算出 4 个根，因为发送者 S 知道 $p$ 和 $q$（但是不知道原来计算出 $t$ 所使用的 $x$），从 4 个根中随机选择一个发送给 R。

④ 若 $s = \pm x$，则发送者 S 不会获知任何信息；若 $s = \pm y$，则接收者 R 从计算

GCD$(x+s,n)$ 或 GCD$(x-s,n)$ 中可以猜出 $(p,q)$。由于发送者 S 选择 $\pm x$ 与选择 $\pm y$ 的概率是相当的，因此 R 知道 $(p,q)$ 的概率为 1/2。

1/2 OT 协议存在一些问题，如接收者 R 可以通过选择某些特殊的 $t$ 来作弊，即使不知道 $t$ 的任何平方根。这个特殊值对给定 $t$ 的任何平方根允许接收者 R 分解 $n$，可以通过引入零知识证明协议提供 $x$ 值的证明来解决。

Claude、Crepeau 等证明了 1/2 OT $\Rightarrow$ 1-out-of-2 OT，即 1-out-of-2 OT 协议可以基于 1/2 OT 协议来构造。若发送者 S 知道两个秘密数值 $x_0,x_1$，同时已有一个安全的 1/2-OT 协议存在，则发送者 S 和接收者 R 可以通过以下流程来执行 1-out-of-2 OT 协议。

① 发送者 S 和接收者 R 同意系统安全参数 $m,n$。

② 发送者 S 选择 $n$ 个随机位 $r_1,\cdots,r_n$。

③ 对于每个 $j=1\to n$，发送者 S 和接收者 R 对每个 $r_j$ 执行 1/2 OT 协议。此时，R 大概知道一半的随机位 $r_1,\cdots,r_n$，但 S 并不知道是哪些。

④ 接收者 R 选择两个索引集 $U=\{i_1,\cdots,i_m\}$ 和 $V=\{i_{m+1},\cdots,i_{2m}\}$ 使得 $U\bigcap V=\varnothing$，其中接收者 R 知道 $r_i$ 在 $U$ 中对应的所有索引。

⑤ 如果接收者 R 选择从发送者 S 知道 $x_0$，那么 R 向 S 发送 $(X,Y)=(U,V)$。如果 R 选择从 S 知道 $x_1$，那么 R 向 S 发送 $(X,Y)=(V,U)$。

⑥ 发送者 S 计算 $z_0=\oplus_{x\in X}r_x$ 和 $z_1=\oplus_{y\in Y}r_y$，向接收者 R 发送 $(w_1,w_2)=(b_0\oplus z_0,b_1\oplus z_1)$。

⑦ 接收者 R 此时可以利用 $U$ 中的位计算出 $z_k$，从而发送者 S 可以求出 $b_k=(z_k\oplus w_k)$。

## 4.4.5 秘密共享

秘密共享是安全多方计算的核心方法之一。$(t,n)$-秘密共享方案将秘密 $x$ 隐藏到 $n$ 份共享中，这样任何 $t-1$ 个共享都不会泄露任何信息，而任何 $t$ 个共享都允许完全重构原有的秘密 $x$。简单而言，秘密共享是一种将秘密拆分成多份可以共享的数据组（称为"共享"），然后将该多份的共享在多个参与者中进行分配的方法，拆分后的每份共享由各参与者持有，只有当充分数量的份额合在一起时才能恢复秘密，实现了秘密泄露风险的分散。秘密共享协议适合解决多方计算场景下的隐私安全问题。目前，由于秘密共享有较好的性能和安全性，已在很多领域中有广泛的应用，包括密钥分发、物联网和隐私保护的机器学习等。

下面介绍一种两方的秘密共享协议。两方的秘密共享协议可为任意的满足以下性质的秘密共享协议 $\varsigma$：给定两个参与者的秘密份额 $X=\{(x_1',x_1''),(x_2',x_2'')\}$，其中 $x_i'$ 与 $x_i''$ 为数据 $x_i$ 不同的参与者分别持有的共享，秘密共享协议 $\varsigma$ 满足

$$f(x_i',x_i'')=f(x_i'+x_i'')=f(x_i')+f(x_i'')=f'+f''$$

即 $\varsigma$ 满足函数 $f$ 不变性。此时，任何一个参与者都无法知道原始数据和对原始数据运算的输出，只有两方协作才能得到输出结果 $f=f'+f''$。

秘密共享技术的关键在于如何设计好秘密拆分和恢复方式，常见的秘密共享协议包括 Shamir 方案、Brikell 方案和 Blakley 方案等。其中，Shamir 秘密共享方案最为人所知且设计较为简单，其基本原理是构造一个 $t-1$ 次多项式函数来实现对秘密 $x$ 的拆分与重构，再获得该多项式函数曲线上的 $t$ 个点，便可以通过拉格朗日插值或矢量等方法确定多项式函数，从而实现秘密的重构。Shamir 的 $(t,n)$-秘密共享方案中，对于将秘密 $x$ 在 $n$ 个参与者中共享表示为 $x \Rightarrow (x_1, x_2, \cdots, x_n)$。

在秘密拆分的过程中，秘密 $x$ 拥有者选取一个足够大的素数 $p$ 使 $x < p$，并设 $f(z) = f_0 + f_1 * z + \cdots + f_{t-1} * z^{t-1}$，其中 $f(0) = f_0 = x$。接着，秘密 $x$ 拥有者任取多项式函数 $f$ 的 $t-1$ 个系数 $f_1, f_2, \cdots, f_{t-1}$，并随机选取 $n$ 个数 $x_1, x_2, \cdots, x_n$，分别代入多项式得到 $n$ 个值 $(x_1, f(x_1)), (x_2, f(x_2)), \cdots, (x_n, f(x_n))$，将这 $n$ 个值分别发给 $n$ 个参与方，即第 $i$ 个参与方获得 $(x_i, f(x_i))$，便完成了秘密拆分。

秘密恢复过程也相当简单，假设从 $t$ 个参与方分别获取到了 $t$ 个值，即 $(x_1, f(x_1)), (x_2, f(x_2)), \cdots, (x_t, f(x_t))$，目标是找出 $f_0$，即原有的秘密 $x$，可以得到以下方程组：

$$f_0 + f_1 * x_1 + \cdots + f_{t-1} * x_1^{t-1} = f(x_1)$$
$$f_0 + f_1 * x_2 + \cdots + f_{t-1} * x_2^{t-1} = f(x_2)$$
$$\cdots$$
$$f_0 + f_1 * x_t + \cdots + f_{t-1} * x_t^{t-1} = f(x_t)$$

对以上方程组使用矩阵乘法或拉格朗日插值法求解，便能顺利解出 $f_0$，从而重构出秘密 $x$。

## 4.5 联邦学习

如何在满足数据隐私、安全和监管要求下，使得大数据和人工智能模型系统能够高效地使用多方的私有数据，解决数据孤岛的问题，是当前人工智能的一个重要课题。其中，联邦学习[5]是近年提出的一个可行的解决方案，其能够在保护数据隐私和安全的前提下共同训练一个全局机器学习模型，达到多方参与者共同获益的目的。

联邦学习的主要特点是"数据不出门也能共享"，各方的原始数据始终保留在本地，因此不会泄露隐私，从而提高了数据的安全性。联邦学习使得两方或多方的数据使用实体在合作中建立共有的模型，各参与者共同维护和更新共有模型，因此各参与者的地位和身份相同，互利共赢。联邦学习不但确保了数据的安全隐私，而且可以结合迁移学习和优化等技术，与将整个数据集放在一处建模的学习效果相比相差不大，在某些特定应用场景下甚至更好，联邦学习已经成为需要隐私保护的数据共享应用场景中的核心技术。

## 4.5.1 联邦学习概述

在联邦学习中所有用户使用本地数据共同训练一个共有模型，因此不同于传统的中心化体系下的机器学习，联邦学习"数据不出本地"的模式极大地减轻了传统学习方式带来的隐私泄露风险。McMahan 等[6, 7]在 2016 年提出了联邦学习的概念，设定的场景具有以下特点：数据非独立同分布（Non-IID），用户数量极多且大规模分布，用户之间拥有的本地数据数量较为不均匀，用户节点的通信较为受限。

联邦学习主要由用户节点和中心服务器节点共同建模和训练，训练过程如图 4-9 所示。

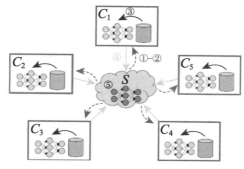

图 4-9　联邦学习训练过程

① 用户选取：中心节点从所有用户中选取一部分用户进行下一轮训练。

② 模型下载：被选取的用户从中心节点下载当前的共有模型与训练相关参数。

③ 用户本地计算：各用户使用下载的模型通过本地数据进行训练，用 SGD（Stochastic Gradient Descent，随机梯度下降方法）等梯度下降方法更新当前的模型。

④ 模型聚合：中心节点收集各本地更新的模型并进行聚合。

⑤ 模型更新：中心节点使用聚合的模型去更新共有模型，在下一轮中重新分发。

联邦学习过程就是用户使用本地数据进行中间的计算，然后把中间的计算发送到中心节点进行聚合的过程。中间计算的聚合方式可分为两大类，即"梯度平均"和"模型平均"。梯度平均也被称为同步梯度下降[8]或 FedSGD[7]，用户把梯度发送到中心节点进行聚合。不同于梯度平均，模型平均[6][9, 10]将用户本地的计算得到的模型权重发送到中心节点进行聚合。模型平均的+聚合方式使得共有模型的更新与梯度下降的迭代进行解耦，所以模型不需要同步更新，这也使得模型平均在理论上没有收敛性的保证，并且往往会导致性能和准确率的下降。梯度平均的聚合方式则利用了准确的梯度信息，从而保证训练目标的收敛性，其缺点是训练过程中的交互会产生较大的通信开销，因此需要较好的网络带宽环境。

目前，最具代表性的联邦学习算法是联邦平均（FedAvg）[6]算法。在联邦平均算法中，一部分被选取的用户使用随机梯度下降法对本地模型并行地更新，即

$$w_k^t = w^{t-1} - \eta \sum_{k=1}^{K} \nabla F_k(w^{t-1})$$

然后将更新的模型 $w_k^t$ 发送到中心节点，中心节点对收集到的模型进行平均，得到聚合模型

$$w^t = \sum_{k=1}^{K} \frac{n_k}{n} w_k^{t-1}$$

其中，$n_k$ 为用户节点 $k$ 的训练样本数量。从优化角度，联邦平均的总体优化目标函数为

$$\min_{w \in R^d} \frac{1}{n} \sum_{i=1}^{n} f_i(w) = \frac{n_k}{n} \sum_{k=1}^{K} F_k(w)$$

其中

$$F_k(w) = \frac{1}{n_k} \sum_{i \in S_k} f_i(w)$$

为用户 $k$ 本地优化的目标函数。由于每轮的联邦平均模型都是由同一个初始值进行迭代更新的，因此容易得到

$$w_k^t = w^{t-1} - \eta \sum_{k=1}^{K} \nabla F_k(w^{t-1}) \Leftrightarrow w^t = \sum_{k=1}^{K} \frac{n_k}{n w_k^{t-1}}$$

所以，联邦平均算法的聚合方式是梯度平均，也是模型平均。

## 4.5.2 联邦学习的扩展和性能提升

联邦平均算法在实际应用中有着良好的效果，但是近期有相关研究成果[11, 12]已经证明，联邦平均算法在数据非独立同分布（Non-IID）情况下会出现收敛速度慢甚至发散的问题，发散情况与用户的选取策略[11]、学习率和模型平均的加权权重有关[12]。联邦平均在 IID 和 Non-IID 数据下的模型权重发散程度[6]如图 4-10 所示，在数据独立同分布（IID）情况下，各用户的数据分布较为接近，使得联邦平均的梯度走向与所有数据集中一块训练的 SGD 的梯度较为接近，而在 Non-IID 情况下，各用户之间的数据分布差异过大，一部分本地模型梯度下降方向发散且积累速度很快，从而导致联邦平均的梯度方向远离最优方向。文献[12]则指出，后期训练中的学习率衰减成为联邦平均收敛的关键技巧之一，同时讨论了每轮参与训练的用户数量和不同加权平均模式下对算法收敛的影响。

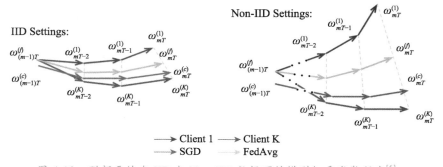

图 4-10　联邦平均在 IID 与 Non-IID 数据下的模型权重发散程度[6]

在医疗健康中尤其是可穿戴健康设备上，用户产生的个体生命数据按照不同的个人习惯、所在地、时间而呈现出较大的数据分布差异，因此 Non-IID 数据是医疗健康联邦学习面临的主要挑战之一。目前有三种解决方案：① 创建一个全局共享的数据集；② 基于优化的算法改进；③ 充分利用数据特性设计更好的算法框架，如使用多任务学习、迁移学习等框架，使其全局模型更适应本地数据的特性。

（1）创建一个全局共享的数据集

关于创建一个全局共享的数据集，文献[11]提出，可以把用户的一部分不敏感的数据分到中心节点或云上，先使用共享的数据训练用户的本地模型，再使用私有数据进行训练，实验表明，仅共享 5%的数据便能在 CIFAR-10 达到 30%的准确率提升。基于同样的策略，Hybrid-FL[13]提出了在中心节点上使用少量用户的部分数据构建近似 IID 的数据集，不同于文献[11]，中心节点会使用近似 IID 数据集训练一个模型，并与其他用户的模型进行聚合。

（2）基于优化的算法改进

在很多情况下，用户之间的数据共享不太可能实现，为了更好地解决数据统计性问题，有些研究对优化方法进行探讨。文献[14]分析 SignSGD 和 MedianSGD 在分布式学习中梯度修正机制和扰动机制下能够达到一定的收敛速度。FedProx[15]在优化的目标函数上加上了一个约束本地模型权重的正则项 $\| w_{\text{local}} - w_{\text{global}} \|^2$，使得本地模型权重与全局共有模型尽可能接近，从而使得总体算法针对各异质性的本地目标具有健壮性。其他研究在不同的假设上进行研究和分析[16]。文献[17]~[19]在有界梯度方差的分布式优化场景下证明在 Non-IID 数据上算法可以保证一定的收敛速度。文献[20]和[21]则探讨非凸模型（如神经网络）上的神经元置换问题。这些工作指出，先找出神经网络的置换并进行全局的匹配后，再对其做平均，能够有效地提高模型在 Non-IID 数据下的效果。

（3）充分利用数据特性设计更好的算法框架

也有不少研究尝试使用其他框架对联邦学习场景进行建模，其中文献[37]将以贝叶斯网络模型为主的机器学习模型扩展到多任务学习框架上，使得每个用户在各自本地学习到的模型表示能够迁移到其他模型上，并使用近似变分推断去求得最优的后验分布。分割学习（Split Learning）[38]也为联邦学习提供了新思路。分割学习的主要思想是把神经网络的训练任务按层分配给用户和中心节点来执行。神经网络被分成两部分，被分割的网络层称为"分割层"。分割层的前半部分网络由用户进行训练，后半部分网络则由中心节点进行训练。此时，用户和中心节点只需交互分割层之间的梯度，大大减少了通信开销，并降低了隐私保护的风险。纵向联邦学习的用户数据各有不同的特征，用户需要各自构建不同子模型，然后按照网络分割的方式进行训练，如图 4-11 所示。在医疗数据的实验上，分割学习比联邦平均取得了更高的准确率和更小的计算与通信开销[39]，但是在更多的网络结构和其他场景中的应用还需要更深入的研究，尤其是针对分割层的梯度交互的隐私安全分析。

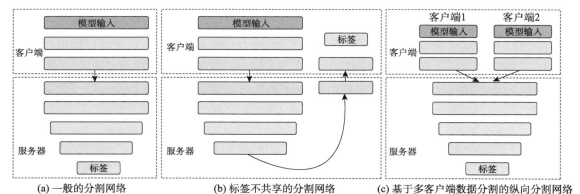

图 4-11　Split Learning 的不同网络分割方式[29]

(a) 一般的分割网络　　　　(b) 标签不共享的分割网络　　(c) 基于多客户端数据分割的纵向分割网络

一般的联邦学习中有一个中心节点，负责聚合各用户的模型，但是用户数量过多时会导致中心节点的服务器产生过大的通信开销。为了减轻对中心节点的依赖，点对点网络或全分布式联邦学习成为新的研究方向[22-27]。BrainTorrent[27]提出无中心服务器的联邦学习训练方式，在每轮的训练中，节点会被随机选取为模型训练的协调者和聚合者。类似地，用户节点分布和建模在图网络上并基于 KL 散度求解概率模型的优化问题，基于本地数据更新各自的置信度，然后以非同步更新的方式，与一跳邻居节点的置信度进行聚合[22, 23]。

另一种联邦学习的去中心化方向是，利用密码学和区块链技术[25, 26]，以确保模型安全和用户的隐私。Biscotti[25]使用秘密共享等密码学技术，能够通过一组验证者安全地聚合各节点的模型更新，其主要思想是各节点先在区块链上发布扰动噪音，通过该扰动噪音在之后的交互中对模型进行遮蔽保护，验证节点将验证被遮蔽模型的正确性并对其进行数字签名，聚合节点则利用基于密码学的安全聚合协议将其收集到的签名进行验证并对模型进行聚合，从而避免模型遭受攻击泄露用户隐私的风险。文献[26]中，矿工要负责模型的聚合和验证，并将更新的模型打包成区块存到区块链上，矿工之间通过工作量证明机制对新提交的模型更新达成共识。

联邦学习与分布式学习有很多共同点，一些研究人员认为，联邦学习是分布式学习的一个分支，两者最大的不同是，分布式学习中没有数据主权和隐私的界限，而联邦学习的原则是数据不出本地，数据隐私的界限就在本地机器，这导致联邦学习和分布式学习在数据分布、计算资源、网络资源上有不同的特性。基于此，大规模的分布式机器学习的工具（如 Parameter Server[28]、MapReduce[29]、DisBelief[30]等）不能直接应用到联邦学习中。文献[31]～[33]提供了联邦学习的系统框架设计，文献[31]通过 Actor 编程模型的设计理念，把中心节点服务器设计成多个模块，从而避免了中心节点的单点故障和攻击，以支持大规模的训练和海量的用户数量，为联邦学习提供具有稳定性和扩展性的计算基础框架。

虽然联邦学习比传统的分布式学习已经大大提高了通信效率，节点之间不再需要传输大量数据，而只需传输通信量开销相对较小的模型权重，但是训练过程依然会产生大量的通信开销，而且大多数用户节点可能处于边缘端或物联网中，拥有较弱的计算和网络带宽环境。如何减少联邦学习中的通信量开销、提高系统效率成为亟待解决的问题。目前，主要的解决方案是减少模型的参数或使模型参数变得稀疏，其次是把节点之间的传输内容进行压缩。文献[34]通过低秩矩阵分解，将模型参数分解成两个较小的矩阵，训练过程中只需传输其中一个矩阵，还提出了基于概率量化的有损压缩方法，进一步压缩通信。文献[35]同时优化通信量和全局模型的测试误差，设计多目标进化算法对神经网络结构的连接进行优化，减少了神经网络的模型权重从而降低了通信量。Sparse Ternary Compression[36]则使用稀疏化、误差积累、最优 Golomb 编码等通信进行压缩，在 Non-IID 数据和多参与者的情况下具有较好的健壮性。

### 4.5.3 联邦学习的应用

联邦学习已在多个领域应用落地，如单词预测[40]、医疗、金融、物联网、车间通信系统[41]等。

医疗数据是个人、医疗机构和科研机构的重要资产，联邦学习提供了新的数据共享方式，使得机构之间在确保数据安全的情况下进行科研和医疗相关方面的合作。目前，联邦学习在医疗的应用和研究不断开展，包括患者表示与相似性学习[42]、患者表型分析[43]、使用分布式电子病历（EMR）预测死亡率[44]等应用研究。FedHealth[45]针对可穿戴设备的数据使用深度学习模型提取嵌入表示，并基于同态加密方法聚合所有用户的模型，同时使用迁移学习方法建立用户个性化模型，使得用户模型在投入使用时表现更佳。

在金融领域，可以使用纵向联邦学习在电商平台与银行之间进行协作，实现在贷款风险管理、理财推荐等业务上的应用；在电信领域，同样可以基于纵向联邦学习技术利用电信以及公安两个特征互异的数据集来训练通信诈骗模型，进行电信诈骗反侦察；在推荐领域，联邦学习可以使得仅使用用户的在线反馈情况就完成排名模型的训练；在安防领域，在计算能力受限的边缘设备上，联邦学习可以完成可靠的对视频监控的识别模型建立。

### 4.5.4 联邦学习中的隐私保护解决方案

联邦学习中，用户在不共享数据的情况下共同训练一个模型，用户之间共享的是数据的信息，在很多情况下是模型或梯度，可以确保数据不出本地，并且用户之间能够有效地利用彼此的信息去完成共同的任务，如学习、预测。但是，这种信息的学习和共享方式只能间接保护用户的隐私安全，并不能完全排除隐私数据的泄露风险。有相关研究[46]指出，这种信息共享方式存在隐私安全问题，攻击者可通过获取模型进行各种攻击，因此需要对模型或梯度进行一定的保护。

目前，普遍使用的方法是差分隐私和多方安全计算，两种方法各有优缺点。差分隐私

（Differential Privacy）是基于概率和统计的方法对隐私进行度量，因此为隐私保护提供了理论基础，具体见 4.5.5 节。差分隐私通过加入随机噪声能够保护每个数据记录的隐私，但需要付出模型准确率的代价。安全多方计算能够实现多方参与者之间安全的协同计算，已有很多研究结合安全多方计算，通过零知识证明等方法融入联邦学习，保证信息层面的数据安全，但代价是计算复杂度高且需要大量的数据传输，在实际应用中难以实现。

一些同态加密、秘密共享、差分隐私等隐私保护方法也都在联邦学习中有所应用。同态加密技术在联邦学习和机器学习研究领域有很多相关的研究，包括激活函数的多相似近似和加密计算。基于同态加密联邦学习的经典算法有 SecureNN、CryptoNet、MiniONN、Chameleon、GAZELLE 等。SecureNN 系统提供新的数据隐私解决方案，每个用户将本地的数据进行同态加密的处理，然后上传到中心服务器，中心服务器直接用加密的数据输入深度的神经网络进行训练。数据在整个训练中都是加密状态，所以隐私得到保护。SecureNN 的缺点是计算量大且用户丧失了数据主权。

秘密共享作为密码学中相当成熟的技术，在密钥管理、数字签名、身份认证中有相当多的应用，自然也会被应用到联邦学习当中。2017 年，K. Bonawitz 等人提出了安全聚合算法（Practical Secure Aggregation），使用随机数生成器，并对其本地更新的梯度进行数据屏蔽，屏蔽处理后的数据在多参与者之间进行秘密共享，从而达到防止梯度隐私泄露的效果。

## 4.5.5　基于差分隐私的隐私保护

差分隐私的基本思想是，当两个数据集之间存在唯一不同的记录信息时，一个人的数据隐私不应该因为一个记录信息的存在而增加。差分隐私的基本方法是，对数据加入随机噪声，其机制有拉普拉斯机制、指数机制等。差分隐私在联邦学习中有相当成熟的研究和应用，在模型聚合前，每个参与者通过对自己训练得到的梯度进行差分隐私的加噪，从而避免中心服务器从梯度中获得个人隐私，保护了整体数据的隐私安全。

差分隐私[47]在传统的统计数据库和隐私保护机器学习中均有广泛的应用，其数学上的定义是：一个随机函数 $A: D \rightarrow R$ 满足 $(\epsilon, \delta)$-差分隐私，对只相差一个数据记录条目的两个邻居数据集 $D_1, D_2 \in D$，对任意的输出集 $Y \in R$，满足以下条件

$$P[A(D_1 \in Y)] \leqslant e^\epsilon P[A(D_2 \in Y)] + \delta$$

可以理解为，差分隐私方法尽可能地混淆攻击者，使之不能根据函数输出区分私有敏感的数据。差分隐私的两种实现方式分别为：对数据直接加入扰动噪音，以及根据随机函数的敏感度加入扰动噪音。其中，随机函数 $A(\cdot)$ 的敏感度的定义为任意两个邻居数据集的最大输出差异

$$\nabla A = \max \|A(D_1) - A(D_2)\|$$

在拉普拉斯机制中，算法 $A$ 加上了拉普拉斯分布的扰动噪音 $\mathrm{Lap}(\nabla A / \epsilon)$，则算法 $A$ 具有 $\epsilon -$

差分隐私，类似的机制有高斯、二项式、指数机制等。

根据不同的扰动方式，差分隐私算法可分为四类，即输入扰动、目标扰动、算法扰动和输出扰动。

Moment Accountant[48]提出了基于目标扰动的差分隐私随机梯度下降方法，使用正态扰动机制对梯度加噪，并可以计算出整个神经网络模型训练中产生的总隐私开销（Privacy Loss）。训练具有差分隐私的生成模型也被相继研究，文献[49]提出了差分隐私的对抗生成模型，利用高斯机制对判别器的后两层加入扰动噪音。文献[50]则在深度自编码器上进行目标扰动，并利用功能机制（Functional Mechanism）的多项式近似估计拉普拉斯机制扰动的目标。以上差分隐私生成模型所生成的样本可以确保样本级别的差分隐私。差分隐私虽然能够在一定程度上保护用户数据隐私，但它是一个有损算法，因此也会带来一定程度的性能和准确率的下降，需要在隐私保护和模型效果上进行权衡。

相关工作表明，共有模型存在隐私泄露风险，攻击者可以对训练过程窃听到的模型或梯度进行一定的攻击，如成员攻击、恶意的推断。文献[51]使用对抗生成模型（GAN）进行攻击，主要思路是训练一个对抗生成器去模仿被攻击者的数据，将共同训练的模型当成判别器，然后使用判别器对生成器产生的合成数据判别出是否属于被攻击者，从而生成相应的样本并进行隐私推理等攻击。

基于此，对抗攻击的解决方法大致为：第一，减少共享的参数，更少的参数带来更小的信息，从而减少了隐私安全的攻击面，只共享少部分有助于学习任务完成的高级特征，减少共享与用户数据相关的低级特征；第二，基于同样的思路，使用降维、Dropout 等方法，使得模型权重变成低维稀疏向量；第三，对模型权重加大差分隐私扰动噪音，但会带来性能的下降。

## 4.5.6　基于安全多方计算的隐私保护

联邦学习通常需要依赖一个可信任的中心节点执行模型的聚合。在半诚实的安全模型下，即使中心节点严格遵循协议的执行，依然可以对各方提交的模型更新进行各种推理攻击等其他恶意操作。

安全多方计算主要在无可信的第三方下，安全地计算一个约定的函数。安全多方计算的实现方法有三个基本框架：不经意传输、秘密共享、门限同态加密（Threshold Homo-morphic Encryption）。其中，不经意传输和门限同态加密都基于秘密共享的思想，这可能是秘密共享被广泛视为安全多方计算核心的原因。

一个基于秘密共享框架的隐私保护方案是安全聚合（Practical Secure Aggregation）[52]，其思想是，使用秘密共享和密码学习方法对梯度的更新进行保护，从而确保敏感的信息在训练过程中不会泄露给第三方。在安全聚合协议中，每个参与方将自己的梯度进行隐蔽，即对梯度进行如下运算

$$\tilde{w}_u = w_u + \sum_{u < v} s_{u,v} - \sum_{u > v} s_{v,u}$$

然后按照 Shamir's *t-out-of-n* 秘密共享协议，将隐蔽值 $s$ 拆成多份秘密并广播给其他节点，中心节点将隐蔽的梯度 $w_u$ 进行聚合，即

$$\sum_u \tilde{w}_u = \sum_u w_u$$

因此，中心节点只能得知梯度的平均值，但不能揭露任意用户原来的梯度值。*t-out-of-n* 秘密共享协议可以由 $t$ 份秘密恢复原来的信息 $s$，使得安全聚合算法能够有效处理用户中途掉线的情况。

联邦学习的特性十分适用于金融、医疗健康等数据共享相关领域，但是扩展性和隐私问题阻碍了应用实践。目前，数据共享、优化技术及不同的机器学习理论框架能够提高一部分联邦学习的效率和性能，缓解扩展性问题。在隐私保护方面，基于密码学的安全多方计算和基于差分隐私的方法均提供了充足的保障，但尚未完全成熟，离大规模的实际应用还有距离。联邦学习是机器学习、优化技术、密码学、信息学、统计学等学科交叉和技术的集合，在各种数据共享场景及不同领域应用时不应该粗暴地套用，而应该对其技术进行深入拆分和具体研究。

# 4.6　隐私保护的其他技术

密码学知识或者说加密技术是数据共享场景中隐私保护技术的底座，除了前面介绍的诸多隐私保护技术，本节介绍基于密码学的隐私保护技术。

## 4.6.1　基于属性加密

对称加密和非对称加密技术是密码学技术中的一个重大发现，其应用对计算机科学的发展产生了深远的影响，但不可否认的是，加密技术仍存在一定的局限性，尤其是在通信效率和数据加密的计算开销上，因此大规模分布式应用中亟需比传统加密更为灵活可扩展的加密方案。在这方面，公钥基础设施加密机制等传统的加密机制需要资源提供方维护管理用户的公钥证书才能对数据进行加密。在大规模分布式应用中，这种情况会导致出现用户列表和身份信息无法一次性接收和确认等问题，导致加密/解密过程烦琐，处理开销大、协议过程交互次数多且易受攻击，从而威胁到用户的隐私安全。

下面通过一个简单的例子介绍属性加密的概念。基于属性的加密技术是由基于身份的加密发展而来的，最早由 Adi Shamir 在 1984 年针对一系列的公钥机制而提出。他认为，作为与私钥一起生成和使用的公钥虽然可以向外界公开并对数据进行加密，但缺乏一定的灵活性和独特性。公钥通常是由随机生成器生成的一串字符，基本上与用户的身份信息没有任何关联，这意味着即使知道了目标接收人的身份，如果不知道他们的公钥，依然无法

将加密信息发送到目标接收人。

想象以下场景，在一个公司内部的电子邮件系统里，每个人都希望可以发送加密的电子邮件。如果使用基于公钥基础设施的加密系统，甲需要使用乙的公钥对邮件进行加密然后发送给乙，乙使用自己的私钥对收到的加密邮件进行解密来获得邮件信息。假设此时出现了一个小问题，如乙的笔记本电脑丢失了，然而密钥存储在乙刚丢失的笔记本电脑中，现在乙希望从另一个终端上读取甲发来的那封重要邮件。为了读取这封重要邮件，乙必须生成一对新的密钥，然后想尽办法证明自己是旧公钥的主人，并将新生成的公钥上传到公司的用户公钥列表，并通知所有人乙的旧公钥以后不再有效。乙采取了这一系列应对措施后，让甲重新把之前的邮件发给他，但甲目前在国外，公司的用户公钥列表并没有更新同步到甲的终端，最后甲没有使用乙的新公钥，导致乙仍然无法成功解密去读取这封重要邮件中的信息。这个例子反映了非对称加密机制下的公钥管理和用户公钥列表更新存在的维护管理问题。基于这样的思路，Adi Shamir 提出了基于身份的加密概念，但所提出的方案在当时仍是未完善的理论解决方案，直到近期受到研究界的重视后，才发展出现有的基于属性的加密机制。

基于身份的加密可以看作一种特殊的公钥加密，与一般的公钥加密不同，该加密技术中的公钥可以由用户在现实生活中的身份信息来构建。这些身份信息可以包括用户的姓名、邮件地址、身份证号码、电话号码等。因此，在基于身份的加密技术框架中，公钥本质上是用户在系统中的身份信息，其他用户可以通过目标用户的身份信息去获得其公钥，从而解决了公钥的真实性和证书管理的问题。

相对于公钥体制，基于身份的加密机制带来了如下优势：①  用户的公钥可以通过用户的相关身份信息来计算得到，使得公钥管理变得更加灵活高效；②  由于公钥是由身份信息计算得出的，因此不再需要维护用户公钥列表，可以减少信息存储和处理开销；③  加密消息只需知道接收人的身份信息就可以进行，验证签名也只需知道发送人的身份信息就可以进行。

早期的基于身份加密方法中，密钥往往由用户的身份信息来决定，但仅支持一些特定的身份信息属性，提供符合这些身份信息属性的用户才可以加密和解密，这也使得此类设计的直接应用存在一定的局限性。因此，Amit Sahai 和 Brent Waters 在 2004 年提出了模糊身份加密（Fuzzy Identity-Based Encryption），后来被称为"基于属性加密"，简称属性加密。与基于身份加密的不同，属性加密允许一个公钥与多个私钥配合使用，而且属性加密中的公钥是由一个属性列表产生的，而不是由身份信息产生的，符合所有指定属性的用户就可以对加密信息进行解密和签名。用户的身份信息当然也可以视作用户的属性，所以属性的概念使得标识一个人变得更加灵活。比如，指定邮件地址属性为 xyz@gmail.com、职业属性为设计师的用户才可以解密特定的信息，邮件地址属性一般是唯一的，而职业属性一般不是唯一的，如果属性列表中只有一个属性（邮件地址属性或职业属性），那么使用邮件地址属性的话只有一个用户可以解密，而使用职业属性则很多用户可以解密信息。

一般地，模糊身份加密将每个属性用散列函数映射到 $Z_q^*$ 空间中，使用了基于属性的门限策略将属性设置成门限问题，只有用户属性集与密文属性集相交的元素数量超过算法设定的门限参数时才能解密。例如，某公司系统中的属性集为 {设计师, 会计师, 高级}，且属性加密算法的门限参数为 2 的设定，则用户属性为 {高级, 设计师, 女} 的用户可以解密该邮件消息，而属性集为 {初级, 设计师, 男} 的用户不可解密该邮件消息。

属性加密方案包含以下 4 个基本算法。

① Setup$(k,U) \rightarrow (\text{params}, \text{MK})$：属性加密方案中公共参数和主密钥的生成，算法输入安全参数 $k$ 和系统属性全集 $U$，输出公共参数 params 和一个主密钥 MK。

② KeyGen$(\text{MK}, X) \rightarrow \text{sk}$：密钥生成算法，算法输入主密钥 MK 和一个用户权限索引 $X$，输出密钥 sk。

③ Enc$(\text{params}, Y, M) \rightarrow M'$：加密算法，算法输入公共参数 params、一个密文索引 $Y$ 和一个待加密的消息 $M$，输出一个密文 $M'$。

④ Dec$(\text{params}, \text{sk}, M') \rightarrow \hat{M}$：解密算法，算法输入公共参数 params、密钥 sk 和密文 $M'$，输出解密结果 $\hat{M}$。

一个属性加密方案是正确的，当且仅当对任意用户权限索引 $X$ 和密文索引 $Y$，且公共参数和主密钥都是正确生成的，则

$$\text{Dec}(\text{params}, \text{KeyGen}(\text{MK}, X), \text{Enc}(\text{params}, Y, M)) = M$$

属性加密方案可分为两种：Key-Policy 属性加密（KP-ABE）和 Ciphertext-Policy（CP-ABE），其中 KP-ABE 支持属性的与、或等操作，而 CP-ABE 支持由发送方规定密文的访问策略。

## 4.6.2 可搜索加密

本节讨论另一个加密技术——可搜索加密技术。传统的信息搜索一般基于明文搜索，服务器使用用户提交的关键字对整个数据库进行搜寻检索，也就是说，用户是完全信任服务器的，因为无论是关键字还是数据库存储的用户数据都是明文的。但是，如果服务器半诚实或遭到恶意攻击，那么用户的隐私数据将有可能被窃取或泄露，这会导致严重的安全隐患和用户隐私泄露风险。为了解决此问题，用户的数据必须先加密然后再上传到服务器或其他外包计算平台。同态计算为在加密数据上的计算提供了解决方案，但在数据搜索查询上并不友好，作为同态计算功能最齐全的全同态计算技术本身目前尚未成熟，它的计算开销和复杂度较高，由此可见对加密的数据库使用同态计算进行检索在实践中的可行性仍较低。为了有效解决加密数据的查询搜索问题，可搜索加密作为安全搜索中的一个核心技术，目前逐渐成为密码学理论及其应用中一个重要的研究课题。简而言之，可搜索加密可

以直接对加密数据进行搜索查询，且在搜索过程中不会泄露用户的数据或任何相关信息给服务器或恶意攻击者，这保证了云存储中用户的隐私信息和数据安全。

可搜索加密方案需具备以下安全性质。

① 可证明安全（Provably Secure）：在不可信任的服务器运行环境下，不能通过密文获取有关明文的任何信息。

② 控制搜索（Controlled Searching）：在不可信任的服务器运行环境下，不能在没有合法用户的认证下进行相关的数据搜索。

③ 隐藏查询（Hidden Queries）：用户可以向服务器发出关于关键字的信息来进行数据的搜索查询，而不必向服务器发送搜索的具体关键字，即不需要向服务器表明实际的关键字是什么。

④ 查询独立（Query Isolation）：每个搜索查询是相互独立进行的。除本次查询结果之外，不可信任的服务器不可以通过多次不同的搜索查询获得其他任何有关明文的信息。

简单来说，可搜索加密一般可以分为以下两种。

① 对称可搜索加密（Symmetric Searchable Encryption，SSE）：这里数据拥有者、解密者和搜索令牌的生成都使用同一个密钥。

② 非对称可搜索加密（Asymmetric Searchable Encryption，ASE）：这里使用非对称加密算法，即数据拥有方和解密方使用的密钥不是同一个。

下面考虑在半可信的云端服务器上的数据搜索场景，用户将自己的数据存储到服务器上，并保留可选择重构原数据的能力。可搜索加密框架的一般流程如下：

① 数据拥有方（发送者）对数据进行加密，并对其创建安全索引，然后将加密后的数据和安全索引上传到服务器。

② 当其他用户（接收者）需要查询数据时，向数据拥有方发出搜索令牌（Search Token）的请求。

③ 数据拥有方使用密钥对搜索关键字计算出搜索令牌，然后将其发送给用户。

④ 用户将搜索令牌发送到服务器，服务器根据搜索对数据库进行查询，搜索到用户所需的数据。

⑤ 服务器将查询到的结果发送给用户。

从另一个角度，根据数据拥有方（发送者）和用户（接收者）的交互模式，可搜索加密可以分为以下模式。

① 一对一（one-to-one）模式：只允许单个数据拥有方和单个用户进行交互，可搜索加密算法在这种模式下大多建立在对称加密框架上。典型的一对一模式的可搜索加密由Song等人在2000年首次提出，该方案需要数据拥有方和接收者必须是同一个用户，因为只有持有私钥的用户才可以对数据加密，也只有持有私钥的用户才可以对数据进行搜索。

② 多对一（many-to-one）模式：允许多个数据拥有方各自将加密数据及其安全索引

上传到服务器，并由单个用户发起关于关键字的查询。在此模式下，一个用户可以查询来自多个用户的数据。

③ 一对多（one-to-many）模式：与多对一模式类似，但是只有一个数据拥有方，多个用户可以向服务器查询相关数据，从而实现多个用户之间基本的数据共享。

④ 多对多（many-to-many）模式：允许同时有多个数据拥有方和多个用户，任意用户都可以成为数据提供者或数据接收者。

可搜索加密的典型构造方案有 SWP 方案、Z-IDX 方案和 SSE-1 方案。其中，SWP 方案和 Z-IDX 方案是基于对称加密的方案，Z-IDX 和 SSE-1 方案采用基于索引的加密，即对数据采用传统分组密码直接加密，而 SWP 没有索引构建过程。

Z-IDX 通过使用布隆过滤器引入索引。布隆过滤器由二进制向量和哈希函数族组成，构建索引的过程是，将关键词分别用 $R$ 个子密钥进行哈希运算，再将得到的 $R$ 个数分别与文件 ID 进行哈希运算，将结果映射到布隆过滤器，将对应位置置为 1，所有关键词都加入后，将这个二进制向量和加密的文件一起上传到服务器。当检索时，将关键词用 $R$ 个子密钥进行哈希运算得到的结果作为陷门发送给服务器，服务器依次用每个文件的 ID 进行第二次哈希运算，并检查布隆过滤器中对应位置是否全为 1，若是，则匹配成功。

## 4.6.3 代理重加密

代理重加密是一个相对较新的加密技术。在传统的加密体制下，密钥的生成和管理一般需要依赖可信的中心服务器或第三方来实现，因此密钥管理的过程需要第三方的存在。代理重加密技术的目标是对加密的数据安全地使用新的密钥进行加密，在加密数据的密钥更换过程中不依赖任意可信第三方。例如，甲收到使用他的公钥加密的邮件消息，但甲目前正在出差，甲希望将收到的邮件转交给乙处理，但同时甲不希望将他的密钥与乙共享，这便是代理重加密的研究背景。在此背景下，Blaze 等在 1998 年提出了一种代理重加密方案（BBS Re-encryption Scheme），一般过程如下。

① KeyGen(params) → pk,sk：密钥生成算法，输入系统公开参数 params，输出用户的公私密钥对。pk 和 sk 为授权人和被授权人分别产生的自己的公私钥对。

② Enc($M$,pk) → $C$：加密算法，其输入为明文 $M$、用户的公钥 pk、输入密文 $C$，授权人使用自己的公钥对数据进行加密，得到的密文称为原始密文。

③ Dec($C$)：解密算法，被授权人使用自己的私钥对重加密密文进行解密，得到相应的明文；或授权人使用自己的私钥对原始密文进行解密，得到相应的明文。

④ ReEnc($C_a$) → $C_b$：密钥重算法，对采用密钥 $\text{sk}_a$ 加密的内容使用新的密钥 $\text{sk}_b$ 对内容重新加密得到新的加密内容 $C_b$。

一般的代理重加密算法应该具有以下特征：

① 透明性：代理人（可信服务器）对于任何一方都是公开透明的，即对于授权人 A 或被授权人 B 来说，A 和 B 从代理人获取到的信息必须是一样的。

② 单向性：授权构造必须是单向且不可逆的，用户 A 给用户 B 的授权不适用于用户 B 给用户 A 授权。

③ 非交互性：转换密钥函数是非交互式的，A 到 B 的转换密钥函数只需由授权人 A 生成，不需要被授权人 B 的参与。

④ 安全性：代理方案能抵抗合谋攻击，即用户 A 与代理人即使合谋也不能获取用户 B 的私钥；相同的，用户 B 与代理人合谋也不能得到 A 的私钥。

⑤ 非传递性：通过用户 A 对 B 的授权和 B 对 C 的授权，代理人不能产生 A 对 C 的授权。

代理重加密在基于身份的加密（Identity-based Encryption）和重新签名方案（Re-signature Schemes）的研究中起着重要作用。在分布式加密存储中，代理重加密有相当高的应用价值。假设构建一个加密的分布式文件系统，客户端需要从服务器请求获取文件的密钥以得到其访问权限。针对此，传统的密钥服务器方案可能面临很大的隐私风险，因为中心化的密钥服务器掌控了所有用户的加密密钥，该方案要求加密文件的所有者必须信任密钥服务器。如果服务器是恶意的或者被其他人恶意攻击了，那么加密的文件系统会面临数据泄露的风险。代理重加密方案可以减少对密钥服务器的信任和依赖，只有数据所有者才能选择给其他人授予其访问权限，数据所有者并不需要向任何人共享其密钥，所以服务器也没有存储用户任何密钥的必要。代理重加密方案可以用以下方式实现。

① 使用对称加密（如 AES）加密文件，每个文件分别对应一个密钥。

② 对加密文件进行分组，组管理员 A（可以是文件的所有者）使用其代理重加密方案中的公钥 $PK_A$ 对分组内的密钥进行加密。

③ 当用户 B 请求文件 F 的访问权时，A 生成代理重加密钥 $PK_{A \to B}$，然后送到密钥服务器（可用于 B 的下次请求，此步不需要重复）。

④ 密钥服务器使用代理重加密钥 $PK_{A \to B}$，使用 B 的公钥对 AES 密钥的文件重新加密。

⑤ B 可以用他的私钥解密 AES 密钥文件，解密后得到 AES 密钥，去解密获取请求的文件 F。

代理重加密在云计算服务器中发挥着越来越重要的作用，在以下场景或功能中有可见的优势。

① 数据共享：由于非对称加密算法在计算效率上的限制，使得它暂不适合大型数据文件的加密，因此在云计算中很少有人考虑将代理重加密应用于云存储的数据加密。目前，比较可行的做法是先使用对称加密算法加密数据文件得到数据密文，再使用代理重加密算法去加密对称密钥得到"密钥密文"，当用户想访问数据文件时，可以先解密"密钥密文"得到对称密钥，然后用该对称密钥去解密数据密文，最后得到数据文件的明文。

② 授权管理：当云计算中的用户需要为其他用户的数据访问进行授权时，用户可以先

取得对方的公钥，然后针对每个用户生成相应的转换密钥，再通过安全信道将其传递给云端。这样，云端对于每个被授权的用户都生成一份重加密密文，未被授权的用户则没有对应的重加密密文。即使未授权用户得到其他用户的重加密密文，该未授权用户也无法解密得到明文。目前也有研究将基于属性加密方法应用于代理重加密中，其好处是可以一次性给多个具有同样一组属性的用户进行授权。

③ 访问控制：当一个用户请求访问数据文件时，云端可以通过对该用户的身份认证及权限认证来确定用户是否有读取该数据文件的权限。如果用户拥有相应的权限，云端将根据用户公钥向其返回数据密文和对应的密钥密文，可以通过依次解密这两个密文文件得到数据的明文。如果云端没有对应于用户公钥的密钥密文，那么意味着用户没有被文件所有者授予访问这个数据文件的权限。

# 本章小结

本章从多个层面分析总结了隐私保护技术，从隐私的概念切入，介绍了隐私保护技术的衡量与评估标准，并对数据全生命周期中涉及到的各种隐私保护技术进行了介绍：数据发布的隐私保护技术，如 $k$ -匿名、$l$-diversity 匿名、$t$-closeness 匿名、$m$-invariance 匿名等方法，可以实现发布数据时的匿名保护；数据存储的隐私保护技术主要针对大数据时代被不可信的第三方偷窥数据或者篡改数据现象所提出的解决方案，包括传统加密技术、同态加密技术、混合加密技术、基于 BLS 短签名 POR 模型等方法；数据分析的隐私保护技术则是为了解决大数据访问和使用时的隐私泄露问题，包括基于属性集加密访问控制、基于密文策略属性集的加密等技术。

本章还将隐私保护技术延伸到比特币交易场景，介绍了比特币及区块链中的匿名和隐私问题及相应的混币服务、Zerocoin、Zerocash 等现有解决方案。此外，本章花大量笔墨详细地介绍了几种数据共享场景中常用的隐私保护技术，如零知识证明、同态加密、安全多方计算（混淆电路、不经意传输、秘密共享）等，并提供了这些技术的相关应用场景及其案例介绍。

本章还介绍了一种大数据时代人工智能应用中新发展起来的隐私保护技术——联邦学习，并描述了如何将联邦学习技术与传统的加密技术进行配合，组成更为完善的数据隐私保护解决方案。

最后，本章简要介绍了一些基于密码学的其他隐私保护解决方案，如属性加密、可搜索加密、代理重加密等。

隐私保护技术的发展日新月异，只有对应用场景中存在的隐私风险进行仔细分析，选择合适的隐私保护技术进行应用，才能实现可靠的隐私保护与数据安全。

# 习 题 4

1. 你了解哪些隐私泄露的经典案例？在工作学习生活中，是否遇到隐私泄露的场景？
2. 大数据生命周期的各阶段分别有哪些隐私保护技术？它们主要的目的和风险是什么？
3. 比特币和区块链系统中的隐私风险有哪些？目前有哪些可用的解决方案？
4. 零知识证明有哪些性质？请阐述其主要流程。
5. 同态加密有哪些主要类型？它们的特点分别是什么？
6. 安全多方计算的特点是什么？有哪些可能的应用场景？
7. 联邦学习的主要应用场景有哪些？目前还存在哪些主要挑战需要解决，其研究重点是什么？
8. 你还了解哪些其他隐私保护技术？

# 参考文献

[1] Hinton G E, Krizhevsky A, Sutskever I. Imagenet classification with deep convolutional neural networks[J]. Advances in neural information processing systems, 2012, 25(1106-1114): 1.

[2] Deng J, Dong W, Socher R, et al. Imagenet: A large-scale hierarchical image database[C]//2009 IEEE conference on computer vision and pattern recognition. Ieee, 2009: 248-255.

[3] Wang F Y, Zhang J J, Zheng X, et al. Where does AlphaGo go: From church-turing thesis to AlphaGo thesis and beyond[J]. IEEE/CAA Journal of Automatica Sinica, 2016, 3 (2): 113-120.

[4] Voigt P, Von dem Bussche A. The eu general data protection regulation (gdpr)[J]. A Practical Guide, 1st Ed., Cham: Springer International Publishing, 2017, 10(3152676): 10-5555.

[5] Kairouz P, McMahan H B, Avent B, et al. Advances and open problems in federated learning[J]. Foundations and Trends® in Machine Learning, 2021, 14(1-2): 1-210.

[6] McMahan B, Moore E, Ramage D, et al. Communication-efficient learning of deep networks from decentralized data[C]//Artificial intelligence and statistics. PMLR, 2017: 1273-1282.

[7] Konečný J, McMahan H B, Ramage D, et al. Federated optimization: Distributed machine learning for on-device intelligence[J]. arXiv preprint arXiv:1610.02527, 2016.

[8] Chen J, Pan X, Monga R, et al. Revisiting distributed synchronous SGD[J]. arXiv preprint arXiv:1604.00981, 2016.

[9] Mi H, Xu K, Feng D, et al. Collaborative deep learning across multiple data centers[J]. Science China Information Sciences, 2020, 63 (8): 1-11.

[10] Su H, Chen H. Experiments on parallel training of deep neural network using model averaging[J]. arXiv preprint arXiv:1507.01239, 2015.

[11] Zhao Y, Li M, Lai L, et al. Federated learning with non-iid data[J]. arXiv preprint arXiv: 1806.00582, 2018.

[12] Li X, Huang K, Yang W, et al. On the convergence of fedavg on non-iid data[J]. arXiv preprint arXiv: 1907.02189, 2019.

[13] Yoshida N, Nishio T, Morikura M, et al. Hybrid-fl: Cooperative learning mechanism using non-iid data in wireless networks[J]. arXiv preprint arXiv:1905.07210, 2019.

[14] Chen X, Chen T, Sun H, et al. Distributed training with heterogeneous data: Bridging median- and mean-based algorithms[J]. Advances in Neural Information Processing Systems, 2020, 33: 21616-21626.

[15] Li T, Sahu A K, Zaheer M, et al. Federated optimization in heterogeneous networks[J]. Proceed-ings of Machine Learning and Systems, 2020, 2: 429-450.

[16] Karimireddy S P, Kale S, Mohri M, et al. Scaffold: Stochastic controlled averaging for federated learning[C]//International Conference on Machine Learning. PMLR, 2020: 5132-5143.

[17] Lian X, Zhang C, Zhang H, et al. Can decentralized algorithms outperform centralized algorithms? a case study for decentralized parallel stochastic gradient descent[J]. Advances in Neural Information Processing Systems, 2017, 30.

[18] Li X, Yang W, Wang S, et al.. Communication-efficient local decentralized SGD methods[J]. arXiv preprint arXiv:1910.09126, 2019.

[19] Wang J, Sahu A K, Yang Z, et al. Matcha: Speeding up decentralized sgd via matching decom-position sampling[C]//2019 Sixth Indian Control Conference (ICC). IEEE, 2019: 299-300.

[20] Yurochkin M, Agarwal M, Ghosh S, et al.. Bayesian nonparametric federated learning of neural networks[C]//International Conference on Machine Learning. PMLR, 2019: 7252-7261.

[21] Wang H, Yurochkin M, Sun Y, et al. Federated learning with matched averaging[J]. arXiv preprint arXiv:2002.06440, 2020.

[22] Lalitha A, Kilinc O C, Javidi T, et al. Peer-to-peer federated learning on graphs[J]. arXiv preprint arXiv:1901.11173, 2019.

[23] Lalitha A, Wang X, Kilinc O, et al. Decentralized bayesian learning over graphs[J]. arXiv preprint arXiv:1905.10466, 2019.

[24] Hu C, Jiang J, Wang Z. Decentralized federated learning: A segmented gossip approach[J]. arXiv preprint arXiv:1908.07782, 2019.

[25] Shayan M, Fung C, Yoon C J M, et al. Biscotti: A blockchain system for private and secure fede-rated learning[J]. IEEE Transactions on Parallel and Distributed Systems, 2020, 32(7): 1513-1525.

[26] Kim H, Park J, Bennis M, et al. Blockchained on-device federated learning[J]. IEEE Commu-nications Letters, 2019, 24 (6): 1279-1283.

[27] Roy A G, Siddiqui S, Pölsterl S, et al. Braintorrent: A peer-to-peer environment for decentralized federated learning[J]. arXiv preprint arXiv:1905.06731, 2019.

[28] Li M, Zhou L, Yang Z, et al. Parameter server for distributed machine learning[C]//Big learning NIPS workshop. 2013, 6(2).

[29] Dean J, Ghemawat S. MapReduce: simplified data processing on large clusters[J]. Communications of the ACM, 2008, 51 (1): 107-113.

[30] Dean J, Corrado G, Monga R, et al. Large scale distributed deep networks[J]. Advances in neural information processing systems, 2012, 25.

[31] Bonawitz K, Eichner H, Grieskamp W, et al. Towards federated learning at scale: System design[J]. Proceedings of Machine Learning and Systems, 2019, 1: 374-388.

[32] Jeon J, Kim J, Kim J, et al. Privacy-preserving deep learning computation for geo-distributed medical big-data platforms[C]//2019 49th Annual IEEE/IFIP International Conference on Dependable Systems and Networks–Supplemental Volume (DSN-S). IEEE, 2019: 3-4.

[33] Ryffel T, Trask A, Dahl M, et al. A generic framework for privacy preserving deep learning[J]. arXiv preprint arXiv:1811.04017, 2018.

[34] Konečný J, McMahan H B, Yu F X, et al. Federated learning: Strategies for improving communication efficiency[J]. arXiv preprint arXiv:1610.05492, 2016.

[35] Zhu H, Jin Y. Multi-objective evolutionary federated learning[J]. IEEE transactions on neural networks and learning systems, 2019, 31 (4): 1310-1322.

[36] Sattler F, Wiedemann S, Müller K R, et al. Robust and communication-efficient federated learning from non-iid data[J]. IEEE transactions on neural networks and learning systems, 2019, 31(9): 3400-3413.

[37] Corinzia L, Beuret A, Buhmann J M. Variational federated multi-task learning[J]. arXiv preprint arXiv:1906.06268, 2019.

[38] Vepakomma P, Gupta O, Swedish T, et al. Split learning for health: Distributed deep learning without sharing raw patient data[J]. arXiv preprint arXiv:1812.00564, 2018.

[39] Singh A, Vepakomma P, Gupta O, et al. Detailed comparison of communication efficiency of split learning and federated learning[J]. arXiv preprint arXiv:1909.09145, 2019.

[40] Hard A, Rao K, Mathews R, et al. Federated learning for mobile keyboard prediction[J]. arXiv preprint arXiv:1811.03604, 2018.

[41] Samarakoon S, Bennis M, Saad W, et al. Federated learning for ultra-reliable low-latency V2V communications[C]//2018 IEEE Global Communications Conference (GLOBECOM). IEEE, 2018: 1-7.

[42] Lee J, Sun J, Wang F, et al. Privacy-preserving patient similarity learning in a federated environment: development and analysis[J]. JMIR medical informatics, 2018, 6 (2): e7744.

[43] Liu D, Dligach D, Miller T. Two-stage federated phenotyping and patient representation learning [C]//Proceedings of the conference. Association for Computational Linguistics. Meeting. NIH Public Access, 2019, 2019: 283.

[44] Huang L, Shea A L, Qian H, et al. Patient clustering improves efficiency of federated machine learning to predict mortality and hospital stay time using distributed electronic medical records[J]. Journal of biomedical informatics, 2019, 99: 103291.

[45] Chen Y, Qin X, Wang J, et al. Fedhealth: A federated transfer learning framework for wearable

healthcare[J]. IEEE Intelligent Systems, 2020, 35 (4): 83-93.

[46] Aono Y, Hayashi T, Wang L, et al. Privacy-preserving deep learning via additively homomorphic encryption[J]. IEEE Transactions on Information Forensics and Security, 2017, 13(5): 1333-1345.

[47] Dwork C. Differential privacy: A survey of results[C]//International conference on theory and applications of models of computation. Springer, Berlin, Heidelberg, 2008: 1-19.

[48] Abadi M, Chu A, Goodfellow I, et al. Deep learning with differential privacy[C]//Proceedings of the 2016 ACM SIGSAC conference on computer and communications security. 2016: 308-318.

[49] Triastcyn A, Faltings B. Generating artificial data for private deep learning[J]. arXiv preprint arXiv:1803.03148, 2018.

[50] Phan N H, Wang Y, Wu X, et al. Differential privacy preservation for deep auto-encoders: an application of human behavior prediction[C]//Thirtieth AAAI Conference on Artificial Intelligence. 2016.

[51] Hitaj B, Ateniese G, Perez-Cruz F. Deep models under the GAN: information leakage from collaborative deep learning[C]//Proceedings of the 2017 ACM SIGSAC conference on computer and communications security. 2017: 603-618.

[52] Bonawitz K, Ivanov V, Kreuter B, et al. Practical secure aggregation for privacy-preserving machine learning[C]//proceedings of the 2017 ACM SIGSAC Conference on Computer and Communications Security. 2017: 1175-1191.

# 第5章　数据共享系统解析与实现

2020 年发布的《中共中央　国务院关于构建更加完善的要素市场化配置体制机制的意见》[1]中，将数据和土地、劳动力、资本、技术等传统要素并列为要素之一，提出了加快培育数据要素市场的意见，包含"推进政府数据开放共享""提升社会数据资源价值""加强数据资源整合和安全保护"三方面内容。数据作为一种新的生产要素得到国家的高度重视。

2020 年 10 月，《中共中央关于制定国民经济和社会发展第十四个五年规划和二〇三五年远景目标的建议》[2]提出，"加快数字化发展。发展数字经济，推进数字产业化和产业数字化，推动数字经济和实体经济深度融合，打造具有国际竞争力的数字产业集群。加强数字社会、数字政府建设，提升公共服务、社会治理等数字化智能化水平。建立数据资源产权、交易流通、跨境传输和安全保护等基础制度和标准规范，推动数据资源开发利用。扩大基础公共信息数据有序开放，建设国家数据统一共享开放平台。"

当前社会各界大力推进数字产业化和产业数字化，在推动数字经济和实体经济深度融合过程中必定会加快数据的产生，我们正处于数据爆发式增长的时代，亟须建立有效的机制和方法对海量数据进行充分利用，使得数据真正成为数据要素，推动各行各业发展，推动社会经济达到一个全新的高度[3]。

数据只有协同、共享起来，才能真正成为数据要素。数据流通利用包括企业内部数据流通利用、企业间数据流通利用、行业联盟内数据流通利用、企业和研究机构数据流通利用等。在数据流通利用过程中，影响数据流通利用的因素有很多，其中数据安全、隐私保护和数据权益是影响数据流通利用的关键因素。

为了解决数据流通过程中数据安全、隐私保护和数据权益的关键问题，针对数据存储、流通、确权、隐私保护和安全的需求，本章创新性地融合区块链、联邦学习、边缘计算等技术，提出并实现了一个可信、可管、可追溯的大数据共享系统，用于助力数据转化为生产要素，释放数据价值，推动大数据产业的良性发展。

**说明：**本章的部分截图可能出现部分机构或数据集的名字，这些只是为了展示系统功能和流程所写入的示例，并不代表实际的用户或数据。

## 5.1　数据共享简介

### 5.1.1　数据及数据产品定义

本书的计算对象、交易对象都围绕着数据概念展开，涉及区块链技术、隐私计算技术、数据共享技术、数据交易平台及其他数据的衍生产品等。从本章开始，数据不再是一个抽象概念，而是具体的事物，是记录在存储媒介上的数字编码。

### 1．什么是数据

本书提及的"数据"概念一般是指计算机领域定义的数据。在计算机科学中[4]，数据是所有能输入计算机并被计算机程序处理的符号介质的总称，是用于输入电子计算机进行处理，具有一定意义的数字、字母、符号和模拟量等的通称。计算机存储和处理的对象十分广泛，表示这些对象的数据也随之变得越来越复杂。本书所说的"数据"属于计算机科学中的数据，泛指所有电子化的数据，包括结构化、半结构化和非结构化的数据。"数据共享"也是针对这类数据的共享。

### 2．什么是数据产品

数据产品，顾名思义，是从应用数据、交易数据、处理数据中衍生的数字产品。例如，对于地理信息领域，《地理信息系统名词》第二版[5]把数据产品定义为在属性数据、空间数据基础上构建的可以应用在不同领域的专题数据。本书所说的"数据产品"是指以数据为主要内容和服务的产品，包括从数据采集、预处理、存储和管理、挖掘和分析到展现的全域价值链上所有与数据相关的技术平台和工具服务[6]。

## 5.1.2 传统数据共享模式

### 1．中心式模式

在中心式模式中，中心平台需要从各方汇总数据信息，进行集中存储和管理，以促进跨机构、跨地域数据资源的共享、开放与应用，通常构建统一数据目录和标准进行数据管理，包括：创建统一标准元数据，数据清洗，数据标准化，数据整合等。在这种中心化数据共享方式下，数据离开了数据所有方，数据所有方实际上失去了对数据的控制，安全、隐私保护和数据权益完全由中心平台控制。

### 2．点对点模式

点对点模式通常指数据使用方和数据所有方进行一对一对接，数据使用方通过线上或线下方式获取数据。数据使用方大部分通过数据完全复制的方式获取数据所有方的数据，数据离开了数据所有方。例如，医院科研人员通过移动硬盘等传统方式直接复制相关数据，存在效率低和数据泄露等问题。

### 3．单点模式

在单点模式下，数据保存在局域网节点中，这些节点被禁止加入公有网，数据使用方需要在特定物理环境中才能使用数据。这种模式采取物理限制，相对于前面两种，数据所有方保持了对数据的控制，但是给使用方带来很多麻烦。

在中心式和点对点两模式下，数据所有方实际上是失去了对数据的控制（数据主权的主要体现），因此数据所有方往往是有顾虑的。在单点模式下，数据所有方保持了对数据的控制，但是极大阻碍了数据的价值利用。

## 5.1.3　数据共享趋势与问题

按照国家大数据发展战略，推动数据共享是大势所趋，有利于充分调动社会力量参与社会治理，深化大数据创新应用，发挥数据价值，释放数字红利。国家一直致力"拓展网络经济空间，推进数据资源开放共享，实施国家大数据战略"，从《政务信息资源共享管理暂行办法》到《"十三五"国家信息化规划》，再到《政务信息系统整合共享实施方案》和《公共信息资源开放试点工作方案》；从顶层战略规划到行动方案，我国政府不断推进数据共享技术落到实处，力求提高数据开放质量，扩大数据价值传播范围。

然而数据流通使用存在数据安全、隐私保护和数据权益等影响数据共享发展的关键问题，全球对这些问题越来越关注。一方面，数据所有方出于数据安全、隐私保护和数据权益的考虑，不愿意让数据离开管控的范围，担心数据流出后失去对数据的控制；另一方面，数据使用方没有数据可用，迫切希望得到数据，进行数据价值的发掘。

以医疗领域为例，医院有大量有价值的数据，科研机构和药企需要医疗数据进行研究，却很难拿到数据。目前，数据使用方大部分通过数据完全复制的方式获取到研究数据，在这种方式下，数据离开了数据所有方，以后原数据的处理和安全性都无法得到有效的保障。尽管有些数据在被复制前，数据所有方与数据使用方在线下签订了相关数据使用申请和数据保密协议等纸质保证书，但是仍然无法防止意外的数据泄露。如果数据来自多个机构，还需要从多方获取数据并进行汇聚，考虑到各机构的审批流程，这样运用数据的方式效率低，还容易出现数据泄露等问题。

因此，为了促进数据流通，发挥数据价值，释放数据红利，助力数据要素市场的构建，数据共享系统必须解决数据安全、隐私保护和数据权益的问题。

数据共享的关键问题为：通过技术手段解决数据流通过程中数据安全、隐私保护及数据权益等痛点问题，从而促进数据流通使用，助力数据要素市场的构建。

## 5.2　可信数据共享

发挥数据价值，释放数据红利，推动数据共享是大势所趋。但是传统的中心化、点对点和单点三种数据共享模式都难以满足数据时代的数据共享要求，无法有效解决数据安全、隐私保护、数据权益保护同数据共享之间的矛盾。采用传统的数据共享模式，数据要么共享后容易失去控制，要么物理隔离限制使用范围；如果这两大现实问题不解决，就难以建立大规模数据的共享和应用体系，数据生态建设更无从谈起。因此，迫切需要探索新的数据共享技术来推动数据共享。针对数据共享存在的问题，本节提出一个可信、可管、可追溯的数据共享模式，不仅可以保障数据安全、隐私保护和数据权益，还可以便捷地进行数据共享应用。本节首先介绍可信数据共享模式的内容，接着介绍这种可信数据共享模式对应的数据共享技术基本实现原理。

## 5.2.1　可信数据共享模式

在可信数据共享模式下，数据不需要从所有方存储媒介中转移到其他存储媒介，只需要数据使用方把数据计算分析算法或程序移植到数据端执行，计算后的结果返回给数据使用方，同时对每个数据操作进行记录，形成不可抵赖的记录，从而实现"数据不动计算动，数据可算不可见"。这种模式既保障了数据安全、隐私保护和数据权益，又保证了数据使用方可以对数据进行计算分析而正常获取数据计算结果。

这种可信数据共享模式具有以下特点。

### 1．分离数据控制主权和使用权

分离数据控制权和使用权，可以让数据所有方保持对数据控制不泄露，数据使用方只是获得数据的使用权，既解决了数据所有方担心数据共享会失去数据控制的问题，又实现了数据共享，满足了数据使用方对数据的需求。

### 2．数据共享全流程不可抵赖

数据共享全流程不可抵赖，可以解决数据所有方担心数据在不知情的情况下被使用的问题，为后续数据共享可能带来的收益分配提供可信的凭证。

### 3．数据隐私保护

"数据不动计算动，数据可算不可见"，数据使用方获取不到原始明细数据，只能获取计算结果数据，极大地加强了数据隐私保护。

表 5-1　区块链、联邦学习和边缘计算的特点

| 技　术 | 特　　点 |
|---|---|
| 区块链 | 可信、不可篡改、不可抵赖 |
| 联邦学习 | 多方数据不离开本地前提下联合建模 |
| 边缘计算 | 数据端进行计算 |

## 5.2.2　数据共享技术实现方案

可信数据共享模式可以有很多方案，本节给出一种可信数据共享模式的实现方案，即融合区块链、联邦学习、边缘计算等技术的可信数据共享系统。区块链、联邦学习和边缘计算具有如表 5-1 所示的特点。边缘计算提供基本边缘端计算环境，联邦学习和区块链可以在边缘计算节点上进行部署。

### 1．区块链

本方案利用区块链具有不可篡改和可信的优势，具体而言，在每个参与方部署一个区

块链节点，接入可信数据共享系统的每个节点的每份数据都会在区块链上生成唯一资产 ID 和数据指纹，同时每次数据操作（包含数据上传、数据查询、数据计算等）都会上链，形成不可抵赖的审计、溯源凭据，以达到可信的数据全生命周期追踪，实现与区块链相结合的可信的数据全流程监管。

### 2．联邦学习

本方案充分利用联邦学习在多方数据不需要离开本地的情况下进行联合训练的特点，如图 5-1 所示，同时应用差分隐私、同态加密等技术，保障联合训练过程无法获取原始真实数据，能够实现数据两权分离、数据不出门、可算不可取、隐私不泄露等功能；结合区块链，把多方联合训练模型过程中的数据贡献记录上链，为后续联合模型产生的利益分配提供可信参考依据。

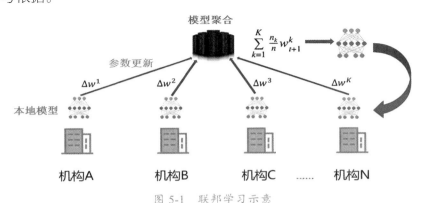

图 5-1　联邦学习示意

### 3．边缘计算

边缘计算除了提供基本的计算环境，还提供基本边缘计算算子，这些算子是系统提前实现的常见基础计算方法。用户可以直接调用这些算子，也可以按需把基础算子进行组合完成更复杂的计算任务。通过边缘计算，在数据源端进行数据处理，只把计算结果返回调用者，实现在数据不离开数据源本地的前提下进行数据使用，也为实现数据两权分离、数据不出门、可算不可取、隐私不泄露等特点提供技术保障；同时，边缘计算可以结合区块链，对数据授权、数据使用等操作记录进行上链，如图 5-2 所示。

系统采用区块链技术、边缘计算及联邦学习技术在内的多种技术，在保障数据不离开数据所有方存储服务器的前提下，使得隐私数据在不脱离数据所有方控制的前提下得到充分的利用。这样，数据使用权和控制权分离，数据使用方获得数据的使用权，数据所有方持有数据控制权。

针对目前数据共享方面存在的几个不足地方和挑战，本平台采用以下方案来解决。

挑战 1：数据容易在使用过程的各环节中被泄露，无法保证数据安全性。

可信数据共享系统解决方案：当用户需要对单个节点数据进行计算时，可以通过在单

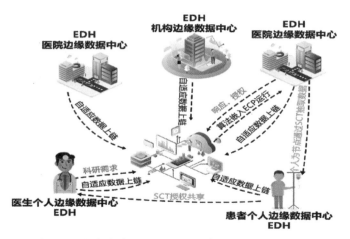

图 5-2　边缘计算和区块链结合在医疗数据应用场景

个节点上部署边缘计算单元的方式，在数据所有方本地得到用户结果；边缘计算单元在数据方本地运行并得到计算结果，不需与外界进行额外的数据通信，避免了数据隐私泄露的问题；当需要多个不同归属的数据源协同建模训练时，用户可以通过联邦学习的方式，在数据所有方部署联邦学习计算引擎。该引擎通过加密和交换附加随机扰动的梯度值方式，结合 TLS 通信协议，在只交换梯度等中间变量的前提下返回训练模型或预测结果。

挑战 2：若数据通过原始复制的方式获取，则数据申请流程复杂，效率低。

可信数据共享系统解决方案：让数据在数据所有方本地进行运算，数据不需离开所有方控制便能运用结果，这可以减少数据所有方在数据审批过程中的顾虑，降低数据的申请使用门槛。

除了已经定义部署好的边缘计算算子和已集成的联邦学习算法，当上述方式均不足以满足用户的实际使用需求时，可信数据共享系统将提供额外的接口：用户需要自行定义计算使用的目标函数和模型迭代中使用的聚合函数，在接受这些函数和数据作为输入的情况下，进行数据不离开数据所在服务器的计算。数据计算任务交互过程如图 5-3 所示。用户计算流程大致如图 5-4 所示。

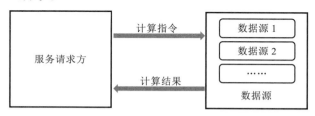

图 5-3　数据计算任务交互过程

第一步：数据使用方向数据源所在机构发出指令，由图 5-4 可知，可能为边缘计算算子、联邦学习、自定义计算的一种。

第二步：从数据所在方返回计算结果。

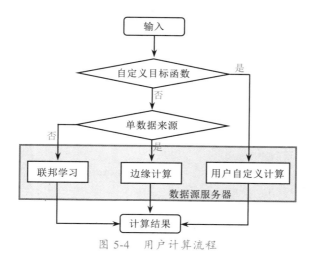

图 5-4　用户计算流程

可信数据共享系统解决了多方在联合使用数据或者数据所有方出借数据使用权时数据发生泄露丢失的问题，支持以用户自定义目标函数和聚合函数的方式进行更加定制化的隐私数据计算，同时有效地结合区块链技术的不可篡改和可信的特点，实现数据全生命周期跟踪溯源，打造安全可信的数据共享能力。

# 5.3　SOLAR 数据共享平台设计

本节介绍可信数据共享系统的实例——SOLAR（Smart Online Limbic Architecture Renaissance）。SOLAR 是数据可信共享应用平台，通过安全可信的技术手段，实现数据两权分离、数据不出门、隐私不泄露、可用不可取、利益共分享、监管无遗漏。

SOLAR 平台由多个边缘端和多个中心端组成。从定位上，边缘端主要面向数据所有方，中心端主要面向数据使用方。

## 1．边缘端

边缘端部署在数据所有方的机器上，具有数据接入、数据清洗、数据应用和数据溯源等功能。每个接入平台的数据方都部署一个边缘端系统，接收数据使用方从中心端发来的计算指令，负责在数据所有方内进行本地计算，然后把计算结果返回给中心端。

## 2．中心端

中心端由平台统一托管，主要是面向数据使用方。中心端具有数据清洗和数据应用等功能，还集成了平台节点管理和对外部服务功能。中心端的数据清洗和数据应用功能是通过发送指令到边缘端来实现的。

SOLAR 平台除了具有数据应用计算相关的功能，还具有用户注册、用户登录（如图 5-5 所示）、接入平台数据浏览（如图 5-6 所示）、查看认证机构、数据检索等基本功能。

图 5-5　用户登录

| 标题 ⇕ | 数据格式 ⇕ | 数据描述 ⇕ |
| --- | --- | --- |
| 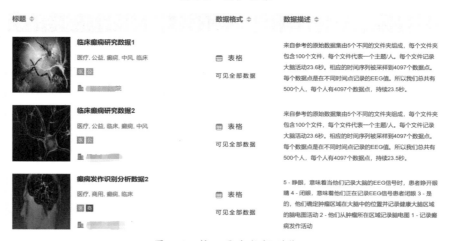 临床癫痫研究数据1<br>医疗, 公益, 癫痫, 中风, 临床 | 表格<br>可见全部数据 | 来自参考的原始数据集由5个不同的文件夹组成，每个文件夹包含100个文件，每个文件代表一个主题/人。每个文件记录大脑活动23.6秒。相应的时间序列被采样到4097个数据点。每个数据点是在不同时间点记录的EEG值。所以我们总共有500个人，每个人有4097个数据点，持续23.5秒。 |
| 临床癫痫研究数据2<br>医疗, 公益, 临床, 癫痫, 中风 | 表格<br>可见全部数据 | 来自参考的原始数据集由5个不同的文件夹组成，每个文件夹包含100个文件，每个文件代表一个主题/人。每个文件记录大脑活动23.6秒。相应的时间序列被采样到4097个数据点。每个数据点是在不同时间点记录的EEG值。所以我们总共有500个人，每个人有4097个数据点，持续23.5秒。 |
| 癫痫发作识别分析数据2<br>医疗, 商用, 癫痫, 临床 | 表格<br>可见全部数据 | 5 - 睁眼，意味着当他们记录大脑的EEG信号时，患者睁开眼睛 4 - 闭眼，意味着他们正在记录EEG信号患者闭眼 3 - 是的，他们确定肿瘤区域在大脑中的位置并记录健康大脑区域的脑电图活动 2 - 他们从肿瘤所在区域记录脑电图 1 - 记录癫痫发作活动 |

图 5-6　接入平台数据浏览

## 5.3.1　SOLAR 平台的功能

SOLAR 平台具备分布式智能、万物互联、边缘架构、联盟治理和数据主权复兴等功能，如图 5-7 所示。

图 5-7　数据共享平台 SOLAR

分布式智能：在数据流通利用过程中普遍存在多方参与、数据分散、数据类型多样等特点，为此 SOLAR 平台需要具备分布式智能特性。

万物互联：数据来源往往是多样的，包含各种设备、传感器、系统等，为此 SOLAR 平台需要具备对接多源数据的能力。

边缘架构：面对爆发增长的数据量，有些数据出于安全和隐私保护要求，不允许原始数据对外服务，为此 SOLAR 平台需要支持边缘架构。

联盟治理：数据流通利用过程中涉及多方主体，数据格式、类型和标准往往不一样，而且需要一定规则和约定来保障流程有效地运行，为此 SOLAR 平台需要支持联盟治理来保障数据质量和流程规范运行。

数据主权复兴：作为要素，数据具有巨大的价值，但与普通商品有区别，数据容易被复制传播，同样一份数据可以瞬间扩散。在多方参与数据共享过程中，数据所有方往往非常关注自己的数据主权，担心数据离开己方管控变为失控状态，自己的权益无法得到保证，为此 SOLAR 平台需要具备数据主权复兴的功能。

## 5.3.2  SOLAR 平台的架构

SOLAR 平台是一个复杂的系统，为了描述平台架构，需要从不同的角度进行阐述。

### 1. "1+N"模式

SOLAR 平台被设计成一个数据可信共享应用的基础框架，可以应用于金融经济、管理决策、行业治理、临床科研、公共卫生、产业发展、惠民服务等行业和领域，可以打造"1+N"模式（1 个 SOLAR 数据共享平台+N 个应用场景），推动"区块链+"应用场景的落地，实现多行业、跨领域的 SOLAR 生态，如图 5-8 所示。

中心端的服务引擎是上层调用的接口，服务引擎主要的服务接口包括：数据服务接口，区块链服务接口，计算服务接口，任务调度服务接口。

基于服务引擎，上层应用只需专注于应用业务逻辑开发，不用关心底层的区块链、联邦学习等实现细节。

### 2. 分布式

SOLAR 平台采用分布式拓扑，如图 5-9 所示，包括多个中心端和边缘端。中心端能够提高系统的可靠性，当一个中心端发生系统故障时，可以使用其他中心端，保障服务不会受影响。多个中心端同时在线时，会选举出一个主中心端，其他的为从中心端，彼此采用心跳方式进行健康监测。

平台可以支撑多个边缘端的接入，每个边缘端部署在数据共享参与方本地。参与方的数据通过边缘端接入平台，但是数据本身并不会离开边缘端。当中心端有计算指令发送到

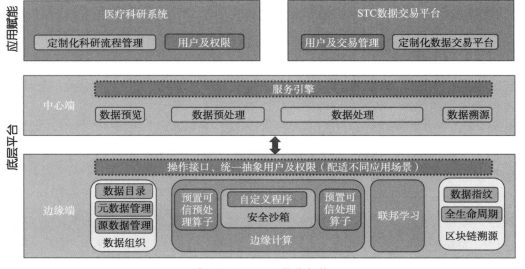

图 5-8　SOLAR 整体架构

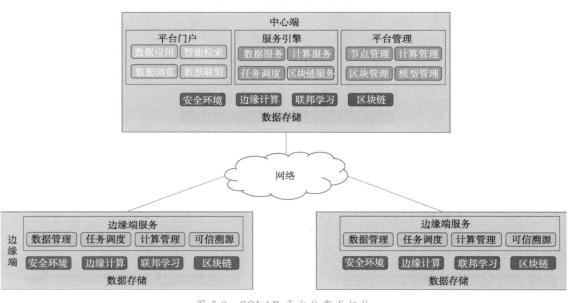

图 5-9　SOLAR 平台分布式拓扑

边缘端时，边缘端会在安全环境中进行计算，只把结果数据返回给中心端，以"数据不动计算动"的方式来保障数据安全。

3．层次

SOLAR 平台分为多层，每层完成不同功能，如图 5-10 所示。底层为基础设施层，包括计算、存储和网络；中间层为平台支撑层，包括安全技术和业务组件，如区块链、联邦学习、安全沙箱等技术打造的平台底座，以及数据组织、数据确权、数据计算、数据上链等内容；顶层为应用领域层，涉及政务、医疗、教育等领域。

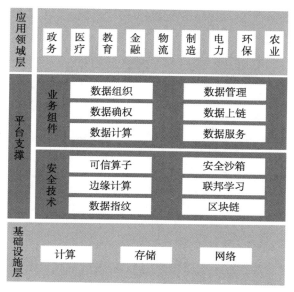

图 5-10　SOLAR 平台的层次

### 5.3.3　SOLAR 平台的技术选型

从不同角度，SOLAR 平台涉及众多技术，开发实施前需要进行技术选型，包含编程语言、技术架构、组件等。技术选型不仅应考虑技术可行性，还要综合考虑实现成本、稳定性、可修改性、可维护性等因素。

#### 1. 多语言

SOLAR 平台的开发采用多种语言编程，因为整个平台涉及的功能和模块众多，不同编程语言有各自优势，因此不限一种。例如，涉及统计分析及机器学习算法的模块采用 Python 语言开发；涉及前端界面时，采用 HTML/CSS、JavaScript 等；在涉及业务系统后端时，采用 Java 语言。

#### 2. 三层 B/C 模式

中心端和边缘端都采用三层 B/C 模式进行实现：表示层，即最上层的人机交互界面，采用浏览器作为客户端，前端框架采用 VUE 实现；业务逻辑层，主要为业务规则的制定、业务流程的实现等后端采集 SpringBoot 框架；数据层，主要负责数据的持久化，采用多种存储方式组合，如关系型 MySQL、文档存储 MongoDB、对象 OSS 等。业务逻辑处于关键位置，平台业务涉及技术和业务流程众多，图 5-11 是一个示例，即平台发起数据计算任务的时序图，整个平台还涉及非常多的这种流程，开发过程经过了反复讨论和实践，在各模块开发及联调过程中也出现过各种棘手问题。工程化实现过程往往需要考虑性能、可实现性、成本等因素，采用相对平衡的方案来达到目的，这与研究性工作有很大区别。

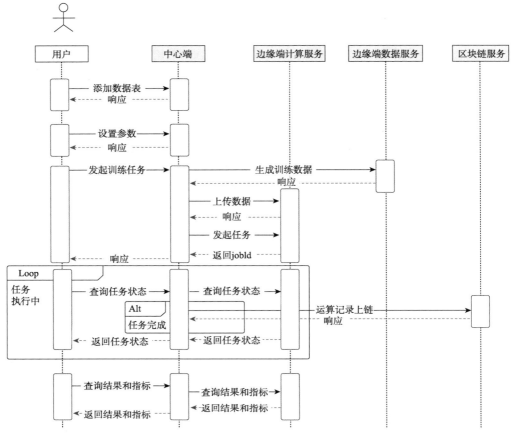

图 5-11  平台发起数据计算任务时序图

### 3. 联邦学习

联邦学习在近几年发展很快，目前已经有很多开源的联邦学习框架，如表 5-2 所示[7]。

SOLAR 平台是一个庞大的工程，从可行性、成本等综合考虑，选取开源成熟的区块链和联邦学习框架可以加快基础能力搭建，避免重复搭建基础能力，把精力集中在 SOLAR 平台整体开发和关键能力建设上。SOLAR 平台采用的联邦学习选用开源的 FATE 框架。

### 4. 区块链

目前有很多开源的区块链框架，主要解决信任问题，如表 5-3 所示[8]。SOLAR 平台同样出于可行性、成本等考虑，区块链采用 Hyperledger Fabric 作为基础联盟链框架。

### 5. 边缘计算

边缘计算采用安全容器 Kata 作为安全计算环境，数据使用时加载到 Kata 容器，计算完成后立即销毁容器，进一步加强平台安全和数据保护。相对传统的 Docker 容器，Kata 创建的不同容器跑在一个个不同的虚拟机上，比起传统 Docker 容器提供了更好的隔离性和安全性，同时继承了容器快速启动和快速部署等优点。

表 5-2　开源联邦学习框架

| 开源联邦学习框架 | 支持方 | 开源联邦学习框架 | 支持方 |
|---|---|---|---|
| PySyft | OpenMined | Privacy Meter | 马萨诸塞大学阿默斯特分校 |
| FATE | 微众银行 | Fedlab | SMILELab |
| MindSpore Federated | 华为 | PFL-Non-IID | 上海交通大学 |
| FedML | FedML | Primihub | primihub |
| TFF(Tensorflow-Federated) | Google | NVFlare | NVIDIA |
| Flower | flower.dev adap | NIID-Bench | Xtra Computing Group |
| SecretFlow | Ant group | FedScale | SymbioticLab(U-M) |
| Fedlearner | Bytedance | easyFL | 厦门大学 |
| FederatedScope | 阿里巴巴达摩研究院 | Backdoors 101 | Cornell Tech |
| LEAF | 卡内基梅隆大学 | FedNLP | FedML |
| Rosetta | matrixelements | FedJAX | Google |
| PaddleFL | 百度 | Xaynet | XayNet |
| OpenFL | Intel | plato | UofT |
| IBM Federated Learning | IBM | SyferText | OpenMined |
| KubeFATE | 微众银行 | Galaxy Federated Learning | 浙江大学 |

表 5-3　开源区块链项目

| 项目名 | 简　介 |
|---|---|
| Hyperledger Fabric | 由 Linux 基金会发起创建的开源区块链分布式账本，一个提供分布式账本解决方案的平台，适用于不同的场合，采用模块化架构提供可切换和可扩展组件，包括共识算法、加密安全、数字资产、智能合约和身份鉴权等服务 |
| XuperChain | 百度底层区块链技术架构，一种底层区块链技术，是超级链体系的第一个开源项目，是构建超级联盟网络的底层方案。XuperChain 在设计上采用了模块化插件化的设计，具有高性能、安全、高可扩展、多语言开发智能合约和灵活等特点 |
| Bletchley | 微软开源区块链平台项目，构建企业财团区块链生态系统所用的体系结构，而非一套全新的区块链堆栈。微软希望借此将分布式分类账（区块链）平台纳入企业环境，在确保平台开放性的同时构建能解决实际业务问题的方案 |
| Libra | Facebook 希望通过 Libra 网络向用户提供金融服务。Libra 钱包是 Calibra 的首个产品，会通过 Messenger、WhatsApp 等提供给用户 |

## 5.3.4　SOLAR 平台的远程调用

SOLAR 平台是一个多边缘端多中心端的系统，每个节点都是独立运行的子系统。各节点之间采用远程调用的方式进行交互。SOLAR 平台涉及很多的远程调用，下面列举一些。

### 1．边缘端节点注册

远程调用名为 SaveEdgeOrg，服务提供方为中心端，服务调用方为边缘端。该远程调用的作用是：边缘端节点在注册或修改信息时，同步将信息提交到中心端。

### 2．边缘端节点退出

远程调用名为 DeleteEdgeOrg，服务提供方为中心端，服务调用方为边缘端。该远程调用的作用是：边缘端节点在退出数据共享平台时，告知中心端。

### 3．接入边缘端元数据

远程调用名为 SaveEdgeDataMeta，服务提供方为中心端，服务调用方为边缘端。该远程调用的作用是：边缘端在发布数据或修改已发布数据的元数据时调用该接口，把信息同步到中心端。

### 4．发起远程计算任务

远程调用名为 StartComputingJob，服务提供方为边缘端，服务调用方为中心端。该远程调用的作用是：中心端向边缘端发起数据计算任务。

### 5．计算完成通知

远程调用名为 ComputingJobCallBack，服务提供方为中心端，服务调用方为边缘端。该远程调用的作用是：计算任务完成后，边缘端通知任务发起方，可以读取计算结果。

### 6．数据溯源

远程调用名 DataTraceability，任何一个节点（中心端和边缘端）都可以提供这个服务，其作用是：从区块链上查询数据的操作记录。

## 5.3.5　中心端功能设计

中心端提供数据清洗、数据应用等功能，还承担了平台的管理功能，如边缘端的注册加入、状态监测等，同时承担对外服务的功能，包括平台门户、数据共享应用服务引擎等。

### 1．数据清洗

中心端和边缘端都提供丰富的清洗功能，但是中心端发送清洗指令到边缘端进行数据清洗，支持不同方式的数据清洗，如预定义算子、SQL 语句和自定义程序等。

① 预定义算子：通过图形化或拖曳形式制定数据治理流程，任务实际在边缘端运行。图 5-12 为简单数值计算器的数据处理方式。

② SQL 语句：通过 SQL 语句方式进行数据清洗，任务实际在边缘端运行。

③ 自定义程序：通过上传自定义程序，在安全沙箱中完成数据治理，任务实际在边缘端运行。

### 2．数据应用

中心端的数据应用也是通过发送指令到边缘端来完成数据计算的，任务实际在边缘端运行，支持不同数据应用方式，如预置算子、SQL 语句、联邦学习和自定义程序等。

图 5-12　简单数值计算器的数据处理方式

① 预置算子：在中心端通过可视化方式配置数据统计分析任务（在线 SPSS），任务实际在边缘端运行并把结果返回给中心端。

② SQL 语句：通过编写 SQL 语句进行数据统计分析。

③ 联邦学习：多个机构在数据不出本机构前提下，进行使用数据联合建模，平台提供图形化界面，如图 5-13～图 5-16 所示。

④ 自定义程序：通过自定义数据处理程序，程序在边缘端的安全沙箱运行，并把结果返回给中心端。

**3. 数据溯源**

中心端部署有区块链节点，基于区块链的数据溯源把所有数据操作都上链，如数据上传、数据查询、数据计算等，形成不可抵赖的溯源凭据，打造可信的数据全生命周期溯源。

**4. 平台管理**

中心端平台管理功能主要是对平台进行管理和维护，包括边缘端注册和接入、节点状态监控、任务调度、流量控制等功能。

图 5-13　联邦学习任务管理界面

图 5-14 联邦逻辑回归参数设置界面

图 5-15 联邦逻辑任务状态查看界面

图 5-16 联邦逻辑回归结果查看界面

## 5. 对外服务

SOLAR 平台对外服务功能提供包含平台门户、数据共享应用服务引擎等，其中应用服务引擎是指平台对外提供的 API 接口，是可以被其他系统调用的接口。基于应用服务引擎可以在上层构建不同的应用，如数据交易平台、医疗科研平台。图 5-17 为 SOLAR 平台门户首页，包括数据市场、数据资产、联邦学习和系统管理四个功能模块。

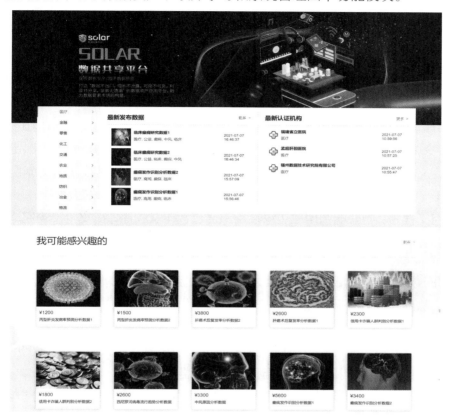

图 5-17　SOLAR 平台门户首页

## 5.3.6　边缘端功能设计

边缘端部署在接入数据平台的联盟成员本机上，提供边缘端数据接入、数据清洗、边缘端服务器资源管理等功能，图 5-18 为边缘端计算资源统计查看界面。

图 5-18　边缘端计算资源统计查看界面

### 1. 数据接入

边缘端数据接入支持不同数据接入方式，如数据库、本地文件、设备数据接入等，并且数据接入交互方式友好。

以关系型数据库和本地文件接入为例，对于关系数据库的接入，边缘端用户只需配置数据源，系统自动获取数据库表和数据描述；对于本地文件，边缘端用户只需配置本地数据目录，系统自动获取数据目录及文件信息。

### 2. 数据清洗

边缘端具有丰富的数据清洗功能，不仅可以由数据所有方调用，也可以由中心端发送数据清洗指令调用，支持不同方式的数据清洗，如预定义算子、SQL 语句和自定义程序等。

① 预定义算子：中心端调用或边缘端用户通过拖曳方式制定数据清洗流程。

② SQL 语句：中心端或边缘端用户通过调用 SQL 语句进行数据清洗。

③ 自定义程序：中心端调用或边缘端用户通过自定义程序，在安全沙箱完成数据治理。

### 3. 数据应用

边缘端的数据在本地调用数据应用进行计算完后，只把计算结果返回给调用者（通常是中心端）。边缘端支持不同数据应用方式，如预置算子、SQL 语句、联邦学习和自定义程序等。

① 预置算子：中心端调用或边缘端用户通过可视化方式配置数据统计分析任务（在线SPSS），如果是中心端调用，就把结果返回给中心端。

② SQL 语句：中心端或边缘端用户通过调用 SQL 语句进行数据统计分析。

③ 联邦学习：多个机构在数据不出本机构前提下，使用数据进行联合建模。

④ 自定义程序：用户编写自定义数据处理程序，程序在边缘端的安全沙箱中运行。

### 4. 数据溯源

边缘端部署有区块链节点，数据溯源是基于区块链的溯源，具有可信和不可抵赖特点。边缘端会给每个数据设置唯一的资产 ID 和数据指纹，同时每次数据操作（包含数据上传、数据查询、数据计算等）都会上链，形成不可抵赖的溯源凭据，打造可信的数据全生命周期溯源。图 5-19 为边缘端查看数据计算记录，图 5-20 为边缘端查看上链相关信息。

图 5-19　边缘端查看数据计算记录

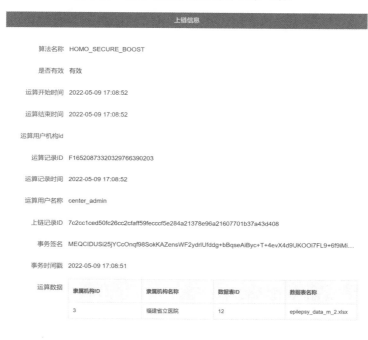

| 运算记录流水号 ⇅ | 申请运算机构名称 ⇅ | 算法名称 | 运算目的 | 运算开始时间 ⇅ | 耗时 ⇅ | 操作 |
|---|---|---|---|---|---|---|
| F165208733203297107173305 | 福州数据技术研究院有限公司 | 决策树 | 预测 | 2022-05-09 17:08:52 | <1s | 查看上链信息 |
| F165208733134993415812297 | 福州数据技术研究院有限公司 | 决策树 | 检验 | 2022-05-09 17:08:51 | <1s | 查看上链信息 |
| F165208727601692467411085 | 福州数据技术研究院有限公司 | 决策树 | 预测 | 2022-05-09 17:07:56 | <1s | 查看上链信息 |
| F165208726976291019243833 | 福州数据技术研究院有限公司 | 决策树 | 检验 | 2022-05-09 17:07:50 | <1s | 查看上链信息 |
| F162512241417292244914855 | 福州数据技术研究院有限公司 | 决策树 | 计算 | 2022-05-09 17:01:28 | 6m 2s | 查看上链信息 |
| F163135252336198150230110 | 福州数据技术研究院有限公司 | 逻辑回归 | 计算 | 2021-10-22 15:51:20 | 2m 21s | 查看上链信息 |

共 6 条 ‹ **1** ›

图 5-19    边缘端查看数据计算记录（续）

**上链信息**

算法名称    HOMO_SECURE_BOOST

是否有效    有效

运算开始时间    2022-05-09 17:08:52

运算结束时间    2022-05-09 17:08:52

运算用户机构id

运算记录ID    F165208733203297663390203

运算记录时间    2022-05-09 17:08:52

运算用户名称    center_admin

上链记录ID    7c2cc1ced50fc26cc2cfaff59fecccf5e284a21378e96a21607701b37a43d408

事务签名    MEQCIDUSi25jYCcOnqf98SokKAZensWF2ydrlUfddg+bBqseAiByc+T+4evX4d9UKOOi7FL9+6f9iMi...

事务时间戳    2022-05-09 17:08:51

运算数据

| 隶属机构ID | 隶属机构名称 | 数据表ID | 数据表名称 |
|---|---|---|---|
| 3 | 福建省立医院 | 12 | epilepsy_data_m_2.xlsx |

确认

图 5-20    边缘端查看上链相关信息

# 5.4    数据共享应用系统开发

SOLAR 平台是集成区块链、联邦学习、安全沙箱等多种技术为一体的数据共享应用平台，涉及多个子系统，包括图形化隐私计算子系统、区块链智能管理子系统等。SOLAR 平台采用模型化设计和封装，使得整个庞大平台组织得规范有序，可以很好地解耦各功能，同时方便实际开发的任务安排。SOLAR 平台包括边缘计算模块、联邦学习模块、区块链智能管理模块和业务逻辑管理 4 个模块，如图 5-21 所示。

① 区块链智能管理模块：负责封装区块链相关能力，向上层提供数据上链、数据溯源等。

② 联邦学习模块：负责封装联邦学习能力，向上层提供联邦学习任务启动、结果管理等。

图 5-21 SOLAR 主要模块及关系

③ 边缘计算模块：负责封装预置本地算子、提供安全可信计算环境、负责本地数据加密等，向上层提供边缘计算相关接口。

④ 业务逻辑管理模块：负责 SOLAR 平台业务逻辑，包含边缘端节点管理、任务管理等业务逻辑，整合和调用边缘计算、联邦学习和区块链模块配合完成相关任务。

## 5.4.1 区块链智能管理模块

区块链智能管理模块具有区块链初始化、数据上链、数据查询、数据溯源等功能。

### 1. 区块链初始化

区块链底层采用 Fabric 框架，因此在项目启动的时候执行 initialize 方法，为程序连接 Fabric 网络进行初始化准备，功能如下。

① 读取配置文件，获取将要连接的 Fabric 区块链网络中 peer 节点和 Order 节点的 grpc 端口地址、tls 证书、MspId、组织的管理员证书和密钥、CA 节点的地址。

② 在本地文件系统创建一个钱包，导入管理员证书和密钥，建立一个新的 X.509 身份，将身份通过描述性标签 admin 加入钱包。

③ 启动一个连接池，用于后续的上链和查询。

```
@PostConstruct
private void initialize() throws FabricException, CertificateException {
    logger.debug("Initialize Fabric Context with properties: {}", properties);
    ValidateUtil.validate(properties);

    try (InputStream configFile = properties.getNetworkContents();) {
        networkConfig = NetworkConfig.fromYamlStream(configFile);
    }
    catch (Exception e) {
        throw new FabricException("Network config can not be loaded.", e);
    }

    FabricGatewayProperties gatewayProps = properties.getGateway();
    FabricWalletProperties walletProps = gatewayProps.getWallet();
    String identityName = walletProps.getIdentity();

    if (!StringUtils.isNotBlank(identityName)) {
        identityName = "admin";
```

```
        logger.debug("Initialize Fabric Context: missing identity for wallet, and using default value: admin");
}
// 生成钱包 wallet
wallet = createWallet(walletProps);
OrgInfo client = networkConfig.getClientOrganization();
if (client != null) {
// 获取 peer 节点的相关配置信息
    UserInfo peerAdmin = client.getPeerAdmin();
    if (peerAdmin != null) {
        Enrollment enrollment = peerAdmin.getEnrollment();
        if (enrollment != null) {
            X509Identity admin = Identities.newX509Identity(peerAdmin.getMspId(), enrollment);
            try {
                wallet.put(identityName, admin);
            }
            catch (IOException e) {
                if (walletStore instanceof InMemoryWalletStore) {
                    throw new FabricException("Initialize InMemoryWallet failed", e);
                }
                else {
                    throw new FabricException("Initialize FileSystemWallet failed", e);
                }
            }
            logger.debug("Initialize Wallet " + identityName);
        }
    }
}
try {
    if (wallet.get(identityName) == null) {
        throw new FabricException("Initialize Wallet failed, there's no identity = '" +
                identityName + "' exists in wallet directory: " + walletProps.getFile());
    }
} catch (IOException e1) {
    throw new FabricException("Initialize Wallet failed, there's no identity = '" +
                identityName + "' exists in wallet directory: " + walletProps.getFile());
}


logger.debug("Initialize Gateway... ");
// 启动 fabric 的连接池
try (InputStream configFile = properties.getNetworkContents();) {
    Gateway.Builder builder = Gateway.createBuilder()
            .identity(wallet, identityName)
            .networkConfig(configFile)
            .commitTimeout(gatewayProps.getCommitTimeout(), TimeUnit.SECONDS)
            .discovery(gatewayProps.isDiscovery());
    logger.debug("Connect gateway... ");
    gateway = builder.connect();
}
catch (IOException e) {
```

```
        throw new FabricException("Initialize Gateway failed", e);
    }
    logger.debug("Initialize Network... ");
    String channel = properties.getChannel();
    network = gateway.getNetwork(channel);
}
```

### 2. 数据上链

数据上链功能是通过数据上链的接口层代码，以 JSON 格式接收 SOLAR 平台需要上链的相关数据，从钱包中获取当前用户账号的密钥和证书，生成 X.509 证书格式的加密数据，与接收的上链相关数据组装为一个上链参数的数组，指定上链的通道，调用 execute 方法来完成。

```
public PreCurrencyVO createCurrency(CreatCurrency creatCurrency ) {
    log.info("Create blockchain currency");
    PreCurrencyVO result = new PreCurrencyVO();
    FabricResponse fabricResponse = null;
    // 检验参数是否为 JSON 格式
    boolean isjson = Utils.isJSON(creatCurrency.getCustomJSON());
    if (isjson==false){
        Asserts.fail(ResultCode.BAD_REQUEST, "JSON 格式错误");
    }
    String currencyId = UUID.randomUUID().toString();
    try {
        User currentUser = userService.getCurrentUser();
        UserOperator operator = operatorMapper.selectByUserID(currentUser.getId());
        // 组装上链参数
        List<String> args = new LinkedList<String>();
        args.add(currencyId);
        args.add(creatCurrency.getCustomJSON());
        args.add(creatCurrency.getTableName());
        // 从钱包获取管理员账号的秘钥，生成 X.509 证书格式的加密数据
        X509Identity admin = (X509Identity) fabricContext.wallet.get(
                                fabricProperties.getGateway().getWallet().getIdentity());
        // 调用上链函数
        FabricRequest fabricRequest = new FabricRequest(admin, CcFunc.CreateCustom,
                            creatCurrency.getChannelId(),args.toArray(new String[0]));
        fabricResponse = fabricBaseService.execute(fabricRequest);
        if (!fabricResponse.isOk()) {
            log.error("Invoke {} error: {}", CcFunc.CreateCustom, fabricResponse.errorMsg);
            Asserts.fail(ResultCode.CHAINCODE_ERROR, fabricResponse.errorMsg);
        }
        log.info("Successfully invoke {}, txid = {}", CcFunc.CreateCustom, fabricResponse.getTransactionId());

        result.setCurrencyID(currencyId);
        result.setTxID(fabricResponse.getTransactionId());
    }
```

```
  catch (IOException e) {
      log.error("Create blockchain currency error: {}", e.getLocalizedMessage());
      Asserts.fail(ResultCode.PRE_ERROR, e.getLocalizedMessage());
  }
  return result;
}
```

execute 方法的作用为，接收上层传入的上链数据等相关参数，获取配置文件的相关信息，组装后，请求 Fabric 网络的链码进行数据上链。

```
public FabricResponse execute(FabricRequest request) {
    if (request == null) {
        return FabricResponse.fail("Request can not be null");
    }
    else {
        if (request.chaincodeName == null) {
            request.chaincodeName = this.properties.getChaincode().getName();
        }
        return this.executeV2(request);
    }
}
```

executeV2 是完整的 request 处理接口，支持对合约进行切换，如果一个通道有多个合约，或者不同通道合约名不同，就可以通过 executeV2 进行切换。

```
public FabricResponse executeV2(@NotNull FabricRequest request) {
    try {
        FabricContract contract = getContract(request.channelName, request.chaincodeName)
        String result = contract.executeTransaction(request.function, request.arguments);
        return FabricResponse.ok().setTransactionId(result);
    }
    catch (Exception e) {
        return FabricResponse.fail(e.getMessage());
    }
}
```

## 3. 数据查询

数据查询功能通过链上数据查询的接口层代码，接收 SOLAR 平台传入的相关参数，通过条件判断后组装一个富查询语句，从钱包中获取管理员权限账号的密钥和证书，生成 X.509 证书格式的加密数据，与富查询语句组装为一个上链参数的数组整体，调用下一层的 query 方法进行数据查询。

```
public CurrencyPaginatedQueryResultVO queryRich(QueryRichParam queryRichParam){
    Template template = templateMapper.selectByPrimaryKey(queryRichParam.getId());
    String tableName = template.getTemplateName();
    Ledger ledger = ledgerMapper.selectByPrimaryKey(template.getUid().intValue());
    String channelId = ledger.getChannelName();

    // 组装富查询语句
```

```java
String queryCommand = null;
if (CollectionUtils.isEmpty(queryRichParam.getSearchConditions())){
    queryCommand = "{\"selector\":{\"tableName\":\""+ tableName +"\"}}";
}
else {
    StringBuilder sb = new StringBuilder();
    sb.append("{\"selector\":{\"$and\":[");
    sb.append("{\"tableName\":\"");
    sb.append(tableName);
    sb.append("\"},");

    for (SearchConditions searchConditions : queryRichParam.getSearchConditions()) {
        String symbol = new String();
        switch (searchConditions.getOperationSymbol()) {
            case "<":     symbol = "$lt";
                          break;
            case "<=":    symbol = "$lte";
                          break;
            case "==":    symbol = "$eq";
                          break;
            case "!=":    symbol = "$ne";
                          break;
            case ">":     symbol = "$gt";
                          break;
            case ">=":    symbol = "$gte";
                          break;
            default:      log.error("operationSymbol not included");
                          Asserts.fail(ResultCode.FAILED, "operationSymbol not included");
                          break;
        }
        sb.append("{\"");
        sb.append(searchConditions.getField());
        sb.append("\":{\"");
        sb.append(symbol);
        sb.append("\":");

        if ("number".equals(searchConditions.getValueType())) {
            sb.append(searchConditions.getEnterValue());
        }
        else {
            sb.append("\"");
            sb.append(searchConditions.getEnterValue());
            sb.append("\"");
        }
        sb.append("}},");
    }
    sb.deleteCharAt(sb.length() - 1);
    sb.append("]}}");
    queryCommand = sb.toString();
```

```
}
    System.out.println(queryCommand);

    CurrencyPaginatedQueryResult currencyPaginatedQueryResult = new CurrencyPaginatedQueryResult();
    CurrencyPaginatedQueryResultVO currencyPaginatedQueryResultVO = new CurrencyPaginatedQueryResultVO();

    FabricQueryResponse<String> fabricQueryResponse = null;
    try {
        // 组装完整的上链参数
        List<String> args = new LinkedList<String>();
        args.add(queryCommand);
        args.add(String.valueOf(queryRichParam.getPageSize()));
        args.add(queryRichParam.getBookmark());

        X509Identity admin = (X509Identity) fabricContext.wallet.get(fabricProperties.
                                                getGateway().getWallet().getIdentity());
        // 链上数据查询
        FabricQueryRequest<String> fabricQueryRequest = new FabricQueryRequest<>
                            (String.class, admin, CcFunc.QueryCustomByQueryStringWithPagination,
                             channelId, args.toArray(new String[0]));
        fabricQueryResponse = fabricBaseService.query(fabricQueryRequest);
        if (!fabricQueryResponse.isOk()) {
            log.error("Invoke {} error: {}", CcFunc.QueryCustomByQueryStringWithPagination,
                                                        fabricQueryResponse.errorMsg);
                return currencyPaginatedQueryResultVO;
        }
        log.info("Successfully invoke {}", CcFunc.QueryCustomByQueryStringWithPagination);
    }
    catch (IOException e) {
        log.error("Query currency with pagination error: {}", e.getLocalizedMessage());
        Asserts.fail(ResultCode.PRE_ERROR, e.getLocalizedMessage());
    }
    // 格式化查询到的上链数据
    currencyPaginatedQueryResult = gson.fromJson(fabricQueryResponse.data, CurrencyPaginatedQueryResult.class);
    String cont = "[" +
        currencyPaginatedQueryResult.getRecords().stream().collect(Collectors.joining(",")) + "]";
    List<JSONObject> arr = JSON.parseArray(cont, JSONObject.class);
    currencyPaginatedQueryResultVO.setRecords(arr);
    currencyPaginatedQueryResultVO.setFetchedRecordsCount(currencyPaginatedQueryResult.getFetchedRecordsCount());
    currencyPaginatedQueryResultVO.setBookmark(currencyPaginatedQueryResult.getBookmark());

    // 获取主键
    List<TemPlateNode> temPlateNodes = JSON.parseArray(template.getTemplateNode(), TemPlateNode.class);
    for (TemPlateNode temPlateNode:temPlateNodes){
        if (temPlateNode.isPrimary()){
            currencyPaginatedQueryResultVO.setKeyword(temPlateNode.getKey());
        }
    }
}
```

```
    return currencyPaginatedQueryResultVO;
}
```

query 方法的作用为，接收上层传入的上链数据等相关参数，获取配置文件的相关信息，组装后，请求 Fabric 网络的链码进行链上数据查询。

```
public <T> FabricQueryResponse<T> query(FabricQueryRequest<T> queryRequest) {
    if (queryRequest == null) {
        return FabricQueryResponse.failure("Query request can not be null.");
    }
    else {
        try {
            queryRequest.checkValidate();
            FabricContract contract = this.getContract(queryRequest.channelName);
            byte[] payload = contract.evaluateTransaction(queryRequest.function, queryRequest.arguments);
            return FabricQueryResponse.create(payload, queryRequest.type);
        }
        catch (Exception var4) {
            return FabricQueryResponse.failure(var4.getMessage());
        }
    }
}
```

getContract 方法用于获取指定通道下的合约相关配置参数。

```
private FabricContract getContract(String channelName, String contractId) {
    String temp = channelName + ":" + contractId;
    FabricContract contract = contracts.get(temp);
    if (contract == null) {
        contract = new FabricContract((ContractImpl) network.getContract(contractId));
        contracts.put(temp, contract);
    }
    FabricGatewayProperties gatewayProps = properties.getGateway();
    if (gatewayProps != null) {                       // 设置程序连接 fabric 网络 order 节点的延时请求
        contract.setOrdererTimeout(gatewayProps.getOrdererTimeout());
        contract.setProposalTimeout(gatewayProps.getProposalTimeout());
    }
    return contract;
}
```

### 4．数据溯源

数据溯源功能是通过接口层的代码，接收 SOLAR 平台传入的参数，获取需要进行溯源的主键参数，用主键参数组装一个富查询语句；从钱包中获取管理员权限账号的密钥和证书，生成 X.509 证书格式的加密数据，与富查询语句组装为一个上链参数的数组整体，调用下一层的 query 方法进行数据溯源查询。

```
public CurrencyPaginatedQueryResultVO queryTraceabilityWithPagination(Long id, String queryString,
                                                          int pageSize, String bookmark) {
    log.info("Query Traceability with pagination");
    Template template = templateMapper.selectByPrimaryKey(id);
```

```
String tableName = template.getTemplateName();

Ledger ledger = ledgerMapper.selectByPrimaryKey(template.getUid().intValue());
String channelId = ledger.getChannelName();

FabricQueryResponse<String> fabricQueryResponse = null;
try {
    // 组装完整的上链参数
    List<String> args = new LinkedList<>();
    String queryCommand = "{\"selector\":{\"tableName\":\""+tableName+"\"," + queryString + "}}";
    System.out.println(queryCommand);
    args.add(queryCommand);
    args.add(String.valueOf(pageSize));
    args.add(bookmark);

    X509Identity admin = (X509Identity)
            fabricContext.wallet.get(fabricProperties.getGateway().getWallet().getIdentity());
    // 链上数据查询
    FabricQueryRequest<String> fabricQueryRequest = new FabricQueryRequest<>(String.class, admin,
        CcFunc.QueryCustomByQueryStringWithPagination, channelId, args.toArray(new String[0]));
    fabricQueryResponse = fabricBaseService.query(fabricQueryRequest);
    if (!fabricQueryResponse.isOk()) {
        log.error("Invoke {} error: {}", CcFunc.QueryCustomByQueryStringWithPagination,
                                                        fabricQueryResponse.errorMsg);
        Asserts.fail(ResultCode.CHAINCODE_ERROR, fabricQueryResponse.errorMsg);
    }
    log.info("Successfully invoke {}", CcFunc.QueryCustomByQueryStringWithPagination);
}
catch (IOException e) {
    log.error("Query currency with pagination error: {}", e.getLocalizedMessage());
    Asserts.fail(ResultCode.PRE_ERROR, e.getLocalizedMessage());
}
CurrencyPaginatedQueryResult currencyPaginatedQueryResult =
                gson.fromJson(fabricQueryResponse.data, CurrencyPaginatedQueryResult.class);

String cont = "[" +
    currencyPaginatedQueryResult.getRecords().stream().collect(Collectors.joining(",")) + "]";
List<JSONObject> arr = JSON.parseArray(cont, JSONObject.class);

CurrencyPaginatedQueryResultVO currencyPaginatedQueryResultVO = new CurrencyPaginatedQueryResultVO();
currencyPaginatedQueryResultVO.setRecords(arr);
currencyPaginatedQueryResultVO.setFetchedRecordsCount(currencyPaginatedQueryResult.getFetchedRecordsCount());
currencyPaginatedQueryResultVO.setBookmark(currencyPaginatedQueryResult.getBookmark());
return currencyPaginatedQueryResultVO;
}
```

## 5.4.2　联邦学习模块

联邦学习模块具有联邦学习任务启动、结果获取等功能。发起联邦学习运算任务大致分为两个过程，一是收到用户指令进行联邦学习任务准备，二是正式启动运算任务。

## 1．任务准备

任务准备是指从数据库中查询出模型训练使用到的数据和参数等信息，并封装成 FederalTask 任务对象，再提交到线程池中执行，主要执行以下操作。

（1）预处理

向 FATE 发起运算任务前的准备工作，主要是数据准备，让训练数据所在的边缘生成 CSV 文件并上传到 FATE。

（2）权限申请

向参与训练的数据所属边缘端机构申请运算，会生成资源申请的任务消息。边缘端管理员看到此消息后执行审核操作。如果所有机构审核通过，就正式向 FATE 发起计算请求。

```java
/** 提交任务，并异步执行任务
 * @param task
 * @throws Exception
**/
public void submit(FederalTask task) throws Exception {
    // 将任务添加到队列中
    taskMap.put(task.getCalculationAlgorithm().getId(), task);
    Authentication authentication = SecurityContextHolder.getContext().getAuthentication();
    // 异步执行运算任务
    TASK_POOL.submit(() -> {
        SecurityContextHolder.getContext().setAuthentication(authentication);
        try {
            // 任务准备
            prepare(task);
            // 向数据所属机构申请运算
            taskMessageService.createTaskMessage(task.getCalculationAlgorithm().getId(), 0,
                                                 task.getModelId(), task.getTrainDatas());
            // 运算更新为审核中
            UpdateTrainFederalParameter updateTrainFederalParameter = new UpdateTrainFederalParameter();
            updateTrainFederalParameter.setModelId(task.getModelId());
            updateTrainFederalParameter.setState(CalculationState.AUDITING.state());
            calculationService.updateOneTrainCalculationByModelId(updateTrainFederalParameter);
            CalculationAlgorithm calculationAlgorithm = task.getCalculationAlgorithm();
            calculationAlgorithm.setState(CalculationState.AUDITING.state());
        }
        catch (Exception e) {
            // 更新运算记录任务状态为失败
            UpdateTrainFederalParameter updateTrainFederalParameter = new UpdateTrainFederalParameter();
            updateTrainFederalParameter.setModelId(task.getModelId());
            updateTrainFederalParameter.setState(CalculationState.FAILED.state());
            updateTrainFederalParameter.setType(CalculationType.FEDERAL_MODEL_TRAIN.getType());
            calculationService.updateOneTrainCalculationByModelId(updateTrainFederalParameter);
            CalculationAlgorithm calculationAlgorithm = task.getCalculationAlgorithm();
            calculationAlgorithm.setState(CalculationState.FAILED.state());
            task.setException(e);
```

```
                task.setTaskStatus(CalculationState.FAILED.state());
                LOGGER.error("submit task error:[" + task.getModelId() + "]", e);
                throw e;
            }
        });
}
/** 任务准备
 * @param task
**/
public void prepare(FederalTask task) {
    List<DataAlgorithm> dataList = task.getTrainDatas();
    if (dataList == null) {
        throw new BizBadRequestException("请先添加数据表！");
    }
    ParameterModel parameter = task.getModelParameter();
    if (parameter == null) {
        throw new BizBadRequestException("请先设置参数！");
    }
    // 处理数据
    List<String> selectedColumnNameList = getSelectedColumnList(parameter.getvDependent(),
                                                parameter.getvIndependent());
    if (!CollectionUtils.isEmpty(selectedColumnNameList)) {
        // 异步数据处理服务：让需要用到的节点把数据筛选出的指定字段生成 CSV 文件，并上传文件到 Fate
        federalDataHandleService.dataHandle(dataList, selectedColumnNameList);
    }
}
```

federalDataHandleService.dataHandle 异步数据处理方法代码如下，主要执行操作为：① 挑选每张表参与训练的字段列表；② 在边缘端生成 CSV 文件副本，并上传文件到 FATE 服务。

```
/** 异步数据处理服务：让需要用到的节点把数据筛选出的指定字段生成 CSV 文件，并上传文件到 fate
 * @param dataList          要处理的数据列表
 * @param selectedColumnNameList 模型参数中被选择的字段列表，即需要上传给联邦学习服务的字段，第一个
 * 为因变量，后面都是自变量
**/
public void dataHandle(List<DataAlgorithm> dataList, List<String> selectedColumnNameList) {
    // 获取每张表所有的字段
    // 转成map: k- > dataId_source, v -> 字段列表
    // 根据已选中的字段过滤出每张表要上传的字段
    List<DataColumnInformation> dataColumnList = getDataColumnInfos(dataList);
    Map<String, List<String>> dataColumnNameList = dataColumnList
        .stream()
        .collect(Collectors.toMap(
            data -> data.getId() + "_" + data.getSource(),
            data -> data.getColumns()
            .stream().map(TableColumnView::getName)
            .filter(columnName -> selectedColumnNameList.contains(columnName)).collect(Collectors.toList())));
    Map<String, Map<String, String>> dataColumnNameTranfList = new HashMap<>();
```

```java
// 解决 fate 框架不支持中文问题，第一个是 y，后面的列名转成 xn 的方式
String vdependenceName = selectedColumnNameList.get(0);
dataColumnNameList.forEach((k, v) -> {
    Map<String, String> tranfMapper = new HashMap();
    tranfMapper.put(vdependenceName, "y");
    int index = 0;
    for (String columnName : selectedColumnNameList) {
        if (!vdependenceName.equals(columnName) && v.contains(columnName)) {
            tranfMapper.put(columnName, "x" + (index++));
        }
    }
    dataColumnNameTranfList.put(k, tranfMapper);
});
// 遍历每份训练数据，在边缘端生成 CSV 文件，并上传文件到 FATE
for (DataAlgorithm data : dataList) {
    // 先设置为未处理状态，等文件重新生成完成，再更新为已处理状态
    UpdateDataAlgParameter undoStatusUpdateParameter = new UpdateDataAlgParameter();
    undoStatusUpdateParameter.setId(data.getId());
    undoStatusUpdateParameter.setState(DataModelState.NO_HANDLE.state());
    updateDataOfModel(undoStatusUpdateParameter);
    data.setState(DataModelState.NO_HANDLE.state());
    try {
        // 对于每份添加的数据表，按照所取的字段交集进行副本生成
        String dataPath = dataService.prepareOneData(data.getSource(), data.getDataId(),
                    dataColumnNameList.get(data.getDataId() + "_" + data.getSource()),
                dataColumnNameTranfList.get(data.getDataId() + "_" + data.getSource()));
        UpdateDataAlgParameter dataUpdateParameter = new UpdateDataAlgParameter();
        dataUpdateParameter.setId(data.getId());
        dataUpdateParameter.setDataCsvPath(dataPath);
        // 上传文件到 FATE，并返回 jobId
        data.setDataCsvPath(dataPath);
        String jobId = projectFederalService.uploadSingleFileToNode(data);
        if (StringUtils.isNotBlank(jobId)) {
            dataUpdateParameter.setUploadJobId(jobId);
            dataUpdateParameter.setState(DataModelState.UPLOADED.state());
            data.setState(DataModelState.UPLOADED.state());
            data.setUploadJobId(jobId);
        }
        else {
            dataUpdateParameter.setState(DataModelState.HANDLED.state());
            data.setState(DataModelState.HANDLED.state());
            data.setUploadJobId(jobId);
        }
        updateDataOfModel(dataUpdateParameter);
    }
    catch (Exception e) {
        LOGGER.error("Handle the data list of model error, the cause:{}", e.getMessage());
        throw new InternalException("数据处理失败");
    }
}
```

```
    }
}
```

## 2. 启动运算任务

所有训练数据的边缘段机构授权通过后，开始正式向 FATE 请求计算任务，主要执行以下操作：① 检查训练数据是否已经成功上传到 FATE，数据必须全部上传成功；② 根据运算任务类型，将参数封装成不同的数据结构，正式向 FATE 发起运算请求。

```
/** 执行运算任务
 * @param modelId
 * @param dataList
 * @param parameterModel
 * @return
**/
public Long doStartOneHomoCalculationTrain(Long modelId, List<DataAlgorithm> dataList,
                    ParameterModel parameterModel, CalculationAlgorithm calculationAlgorithm) {
    boolean uploadToFateSuccess = true;
    for (DataAlgorithm data : dataList) {
        int state = data.getState();
        if (state != DataModelState.UPLOADED.state()) {
            uploadToFateSuccess = false;
            break;
        }
    }
    // 判断数据是否已经上传到 FATE，重试 10 次，初始间隔 100 秒，1.5 倍递增
    List<DataAlgorithm> finalDataList = dataList;
    uploadToFateSuccess = uploadToFateSuccess ? retryTemplate.execute(context ->
                        checkFateUploadTaskStatus(finalDataList), context -> false) : false;
    // 数据上传 FATE 成功后，可以训练
    if (!uploadToFateSuccess) {
        LOGGER.warn("The modeId={} all data are not ready yet, please try again later", modelId);
        throw new BizBadRequestException(ErrorMsg.DATA_NOT_READY);
    }

    List<Long> hostID = null;
    Long guestID = null;

    dataList = dataList.stream().sorted(Comparator.comparing(DataAlgorithm::getNodeId)).collect(Collectors.toList());
    // 获取所有参数训练的节点
    List<Long> ids = dataList.stream().map(DataAlgorithm::getNodeId).collect(Collectors.toList());
    List<EdgeFederal> edgeFederalList = edgeFederalService.getEdgeFederalList(ids);
    edgeFederalList = edgeFederalList.stream().sorted(Comparator.comparing(EdgeFederal::getId)).collect(Collectors.toList());
    Long paraId = parameterModel.getTableId();
    String paraTableName = parameterModel.getTableName();
    TrainTaskResponse fateResponse;
    // 所有节点中的第一个节点作为发起训练的主节点，其他节点作为响应节点
    EdgeFederal edgeFederalGuest = edgeFederalList.get(0);
    guestID = edgeFederalGuest.getId();
    int edgeListSize = edgeFederalList.size();
```

```java
List<EdgeFederal> edgeFederalHostList = edgeFederalList.subList(1, edgeListSize);
hostID = edgeFederalHostList.stream().map(EdgeFederal::getId).collect(Collectors.toList());
String guestNodeIP = edgeFederalGuest.getServerIP();
// guestArgs 设置
List<DataAlgorithm> guestTrainList = dataList.subList(0, 1);
List<DataAlgorithm> guestEvalList = new ArrayList<>();
NodeMachineArgs guestArgs = getHostOrGuestArgs(guestTrainList, guestEvalList);
// hostArgs 设置检验数据未传
List<DataAlgorithm> hostTrainList = dataList.subList(1, dataList.size());
List<DataAlgorithm> hostEvalList = new ArrayList<>();
NodeMachineArgs hostArgs = getHostOrGuestArgs(hostTrainList, hostEvalList);
// 运算执行任务算法名称，如联邦学习-Logistic 回归:HOMO_LOGISTICAL_REGRESSION 联邦学习-决策树:HOMO_SECURE_BOOST
String algModelName;
// 根据运算类型，将运算参数封装成指定结构，并向 FATE 发起运算任务
if (FederalTableType.LOGISTIC_REGRESSION_TABLE.description.equals(paraTableName)) {
    // 逻辑回归
    algModelName = "HOMO_LOGISTICAL_REGRESSION";
    fateResponse = startHomoLRTrainJob(paraId, hostID, hostArgs, guestArgs, edgeFederalGuest, dataList, parameterModel);
}
else if (FederalTableType.DECISION_TREE_TABLE.description.equals(paraTableName)) {     // 决策树
    algModelName = "HOMO_SECURE_BOOST";
    fateResponse = startHomoSecureBoostTrainJob(paraId, hostID, hostArgs, guestArgs,
                                                edgeFederalGuest, dataList, parameterModel);
}
else if (FederalTableType.DATA_STATISTICS.description.equals(paraTableName)) {          // 数据统计
    algModelName = "DATA_STATISTICS";
    fateResponse = startDataStatisticsTrainJob(paraId, hostID, hostArgs, guestArgs, edgeFederalGuest);
}
else if (FederalTableType.HOMO_ONE_HOT_ENCODER.description.equals(paraTableName)) { // 独热编码
    algModelName = "HOMO_ONE_HOT_ENCODER";
    fateResponse = startHomoOneHotTrainJob(paraId, hostID, hostArgs, guestArgs,
                                           edgeFederalGuest, parameterModel);
    calculationOHModelInfoService.deleteByModelId(modelId);
    ModeInfoOfUploadResData modeInfoOfUploadResData = fateResponse.getData().getModel_info();
    CalculationOHModelInfo calculationOHModelInfo = new CalculationOHModelInfo();
    calculationOHModelInfo.setJobId(fateResponse.getData().getJob_id());
    calculationOHModelInfo.setModelId(modelId);
    calculationOHModelInfo.setCalModelId(modeInfoOfUploadResData.getModel_id());
    calculationOHModelInfo.setCalModelVersion(modeInfoOfUploadResData.getModel_version());
    calculationOHModelInfoService.insertCalculationOHModelInfo(calculationOHModelInfo);
}
...                                                        // 此处省略，不一一列出其他算法
// 更新模型状态为计算中
UpdateModelParameter updateModelParameter = new UpdateModelParameter();
updateModelParameter.setState(FederalModelState.RUNNING.state());
updateModelParameter.setId(modelId);
modelProjectService.updateModel(updateModelParameter);
// 更新工程状态为进行中
ModelProject modelProject = modelProjectService.getOneModelById(modelId);
```

```java
    UpdateProjectParameter updateProjectParameter = new UpdateProjectParameter();
    updateProjectParameter.setId(modelProject.getProjectId());
    updateProjectParameter.setState(FederalProjectState.RUNNING.state());
    projectManageService.updateOneProjectOfFederal(updateProjectParameter);
    // 添加或更新模型运算记录
    if (calculationAlgorithm != null) {
        // 更新状态（已提交）、jobId
        UpdateTrainFederalParameter updateTrainFederalParameter = new UpdateTrainFederalParameter();
        updateTrainFederalParameter.setId(calculationAlgorithm.getId());
        updateTrainFederalParameter.setState(CalculationState.SUBMIT.state());
        updateTrainFederalParameter.setJobId(fateResponse.getData().getJob_id());
        if (!CollectionUtils.isEmpty(hostID)) {
            updateTrainFederalParameter.setHostId(StringUtils.join(hostID, ","));
        }
        if(guestID != null) {
            updateTrainFederalParameter.setGuestId(String.valueOf(guestID));
        }
        return calculationService.updateOneTrainCalculation(updateTrainFederalParameter);
    }
    else {
        // 保存此次训练任务的记录
        User currentUser = userService.getCurrentUser();
        TrainFederalParameter trainParameter = new TrainFederalParameter();
        trainParameter.setSerialNumber(SerialNumberGenerator.getCalculationCode(currentUser.getId()));
        trainParameter.setModelId(modelId);
        trainParameter.setAlgModelName(algModelName);
        trainParameter.setType(CalculationType.FEDERAL_MODEL_TRAIN.getType());
        trainParameter.setCreateUserId(currentUser.getId());
        trainParameter.setCreateUsername(currentUser.getUserName());
        trainParameter.setCreateOrgId(currentUser.getOrganizationId());
        trainParameter.setJobId(fateResponse.getData().getJob_id());
        trainParameter.setState(CalculationState.SUBMIT.state());
        if (!CollectionUtils.isEmpty(hostID)) {
            trainParameter.setHostId(StringUtils.join(hostID, ","));
        }
        if(guestID != null) {
            trainParameter.setGuestId(String.valueOf(guestID));
        }
        return calculationService.saveOneTrainCalculation(trainParameter);
    }
}
```

### 5.4.3 边缘计算模块

边缘计算模块用于本地数据计算，不需要联合建模训练。SOLAR 平台预置了常见的数据处理算子，同时支撑用户自定义程序方式，下面介绍部分预定义算子。

### 1. 一元线性回归

一元线性回归预测方法是根据自变量 x 和因变量 y 的相关关系，建立 x 与 y 的线性回归方程进行预测。根据输入的测试数据自变量 x 和因变量 y 的数组，以及设置最高次项的次数，训练一元线性回归模型，最后返回 R-squared，截距和系数矩阵三个参数。

```python
def unary_linear_regression(request):
    res = CustomResponse(400, '计算失败', [])
    postBody = request.body
    json_result = json.loads(postBody, strict=False)
    datax = json_result.get('datax')
    datay = json_result.get('daday')
    highest_item = json_result.get('highest_item')
    x = np.array(datax).reshape((-1, 1))
    y = np.array(datay)
    result = {}
    # 设置最高次项的次数
    poly_reg = PolynomialFeatures(degree=highest_item)
    x1 = poly_reg.fit_transform(x)
    model = LinearRegression()
    model.fit(x1, y)
    model = LinearRegression().fit(x1, y)
    r_sq = model.score(x1, y)
    # R-squared 的取值范围为 0~1，它们的值越接近 1，则模型的拟合程度越高
    result['R-squared'] = r_sq
    # 截距
    result['intercept'] = model.intercept_
    # 系数  第 1 个数 0 对应 X_中常数项的系数；第 2 个数对应一次项（x）的系数；第 3 个数对应二次项（x^2）的系数，以此类推
    a = model.coef_
    result['slope'] = a.tolist()
    res.code = 200
    res.message = '计算成功'
    res.data = result
    return res.res_dict()
```

### 2. 逻辑回归

逻辑回归，也称为 logistic 回归分析，是一种广义的线性回归分析模型，属于机器学习中的监督学习。其推导过程和计算方式类似回归的过程，但实际上主要用来解决二分类问题。通过输入的训练数据集参数、指定逻辑回归模型的函数参数，逻辑回归进行模型训练，最后用训练完的模型对预测数据进行预测分类，并且生成模型的评估报告。

```python
def logical_regression(request):
    res = CustomResponse(400, '计算失败', [])
    postBody = request.body
    json_result = json.loads(postBody, strict=False)
    # 训练数据
    data_train_x = json_result.get('data_train_x')
```

```
column_label_x = json_result.get('column_label_x')
data_train_y = json_result.get('data_train_y')
# 预测数据
data_test_x = json_result.get('data_test_x')
# 用于指定惩罚项中使用的规范 str 类型，可选参数为 l1 和 l2，默认为 l2
penalty = json_result.get('penalty')
# 停止求解的标准 float 类型，默认为 0.0001
tol = json_result.get('tol')
# 优化算法选择参数，决定了我们对逻辑回归损失函数的优化方法，5 个可选参数
# 即 newtoncg、lbfgs、liblinear、sag,saga
solver = json_result.get('solver')
# 算法收敛最大迭代次数，int 类型，默认为 10，仅在正则化优化算法为 newton-cg、sag 和 lbfgs 时才有用
max_iter = json_result.get('max_iter')
x = pd.DataFrame(data_train_x, columns=column_label_x)
y = pd.DataFrame(data_train_y, columns=['target'])
data_x = pd.DataFrame(data_test_x, columns=column_label_x)
x_train, x_test, y_train, y_test = train_test_split(x, y, test_size=0.5, random_state=1)
model = LogisticRegression(penalty=penalty, dual=False, tol=tol, C=1.0, fit_intercept=True,
        intercept_scaling=1, class_weight=None, random_state=None, solver=solver,
        max_iter=max_iter, multi_class='auto', verbose=0, warm_start=False, n_jobs=None)
model.fit(x_train, y_train)
y_pred = model.predict(x_test)
data_y = model.predict(data_x)
result = {}
result['data_y'] = data_y
result['Model_evaluation_report'] = classification_report(y_test, y_pred)
res.code = 200
res.message = '计算成功'
res.data = data_y
return res.res_dict()
```

## 3. 独立性卡方检验

独立性卡方检验是一种统计学的假设检验，用于确定两个分类型或名义型变量是否可能相关。列联表是一个行列交叉的表格，将研究的两个变量，一个变量按类分行排列，另一个变量按类分列排列，行列交叉处是同属于两个变量不同类的数据，这样的表格称为列联表。输入参数为列联表格式的数据，通过算法进行计算，最后得出数据的卡方值、p 值、自由度和预期频率。

```
def chi_square_test(request):
    res = CustomResponse(400, '计算失败', [])
    postBody = request.body
    json_result = json.loads(postBody, strict=False)
    data = json_result.get('data')
    index = json_result.get('index')
    columns = json_result.get('columns')
    print(data, index, columns)
    # columns 列名    index 行名
```

```
df = pandas.DataFrame(data, index=index, columns=columns)
kt = chi2_contingency(df)
result = {}
result['卡方值'] = kt[0]
result['p值'] = kt[1]
result['自由度'] = kt[2]
result['expected_freq'] = kt[3].tolist()
res.code = 200
res.message = '计算成功'
res.data = result
return res.res_dict()
```

### 4. KS 检验

Kolmogorov-Smirnov（KS）检验是比较一个频率分布 $f(x)$ 与理论分布 $g(x)$ 或者两个观测值分布的检验方法。单样本 KS 检验用于检验指定的数列是否服从正态分布，双样本 KS 检验用于检验指定的两个数列是否服从相同分布。输入参数，经过计算后返回 p-value 值，若 p-value 大于指定的显著水平（如显著水平假设为 5%），则表明可以拒绝原假设。

单样本 KS 检验代码如下：

```
def ks_single_test(request):
    res = CustomResponse(400, '计算失败', [])
    postBody = request.body
    json_result = json.loads(postBody, strict=False)
    data = json_result.get('data')
    datan = np.array(data)
    test_stat = kstest(datan, 'norm', args=(datan.mean(), datan.std()))
    result = {"test_stat": test_stat}
    res.code = 200
    res.message = '计算成功'
    res.data = result
    return res.res_dict()
```

双样本 KS 检验代码如下：

```
def ks_double_test(request):
    res = CustomResponse(400, '计算失败', [])
    postBody = request.body
    json_result = json.loads(postBody, strict=False)
    data1 = json_result.get('data1')
    data2 = json_result.get('data2')
    data1n = np.array(data1)
    data2n = np.array(data2)
    ks_value = ks_2samp(data1n, data2n)
    result = {"ks_value": ks_value}
    res.code = 200
    res.message = '计算成功'
    res.data = result
    return res.res_dict()
```

## 5.4.4　业务逻辑管理模块

业务逻辑管理模块主要负责整个平台业务逻辑，包含边缘端管理、任务管理等功能。SOLAR 平台是分布式多节点系统，节点包含中心端和边缘端，平台节点管理是基本的业务功能。

### 1．节点管理

（1）边缘端注册或更新

边缘端通过调用中心端注册接口加入平台，在注册时边缘端的基本机构信息通过中心端接口被同步到中心端服务器。边缘端信息更新也是同样的逻辑。

insertOrUpdate 函数用于边缘端的注册或更新。

```
/*  新建或更新机构信息
*/
public long insertOrUpdate(OrganizationParameter parameter) {
    OrganizationUpdateParameter updateParameter = new OrganizationUpdateParameter();
    BeanUtils.copyProperties(parameter, updateParameter);
    Organization organization = organizationMapper.select();
    updateParameter.setId(organization.getOrganizationId());
    // 调用中心端 API 保存或更新机构信息
    return centerApi.user().updateOrganization(updateParameter);
}
```

边缘端的注册或更新最终会调用中心端新建或更新机构信息接口代码，主要是处理机构自身、机构标签、机构图标等信息，以及注册 FATE 节点。update 函数用于中心端对应的注册或更新，会被边缘端远程调用。

```
/**  新建或更新机构信息
  * @param parameter 机构信息参数
  * @return 机构 ID
**/
public long update(OrganizationUpdateParameter parameter) {
    Organization organization = new Organization();
    organization.setId(parameter.getId());
    organization.setAddress(parameter.getAddress());
    organization.setBusinessScope(parameter.getBusinessScope());
    organization.setBusinessTerm(parameter.getBusinessTerm());
    organization.setCompanyType(parameter.getCompanyType());
    organization.setEnterpriseName(parameter.getEnterpriseName());
    organization.setLegalRepresentative(parameter.getLegalRepresentative());
    organization.setEstablishmentDate(parameter.getEstablishmentDate());
    organization.setRegisteredNumber(parameter.getRegisteredNumber());
    organization.setRegisteredCapital(parameter.getRegisteredCapital());
    organization.setRegistrationAuthority(parameter.getRegistrationAuthority());
    organization.setIssuingTime(parameter.getIssuingTime());
    // FIXME 暂时直接填写机构信息后，就是认证状态
```

```
    organization.setCertificateState(CertificateState.YES.ordinal());
    organizationMapper.update(organization);
    // 清除旧的标签关系
    organizationMapper.clearOrganizationTag(organization.getId());

    if (parameter.getLogoId() != null && parameter.getLogoId() != 0) {
        List<Picture> pictures = Stream.of(parameter.getLogoId()).map(id -> new
      Picture(PictureType.LOGO.ordinal(), organization.getId(), id)).collect(Collectors.toList());
        commonService.createPictures(pictures);
    }

    if (!parameter.getLicenseIds().isEmpty()) {
        List<Picture> pictures = parameter.getLicenseIds().stream().map(id -> new
                           Picture(PictureType.BUSINESS_LICENSE.ordinal(), organization.getId(),
                           id)).collect(Collectors.toList());
        commonService.createPictures(pictures);
    }
    // 更新保存标签关系
    if (!parameter.getTags().isEmpty()) {
        organizationMapper.saveOrganizationTag(organization.getId(),
            parameter.getTags().stream().map(ClassifiedTagVo::getId).collect(Collectors.toList()));
    }
    // 注册 FATE 节点
    if (edgeFederalService.getOneEdgeFederalByOrgId(parameter.getId()) == null) {
        EdgeFederalParameter edgeFederalParameter = new EdgeFederalParameter();
        edgeFederalParameter.setOrgId(parameter.getId());
        edgeFederalService.saveOneEdgeFederal(edgeFederalParameter);
    }
    return organization.getId();
}
```

（2）边缘端上线

SOLAR 平台通过 ZooKeeper 进行中心端和边缘端服务发现。边缘端注册后，会立即调用 initEdge 函数执行上线流程，每次启动也会执行上线流程，因为现实环境中边缘端可能会出现断电重启等情况，所以每次边缘端启动都会执行上线流程，将上线状态使用 ZooKeeper 通知给中心端。正常情况下，边缘端和 ZooKeeper 保持直接的心跳连接，如果边缘端宕机、网络中断等异常，那么中心端也可以通过 ZooKeeper 及时监控到。

边缘端上线 initEdge 函数的功能如下。

① 若节点是第一次上线，则在 ZooKeeper 上创建一个唯一的节点路径，路径包含节点地址等信息。

② 若之前已经上线过，则需要刷新 ZooKeeper 上该节点路径保存的地址信息（可能存在节点地址变更的情况）。

```
public void initEdge() {
    ExecutorService executor = Executors.newSingleThreadExecutor();
    executor.submit(() -> {
```

```
// 创建 CuratorFramework 实例并启动
CuratorFramework client = CuratorFrameworkFactory.builder()
        // 设置 Zookeeper 服务器地址, 多个地址用逗号分隔
        .connectString(config.getZkServerUrl())
        // 设置连接超时时间
        .connectionTimeoutMs(CONNECTION_TIMEOUT)
        // 设置会话超时时间
        .sessionTimeoutMs(SESSION_TIMEOUT)
        // 设置数据压缩的压缩器
        .compressionProvider(new GzipCompressionProvider())
        // 设置会话超时重连策略
        .retryPolicy(new ExponentialBackoffRetry(5000, 5))
        // 添加认证
        .authorization(Collections.singletonList(new AuthInfo("digest",
                    (config.getZkUserName() + ":" + config.getZkPassword()).getBytes())))
        // 设置该客户端是否只进行非事务操作
        .canBeReadOnly(false)
        // 设置默认的数据, 如果创建节点时不提供节点数据, 就使用该数据
        .defaultData("".getBytes())
        // 设置节点路径的父节点路径
        .namespace("solar").build();
client.start();

try {
    Stat parentStat = client.checkExists().forPath("/edge");
    if (parentStat != null) {
        String centerServerUrl = new String(client.getData().forPath("/edge"));
        config.setCenterServerUrl(centerServerUrl);
        centerApi.refresh(centerServerUrl);
    }
}
catch (Exception e) {
    LOGGER.error("获取 EDGE 节点失败: {}", e.getMessage());
}


Organization organization = organizationMapper.select();
String nodePath = "/edge/" + organization.getUuid();
try {          // 判断指定节点是否存在, 不存在则新建路径节点, 存在就更新地址信息
    Stat stat = client.checkExists().forPath(nodePath);
    if (stat != null) {
        client.setData().forPath(nodePath, config.getUrl().getBytes());
    }
    else {     // 异步设置某个节点数据
        client.create().withMode(CreateMode.EPHEMERAL).forPath(nodePath, config.getUrl().getBytes());
    }
    LOGGER.info("当前组织 ({}) 启动...");
}
catch (Exception e) {
    LOGGER.error("获取 EDGE 节点失败: {}", e.getMessage());
```

```
        }
    });
}
```

（3）中心端监听边缘端

中心端通过监听 ZooKeeper 上边缘端创建的节点路径来获取边缘端的上线、下线状态，通过 initCentre 函数进行相关设置工作。

① 中心端自身也作为一个节点注册到节点管理中。

② 创建边缘端节点监听，当检测到边缘端上线、下线时，更新相应机构的状态和边缘端 FATE 节点的状态。

```
public void initCentre() {
    ExecutorService executor = Executors.newSingleThreadExecutor();
    executor.submit(() -> {
        // 创建 CuratorFramework 实例并启动
        CuratorFramework client = null;
        try {
            client = CuratorFrameworkFactory.builder()
                    // 设置 Zookeeper 服务器地址，多个地址用逗号分隔
                    .connectString(config.getZkServerUrl())
                    // 设置连接超时时间
                    .connectionTimeoutMs(CONNECTION_TIMEOUT)
                    // 设置会话超时时间
                    .sessionTimeoutMs(SESSION_TIMEOUT)
                    // 设置数据压缩的压缩器
                    .compressionProvider(new GzipCompressionProvider())
                    // 设置会话超时重连策略
                    .retryPolicy(new ExponentialBackoffRetry(5000, 5))
                    // 添加认证
                    .authorization(Collections.singletonList(new AuthInfo("digest",
                            (config.getZkUserName() + ":" + config.getZkPassword()).getBytes())))
                    // 设置该客户端是否只进行非事务操作
                    .canBeReadOnly(false)
                    // 设置默认的数据，如果创建节点时不提供节点数据，就使用该数据
                    .defaultData("".getBytes())
                    // 设置节点路径的父节点路径
                    .namespace("solar").build();
            client.start();
            Stat stat = client.checkExists().forPath("/edge");
            if (stat == null) {
                client.create().withMode(CreateMode.PERSISTENT).inBackground().forPath("/edge", config.getUrl().getBytes());
            }
            else {
                client.setData().forPath("/edge", config.getUrl().getBytes());
            }
        }
        catch (Exception e) {
            LOGGER.error("获取 EDGE 节点失败: {}", e.getMessage());
```

```
    }
    // 创建边缘端节点监听，当检测到边缘端上线、下线时，更新相应机构的状态
    CuratorCache curatorCache = CuratorCache.builder(client, "/edge").build();
    CuratorCacheListener listener = CuratorCacheListener.builder().forTreeCache(client, new TreeCacheListener() {
        @Override
        public void childEvent(CuratorFramework client, TreeCacheEvent event) throws Exception {
            if (event.getType() == TreeCacheEvent.Type.INITIALIZED ||
                                            "/edge".equals(event.getData().getPath())) {
                return;
            }
            String uuid = ZKPaths.getNodeFromPath(event.getData().getPath());
            Organization organization = organizationMapper.selectOneByUuid(uuid);
            switch (event.getType()) {                    // 边缘端上线
                case NODE_ADDED:
                    String serverUrl = getData(client, event.getData().getPath());
                    LOGGER.info("组织（{}）节点上线, API: {}", uuid, serverUrl);
                    organizationMapper.updateState(uuid, OrganizationState.NORMAL.ordinal(), serverUrl);
                    // FATE 节点上线
                    if (organization != null) {
                        edgeFederalService.updateEdgeFederalServerState(organization.getId(),
                                            serverUrl, EdgeState.ONLINE.state());
                    }
                    break;
                // 边缘端下线
                case NODE_REMOVED:
                    LOGGER.info("组织（{}）节点下线...", uuid);
                    organizationMapper.updateState(uuid, OrganizationState.DISABLED.ordinal(), null);
                    // FATE 节点下线
                    if (organization != null) {
                        edgeFederalService.updateEdgeFederalServerState(organization.getId(),
                                            null, EdgeState.OFFLINE.state());
                    }
                    break;
            }
        }
    }).build();
    curatorCache.listenable().addListener(listener);
    curatorCache.start();
});
}
```

## 2. 任务管理

任务管理将各种任务，包含边缘计算、联邦学习等涉及的任务（数据清洗、模型运算、模型检验、模型预测）操作，进行抽象，封装为统一接口 ITaskExecutor，主要操作为：开始任务、终止任务、重新运算、删除任务。

```
/**    运算任务执行器
*/
```

```
public interface ITaskExecutor {
    /** 开始任务
     * @param modelId
     * @param calculationId
     * @throws Exception
     */
    void start(Long modelId, Long calculationId) throws Exception;
    /** 终止任务
     * @param modelId
     * @param calculationId
     * @throws Exception
     */
    void stop(Long modelId, Long calculationId) throws Exception;
    /** 重新运算
     * @param modelId
     * @param calculationId
     * @throws Exception
     */
    void restart(Long modelId, Long calculationId) throws Exception;
    /** 删除任务
     * @param modelId
     * @param calculationId
     * @throws Exception
     */
    void delete(Long modelId, Long calculationId) throws Exception;
    /** 获取运算信息，以支持前端页面跳转
     * @return
     */
    void getCalculationInfo(List<CalculationMgrRecordVo> recordVos);
}
```

SOLAR 平台涉及很多类型的任务，下面是联邦学习模型运算任务 FederalTrainExecutor 的实现。

```
/** 联邦学习-模型训练执行器
*/
@Service(CommonConstant.CALCULATION_TYPE_FEDERAL_TRAIN)
public class FederalTrainExecutor implements ITaskExecutor {
    @Autowired
    private FederalTrainMgrService federalTrainMgrService;
    @Autowired
    private HomoFederalTrainService homoFederalTrainService;
    @Autowired
    private ModelProjectService modelProjectService;

    @Override
    public void start(Long modelId, Long calculationId) throws Exception {
        federalTrainMgrService.submit(homoFederalTrainService.startOneHomoCalculationTrain(modelId));
    }
```

```java
@Override
public void stop(Long modelId, Long calculationId) throws Exception {
    federalTrainMgrService.remove(modelId);
}

@Override
public void restart(Long modelId, Long calculationId) throws Exception {
    start(modelId, calculationId);
}

@Override
public void delete(Long modelId, Long calculationId) throws Exception {
    modelProjectService.deleteOneModelProject(modelId);
}
@Override
public void getCalculationInfo(List<CalculationMgrRecordVo> recordVos) {
    // 模型训练需要获取工程 ID 和模型 ID
    List<Long> modelIds = recordVos.stream()
            .map(CalculationMgrRecordVo::getModelId)
            .collect(Collectors.toList());
    // 过滤重复的模型 ID
    modelIds = new ArrayList<>(new HashSet<>(modelIds));
    // 批量获取模型信息
    List<FederalTrainCalculationInfo> modelProjects =
                                  modelProjectService.batchGetCalculationInfo(modelIds);
    Map<Long, FederalTrainCalculationInfo> modelProjectMapping =
            modelProjects.stream().collect(Collectors.toMap(
                                  FederalTrainCalculationInfo::getModelId, Function.identity()));
    recordVos.forEach(recordVo -> {
        Map<String, Object> calculationInfo = new HashMap<>();
        FederalTrainCalculationInfo federalTrainCalculationInfo = modelProjectMapping.get(recordVo.getModelId());
        calculationInfo.put("modelId", recordVo.getModelId());
        calculationInfo.put("projectId", federalTrainCalculationInfo.getProjectId());
        calculationInfo.put("federalType", federalTrainCalculationInfo.getFederalType());
        recordVo.setCalculationInfo(calculationInfo);
    });
}
}
```

SOLAR 平台的任务管理还有很多其他内容，如任务队列管理、任务调度等，这里就不一一展开。

### 3．资源监控

资源监控功能主要是通过 JDK 的系统工具类获取节点服务器的 CPU 核心数和使用率、内存总量和使用情况、硬盘总量和使用情况。

```java
/** 获取服务器资源使用情况
 * @return
**/
```

```java
public SysResourceMonitorInfoVo getSysResouceMonitorInfo() {
    OperatingSystemMXBean osmxb = (OperatingSystemMXBean) ManagementFactory.getOperatingSystemMXBean();
    SysResourceMonitorInfoVo infoVo = new SysResourceMonitorInfoVo();
    // 获取 CPU 核心数和使用率
    getCpuLoad(osmxb, infoVo);
    // 获取内存总量和使用情况
    getMemoryLoad(osmxb, infoVo);
    // 获取硬盘总量和使用情况
    getFileSystemLoad(infoVo);
    return infoVo;
}
/** 获取 CPU 核心数和使用率
    @param osmxb
    @return
**/
private void getCpuLoad(OperatingSystemMXBean osmxb, SysResourceMonitorInfoVo infoVo) {
    infoVo.setProcessors(Runtime.getRuntime().availableProcessors());
    infoVo.setCpuRatio(new BigDecimal(osmxb.getSystemCpuLoad()).setScale(3, BigDecimal.ROUND_HALF_UP).doubleValue());
}
/** 获取内存总量和使用情况
 * @param osmxb
 * @param infoVo
**/
private void getMemoryLoad(OperatingSystemMXBean osmxb, SysResourceMonitorInfoVo infoVo) {
    // 总的物理内存
    double totalMemorySize = (double) osmxb.getTotalPhysicalMemorySize() / GB;
    // 剩余的物理内存
    double freePhysicalMemorySize = (double) osmxb.getFreePhysicalMemorySize() / GB;
    // 已使用的物理内存
    double usedMemory = new BigDecimal(totalMemorySize - freePhysicalMemorySize).setScale(1,
                                                    BigDecimal.ROUND_HALF_UP).doubleValue();
    infoVo.setTotalMemory(new BigDecimal(totalMemorySize).setScale(1, BigDecimal.ROUND_HALF_UP).doubleValue());
    infoVo.setUsedMemory(usedMemory);
    infoVo.setMemoryRatio(new BigDecimal(infoVo.getUsedMemory() /
                    infoVo.getTotalMemory()).setScale(3, BigDecimal.ROUND_HALF_UP).doubleValue());
}
/** 获取硬盘总量和使用情况
 * @param {@link SysResourceMonitorInfoVo}
 * @return
**/
private void getFileSystemLoad(SysResourceMonitorInfoVo infoVo) {
    // 获取磁盘分区列表
    File[] roots = File.listRoots();
    long totalSpace = 0;
    long usedSpace = 0;
    for (File file : roots) {
        long partTotalSpace = file.getTotalSpace() / GB;
        totalSpace += partTotalSpace;
        long partFreeSapce = file.getFreeSpace() / GB;
```

```
        usedSpace += (partTotalSpace - partFreeSapce);
    }
    infoVo.setTotalSpace(totalSpace);
    infoVo.setUsedSpace(usedSpace);
    infoVo.setSpaceRatio(new BigDecimal((double) infoVo.getUsedSpace() /
                    infoVo.getTotalSpace()).setScale(3, BigDecimal.ROUND_HALF_UP).doubleValue());
}
```

# 本章小结

　　本章首先介绍了当前国家鼓励推行数据要素的大环境,然后介绍了数据共享常见模式,指出数据安全、隐私保护和数据权益是影响数据要素市场构建关键因素;接着提出了一种可信、可管、可追溯的大数据共享模式,解决数据流通利用过程中数据安全、隐私保护和数据权益的问题,助力数据转化为生产要素,释放数据价值,推动大数据产业的良性发展;最后介绍了一种可信数据共享系统的实例——SOLAR 数据共享平台,分别从设计和开发实现两方面介绍,完整地展示了一个实际工程从概念提出到实现的过程。

# 习 题 5

　1. 数据共享平台最重要的几个设计指标是什么?

　2. 在实际生产环境中,各中心端或终端往往是异构的,会对系统的部署运行和性能带来重大影响。如何改善或解决?

# 参考文献

[1] 本刊编辑部. 中共中央　国务院关于构建更加完善的要素市场化配置体制机制的意见[J]. 当代农村财经, 2020(03): 49-52.

[2] 国务院政策文件[EB/OL]. (2020-11-03).[2023-01-27].

[3] 杜庆昊. 数字产业化和产业数字化的生成逻辑及主要路径[J]. 经济体制改革, 2021(05): 85-91.

[4] 王珊, 萨师煊. 数据库系统概论(第5版)[J]. 北京: 高等教育出版社, 2018.

[5] 地理信息系统名词审定委员会. 地理信息系统名词(2012)(第2版)[M]. 北京: 科学出版社, 2012.

[6] 数据产品的定义和种类[EB/OL]. (2020-12-16).[2023-01-27].

[7] 联邦学习开源框架整理[EB/OL]. (2022-09-22).[2023-01-27].

[8] 区块链开源项目介绍[EB/OL]. (2022-06-20).[2023-01-27].

# 第 6 章　数据交易平台

毫无疑问，数据已成为数字时代的基础性战略资源和革命性关键要素，数据要素的流通效率决定了大数据产业发展的速度和质量。在新的发展阶段，如何构建高效的数据要素流转机制，如何实现数据资产科学客观的估值定价，如何建设安全可控的数据交易平台，亦变得至关重要。

国家工业信息安全发展中心数据显示，2020 年，我国数据要素市场规模约为 545 亿元，"十三五"期间年平均增长率超过 30%。预计 2025 年，数据采集和数据分析的市场规模将达到 1700 亿左右[1]。在国家的大力支持下，我国重点城市公共数据开放稳妥推进，截至 2021 年 6 月末，已上线公共数据开放平台达 174 个。同时，贵阳、上海、北京等地区在数据资产交易上已进行了先行实践，并取得了一定的成果。

数据交易平台的出现，是数据具备规模性经济价值的重要标志之一。在国内外，数据交易平台的发展都历经了萌芽增长、发展停滞和重生三个起伏阶段。普遍认为，数据交易平台的整体萌芽发生在 2014 年至 2016 年期间，但数据交易生态处于野蛮生长状态，数据交易平台呈散点状分布，没有形成健全的体系；2017 年至 2019 年，市场的热度开始逐渐冷却，国内外对于数据交易平台开始出现冷静观望的态度，致其发展建设处于停滞的状态；2020 年 4 月，《中共中央　国务院关于构建更加完善的要素市场化配置体制机制的意见》发布，将数据与土地、资本、劳动力并列为关键生产要素，并提出加快培育数据要素市场的愿景，数据交易市场重新焕发生机。经过将近十年的发展，国内外在建设数据平台方面均有了一定的经验和积累，各细分领域均出现了一些典型的大数据平台。

从生产系统部署的角度，本章将剖析大型数据交易平台的架构设计及其数字产品化运行涉及的一些关键技术和解决方案，包括数据分级分类、数据定价模型、区块链和隐私计算技术的应用模式、合规与安全监管体系等。

## 6.1　交易平台发展现状

随着全球各国对数据价值的重视，涌现出一批有一定影响力的数据交易平台，平台的基础服务包括数据内容、数据定制、数据智能化处理工具、API 接口等，部分平台也提供数据相关的增值服务，如数据加工、数据质量评价、行业研究报告等。

## 6.1.1 国际数据交易平台

在国际方面，数据交易平台有综合性数据交易平台和细分行业数据交易平台两类。典型的综合性数据交易平台有 BDEX、Ifochimps、Mashape 等，而细分行业数据交易平台包括以位置数据为代表的 Factual、以金融数据为代表的 Quandl、以工业数据为代表的 GE Predix、以个人数据为代表的 DataCoup 等，如表 6-1 所示。以下就具有代表性的数据交易平台 BDEX、Quandl 和 DataCoup 为例进行阐述。

表 6-1  国际数据交易平台列表

| 序号 | 类型 | 细分领域 | 交易平台名称 |
|---|---|---|---|
| 1 | 综合性数据交易平台 | | BDEX |
| 2 | | | Ifochimps |
| 3 | | | Mashape |
| 4 | | | RapidAPI |
| 5 | 细分行业数据交易平台 | 位置数据 | Factual |
| 6 | | 金融数据 | Quandl |
| 7 | | | Qlik Data market |
| 8 | | 工业数据 | GE Predix |
| 9 | | | 德国弗劳恩霍夫协会工业数据空间 IDS |
| 10 | | 个人数据 | DataCoup |
| 11 | | | Personal |

### 1．BDEX

BDEX 平台不仅提供数据买卖，还提供数据托管、数据评分、买卖双方评分等服务，最大的特点是实现了真正的实时数据交换。

### 2．Quandl

Quandl 以专业提供金融数据服务而著名，数据最重要的来源是金融投资领域，包括联合国、世界银行、各国中央银行等公开数据，所有数据来自 500 多家发布商，包括数十万用户，每日数据下载量超过 1000 万次。Quandl 不仅提供数据，还将大部分功能用于解释数据，重要的原因是其团队具备多样化的学科背景，包括但不限于金融、技术、天体物理学，致力于挖掘难以找到的数据和数据背后蕴含的信息。这使得 Quandl 平台提供的数据具备较高的价值。

### 3．DataCoup

DataCoup 关注的是个人隐私数据领域，专门收集个人隐私数据，并进行售卖，包括 Facebook、Twitter 等社交网站的记录，也包括银行卡、信用卡等金融交易相关的记录。

正如其网站首页（如图 6-1 所示）宣称的 "The personal data revolution"，DataCoup 主张，与其让其他大公司在不知不觉中将用户的个人隐私数据进行挖掘并使用，再从中获利，

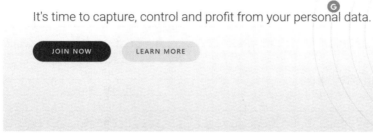

图 6-1　DataCoup 网站首页

不如主动地掌握数据的主权，自行将数据进行售卖，获得的数据权益还能归还到个人。同时，DataCoup 向所有用户确保，企业买到的数据都已经被"抹去"了个人信息。正是基于这样的理念，DataCoup 在内测期间已经有 1500 人注册。

## 6.1.2　政府主导的国内数据交易平台

在国内，数据交易平台的建设可以说是遍地开花。根据交易平台成立主体背景的不同，国内数据交易平台可以分为政府（或国资企业）主导的数据交易平台、（私营）企业主导型的数据交易平台。数据交易平台亦可根据自身是否参与数据交易，分为：仅提供撮合服务的第三方数据交易平台，参与数据交易的混合数据交易平台[2]。

2014 年 2 月，由数海科技联合工信部电信研究院等 70 多家企业共同发起建立中关村大数据交易产业联盟，建立了全国第一家数据交易平台——中关村数海大数据交易平台。与此同时，也发布了大数据交易规则——《中关村数海大数据交易平台规则》。

下文将选取国内有代表性的 12 家政府参与型数据交易平台（见表 6-2）和 12 家企业主导型数据交易平台（相关介绍见 6.1.3 节），从所在地区、业务模式、服务领域和产品特点等方面进行对比，希望读者对我国数据交易平台的现状有个全局了解。

### 1．贵阳大数据交易所

贵阳大数据交易所由贵州省政府批准成立，于 2015 年 4 月 14 日正式挂牌运营，希望建设国际一流的综合性大数据交易服务平台，采用"政府指导，社会参与、市场化运作"的运营模式，开创性地在全国率先探索数据流通的交易价值和交易模式。

表 6-2  政府参与型数据交易平台基本情况概览

| 平台名称 | 区 域 | 业务模式 | 服务领域 | 产品特点 |
|---|---|---|---|---|
| 贵阳<br>大数据交易所 | 贵州省<br>（西南） | 混合数据<br>交易平台 | 工业农业、生态环境、交通运输、科技创新、教育文化、智慧城市、社会保障、生活服务等 | 提供激光雷达等探测数据服务 |
| 数据宝 | 贵州省<br>（西南） | 混合数据<br>交易平台 | 公安、金融、交通、车辆、高速、企业、气象等 | 国有大数据的整合处理与加工 |
| 北京国际<br>大数据交易所 | 北京市<br>（华北） | 混合数据<br>交易平台 | 工商、司法、行政、金融、电信、制造、能源、医药、交通、房地产、环境、气象、新能源、航空航天、新闻媒体等 | 涵盖科研数据及影像音乐等社会数据 |
| 上海<br>数据交易所 | 上海市<br>（华东） | 第三方数据<br>交易平台 | 经济、交通、运营商、工业等 | 研制 xID 技术体系，提供数字资产交易 |
| 深圳<br>数据交易所 | 广东省<br>（华南） | 混合数据<br>交易平台 | 银行、互联网、零售、智慧城市、医疗、工业制造、物流、企业管理等 | 重点探索跨境数据交易 |
| 浙江<br>大数据交易中心 | 浙江省<br>（华东） | 混合数据<br>交易平台 | 金融科技、电商消费、城市治理、医疗卫生、工业制造、交通物流、企业服务、公共服务等 | 建设数据国际交易专区，提供海外广告服务等 |
| 江苏<br>大数据交易中心 | 江苏省<br>（华东） | 混合数据<br>交易平台 | 智慧交通、金融科技、数字政务、智慧医疗、智能制造、教育科技、消费互联网等 | 首个交通大数据特色专区，人工智能模型自动化建模平台 |
| 钱塘<br>大数据交易中心 | 浙江省<br>（华东） | 第三方数据<br>交易平台 | 化纤等工业数据 | 工业大数据服务 |
| 中原<br>大数据交易平台 | 河南省<br>（华中） | 第三方数据<br>交易平台 | 电商、企业、生活服务、资源能化、交通地理、金融服务、医疗等 | 工业、能源数据服务 |
| 青岛<br>大数据交易中心 | 山东省<br>（华东） | 混合数据<br>交易平台 | 教育、卫生保障和社会福利、制造业、农林牧渔业、物联网、电子商务等 | 重点赋能航运、房产等领域 |
| 哈尔滨<br>数据交易平台 | 黑龙江<br>（东北） | 混合数据<br>交易平台 | 政府、经济、医疗、交通等 | 无 |
| 西咸新区<br>大数据交易所 | 陕西省<br>（西北） | 混合数据<br>交易平台 | 政府、经济、人文、交通等 | 无 |

贵阳大数据交易所提供的服务是全国范围内的。在技术方面，贵阳大数据交易所采用隐私计算、联邦学习、区块链等先进技术，打造数据产品和服务、算力资源、算法工具等多元的数据产品体系。截至 2022 年 12 月 30 日，贵阳大数据交易所平台已入驻数据商 402 家，其中，贵州省内数据商 202 家，占总体比例的 50.25%，贵州省外数据商 200 家；累计完成交易 137 笔，完成交易金额约为 3.61 亿元，上架产品 607 个，其中数据产品 438 个，占比为 72.1%；算法工具 125 个，算力资源 44 个。

贵阳大数据交易所交易的并不是原始数据，而是基于原始数据，通过数据清洗、分析、建模、可视化后的封装结果，在一定程度上解决了保护隐私及数据所有权的问题。

贵阳大数据交易所的制度设计如下。

（1）产品类型

贵阳大数据交易所的数据产品约有 21 大类，包括：工业农业、生态环境、交通运输、科技创新、教育文化、智慧城市、社会保障、生活服务、地理空间、气象服务、城建住房、财税金融、医疗卫生、资源能源、法律服务、商贸流通、旅游休闲、信用服务、劳动就业、统计服务及其他场景。

（2）收费模式

成立初期，贵阳大数据交易所采用交易佣金制，一部分来自会员的会费，单个会员会费每年至少 5 万元，普通会员要求年费 10 万元；另一部分来自交易的费用，交易所参与对数据的清洗、挖掘等工作，佣金比例为交易费用的 40% 左右。

此后，贵阳大数据交易所转变为增值型交易服务模式。根据 2015 年发布的《贵阳大数据交易所 702 公约》[3]，交易所对数据商品设计自动计价公式，价格主要取决于数据的样本量和单一样本的数据指标项价值，数据指标项包括数据品种、时间跨度、数据深度、数据完整性、数据样本覆盖和数据时效性。当买方出价高于挂牌价时，自动成交；当买方出价低于挂牌价时，卖方可选择是否接受。也可通过系统拆分数据，撮合成交。

2022 年 5 月，贵阳大数据交易所发布了数据要素流通交易规则、数据产品成本评估指引、数据产品交易价格评估指引、数据资产价值评估指引、数据交易合规性审查指南、数据交易安全评估指南、数据商准入及运行管理指南等一系列文件[4]。

① 按照数据产品的生命周期，将成本核算范围分为"数据资源获取成本、数据产品加工成本、存储成本、安全成本和维护更新成本"。

② 按照数据产品不同的开发形式，将定价思路分为"标准化数据产品定价思路"和"定制化数据产品定价思路"，针对标准化数据产品的价格形成推出多因子成本修正模型。

③ 按照数据资产化不同阶段，建立数据资产评估的"修正成本模型""增量效益考虑折现模型""非核心资产/因素剥离折现模型"等模型。

（3）市场参与者

贵阳大数据交易所的市场参与者如表 6-3 所示。

表 6-3　贵阳大数据交易所的市场参与者

| 市场参与者 | 说　明 |
| --- | --- |
| 数据供应商 | 交易所对数据供应商实行的是"宽进严管法"，对违规或违法、数据造假、数据欺诈、数据来源不合法的供应商有失去资格，列入"交易所黑名单"和负刑事责任等处罚方式 |
| 数据买方 | 有数据需求，通过数据交易场所获得交易的相关产品和服务并进行付费的公民、法人和其他组织，需在数据交易场所完成注册。2015 年成立初期，暂时不允许任何个人购买交易所的数据，外资数据买方购买数据前要进行资格审核 |
| 数据商 | 为数据交易双方提供数据产品开发、发布、承销和数据资产合规化、标准化、增值化服务的公民、法人和其他组织 |
| 数据中介 | 有偿提供鉴证性、代理性、信息性等数据服务的法人或者其他组织，具体开展数据交易价格评估、合规认证、安全评估、交易担保、资产价值评估、信用评价及人才培训等第三方专业数据服务 |

（4）交易安全

交易所设立数据交易安全体系与技术标准，并对数据供应商实行"会员制"管理。在严格的管理体制下，但凡出现数据造假、数据欺诈、数据来源等方面相关的处罚、违规、甚至违法的会员单位都会受到交易所的相应处罚。此外，大数据交易所作为业务指导单位，联合全国知名大数据企业发起大数据交易商联盟，形成自制、自律平台。

### 2. 北京国际大数据交易所

北京国际大数据交易所（以下简称"北数所"）是国内首家以"数据可用不可见、用途可控可计量"为交易模式的数据交易所。

（1）产品类型

北数所提供的数据产品类型主要有包括数据服务、数据API、数据包、数据报告。

（2）收费方式

北数所创新性融合了免费开放、授权调用、共同建模、加密计算等多种使用模式。依托其在隐私计算、区块链等领域的技术优势，将数据要素解构为可见的"具体信息"和可用的"计算价值"，对其中"计算价值"进行确权、存证、交易，实现数据流通的"可用不可见、可控可计量"，为数据供需双方提供可信的数据融合计算环境。这种将区块链与隐私计算技术结合的方式能够对数据资产起到更好的安全保护效果，也说明区块链与隐私计算技术结合进行数据共享交易的方式已经逐渐从理论研究过渡到现实应用[5]。

在定价模式方面，目前仍在探索建立大数据资产评估定价、交易规则、标准合约等政策体系，积极推动将数据创新流通应用纳入"监管沙盒"。数据流通是使用权和价值的转移，其定价避免不了协商，理论上的价值评估只能做参考，最终价格肯定是市场形成的。

（3）市场参与者

为推动产业链创新发展，北数所大力扶持具有数据来源合规审查、数据资产定价、争议仲裁等能力的中介机构。

（4）交易安全

北数所建立了开放准入制度、鉴定需求方资质，以区分所有人都能买的数据、拿到授权才可购买的数据、拿到授权且有相应资质才能购买的数据等。结合《个人信息保护法》，需根据场景和字段，利用联合建模、联邦学习、多方计算等方法适配不同敏感度场景。

### 3. 上海数据交易所

上海数据交易所作为数据流通交易的准公共机构，采用公司制架构，以国资委主导，由上海联和、上海信投、上海数据交易中心等作为发起单位，同步引入国家、市级和区级国资国企作为战略投资方。

上海数据交易所围绕打造全球数据要素配置的重要枢纽节点的目标，构建"1+4+4"体系，"1个定位"即紧扣建设国家级数据交易所，"4个功能"即突出准公共服务、全数字化交易、全链生态构建、制度规则创新，"4个特征"即体现规范确权、统一登记、集中清算、灵活交付[6]。

（1）产品类型

上海数据交易所将"原始数据不交易、个人数据不交易"作为基本原则。2022 年 8 月，上海数据交易所设立数字资产板块，主要包括数字文创、文博衍生等数字艺术品。

为解决确权难、互信难等问题，上海数据交易所全国首发数据产品登记凭证，实现一数一码，可登记、可统计、可普查；同时，首发数据产品说明书，以数据产品说明书的形式使数据可阅读，将抽象数据变为具象产品。

（2）收费方式

上海数据交易中心以撮合商业数据交易为主，形成会员机制，供需双方协商产品价格。收费方式有按次查询、打包收费、按年/月收费、授信金额抽取佣金服务费等。公共数据流通尚在免费试点阶段，定价机制也仍在研究阶段。

2023 年 1 月 3 日，上海数据交易所转入正式运营，同时将根据《关于上海数据交易所收费标准施行的通知》（上数发〔2022〕002 号）收取数商服务费及数据产品交易服务费，如表 6-4 所示。

表 6-4　上海数据交易所收费标准

| 收费类型 | 收费对象 | 收费标准 |
| --- | --- | --- |
| 数商服务费 | 需方数商 | 一次性收费 9980 元 |
| | 第三方数商 | 19980 元/年 |
| 数据产品交易服务费 | 供方数商 | 交易额的 2.5% |

（3）市场参与者

上海数据交易所面向数据流通交易提供高效便捷、透明安全的数据产品交易服务，同时引导多元主体加大数据供给，引入数据合规评估、资产评估、安全审计、产品交付等第三方专业服务，形成"数商"新业态。上海数据交易所围绕交易前的质量评估、合规评估、资产评估，交易中的联合查询、联合识别、联合建模，交易后的交易核验、纠纷仲裁等提供服务[7]。

（4）交易安全

上海数据交易所开展了以有效数据连接为目标的标准、规范、技术、法律等方面的基础研究，自主创新"技术+规则"双重架构的数据交易整体解决方案。其中，"元数据六要素"的数据规整方法已成为大数据流通领域行业认可的基础规范（如表 6-5 所示）；与公安部第三研究所联合研制的 xID 标记数据合规流通解决方案结合，可以对信息和数据进行去身份化处理[8]。

**4．香港大数据交易所**

香港大数据交易所以数据即服务及聚合相关产业链为发展方向，将数据采集、数据分析、数据应用、数据与区块链、数据资产化与证券化、数据与物联网、数据与人工智能及

表 6-5 数据六要素标准体系

| 要　素 | 相关内容 |
| --- | --- |
| ID | 身份级：身份证、护照号、社保号<br>设备级：手机号、Cookie、IMEI、IDFA<br>应用级：邮箱、微信号、QQ 号 |
| Key | 标签名称、标签分类、标签描述<br>标签分类：三级标签分类体系 |
| Value | 标签赋值包括以下类型：单值列表、多值列表、分段、命中、数据项 |
| Limit | 必选约束：描述、行业、加工方式<br>可选约束：覆盖度、行业约束、质量评分…… |
| Time | 时间约束包括更新频率、统计周期、数据留存期限…… |
| Price | 价格约束包括挂牌价格、计费方式（按次、阶梯、包月、包月阶梯） |

相关产业链整合，构建实体经济与虚拟经济相结合的全新聚合经济体。依托香港国际金融中心地位，香港大数据交易所具有整合产业资源与资本的优势，打造全新的科技产业格局，将产、学、研融合成一个有机整体；同时，整合物联网、密码学、大数据、区块链、人工智能等技术，将采集的数据通过唯一编码的方式记录在区块链中，使得数据交易和投资成为可能，为未来数据及各类资产交易提供了必要的保障。

## 6.1.3　企业主导的国内数据交易平台

企业主导包括两种类型：一是数据服务商类型，以北京数据堂、深圳数多多、江苏聚合数据为典型代表，数据来源广泛；二是大型互联网企业派生类型，依托以京东、阿里巴巴等为代表的互联网巨头，数据来源、服务领域和业务特点等都与母公司有较强的关联性。企业主导型数据交易平台基本情况概览如表 6-6 所示。下面将分别介绍京东万象大数据开放平台、聚合数据资产服务 API 平台、东湖大数据交易中心。

### 1．京东万象大数据开放平台

京东万象大数据开放平台（以下简称"京东万象平台"）是京东云在已有的云计算平台基础上构建的综合型数据开放平台。

（1）产品类型

京东万象平台数据来源于企业内部（京东金融和京东云）数据、第三方数据和合作伙伴数据，目前已拥有超过 300 个数据提供商，超过 1000 个数据源和超过 100 个数据标签。数据涉及领域包括交通地理、金融征信、经济贸易、企业管理、生活服务、移动通信、数字营销等。

（2）交易模式

京东万象平台提供数据集、面向不同业务场景的多方数据计算模型及各类通用服务API 等数据产品，也提供数据定制服务。数据的交易体验与电商购物类似，交易模式包括

表 6-6　企业主导型数据交易平台基本情况概览

| 平台名称 | 地区 | 业务模式 | 服务领域 | 产品特点 |
|---|---|---|---|---|
| 数据堂 | 北京市（华北） | 混合数据交易平台 | 智能驾驶、游戏娱乐、智能客服、智能家居、新零售等 | 自有版权 800 TB 图像数据、20 万小时音频数据、约 20 亿条文本数据 |
| 数粮大数据交易平台 | 北京市（华北） | 第三方数据交易平台 | 经济/金融/贸易、农业/工业、工程/能源/地产、通信/社交、科教等 | 主要为数据包的商品服务 |
| 京东万象大数据开放平台 | 北京市（华北） | 混合数据交易平台 | 金融、公共、生活、企业、政务 | 提供多方数据计算模型及各类通用服务 API |
| 聚合数据资产服务 API 平台 | 江苏省（华东） | 混合数据交易平台 | 生活服务、金融科技、交通地理、企业工商、充值缴费、数据智能、企业管理等 | 主要提供 API，可提供 API 全生命周期治理服务 |
| 发源地大数据交易平台 | 上海市（华东） | 第三方数据交易平台 | 社交、金融、电商、汽车、人才、房产、医疗、企业、旅游、科研、咨询、阅读等 | 众包 UGC 模式采集/接入数据源 |
| 天元数据 | 江苏省（华东） | 混合数据交易平台 | 线上零售、生活服务、企业数据、农业、资源能化等十大类 | 整合济南市政府开放数据，提供网络商品零售数据报告 |
| 淘数据（大型互联网企业派生） | 浙江省（华东） | 混合数据交易平台 | 行业数据、爆款分析、热词推荐、产品里程碑等 | 为淘宝卖家提供数据查询、分析等 |
| iData API | 广东省（华南） | 混合数据交易平台 | 社交团购、酒店数据、餐饮数据等 | 数据产品允许历史数据回溯 |
| 阿凡达数据 | 湖北省（华中） | 第三方数据交易平台 | 金融股票、充值认证、便民类、新闻文章、医药交通、科教文艺等 | 主要关于网络热词 |
| SHOW API | 云南省（西南） | 混合数据交易平台 | 金融商业、企业管理、数字营销、交通地理、生活服务、虚拟充值、人工智能等 | 主要为 API 业务 |
| 中关村数海大数据交易平台 | 北京市（华北） | 第三方数据交易平台 | 经济、教育、环境、医疗、交通等 | 全国首个大数据交易平台 |
| 东湖大数据交易中心 | 湖北省（华中） | 混合数据交易平台 | 车辆服务、气象服务、通信服务、个人信用、企业信用 | 政务数据资产运营的开拓者，主要提供车辆类、气象类、企业类数据服务 |

大数据分析结果交易模式、数据产品交易模式、交易中介模式。

（3）定价机制

京东万象平台定价策略包括直接定价、按需计价、协议定价等方式。数据 API 按需求次数购买；块数据和数据报告按单个定价购买；数据应用服务按包月、季、年定价购买；数据定制服务根据客户需求评估进行协议定价。

（4）交易安全

京东万象平台结合公安部 eID（electronic IDentity）技术，为数据交易双方提供可识别的认证服务，并将数据授权和流通各环节记录到数据流通的区块链上，以证明数据流转的安全性和可信性，同时保证整个数据流通过程可追溯。通过采用区块链技术，京东万象平台把数据变成受保护的虚拟资产，每笔交易和数据都有确权证书。而未经许可的盗卖没有确权证书，或者证书与区块链确权不匹配，数据提供方就可要求法律保护，维护数据交易相关权益。

## 2．聚合数据资产服务 API 平台

聚合数据资产服务 API 平台（以下简称"聚合数据平台"）基于 API 技术，向客户提供覆盖多领域、多场景的标准化 API 技术服务，以及集 API 治理、数据治理和相关技术服务于一体的数字化整体解决方案，助力企业实现数字化升级。

（1）产品类型

聚合数据平台提供 500 多个覆盖多领域、多场景的标准化数据 API 服务，涵盖全国车辆违章查询、基站数据、城市公共交通信息数据、金融数据和其他各种有效合法资讯类信息数据。

（2）交易模式

聚合数据平台从数据源头上把控数据接口质量，经过统一 API 集成、融合框架进行标准化处理后，提供给开发者调用，主要提供 API、块数据和基于 API 全生命周期治理的技术服务产品。交易模式包括大数据分析结果交易模式、数据产品交易模式等。

（3）定价机制

聚合数据平台定价策略包括直接定价、按需计价等方式。数据 API 按需求次数或按实际使用量购买；块数据按单个定价购买；免费数据接口较多。聚合数据平台推出黑钻会员，向核心客户提供免费数据接口无限次调用特权、数据块下载等会员特权。

（4）交易安全

聚合数据平台具备一站式零代码快速接入输出、接口统一管理、智能路由热切换、一体化运营等技术特点，帮助企业实现内部/外部多数据源整合开放及数据"可用不可见"，实现数据深度融合，推进服务的改革创新和转型发展。

## 3．东湖大数据交易中心

创建于 2015 年的东湖大数据交易中心（以下简称"东湖大数据"）是国内领先的大数据资产运营商。

（1）产品类型

东湖大数据的数据来源于政府公开数据、本企业内部数据、自采数据和第三方数据，其产品主要包括汽车类、气象类、企业类服务数据，提供数据 API、块数据、数据报告、数据可视化、数据定制等数据服务产品，以及数据处理、数据算法、行业 SDK 等。

（2）交易模式

交易模式包括大数据分析结果交易模式、数据产品交易模式等。东湖大数据已形成无人驾驶、智慧招商、能源互联网、保险业务等行业解决方案。其中，智慧招商系列产品已向云南省投资促进局、湖北省商务厅等提供服务。

（3）定价机制

东湖大数据定价策略包括按需计价、协议定价等方式。数据 API 按条数或包月计费；

块数据、数据报告、数据定制等数据产品根据用户需求进行供需撮合以及协议定价。此外，为激活交易市场，2015 年开始，东湖大数据提供个人数据交易平台，鼓励个人用户邀请好友，用户上传、购买数据等可获取相应资产积分，用于兑换等价数据包。

（4）交易安全

东湖大数据在保障数据合规应用的基础上，通过严格的数据源准入标准和多来源多模态数据融合分析流通服务平台，面向数据需求方提供可信数据服务；与华中农业大学等院校合作，积极参与大数据和云计算相关的安全标准化研制工作，加入全国信息安全标准化技术委员会下属 SWG-BDS 大数据安全标准特别工作组，获得多项发明专利。

在当今的数字经济时代，数据和信息是企业和社会最重要的资源。移动计算和物联网等新技术的发展，使得数据交易平台的生命力更加旺盛。这些平台通过充当数据提供者与数据购买者之间创建链接的中介，为数据交易提供了基础设施。数据资产作为获取信息的原材料，为企业带来了持续不断的增值潜力。从市场上来看，数据交易平台的市场认可度也在逐年提升，数据交易市场的活跃度整体提高显著。数据交易市场在蓬勃发展的同时也存在一些困难和挑战：一是数据价值难以确定，二是数据交易市场的评估机制和准入机制存在漏洞，三是相关法律法规不健全等。数据交易市场、周边及生态需要摸索着这些问题求发展，健全的数据交易环境才能保障数据交易平台的活力。因此，在未来的数据交易市场和平台建设中，需要政府、企业和从业者共同发力，完善相应的法律法规和制度标准，盘活交易市场，共同缔造大数据交易市场的春天。

## 6.2 数据交易平台的挑战

数据交易平台建设是一项复杂的系统工程，6.1 节分析了当前国内外数据交易平台的发展现状，可以看出，当前的数据交易，不管是模式还是技术，都处于相对初级阶段。数据产品与常规商品不一样，数据产品的交易必然与常规产品的交易不同，这也给大数据交易平台的设计带来了非常多的挑战。

### 6.2.1 数据产品的交易特点

#### 1. 非竞争性

从资产属性来看，数据资产可被无限分享和复制决定了其排他性非常有限。这也意味着数据产品的非竞争性，也就是说，数据资产的价值与使用者的数量无关。一方使用数据不会阻止其他方也使用相同的数据。这些特征导致众所周知的公共产品市场问题，即资产过度使用和潜在退化。数据资产的复制物理成本非常低也不会损害自身利益，甚至会创收，但即便理论上可以进行数据界权，也很难防止用户将数据资产进行二次转售。

## 2．边际成本接近于零

数据产品的边际成本接近于零是指随着数据产品的生产和销售数量的增加，其成本的增长速度逐渐减缓，最终达到平衡点的经济现象。数据产品的边际成本对于数据生产企业了解数据产品生产和销售的成本状况，优化生产经营策略方面具有重要参考价值。

数据资产在成本、价格公开的影响方面也与普通资产不同。由于数据整合涉及对不同系统来源的数据信息进行大量的人工清洗、融合，数据产品首次创作成本高，但再生产边际成本接近于零[9]。

## 3．价值难以衡量

一方面，数据产品是无形性的，不能看到或摸到，数据产品的价值很难通过精确的公式或者模型来估算，因此必须通过其他方式体现，如通过数据的准确性和可靠性来说明其价值。另一方面，数据产品的价值可能受到使用对象、市场因素、技术发展等的影响，因此其价值不稳定。比如，一份某地区数字经济发展水平的数据报告对于正在做该地区数字经济发展规划的组织非常有价值，但是对于其他研究领域的组织价值可能就非常有限。因此，数据产品的价值必须定期评估，以确保其价格可以准确反映市场的变化。

# 6.2.2 交易平台设计的挑战

## 1．数据产权归属不明晰

数据界权是一个重要而复杂的问题，是建立数据交易规则和制度的前提，但目前缺乏全球共识。各政府都在努力确定如何权衡个人的数据隐私权与政府在公民安全、国家主权等方面对个人数据的使用权。

数据产品交易特点让数据确权的过程复杂困难。与目的明确的知识产权创造不同，数据可以从人们日常互联网活动中产生，但这不意味着数据的影响微不足道。

加工后的衍生数据，产权更是难以界定。从数据的生命周期来看，数据产业链条涉及不同主体，也牵涉各主体的不同利益，数据的采集、存储、传输、处理、使用、分配等环节都与数据权属有直接关系。包括全球人工智能伙伴关系（GPAI）数据治理工作组在内的越来越多的组织认为，数据是相互关联且由几个不同的实体共同生成的，属于集体利益，不能简化为个体利益。以"生产"环节为例，不同于有形商品生产过程的单向性，数据是多方共同参与的结果，依赖信息来源主体，也依赖互联网平台公司等技术、资本的投入。当互联网平台公司通过个人用户原始数据进行数据分析时，就很难确定衍生数据权属，进行分配。将衍生数据产权界定给个人或企业将影响企业发掘数据价值的积极性或进一步强化"赢者通吃"的局面。

而相关法律法规的尚不健全，更是让实际操作中数据交易平台的设计困难重重。我国目前还没有在法律层面明确数据的权属问题。虽然《中华人民共和国民法典》《中华人民共和国网络安全法》《中华人民共和国数据安全法》等法律规定了要对个人信息和数据进行保护，但对数据要素市场中的数据权属问题未予明确。2015 年，中共中央网络安全和信息化领导小组办公室发布《关于加强党政部门云计算服务网络安全管理的意见》（中网办发文〔2015〕14 号），提出的基本要求之一是：党政部门提供给服务商的数据、设备等资源，以及云计算平台上党政业务系统运行过程中收集、产生、存储的数据和文档等资源属党政部门所有。服务商应保障党政部门对这些资源的访问、利用、支配；未经党政部门授权，不得访问、修改、利用、转让、销毁党政部门数据；在服务合同终止时，应按要求做好数据、文档等资源的移交和清除工作[10]。2022 年 12 月，国务院印发《关于构建数据基础制度更好发挥数据要素作用的意见》，淡化了"所有权"概念，提出探索数据产权结构性分置制度，建立数据资源持有权、数据加工使用权、数据产品经营权"三权分置"的数据产权制度框架[11]。但对于数据交易而言，个人数据合规利用、公共数据授权以及运营企业数据权利有效保障的最终落地还需要相关法律的确认。

### 2．产品化存在困难

作为一种新的交易品种，数据交易目前在产品化方面还存在三大障碍。

首先，在数据标准化方面，目前行业的普遍现象是，由于缺乏统一的监管和规范，各行业的数据格式繁多，数据质量参差不齐。当数据来自多个业务系统时，避免不了数据存在错误或自相矛盾的情况。难以形成一种普适的数据产品标准化方法，直接影响到其成为一种集中化、大规模交易的产品[12]。

其次，数据产品的可用性严重依赖数据的处理方式。数据的产品化设计必须深刻理解用户的深层次需求，结合需求方的业务场景。面对海量数据，数据供给方要衡量应该采集和处理多少核心数据，保证数据产品产生的收益能够覆盖数据加工环节的成本。数据出售方或加工方若不熟悉需求方的业务场景，则有可能选择并不匹配的数据处理方式[13]。

最后，数据的时效性与敏感性存在矛盾。为保证数据分析的准确性，数据需求方对数据的时效性有较高要求；但数据供给方出于对自身商业秘密的保护及数据安全考量，不愿分享，因为可能泄露自身的商业秘密。需求方对数据时效性的要求和供给方对数据敏感性的保护，有着天然的矛盾。

### 3．数据交易机制仍待进一步完善

在市场化的背景下，尽管非合规的数据交易产业受较大打击，数据交易市场整体往合规化发展，但各地数据交易场所的数据交易量并未明显提升。

由于数据交易场内监管相比场外更严格，流程相对场外更为烦琐，提高了数据需求方合作门槛要求，因此较少有机构愿意到场内进行交易。绕过平台进行场外点对点交易的平台缺少客户黏性，沦为展示工具，缺乏可持续盈利模式。

由于数据的特殊属性，现有大数据交易平台各自建立规则，但尚未形成成熟的、可大规模商用的数据集中撮合交易模式，大数据交易机制仍待进一步探索[14]。

### 4．数据产品价值评估困难

数据在流通中产生价值，必然涉及定价问题。虽然目前已探索形成了市场法、成本法和收益法等数据定价机制，但由于数据本身的特性，数据定价依然存在难度。一方面，数据价格不仅与数据采集难易、数据质量有关，更与特定应用场景有关，数据在特定场景下才能凸显价值，容易形成对不同场景的使用者价格不同的情形。另一方面，数据获取不仅涉及采集环节，在传输、存储、加工、计算等过程中会产生更多数据，特别是对原始数据清洗、标注后得到的衍生数据，价值陡增，数据涉及主体越多元，数据确权和定价越困难。

原始数据经过加工转换后实现价值增值。数据要素价值化存在以下问题：一是数据交易以调用 API 居多，使用高价值的数据服务较少。一方面，受数据服务价格因素影响；另一方面，数据分析、建模处理往往与业务相关，定制、调整业务需求对平台的数据服务能力要求较高。二是正如在数据产品化中所提及的，数据具有高度的时效性，数据公司提供数据服务时，存在延期交付情形，而数据一旦无法得到有效、及时处理便会丧失预期价值。当前数据价值也缺乏客观、全面的评估体系，因数据交易市场的不成熟导致缺乏交易数据支撑，当前的数据交易多以数据交易主体线下议价为主。

### 5．隐私保护及信息安全存在风险

数据作为记录现实世界人和客观事物的性质、状态等特征的抽象数字符号，承载着隐私信息；企业数据负载着商业信息，属于商业秘密。数据的流通和交易会涉及个人隐私或企业商业秘密的安全问题。数据供给方一旦将原始数据交予数据需求方，将无法有效管控后者对数据的使用、传播或买卖等行为，相当于丧失了数据所有权和控制权，使得数据的价格、可出售次数大打折扣。另外，数据需求方很难找到匹配自身需求的数据，且对数据的质量和使用方式难以了解。数据交易双方需求匹配和信任建立多在线下，周期长，成本高，在数据交易和价值发挥过程中存在利益分配上的冲突和矛盾，使得协作关系变得脆弱。

数据要素流通有安全性的要求。其他要素的流通往往由市场自主匹配，政府监管主要面向维护市场交易公平。数据本身易复制、易修改的特点，导致数据交易中的数据安全保护存在困难。首先，数据泄露、数据篡改、非法买卖等数据公共安全事件频发，数据一旦泄露，难以进行追溯。其次，数据交易市场发展过程中，数据不断向头部企业汇聚，形成行业或区域型数据垄断，给政府的反垄断监管带来挑战。数据泄露、数据滥用会造成严重的负面影响，所以数据流通顺畅的前提是政府加强对数据流通的管理能力，尤其是注重配套技术监管手段。

现有法规尚未专门对数据交易过程的监管做出规定。作为新兴产业，数据交易监管涉及市场监督、网信、公安、金融、经信、大数据等多个政府部门，建立一个各方接受、分工明确的数据交易监管法规需要进行大量的沟通协调工作。2022 年 12 月，贵州省印发《贵州省数据流通交易管理办法（试行）》，明确了各级政务部门的相应职责，是引导合法合规开展数据流通交易活动的有益探索。

# 6.3 数据分类分级方法

狭义的数据分类就是将具有共同属性的不同数据归集到一起，通过不同属性间的差异特征实现数据间的划分。数据分级则是根据数据自身的价值、内容敏感程度、影响不同等维度，将数据资源划分为不同等级，从而采取不同的应对措施。数据的分类分级对于数据交易平台的架构和流程设计至关重要，也是数据安全管控和定价的参考依据。

## 6.3.1 分类原则

科学合理的数据分类标准对数据分级起着不可忽视的辅助作用，在建立数据分类标准时应遵循以下原则。

**1．稳定性原则**

在确定属性归类标准时，应当以数据最基础、最本质、最不易改变的特征作为分类的依据，以此维护整套分类体系的稳定性，确保该项标准的长期适用性，保障不同时期各类别数据间的纵向可比性。

**2．系统性原则**

在设计分类标准时，应构建一个逻辑清晰、层次合理的划分体系，充分发挥数据分类的优势，避免数据混乱或模糊。

**3．规范性原则**

在数据分类标准中所使用的术语应当能够确切地表示出该类目的实际特征，且在词汇、语法的使用上具有一致性。

**4．明确性原则**

不同数据类目间的划分界限应明确、清晰，不存在发生相互混淆的可能。

**5．可扩充性原则**

随着经济生活的转型发展，数据创新时有发生，这些新型数据的属性可能并不属于现有划分标准中的任何一类。因此，在规划数据分类标准时，需要有目的地预留一定的扩展空间，确保在增加新的属性类别时不会打乱整个系统的逻辑框架。

### 6．综合实用性原则

在制定标准的全过程中，设计人员与技术人员应时刻遵循"实事求是，一切从实际出发"的宗旨，设计出一套普适的、通用的规则体系，使总成本最小化。

### 7．兼容性原则

兼容性原则主要强调不同分类标准间的快速转换和对接，即：在任何一套体系的设计过程都应秉承以国家标准为核心的理念，只有在国家标准没有明确规定的情况下，才可按照行业标准的要求设立划分标准；只有当国家标准与行业标准均未做出明确指示时，才可参照国际标准。

## 6.3.2 分类方法

为了科学、有效地对数据资源进行组织管理，一般将数据资源根据主题及应用行业进行分类。

### 1．数据资源类别划分方法

（1）主题分类法

政务数据一般优先按照国家、地方制定的电子政务信息目录和公共数据目录进行识别。《政务信息资源目录体系第4部分：政务信息资源分类》采用混合分类法，从资源属性角度进行分类，包括 21 个一级类和 133 个二级类，以及综合政务、经济管理、国土资源与能源等类别[15]。

（2）行业分类法

目前，大数据交易平台一般根据数据资源涉及的行业领域范畴进行分类。参照《国民经济行业分类》，可将数据资源分为二十大类：农、林、牧、渔业，采矿业，制造业，电力、热力、燃气及水生产和供应业，建筑业，批发和零售业，交通运输、仓储和邮政业，住宿和餐饮业，信息传输、软件和信息技术服务业，金融业，房地产业，租赁和商务服务业，科学研究和技术服务业，水利、环境和公共设施管理业，居民服务、修理和其他服务业，教育，卫生和社会工作，文化、体育和娱乐业，公共管理、社会保障和社会组织，国际组织[16]。

### 2．数据资源类别划分步骤

（1）分类规划

明确业务场景和数据分类具体活动，并根据业务场景选择分类视角，制定数据分类工作计划。

（2）分类准备

通过调研数据现状，确定数据分类的对象，选择数据分类维度和方法。

（3）分类实施

根据拟定的实施流程，开发数据分类工具/脚本，记录数据分类实施过程，输出分类结果。

（4）结果评估

检查数据分类实施过程，访谈数据分类相关人员，测试数据分类结果。

（5）维护改进

定期对数据分类方法进行评估，并进行变更控制。

## 6.3.3　分级原则

### 1．科学性

按照数据的多维特征及其相互间客观存在的逻辑关联，进行科学和系统化的分级；按照数据全生命周期的安全需求和合规性，确定数据的安全等级。

### 2．实用性

确保分级结果能够为数据全生命周期的安全策略提供有效决策信息，并避免对数据进行过于复杂的分级规划，保证数据分级使用和执行的可行性。

### 3．自主性

各公共管理和服务机构可根据自身的数据管理需要，如战略需要、业务需要、对风险的接受程度等，按照数据分级方法，自主确定更多的数据层级并为数据定级，但不应将高敏感度数据定为低敏感度级别。

### 4．客观性

数据的分级规则是客观并可以被校验的，即通过数据自身的属性和分级规则判定其分级，已经分级的数据是可以复核和检查的[17]。

## 6.3.4　分级方法

### 1．数据资源分级概述

纵览目前现有的法规标准，数据分类分级的定级无外乎根据数据影响的对象、影响的范围及影响的程度进行。按照《中华人民共和国数据安全法》要求，根据数据遭到篡改、破坏、泄露或者非法获取、非法利用，对国家安全、公共利益或者个人、组织合法权益造成的危害程度，将数据从低到高分成一般数据、重要数据、核心数据三个级别。具体实践中，不同主体在基本框架定级的基础上结合行业数据分类分级规则或组织生产经营需求，对数据进行细化分级，如《工业数据分类分级指南》（工信厅信发〔2020〕6 号）、《金融数据安全 数据安全分级指南》（JR/T 0197—2020）等。

## 2.数据资源等级划分方法

根据《雄安新区数据资源分类分级指南》[18]，雄安新区数据安全等级模型如图 6-2 所示，影响数据资源等级的因素主要有三方面。

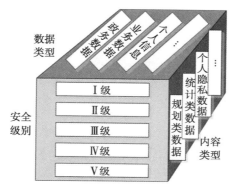

图 6-2 雄安新区数据安全等级模型

① 影响对象，划分为：个人、组织、行业。

② 影响范围，划分为：个人利益、公共利益、社会秩序、国家安全。

③ 影响程度，一般指数据安全属性（完整性、机密性、重要程度）遭到破坏后带来的影响大小，划分为：特别严重、严重、中等、轻微、无。

一般按照"确定影响对象—确定影响范围—确定影响程度"步骤综合对数据定级，如表 6-7 所示[19]。

表 6-7 数据定级规则

| 影响对象 | 影响范围 | 影响程度 | 数据特征 | 重要程度 | 数据级别 |
|---|---|---|---|---|---|
| 行业 | 国家安全 | 特别严重 | 数据仅针对特殊人员公开，且仅为必须知悉的对象访问或使用 | 极高 | V |
| 组织 | 国家安全 | 特别严重 | | 极高 | V |
| 个人 | 国家安全 | 特别严重 | | 极高 | V |
| 行业 | 社会秩序 | 严重 | 数据仅针对内部人员公开，且仅为必须知悉的对象访问或使用 | 高 | IV |
| 组织 | 社会秩序 | 严重 | | 高 | IV |
| 个人 | 社会秩序 | 严重 | | 高 | IV |
| 行业 | 社会秩序 | 中等、轻微 | 数据针对内部人员公开，且仅限内部人员访问或使用 | 较高 | III |
| 组织 | 社会秩序 | 中等、轻微 | | 较高 | III |
| 个人 | 社会秩序 | 中等、轻微 | | 较高 | III |
| 行业 | 公共利益 | 中等、轻微 | 数据针对内部人员公开，且仅限内部人员访问或使用 | 较高 | III |
| 组织 | 公共利益 | 中等、轻微 | | 较高 | III |
| 个人 | 公共利益 | 中等、轻微 | | 较高 | III |

| 影响对象 | 影响范围 | 影响程度 | 数据特征 | 重要程度 | 数据级别 |
|---|---|---|---|---|---|
| 行业 | 个人利益 | 轻微 | 数据有条件地公开，可被公众获知、使用 | 中 | II |
| 组织 | 个人利益 | 轻微 | | 中 | II |
| 个人 | 个人利益 | 轻微 | | 中 | II |
| 行业 | 个人利益 | 无 | 数据完全公开，可被公众获知、使用 | 低 | I |
| 组织 | 个人利益 | 无 | | 低 | I |
| 个人 | 个人利益 | 无 | | 低 | I |

## 6.3.5　数据资源共享和开放要求

自 2015 年来，我国出台了多份有关政务数据共享开放的重要文件，包括《政务信息资源共享管理暂行办法》《政务信息系统整合共享实施方案》等。在省级层面，贵州省率先制定了《政府数据　数据分类分级指南》，此后上海、重庆等地陆续出台公共数据开放暂行办法，统筹推进数据资源开放利用。

（1）数据资源共享要求

按照"以共享为原则、不共享为例外"的原则，数据共享可分为无条件共享、有条件共享、不予共享三种，共享要求基本如下。

① 无条件共享：无附加条件提供给所有公共管理和服务机构共享利用的数据，包括人口、法人单位、自然资源和空间地理、电子证照等基础库的基础信息项。

② 有条件共享：按设定条件提供给特定公共管理和服务机构共享利用的数据，如健康保障、社会保障、食品药品安全、安全生产、价格监管、能源安全、信用体系、城乡建设、社区治理、生态环保、应急维稳等主题信息资源。

③ 不予共享：不应提供给其他公共管理和服务机构共享利用的数据。凡列入不予共享类的，应当提供相关法律、法规、规章规定依据，否则应当无条件共享。

（2）数据资源开放要求

一般，数据资源开放分为无条件开放、有条件开放和不予开放三种。参考《广东省公共数据开放暂行办法》《上海市公共数据开放暂行办法》《浙江省公共数据开放与安全管理暂行办法》，各类数据资源开放要求总结如下。

① 不予开放：涉及国家秘密、商业秘密、个人隐私，开放后风险较高，或者法律法规规定不得开放的数据资源。

② 有条件开放：按设定条件提供给特定人群的数据资源，包括对数据安全处理能力要求高、时效性强的公共数据。例如，涉及个人、企业和其他组织权益的医疗健康、信用体系等数据可定向开放，或脱敏后开放。

③ 无条件开放：不予开放类和有条件开放类以外的数据。例如，行政审批、信用等公共服务领域的政务数据应优先开放。

（3）数据资源等级管控要求

雄安新区将数据共享开放要求与数据定级结合，给出了数据等级管控要求，如表 6-8 所示。

表 6-8　雄安新区数据等级管控要求

| 数据等级 | 共享要求 | 开放要求 |
|---|---|---|
| I 级 | 无条件共享 | 可完全开放 |
| II 级 | 原则上政府部门无条件共享，部分涉及公民的个人敏感数据可有条件共享 | 按国家法律法规处理，决定是否开放，对于涉及公民的个人敏感数据须脱敏后开放 |
| III 级 | 原则上政府部门无条件共享，部分涉及企业和其他组织权益的敏感数据可有条件共享 | 按国家法律法规处理，决定是否开放，对于涉及个人、企业和其他组织权益的敏感数据有条件开放 |
| IV 级 | 按国家法律法规处理，决定是否共享，可根据要求选择政府部门有条件共享或不予共享 | 原则上不允许开放，由于政策法规要求确需开放的数据，须对数据中涉密部分进行脱密处理 |
| V 级 | 不允许共享 | 不允许开放 |

## 6.3.6　动态分类分级

由于数据是动态流动的，其重要性和可能造成的危害程度也需要进行动态审核更新。基于数据资源标签的动态管理是实现数据资源的多维度动态分类分级管理方法之一。

根据行业或具体应用需求，数据资源分类项可以转化为数据资源标签，通过动态打标签和修改标签等技术方式，即可实现数据资源动态分类分级。

## 6.3.7　数据资产交易的产品类型

数据资产运营模式的类型主要有以下几种：基础数据类、产品服务类、解决方案类、合作共赢类。

### 1．基础数据类

基础数据类包括 API、数据包和云服务，为数据需求方直接提供经过数据分析加工后的基础数据产品。

其中，API 使用 Web 服务，即通过 HTTP 进行通信，以在线的方式提供数据；数据包以离线的方式提供数据；云服务是基于互联网相关服务的增加、使用和交互，提供实时、动态数据，保证了数据的时效性[20]。

### 2．产品服务类

产品服务类模式结合数据的来源渠道和价值细分领域，分析数据市场需求及潜力，形成专题研究报告产品，可采用会员制订阅模式或者免费发布等方式。

### 3．解决方案类

解决方案类模式根据数据资产价值特征，围绕用户的个性化需求，结合特定需求场景，通过定制化的方式提供解决方案，包括为客户量身打造定制化数据服务产品，以及数据处理、数据算法等技术服务产品。

### 4．合作共赢类

合作共赢类模式是指联合生态圈伙伴，与数据供应单位、行业龙头企业等进行深度合作，深度运用内外部数据，对分析目标进行多维度准确刻画，在数据脱敏前提下服务数据需求方。收益可按固定比例分成，或浮动收益分成。

## 6.4 数据定价策略及实例

### 6.4.1 数据定价策略

① 成本导向定价：数据供给方或数据交易平台根据数据成本、数据质量、市场供求情况等因素，设定固定价格或价格区间。

② 协议定价：在产品购买期间，买卖双方轮流出价，就数据资产价格进行协商谈判，寻求双方都能接受的合理价格。数据交易平台仅提供撮合交易服务。

③ 拍卖定价：用公开竞价的形式把商品交给最高应价者，适用于市场上仅有一家数据供给方拥有优质数据资产，而有多家数据需求方的场景。

④ 使用量定价：主要用于批量数据，收取一次性调取费用，或基于使用量收取套餐价、组合价。

⑤ 免费增值定价：第一部分是免费的，第二部分增量部分需要收费，常用于 API 产品，通过一定程度的免费服务来提高用户黏性和满意度，从而达到购买增量部分的目的。

⑥ 动态定价：平台系统根据当前市场供需情况为产品进行浮动定价。价格往往基于过往交易数据的成交价及数据时效而生成。

### 6.4.2 数据定价模型

根据中国资产评估协会发布的《资产评估专家指引第 9 号——数据资产评估》（中评协〔2019〕40 号）[21]，数据资产价值的评估方法包括成本法、收益法和市场法三种基本方法及其衍生方法，如表 6-9 所示。

### 1．成本法

成本法分为历史成本法和重置成本法两种，重置成本法采用较多。重置成本法是在当前条件下重新构建一项数据资产，等于构建和评估对象功能相同的全新数据资产所需的费用（运用最新、最便捷、成本最低的方法获取同一组大数据资产的费用），在此基础上，减

表 6-9　数据资产价值的评估

| 定价方法 | | 定价机制 | 优　点 | 缺　点 |
|---|---|---|---|---|
| 传统定价方法 | 成本法 | 从产生数据资产所需花费的成本进行评估的一种估值方式 | 数据指标相对客观且易操作 | 传统的成本法在应用时无法完全反映数据资产带来的潜在的社会价值及经济价值，进而可能导致最终的评估值比实际情况偏低、计算值不准确的情况 |
| | 收益法 | 对数据资产投入使用后的预期收益能力进行评估的一种估值方式 | 反映真实数据价值 | 数据的用途多样，其使用期限根据外界因素变化，为其使用者带来的潜在未来收益流更是具有极大不确定性，折现率难以估算 |
| | 市场法 | 基于相同或相似数据资产的市场交易案例进行评估的一种估值方式 | 反映真实市场情况 | 适用于活跃数据市场中以交易为目的的数据产品，但目前并不存在一个公开并活跃的交易市场，可比案例难以找到 |
| 衍生定价方法 | 博弈论定价法 | 多角色的相互作用达到平衡 | 契合拍卖场景 | 需要积累数据价值关系，包括数据与数据、数据与场景之间的价值贡献 |
| | 信息熵定价法 | 由信息论理论判断价值含量 | 针对个人隐私数据效果较好 | 某种特定信息的出现概率，概率越小，时间产生的信息量越大，相对数据质量的多维度评价有明显弱势 |
| | 机器学习定价法 | 运用机器学习算法模拟定价问题 | 在金融领域定价表现杰出 | 交易标的一般为数据集，由于国内尚不存在一个公开且活跃的交易市场，亦没有可获取的交易价格，可作为神经网络模型的基础 |

去数据资产的功能性贬值和经济性贬值等各项贬值因素，得到数据资产的最终价格[22]。

采用成本法计算的数据资产价格评估值综合考虑了数据资产成本和投资回报率。其中，数据资产成本包括数据资产从形成到评估日期间所产生的总成本。根据信息生命周期，数据资产成本主要包括数据获取成本、数据存储成本、数据加工成本、数据管理成本。

根据数据获取方式，数据获取成本可分为外部获取成本和内部采集成本。外部获取成本包括含税采购价格、采购人员成本及其他获取成本，内部采集成本包括采集人员成本、采集终端设备成本、采集系统成本及其他采集成本。数据存储成本包括存储设备成本及其他存储成本。数据加工成本包括加工人员成本、加工系统成本及其他加工成本。数据管理成本包括数据管理人员成本、数据管理系统成本及其他管理成本。

功能性贬值主要衡量由于外界因素变化导致数据相关性、时效性和准确性对数据资产价值的影响。例如，消费者行为改变导致过时的消费者行为数据无法反映购买行为。

经济性贬值主要指，由于外界因素变化导致数据资产有效性降低或范围缩减。例如，由于法律限制，数据资产被禁止使用或需要进行脱敏处理。

成本法模型的表达式为

$$P = C_{\text{total}} \times (1 + R)$$

其中，$P$ 为数据资产评估值；$C_{\text{total}}$ 为数据资产总成本；$R$ 为数据资产成本投资回报率。

## 2．收益法

收益法是基于数据资产的预期应用场景，计算该项资产所贡献的收益的现值的一种估值方法。目前，普遍采用以下几种方法估算预期收益：一是直接估算法，将利用数据资产后的收益增长视为数据资产带来的收益增长；二是比较分析法，将利用数据资产后的利润率减去同期行业平均利润率；三是超额收益法，是分离其他资产（固定资产、流动资产等）贡献后的收益。

收益法模型的表达式为

$$P = \sum_{t=1}^{n} \frac{I_t}{(1+i)^t}$$

其中，$P$ 为数据资产评估值；$t$ 为数据资产可以使用的期限；$I_t$ 为 $t$ 时期的预期收益；$i$ 为折现率，等于无风险报酬率和风险报酬率之和。风险报酬率可根据累加法、行业平均或资本资产定价模型确定。

### 3．市场法

市场法是根据相同或者相似的数据资产的近期或者往期成交价格，通过对比分析，评估数据资产价值的方法。市场法模型的表达式为

$$P = \text{Comparable(Asset)} \times \alpha$$

其中，$P$ 为数据资产评估值；$\text{Comparable(Asset)}$ 为可比案例数据资产价值；$\alpha$ 为修正系数。

修正系数为标的数据资产与可比案例数据资产相比较进行计算的价值评估指标。评估维度包括数据质量、应用场景、稀缺性等。

### 4．其他衍生方法

除了传统的成本法、收益法、市场法，还有其他衍生定价方法，包括博弈论定价法、信息熵定价法、机器学习定价法等，但因实践计算困难，使用极少。

## 6.4.3 数据资产价值指数

数据资产价值指数是指基于数据资产价值评价指标体系，反映与上述理想化定价方法计算而来的数据资产的相对价值水平，运用指标打分法计算表征数据资产相对价值水平的百分制数值。

设有 $n$ 个评价维度 $S_1, S_2, \cdots, S_n$，给予权重系数 $W_1, W_2, \cdots, W_n$，则数据资产价值指数的计算公式为

$$S = \sum_{i=1}^{n} (S_i W_i)$$

对于每个 $S_i$，有 $m$ 个评价维度 $s_{i1}, s_{i2}, \cdots, s_{im}$，给予权重系数 $w_{i1}, w_{i2}, \cdots, w_{im}$，计算得到

$$S_i = \sum_{j=1}^{m} (s_{ij} w_{ij})$$

本书数据资产价值评价指标包括质量维度、应用维度、风险维度和市场维度。

### 1．质量维度

质量维度指标的影响因素包括完整性、正确性和重复性。完整性描述数据是否存在缺失记录或缺失字段；正确性描述数据是否与其对应的客观实体的特征相一致；重复性描述数据是否存在重复记录。

质量维度指标为定量指标，计算公式为

$$S_1 = S_{11}W_{11} + S_{12}W_{12} + S_{13}W_{13}$$

其中，$S_{11} = A_{11} / A$，$S_{12} = A_{12} / A$，$S_{13} = 1 - A_{13} / A$，$A$ 是数据总量，$A_{11}$ 是字段完整的数据总量，$A_{12}$ 是正确的数据总量，$A_{13}$ 是重复记录的数据量。

### 2．应用维度

应用维度指标的影响因素包括时效性、多维性和场景经济性。时效性描述数据的时间特性对应用场景的满足程度；多维性描述数据集的维度多寡程度；场景经济性描述在具体场景下数据集的经济价值。

应用维度指标为定量指标和定性指标的结合，即

$$S_2 = S_{21}W_{21} + S_{22}W_{22} + S_{23}W_{23}$$

其中，

$$S_{22} = \sum_{i=1}^{|a|} \gamma_i / \sum_{i=1}^{|A|} \gamma_i$$

$|a|$ 为评估对象拥有的数据维度，$|A|$ 为评估对象理想的数据维度，$\gamma_i$ 是相关常数，通常为 1。

时效性和场景经济性为定性指标，需设置相应标准，将定性指标转化为定量值。

### 3．风险维度

风险维度主要考虑商业环境的法律限制、道德约束和数据安全问题。在法律尚未明确规定的情况下，哪些数据可以通过合法设计进行交易，以及社会舆论压力、数据泄露、数据隐私保护、开发水平不足等风险，都会影响数据资产价值。风险维度指标也是定性指标。

### 4．市场维度

市场维度指标主要为数据稀缺性，描述相似数据资产数量的多寡，在相似数据局限在很少数量的情况下，数据价值较高。市场维度指标也是定性指标。

各定性指标可参考设定评分标准，如表 6-10 所示。

表 6-10　定性指标参考设定评分标准

| 定性指标分值 | 0.1 分 | 0.4 分 | 0.7 分 | 1 分 |
|---|---|---|---|---|
| 时效性 | 低时效 | 较低时效 | 较高时效 | 高时效 |
| 场景经济性 | 低价值 | 较低价值 | 较高价值 | 高价值 |
| 风险性 | 高风险 | 中风险 | 低风险 | 无风险 |
| 稀缺性 | 不稀缺 | 稀缺性一般 | 较稀缺 | 非常稀缺 |

## 6.4.4　数据定价方法优化

综合考虑数据资产在质量维度、应用维度、风险维度和市场维度的表现后，给予优化

后的数据资产定价方法。

优化后的成本法为

$$P = C_{\text{total}} \times (1 + R) \times S$$

优化后的收益法为

$$P = \left( \sum_{t=1}^{n} l_t / (1 + i)^t \right) \times S$$

其中，超额收益为理想数据资产预期带来的超额收益。

## 6.4.5　数据定价实践案例

为深化小微企业金融服务，降低某省会城市 F 市中小企业的融资门槛，某国有银行 F 市分行拟开展"小微企业智慧快贷"项目，利用 F 市人力资源和社会保障局、F 市住房公积金中心、F 市不动产登记中心、F 市科技局、F 市知识产权局等单位提供的 F 市小微企业相关数据，对客户的经营情况开展画像，为中小企业提供纯线上的信用贷款。

### 1．成本法计算

成本法包含数据获取成本、数据存储成本、数据加工成本、数据管理成本。由于受相关政府部门授权处理利用数据，故数据获取成本与数据存储成本为 0。针对该样例项目，测算数据加工成本为 30.4 万元，平台运营成本为每年 40.08 万元，合计该样例项目成本为 70.48 万元。$R$ 为投资回报率。参照 G 银行数据资产估值实践，参照同类型数据交易的平均利润率预估合理利润率为 78%。

依据成本法模型的表达式：

$$P = C_{\text{total}} \times (1 + R) = 70.48 \times (1 + 78\%) = 125.4544 \quad （\text{万元}）$$

因此，该项目评估值为 125.45 万元。

### 2．指标计算

数据资产价值评价指标包括质量维度 $S_1$、应用维度 $S_2$、风险维度 $S_3$ 和市场维度 $S_4$，对其分别给予权重系数 $W_1, W_2, W_3, W_4$。数据资产价值指数的计算公式为

$$S = \sum_{i=1}^{4} S_i W_i$$

经过综合评估，权重系数 $W_1, W_2, W_3, W_4$ 分别为 0.2、0.3、0.2、0.3。

4 个维度具体如下。

质量维度 $S_1$：影响因素包括完整性 $S_{11}$、正确性 $S_{12}$ 和重复性 $S_{13}$，分别给予权重系数 $W_{11}, W_{12}, W_{13}$。该维度为定量指标，计算公式为

$$S_1 = S_{11} W_{11} + S_{12} W_{12} + S_{13} W_{13}$$

根据客户需求与实际项目综合评估，完整性、正确性和重复性指标的权重分别为 0.3、0.5、

0.2。通过抽样统计，评估得到完整性指标 $S_{11}$ 约为 0.5，正确性指标 $S_{12}$ 约为 0.8，重复性指标 $S_{13}$ 约为 0.3。综上，计算得出 $S_1$ 为 0.61。

应用维度 $S_2$：影响因素包括时效性 $S_{21}$、多维性 $S_{22}$ 和场景经济性 $S_{23}$，分别给予权重系数 $W_{21}, W_{22}, W_{23}$，为定量指标和定性指标的结合，计算公式为

$$S_2 = S_{21}W_{21} + S_{22}W_{22} + S_{23}W_{23}$$

其中，

$$S_{22} = \sum_{i=1}^{|a|} \gamma_i \bigg/ \sum_{i=1}^{|A|} \gamma_i$$

通过对实际场景与使用数据的综合评估，其中时效性指标为 0.6，场景经济性指标为 0.9，风险性指标为 0.7，稀缺性指标为 0.6。

综上，计算得出 $S_2$ 为 0.66。

风险维度 $S_3$ 和市场维度 $S_4$ 为定性指标打分，同上文所述分别为 0.7 和 0.6。

综上，得出数据资产价值指数为 0.64，即

$$S = \sum_{i=1}^{4} (S_i W_i) = 0.2 \times 0.61 + 0.3 \times 0.66 + 0.2 \times 0.7 + 0.3 \times 0.6 = 0.64$$

### 3．最终参考定价

最终参考定价 $F$ 为成本法评估值乘以数据资产价值系数，即

$$F = P \times S = 125.45 \times 0.64 \approx 80.29 \text{ 万元}$$

根据本章优化方法测算，该样例项目最终参考定价为 80.29 万元，与客户愿意为之买单的最终项目成交价相近。就此实践案例结果来看，本优化后的数据资产定价方法具有一定的可操作性和合理性。

## 6.5  交易平台架构设计

### 6.5.1  设计思路

第 5 章剖析了一个基本的数据共享系统的设计和代码实现，本章前面分析了数据交易平台的挑战，探讨了数据分级分类和定价方法。本节将介绍如何从零设计用于生产系统部署的大数据交易平台。交易平台的设计和实现极具挑战性，不可一蹴而就，需要考虑分阶段建设。从技术难度和投入可控角度，第一阶段的建设着重于打基础，实现基本的数据交易业务流程；第二阶段的建设着重于扩展应用场景，尤其是隐私计算相关场景的实现；第三阶段的建设则着重于运营能力提升和相配套的技术能力建设，建立数据交易的生态体系。

### 1．打基础阶段

第一阶段就是打基础阶段，实现大数据交易平台基本业务流程，以及数据集、API 两

种数据类型交易业务流程，确保业务顺畅开展；实现公共数据和社会数据融合应用流程并落地试点。

第一阶段的建设逻辑是基于最小必要原则打造轻量级平台，快速实现交易闭环流程，在此基础上与公共数据开发服务平台对接，实现公共数据和社会数据的融合应用试点。

针对以上原则，需要建设的内容可能包括：官网门户、交易门户提供宣传和交易入口；展厅可视化大屏方便运营方和监管方了解交易进展；用户中心方便交易主体能够开展交易操作；流通业务平台的数据确权和授权管理系统、数据登记管理系统、产品管理系统、订单管理系统、合同管理系统、财务管理系统和计费管理系统，实现数据的确权登记—上架—下单—合同签署—计量计费—财务管理全流程。除此之外，需要建设运营管理平台的用户运营和产品运营系统，方便平台运营方对用户和数据产品进行审核管理；建设交易监管平台的数据监管、场景监管和流程合规监管系统，方便监管方对全流程进行合规监管。为了实现公共数据和社会数据融合，需要建设交易对接系统，统一认证、统一支付，公共数据开发服务平台对接进行对接，实现用户验证、在线支付等功能。同时，为确保交易过程可信可溯源，建设区块链管理系统，将主要流程的信息上链存证，避免后续纠纷和风险。建设数据管控平台，其中资源管控系统实现对数据样本库的管理，数据目录管理系统实现公共数据目录的存储和管理。

### 2. 扩场景阶段

第二阶段就是扩场景阶段，需要在高频场景对大数据交易平台开展业务验证，提炼标准化场景和数据产品；扩展大数据交易平台系统功能，如数据融合试验功能，提高数据供需方的撮合效率；基于第一阶段用户反馈，迭代和优化系统功能。

第二阶段的建设逻辑是在第一阶段系统功能的基础上，扩展除数据集、API 外的其他数据产品类型，如隐私数据表等新型数据产品，实现"数据可用不可见"。因此，需建设 PaaS 云服务支撑系统，为计算交付平台提供环境自动化部署，并建设数据融合试验系统和隐私计算试验系统，为用户提供"先试验后交易"的数据撮合服务；同时，基于第一阶段的业务数据沉淀，建设产品评估定价系统，研发评估模型，对数据产品提供辅助定价参考；建设合规认证系统，同时支撑多家第三方合规机构开展标准化合规认证服务，培育产业生态；随着第二阶段业务量的扩展，需配套建设客服座席管理系统，以应对大量的咨询和售后需求；同步扩展运营管理平台、交易监管平台、技术支撑平台的其他系统。

### 3. 强运营阶段

第三阶段就是强运营阶段，需要通过系列运营活动投入，提升数据交易平台的活跃度和用户黏性；沉淀交易数据，实现平台智能化服务；扩展样本库，细分行业应用，赋能实体产业；建设统一隐私计算平台，实现平台隐私计算生态互联互通。

到了第三阶段，大部分系统均已建设完成，大数据交易平台的重心应转移至平台运营，第三阶段的建设逻辑为扩展智能化服务，提升风险控制水平和平台的互联互通程度。基于此，第三阶段需建设统一隐私计算系统，以实现不同隐私计算厂商之间的互联互通，构建交易所自身的技术生态；同时，通过自建或第三方风控服务，保障自身运营安全；为更好提升用户体验，需要建设移动端，方便各交易主体及时了解交易动态信息。

大数据交易平台建立在区块链、隐私计算、数据安全等基础之上，通过数据样本的采集和运营，实现供需双方智能撮合，并可提供统一的计算交付模式，使用新的技术解决传统数据交易互信难、可信流通难等问题。大数据交易平台建设需要积极探索整合数据沙盒、容器、隐私计算等技术，实现以"可用不可见"为特征的双方数据联合校验和需求对接，在保障供需双方数据安全的同时实现数据价值共享，有效消除数据孤岛和系统孤岛问题，形成多元主体利益共享的保障机制，将经过标签化处理后的数据对接融合，再进行统一的增值开发利用，让各数据源重新构成一个数据集群，并不断集聚壮大，从而提升数据的含金量，增强数据价值释放能力，赋能更多的数据交易主体。

## 6.5.2　模式变革

传统的数据共享模式往往容易走入两个极端：数据要么"捂"得死死的，不共享，不让第三方使用，或者是物理限制，要跑到特定场所用；要么没有底线，数据直接复制给第三方，要求第三方承担数据保密的义务。这些都是治标不治本的方法。

第一，放开了，数据的安全、隐私、权益保障不了。

第二，捂死了，数据交易的市场和生态没法激活，各种限制也会导致最终的交易平台走向死亡。

所以，对于不同的数据，需要采取不同的共享原则，如图6-3所示。

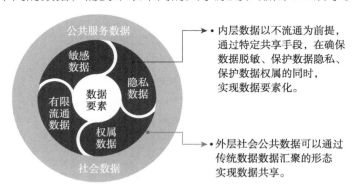

图6-3　数据要素共享原则

而传统的数据治理流程往往在需求不是很清晰的前提下，就对数据进行汇聚、清洗、交易，投入大，收益小，如图6-4所示。

因此，数据交易体系的设计可以创新数据治理流程，改变传统以数据汇聚为重心的数

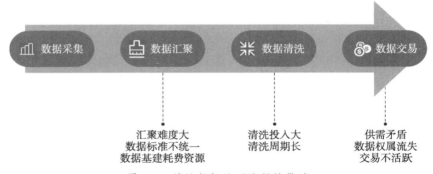

图 6-4  传统数据治理流程的弊端

据治理流程，改为以市场需求为驱动、以数据交易为重心的数据治理流程，政府或平台建设方可以将数据治理的核心工作放在数据汇聚、数据标准和数据交易上，如图 6-5 所示。

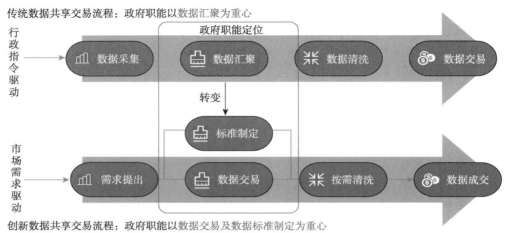

图 6-5  数据共享与交易流程再造

通过对数据共享与交易流程的变革，我们可以在成本、安全、效率、效益等方面进行改善，让数据交易真正走向市场化，促进整个市场的活力提升，如图 6-6 所示。

**节省成本**
无须数据汇聚，最大程度降低政府数据基建成本

**数据安全**
数据不出门，算法跑上门，计算众协同，利益共分享，隐私不流通，监管无漏洞

**交易促成**
以数据目录为交易参考，快速匹配供需双方，提升交易效率

**需求驱动**
以市场需求驱动数据交易，促进数据治理活动开展，有的放矢，告别无价值劳动

**商业效益**
相关数据治理费用由需求方支出，交易平台无须预支清洗、脱敏等数据治理费用

**要素市场化**
保护数据所有者权属，调动数据要素所有者的数据共享积极性，推动数据要素市场化

图 6-6  数据交易模式变革的收益

在这样的交易模式下，各交易方的数据从交易前的预处理、数据资产发布，到交易中形成净数据区，进行数据的存证，再到交易后提供一系列数据审计管理服务，区块链及隐私计算技术能够提供较全面的支撑，如图 6-7 所示。

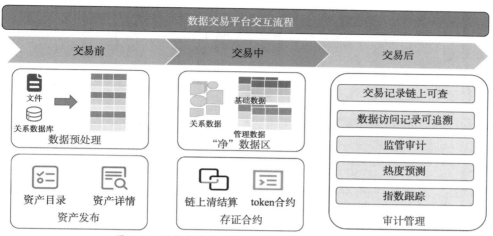

图 6-7　数据交易平台交互流程中的区块链支撑

## 6.5.3　功能架构

基于前述讨论的交易平台设计思路和交易模式变革，我们给出了数据交易平台的功能架构、业务架构、技术架构、数据架构和安全架构。

从功能架构角度，数据交易平台总体分为应用层、业务层、计算层、技术支撑层、数据层共五层，为交易主体提供安全、可信、可控、可追溯的数据交易环境，提供准入认证、数据资源登记、数据产品开发、合规审核、产品上架、交易撮合、交易结算等综合服务，同时平台采用成熟的安全机制、标准规范体系等为数据交易业务保驾护航。图 6-8 给出了数据交易平台功能架构（建议版本），具体说明如下。

### 1. 应用层

应用层为平台面对用户提供数据要素流通服务的展示，包括官网门户、交易门户和展厅可视化大屏。应用层具备文化交易版块、数据交易版块、数据市场、数据需求、争议仲裁和注册登录等功能，满足供需双方查询、购买和使用导引，以及面向内部管理或对外开放的数据交易大屏。

### 2. 业务层

业务层为数据交易提供业务、运营、监管的完整支撑，包括用户中心、流通业务平台、运营管理平台和监管交易平台。用户中心提供数据需求方、数据提供方、数据经纪人、运营、监管方、第三方中心机构管理入口和功能。流通业务平台为数据交易业务的核心平台，包括数据确权和授权管理系统、数据登记管理系统、合规认证系统、产品评估定价系

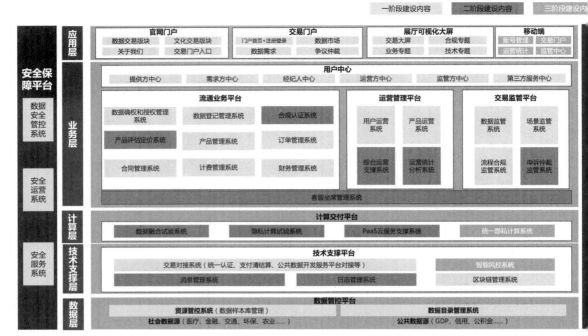

图 6-8 数据交易平台功能架构

统、产品管理系统、订单管理系统、合同管理系统、计费管理系统、财务管理系统、客服座席管理系统；运营管理平台为门户的用户运营、产品运营、综合运营支撑、运营统计分析系统；交易监管平台从流程合规监管、场景监管、数据监管、申诉仲裁监管等方面提供监管功能。

### 3. 计算层

计算层由数据融合试验系统、隐私计算试验系统、PaaS 云服务支撑系统、统一隐私计算系统构成。计算层主要通过对数据融合计算的业务保密场景要求，实现数据明文融合计算的低保密安全计算、数据密文安全环境融合计算的中保密安全计算和数据不出域的高保密安全计算。PaaS 云服务支撑系统为安全计算提供环境的调度和分配，提供数据的安全存储和用后即焚的沙盒隔离环境。

### 4. 技术支撑层

技术支撑层提供数据要素流通统一技术支撑，主要包括：交易对接系统、消息管理系统、日志管理系统、智能风控系统和区块链管理等系统，提供统一的技术支撑底座。

### 5. 数据层

数据层为数据样本采集、存储和管理提供资源管控系统和数据目录管理系统，将社会数据样本、公共数据目录进行归集整理，构建包括但不限于医疗、金融、交通、农业、信用、公积金、水电气等主题数据样本库。

另外，数据交易规则规范作为引导平台建设和迭代的业务规则，贯穿数据交易平台整体架构，包括交易规则、交易主体管理、合规指南、评估指南、产品上架规范、技术交付指南、安全保障规范等内容，以标准推动市场规范化，并通过标准规范为数据交易平台建设和迭代提供依据，实现业务和技术的深度绑定，减少无效开发。

同时，安全保障平台包括数据安全管控系统、安全运营系统、安全服务系统三部分，从交易安全、数据安全、基础安全、运营安全等方面为交易主体、交易标的、交易平台和交易流程提供全面安全保障。

## 6.5.4　业务架构

数据交易平台业务流程以公共数据流程、数据需求方流程、数据提供方流程进行设计。数据提供方流程主要涉及数据合规、数据评估、产品管理、社会数据专区；数据需求方流程主要涉及社会数据和公共数据专区、订单审核及管理、合同管理、支付模块、计算平台、结算模块、存证监管模块等；公共数据流程主要涉及数据交易平台的产品管理、公共数据专区、订单审核及管理、支付模块、计量计费模块、结算模块、存证监管模块等。图 6-9为一套完整的数据交易平台业务架构。

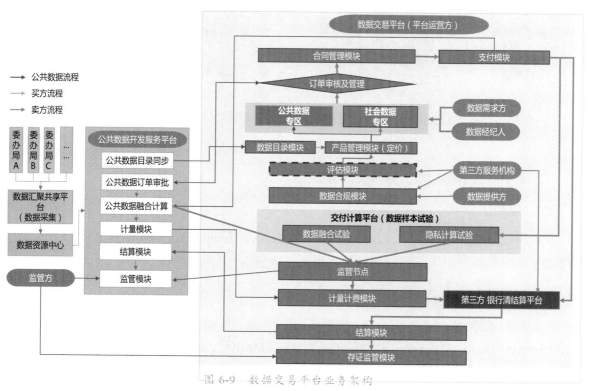

图 6-9　数据交易平台业务架构

## 6.5.5　技术架构

图 6-10 为数据交易平台技术架构示例，其中的各种技术只是代表性的选型，在生产系统研发中，可以根据实际情况进行选型。

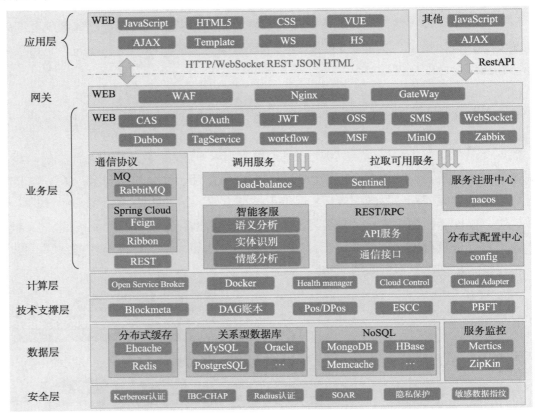

图 6-10　数据交易平台技术架构

交易平台技术架构各层内容的说明如下。

### 1．应用层

采用 JavaScript、HTML5、CSS、VUE、AJAX、Template、WS、H5 等技术，主要为官网门户、交易门户以及展厅可视化大屏提供支持。

### 2．业务层

采用网关如 WAF、Nginx、GateWay，服务包括 CAS、OAuth、JWT、OSS、SMS、WebSocket、Dubbo、TagService、Workflow、MSF、MinIO、Zabbix，通信协议包括 RabbitMQ，微服务 Spring Cloud 包括 Feign、Ribbon、REST，调用服务包括 load-balance、Sentinel，服务注册中心 nacos，智能客服包括语义分析、实体识别、情感分析等，分布式配置中心 config 等一系列技术，为用户中心、流通业务平台、运营管理平台以及交易监管平台提供支持。

### 3．计算层

采用 Open Service Broker、Docker、Health Manager、Cloud Control、Cloud Adapter 等技术，为计算交付平台提供支持。

### 4．技术支撑层

采用 Blockmeta、DAG 账本、PoS/DPoS、ESCC、PBFT 等技术，为技术支撑平台提供支持。

### 5．数据层

采用分布式缓存 ehcache、redis，关系型数据库 MySQL、Oracle、PostgreSQL，NoSQL MongoDB、HBase、Memcache，服务监控 Mertics、ZipKin 等技术，为数据管控平台提供技术支持。

### 6．安全层

采用 kerberos 认证、IBC-CHAP、RADIUS 认证、SOAR、隐私保护、敏感数据指纹等技术，为安全保障平台提供支持。

## 6.5.6　数据架构

数据交易平台的数据架构有两个主要目标：一是建立数据管控平台对接公共数据资源目录和社会数据样本，二是联合计算交付平台为数据交易业务提供撮合试验支撑，保障数据的有序可靠供给。生产数据不出自身业务系统，通过本地部署隐私计算节点进行点对点计算，数据均在本地完成运算，将中间过程数据进行传输融合，实现从数据来源到数据应用的有序流转。数据的生产过程可以分为四个阶段。

### 1．阶段一：采集层

本阶段将社会数据样本和公共数据目录等稳定数据来源通过各种方式汇聚到综合库中供进一步存储和处理。社会数据样本包括医疗、金融、交通、环保以及农业等数据，公共数据目录中包括 GDP、信用等数据目录。这些数据经过必要的采集和前置处理，最终通过接口集流向下一个阶段。

### 2．阶段二：处理层

本阶段对采集的数据基于数据管控与治理进行相应的处理，最终形成标识库、算法算子库、指标库、特征库和规则库，为下一个阶段提供必要的数据支撑。

### 3．阶段三：业务层

本阶段将前一阶段生成的价值数据应用在具体的业务场景中，经过数据登记确权、产品评估定价、产品购买、合同签署和订单计量计费等，完成数据交易的业务闭环。

**4．阶段四：应用层**

本阶段面向各类用户提供展现形式丰富、展示终端多样化（展厅大屏、Web 端、移动端等）的呈现模式，是数据交易平台中最后一个也是最容易让用户感受到数据成果的阶段。通过实现良好的数据呈现能够最大化业务价值。

需要强调的是，在数据架构设计中，用于流通交易的原始数据不在平台留存，图 6-11 中所指的均是平台的业务数据。

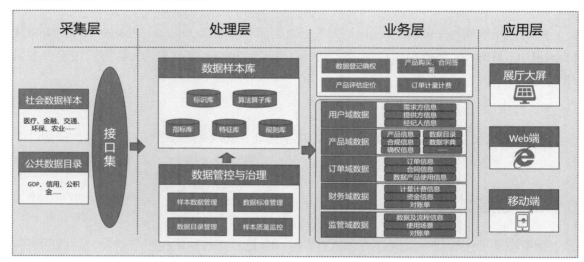

图 6-11　数据交易平台数据架构

## 6.5.7　安全架构

数据交易平台安全架构是一个多层次、多方面的应用结构，综合考虑各安全要素，主要包含贯穿始终的制度规范、安全运营和安全管理，以及三层安全技术建设：基础安全、数据安全、交易安全。

基础安全是指数据交易平台的基础设施安全，包括网络安全、物理安全、系统安全、机房安全、云安全、终端安全等。

数据安全是指数据交易平台中交易的数据产品的全生命周期安全，包括数据使用安全、数据传输安全、数据交换安全、数据存储安全和数据销毁安全等。

交易安全是指数据交易平台中交易参与方安全、大数据交易平台安全和交易过程安全。

这几方面既是一种防护基础，也是一个循环渐进、合理有效的整体安全防护系统。图 6-12 为数据交易平台安全架构。

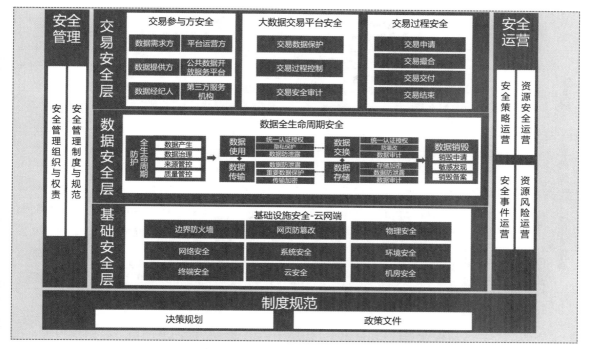

图 6-12  数据交易平台安全架构

# 6.6  挑战的应对措施

6.2 节分析了数据产品交易的特点，并提出了数据交易平台在数据产权、产品化、交易机制、价值评估、隐私保护及安全风险等方面的挑战，本节将针对这些挑战提出可能的应对措施。

## 6.6.1  确权及合规性挑战应对：基于数据公证的合规认证体系

基于数据合规认证系统构建的合规认证体系是通过用户申请、视频连线、短信认证、人脸比对、在线文书签署等全部或者部分步骤后完成数据相关业务在线公证的系统。基于公证服务发挥沟通、证明、监督的职能，有效防范数据交易中的风险，为解决纠纷提供可靠的证据，并能够保障数据交易平台平稳有序地运行。数据合规认证体系的功能架构如图6-13 所示。

## 6.6.2  安全性挑战应对：三流分离的业务模式

在数据流通交易过程中，存在数据流、业务流、资金流三条信息流。用于数据计算的数据流，包括隐私计算、大数据计算、API 调用等涉及的信息；用于业务传导的业务流，

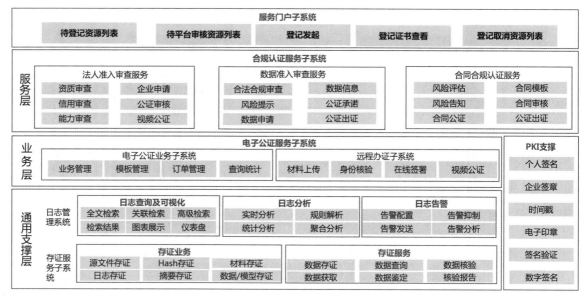

图 6-13　数据合规认证体系功能架构

指围绕数据交易全流程业务信息的流转，包括用户信息、数据产品信息、订单信息等；用于费用支付的资金流，主要指交易形成的订单资金及清结算资金信息等。针对数据交易监管以及数据安全保障要求，数据交易平台可以采用业务流、数据流、资金流三流分离的模式，使其在不同系统流转，同时各系统采用独立的安全管控手段，保障某一环节的信息流被攻击截断时其他两类信息流不会受到影响，降低安全风险，同时提升安全审计效率，确保平台的安全可信。

在数据流通交易开展过程中，因考虑到数据安全性，数据提供方多倾向于使用隐私计算的方式，生产数据不出自身业务系统，通过本地部署隐私计算节点进行点对点计算，数据均在本地完成运算，将中间过程数据进行传输融合，得到最终计算结果。针对生产数据流不接入交易平台的情况，交易平台可以设计统一隐私计算平台，通过研发统一中控节点，对不同的隐私计算平台和厂商进行统一业务管理，包括订单开展时长、资源和调用计量计费、安全预警等。这样做的好处是，一方面平台不涉及复杂的生产计算，做到"计算去中心"，平台更聚焦在交易撮合等核心业务运营工作，又能做到"监管有中心"，对场外点对点的交易做到监督管理，确保交易的可控。

在生产数据流通交易过程中会使用数据提供方和数据需求方的计算资源，所需的存储、计算资源在商务合同签署时会约定具体的计费方式和交付内容，一般是"数据+资源+服务"形态，若是项目制，则一次性包含；若是调用制，则将资源成本均摊到每次调用价上，具体费用由数据提供方和数据需求方协商议价形成。

图 6-14 为三流分离流程及关系。

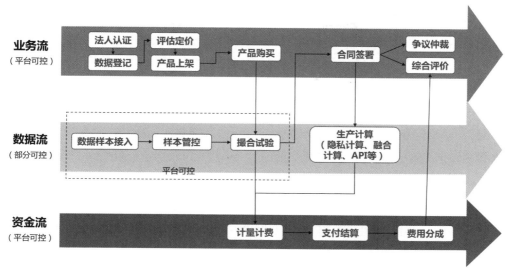

图 6-14　三流分离流程及关系

## 6.6.3　价值不确定性挑战应对：数据试验融合

在分析数据产品交易特点的时候，特别提到了数据价值的不确定性。与其他商品不一样，数据在交易和实际使用验证之前，需求方很难确定提供方数据的真正价值，使数据交易的意愿往往难以激活。针对价值的不确定性，可以通过数据试验融合，提高数据交易效率。提供"先试验后交易"的数据融合试验服务，即建设数据融合试验环境，方便前置需求匹配和质量验证，提升交易意愿，降低交易风险。图 6-15 为数据试验融合的应用场景。

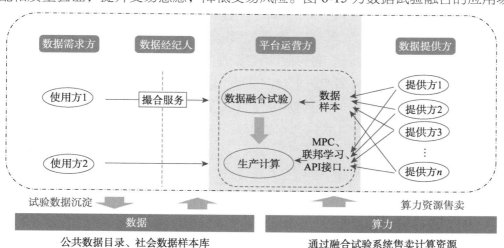

图 6-15　数据试验融合的应用场景

数据试验融合期望解决交易信任难构建的问题。在传统数据交易过程中供需双方多在线下进行 POC 测试，实现需求匹配和信任建立，周期长，人力和时间成本较高。数据试验融合为供需双方提供了"先试验后交易"的数据撮合服务，通过建立平台的"融合试验环境"，结合之前搭建和收集的数据样本，允许数据需求方以及数据经纪人在融合试验环境中对其业务需求进行前期的匹配，以及对数据提供方的数据样本质量进行测试，完成试验后再进行合同的签署和实际数据交付。此外，数据试验融合平台可以结合数据提供方不同的数据保密程度提供两种计算模式：数据沙盒（明文的数据计算，计算后沙盒销毁，只带走计算结果），以及隐私计算（密文的数据计算，多以联邦学习为主，数据"可用不可见"）。通过数据试验融合平台建设可实现两个价值：一是为数据经纪人和数据需求方提供了数据验证和试用的在线平台，减少撮合的时间成本和人力成本；二是通过在平台上进行数据试验，平台可以沉淀一系列的试验业务数据，包括需求方标签、提供方标签、进行试验的商品、计算结果等，基于以上业务数据分析可以在平台运营时为数据需求方和数据提供方进行精准推荐，在定价时也可以提供辅助参考。

### 6.6.4　安全监管挑战应对：子母订单审核机制

公共数据因为涉及大众隐私及公共安全问题，并非每个数据需求都可以被满足，这时候，可以通过子母订单实现公共数据和社会数据融合利用。

当涉及公共数据和社会数据融合场景时，需要以子母订单的形式对订单进行分拆审核。一个母订单包含多个子订单产品，每个数据产品是一个子订单，可以是社会数据订单，也可以是公共数据订单，不同类别的子订单可通过不同前缀区分，如公共数据子订单开头为PD，社会数据子订单开头为SD，方便平台运营方在查询时识别；订单编号的长度需要充分考虑业务数量的延展，如18位，订单编号可包括字母和数字。

若一个订单中包括公共数据订单，则需要通过与公共数据资源开发服务平台对接的接口将公共数据订单申请信息推送至公共数据资源开发服务平台，此时该母订单的状态变更为审核中；若公共数据资源开发服务平台审核通过后，状态变更为"审核通过"，可继续进行合同签署和费用支付环节；若公共数据资源开发服务平台审核驳回，状态变更为"审核驳回"，订单不可继续，数据需求方/数据经纪人可针对驳回情况进行订单作废或调整后重新提交审批。

### 6.6.5　价值评估挑战应对：多维度辅助定价

因为数据的非标准化属性，当前的数据定价方式多为协商议价，也缺乏客观、全面的评估体系，而且市场上能够采集的成交价样本较少，亦无法通过市场法进行评估。在数据定价层面，建议分成两步走，第一步保持协商议价方式，积累一定量的挂牌价和最终成交价；第二步在此基础上依据 6.5 节介绍的各种定价策略和模型，研发适合数据价值评估模型，通过"样本与生产数据匹配维度（测试样本数据和真实数据的偏移程度）""数据质量维度（国标数据质量六性评估）""模型贡献度维度（数据融合试验平台的试验结果）"等维度对数据进行客观评估，形成辅助的交易参考价，并为供需双方提供辅助定价参考。通过模型的运行和纠错，可以使得数据的预测价趋于市场价。评估定价需要和前面提及的数据样本库、数据试验融合匹配应用。

国内主流数据产品和服务，一般有以下几类计价模式：固定一口价（适用数据集、数据报告、定制服务、软件或解决方案等）、阶梯计价（按照不同的阶梯维度进行定价，多适用于 API 调用）、按量计价（按使用时长或使用数量计价，一般为单价 × 数量，多用于云资源、隐私数据表等）。在数据交易平台可以将以上定价模式抽象为可配置方式，并且将各种定价模型以工具形式提供，方便灵活匹配不同类型的数据产品或服务，给数据交易双方提供实时的数据价值评估参考。

## 6.6.6　隐私保护挑战应对：隐私计算与统一隐私计算

随着隐私计算技术的兴起，数据"可用不可见"的方式为数据流通提供了可能，但目前在实际数据交易过程中，数据需求方和数据提供方多以点对点部署隐私计算平台的形式进行数据价值融合，隐私计算在数据流通过程中并未与数据交易平台实现联通，同时不同隐私计算厂商之间也缺乏明确的互联互通标准，形成了新的系统孤岛。尤其是在公共数据开发利用上，若每个申请开放的机构所使用的隐私计算平台都不一样，公共数据的融合成本将会非常大。

因此，数据交易平台建设的隐私计算平台，在理想状况下，一方面应可为数据需求方和数据经纪人提供数据融合试验服务，另一方面可为没有隐私计算能力的数据需求方、提供方和经纪人提供标准化或定制化的隐私计算。同时，数据交易平台应允许需求方或提供方用自有的隐私计算平台进行数据融合或数据交付。

长期来看，数据提供方、数据需求方和数据经纪人需要和多个隐私计算厂商对接，以适配不同交易对象的需求，对接成本较高，因此可以建设基于数据流通的统一隐私计算平台，从不同隐私计算平台抽象共性功能和服务，变成统一标准，并提供统一中控管理，为数据交易平台实现"计算去中心，监管有中心"的管控，并能够在数据样本库中扩展隐私计算通用的标准模型算子库，为生态内的交易主体提供标准服务，实现隐私计算平台与数据交易平台的互联互通以及不同隐私计算平台之间的互联互通，解决可信流通难和监管难的问题。统一隐私计算的控制流与信息流如图 6-16 所示。

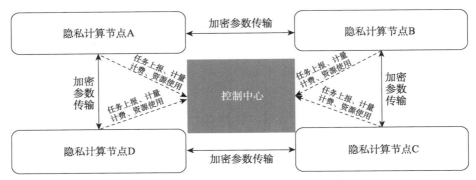

图 6-16 统一隐私计算控制流与信息流

## 6.6.7 安全监管挑战应对：全流程链上存证监管

在数据安全监管中，不管是什么问题，最重要的是取证，如何帮助监管方实现全流程无遗漏且让各参与方认可的取证，是数据交易平台有序运行的关键因素之一。交易监管平台在设计时，通过权限配置，可基于不同监管方的监管需求开设账户，并通过灵活配置监管项，满足不同监管方的监管要求，从而构筑多维度、多场景以及多数据的监管体系，帮助平台更加良性、合规地运转。

数据交易平台通过区块链实现安全流通环节的信息存证，如图 6-17 所示。

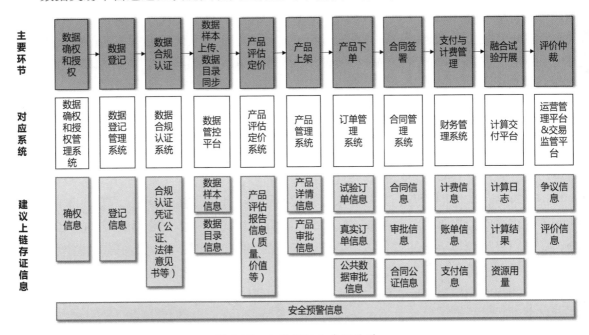

图 6-17 全流程链上存证体系

在整个数据交易过程中，将数据流通过程中的核心信息，如数据确权信息、登记信息、订单信息、产品详情信息、计费信息、账单信息、合同信息、计算日志信息和争议信息等同步至区块链上链存证，依托区块链不可篡改特性，将参与数据交易各主体的交易行为进行可信存储，确保记录真实有效、可追溯，保障数据交易的安全与高效，同时支撑数据交易业务的监管要求。

# 本章小结

良好设计的数据交易平台是激活数据要素市场、促进数字经济高速发展的引擎之一。本章从生产系统部署的角度，分析了国内外数据交易平台发展的现状、数据产品的特点和交易平台设计面临的挑战，对数据分类分级方法和定价策略模型进行了讨论，深入分析了大型数据交易平台的架构设计，探讨了数据交易平台各种挑战的可能应对措施建议。目前，数据交易平台的研究与建设方兴未艾，本章给出的架构和解决方案未必是最优的方案，有赖于读者在实践中持续优化。

# 习 题 6

1. 数据交易平台里，哪些环节可以应用区块链和隐私计算相关的技术，如何使用？

2. 从交易平台系统设计与实现的角度，有哪些政策手段和技术手段可以促进数据资产交易？

3. 除了本章中提到的定价方式，你认为，还可以用什么方式对数据资产进行定价？请设计一种数据资产定价方式，并举例说明。

4. 交易平台的数据架构设计里，原始数据存与不存，分别有哪些优缺点？

5. 请设计一个统一隐私计算的详细解决方案。

# 参考文献

[1] 何小龙. 中国数据要素市场发展报告（2020—2021）[J]. 软件和集成电路, 2021 (05): 57-58.

[2] 吴洁, 张云. 要素市场化配置视域下数据要素交易平台发展研究[J]. 征信, 2021, 39 (01): 59-66.

[3] 贵阳大数据交易所 702 公约.

[4] 中国日报网. 贵州首发数据交易规则体系　探索数据流通交易新模式[EB/OL]. (2022-5-27)[2023-2-10].

[5] 东青. 北京国际大数据交易所　探索数据交易新范式[J]. 数据, 2021 (04): 24-26.

[6] 曹亚菲. 对话上海数据交易所: 不拘一格探寻数据"石油"挖掘之路[J]. 软件和集成电路,

2022 (07): 36-39.

[7] 证券时报. 上海数据交易所正式运, 数据产品累计挂牌数近 1000 个[EB/OL]. (2023-1-4) [2023-2-10].

[8] 马广瑞. 上海数据交易中心[J]. 张江科技评论, 2021 (04): 64.

[9] 熊巧琴, 汤珂. 数据要素的界权、交易和定价研究进展[J]. 经济学动态, 2021 (02): 143-158.

[10] 张鹏, 蒋余浩. 政务数据资产化管理的基础理论研究: 资产属性、数据权属及定价方法[J]. 电子政务, 2020(09):61-73.

[11] 中国政府网. 中共中央 国务院关于构建数据基础制度更好发挥数据要素作用的意见 [EB/OL]. (2022-12-19)[2023-2-10].

[12] 何嫒. 大数据交易所的交易模式改进研究[D]. 上海: 上海交通大学, 2017.

[13] 鲁浪浪. 大数据交易的规则体系构建研究[J]. 中小企业管理与科技 (中旬刊), 2017 (12): 180-182.

[14] 蔡莉, 黄振弘, 梁宇, 朱扬勇. 数据定价研究综述[J]. 计算机科学与探索, 2021, 15 (09): 1595-1606.

[15] GB/T21063.4—2007 政务信息资源目录体系第 4 部分: 政务信息资源分类[S]. 北京: 中国标准出版社, 2007.

[16] GB/T4754—2017 国民经济行业分类[S]. 北京: 中国标准出版社, 2017.

[17] 王毛路, 华跃. 数据脱敏在政府数据治理及开放服务中的应用[J]. 电子政务, 2019 (05): 94-103.

[18] 中国雄安官网. 雄安新区数据资源分类分级指南[EB/OL]. (2021-8-27)[2023-2-10].

[19] 付德志. 湖北中烟数据分类分级方法研究[J]. 科技经济导刊, 2020, 28-72(24): 19-21.

[20] 王卫, 张梦君, 王晶. 国内外大数据交易平台调研分析[J]. 情报杂志, 2019, 38 (02): 7.

[21] 中国资产评估协会. 资产评估专家指引第 9 号——数据资产评估[S]. 2020.

[22] 陈俞宏. 基于效用的大数据定价方法研究[D]. 重庆: 重庆交通大学, 2020.

# 第 7 章  医疗数据共享

随着"健康中国 2030"的推进，医疗健康数据和生命科学数据正成为国家重要基础性战略资源，也是各地方政府和各机构推动数据产品和数据交易的重要支撑。在数据要素化时代背景下，医疗健康数据与人工智能技术在生命健康领域获得广泛应用，相应学科也正在进入数据驱动的科学新范式。早在 20 世纪，美国及欧洲的一些国家分别建设了生物数据中心，形成了完备的数据汇聚技术体系，在基因组、转录组、蛋白质组等领域有着重要影响力。我国的一些机构也已经开始按照数据类型建设了基因组、蛋白质组、微生物资源等组学数据中心，各类已建、在建的生命科学和医疗健康数据中心，极大地丰富了生命科学、临床医疗等生物医学大数据的多样性。此外，由医院牵头的多中心临床研究也越来越多，数据的专业化程度、敏感性、体量等都有其独特性，多中心科学协同共享行为也变得复杂，传统的数据共享机制难以支撑高质量和高频科研协作的需求。因此，对新的医疗数据共享模式的探讨以及新的数据共享技术的研究，迫在眉睫。

本章从医疗数据的特点与相关概念切入，包括数据与证据、通用数据模型、标准化术语集、队列、证据与数据质量等；进而分析了医疗数据共享平台的设计思路与架构，以及在区块链和隐私计算方面的技术实现。

## 7.1  医疗数据的特点与相关概念

### 7.1.1  医疗数据

#### 1. 医疗数据的特点

与普通领域的数据不同，医疗数据关乎每个人的生命健康，容不得半点差错；医疗数据的特点可以概括为以下：数据体量大、数据增长速度快、数据异构性强、数据实时性强、数据标准化低、数据隐私属性强、数据安全属性高、数据价值大等。

**数据体量大**：根据艾瑞咨询发布的《2022 年中国医疗科技行业研究报告》，中国医疗数据的体量目前已达近 50 万亿 GB。

**数据增长速度快**：根据 IDC 在 2014 年发布的数据，从 TB 到 PB 到 EB，再到 ZB，医疗数据以 48%的年增长率增长。

**数据异构性强**：医疗数据中有结构化的数据，有结构化到非结构过渡的半结构化数据，也有非结构化的数据。结构化数据包括关系数据库的数据，半结构化数据如 XML 文档，非结构化数据包括扫描的电子病历、音视频、医疗影像等。

数据实时性强：医疗信息服务中会存在大量在线或实时数据分析处理的需求，如针对临床中的诊断和处方，可穿戴设备或院内医疗监测设备的数据，需要对这类数据进行实时或准实时的处理、秒级的查询需求响应。

数据标准化低：虽然有通用数据模型、标准术语集等国际或国内的标准规范指导，但在实际执行过程中，很难完全遵循规范甚至完全不遵循规范，各医生、各医疗机构、各地区的数据遵循的标准不一样，甚至是自定的标准，导致数据粒度差异化大，因此，在医院内部或医院之间的数据整合过程中引起数据质量退化，使数据共享协作变得困难。

数据隐私属性强：医疗数据与道德伦理有千丝万缕的关系，病患缺陷一旦被公开，接踵而来的就是各种社会歧视，心理素质差的病患很可能引发心理疾病的多米诺效应。

数据安全属性高：医疗数据遭到篡改或破坏，将对医疗机构的声誉造成负面影响并危害医患双方的隐私安全，也会对科学研究产生偏差。

数据价值大：安永发表了题为 *Realizing the value of health care data* 的报告，深度分析了医疗数据的价值，第一次对不同类型医疗数据的价值给出了量化报告。安永分析了不同医疗数据按照单个患者粒度的价值，比如一个患者的电子病历价值中位数是 42 英镑，一个患者的护理记录价值中位数是 54 英镑，而一个患者基因组学的价值中位数高达 2719 英镑。安永还估算了整个英国国家卫生服务局（NHS）数据的总价值，该数据集包括了 5500 万人口的电子病历和初级护理记录，2300 万人口的专科护理记录以及 10 万人左右的基因组数据（主要针对癌症、罕见病和传染病）。预计到 2025 年，基因组测序数据将增加到 500 万人口。根据各数据项的价值叠加，以及不同类型数据打通后的新增协同价值，安永团队认为 NHS 医疗数据每年产生的总价值约为 96 亿英镑，其中约 50 亿英镑来自 NHS 运营费用节省以及给英国带来的溢出的社会经济价值等，46 亿英镑是直接给患者带来的利益。按照同样的逻辑，中国医疗数据潜在的价值将达到近万亿人民币。

### 2. 医疗数据共享示例

观察性研究合作的一个显著例子是观察性医疗结果合作组织（Observational Medical Outcomes Partnership，OMOP）。OMOP 是一种公私合作关系，由美国食品药品管理局（Food and Drug Administration，FDA）主持，美国国家卫生研究院（National Institutes of Health，NIH）基金组织管理，制药公司联合资助。这些公司与学术研究人员、健康数据合作伙伴共同建立了一项研究计划，旨在利用观察性医疗数据，推动主动医疗产品安全监察科学的发展。OMOP 建立了一个多方利益相关者的治理结构，并设计了一系列方法学实验，对不同的流行病学设计和统计方法的性能进行测试。在中心化环境和分布式研究网络中，横跨不同观测数据库进行研究有很大的技术挑战，OMOP 因此设计了通用数据模型（Common

Data Model，CDM），作为一种标准化机制来规范观察性数据的结构、内容和语义，这样就可以只编写一次统计分析代码，然后该代码即可在各数据站点重复使用。OMOP 的经验表明，建立一个通用的数据模型和标准化术语表是可行的，可以容纳来自不同医疗健康环境的、用不同来源的术语代表的不同数据类型，实现跨机构协作和高效率计算分析。

OMOP 从一开始就采用开放型科学的方法，将其所有的工作产出，包括研究设计、数据标准、分析代码和经验结果，开放给公众，以提高透明度。尽管 OMOP 最初的重点是药品安全，但通用数据模型正在不断发展，从而支持更多的分析用例。

尽管 OMOP 的方法学研究提供了对科学最佳实践的切实见解，可以明显提高由观察数据产生的证据的质量，但是这些最佳实践的推广却很缓慢。大规模的协作很难靠一个人去改变，需要社区的共同努力，所以 OHDSI（Observational Health Data Sciences and Informatics）应运而生。以下是 OHDSI 潜在商业或者学术合作方向：

❖ 合作建立开放社区的数据标准、标准化术语表和 ETL（Extract Transform Load）公约，增加基础数据质量的可信度，促进结构、内容和语义的一致性，以实现标准化分析。

❖ 在药物安全性以外的方法学研究上进行合作，为临床表征（clinical characterization）、人群水平效果评估（population level effect estimation）和患者水平预测（patient level prediction）在更广泛的层面建立最佳实践。

❖ 在开源分析和开发层面进行合作，将最佳的科学实践转化为公开可用的工具，让全世界的研究团队能够轻松使用。

❖ 针对整个社区共同关心的重要健康问题，就临床应用展开合作，共同经历从数据到证据的过程。

## 7.1.2　通用数据模型

观察性数据可以反映患者接受诊疗期间的总体情况，全球越来越多的患者在接受治疗期间产生的数据被收集和保存，从而形成了所谓的医疗健康大数据。收集数据的目的包括三方面：① 直接用于研究（通常以调查问卷或登记数据的形式）；② 支持诊疗活动的开展（通常称为 EHR，即电子健康档案或电子病历）；③ 医疗费用管理（如用于医保，或者商业保险费率的确定）。这些数据的格式和内容编码各不相同。

没有一个观察性数据库能够全面记录患者在接受诊疗期间积累的所有临床事件，必须从许多不同的数据源中提取研究结果，并进行对比分析，才能减小潜在的记录偏差的影响。同时，为了得出有统计学意义的结论，需要对大量患者的观察数据进行研究，这些观察数据很有可能分布在不同物理位置的数据存储媒介上，所以研究的评估和分析需要整合多个数据源，不同的数据需要遵循统一的通用数据标准进行治理；此外，患者数据具备很强的隐私性，需要严格的保护，因此还需要严格的数据使用协议和复杂的访问控制。使用通用数据标准可省略数据提取步骤，支持在数据端本地环境中对数据进行标准化分析，让分析在数据端完成而不是先提取数据再去分析，这也为隐私计算的部署提供了基础。

通用数据模型（Common Data Model，CDM）就是这样一种通用数据标准，CDM 6.0 数据表的概览如图 7-1 所示。

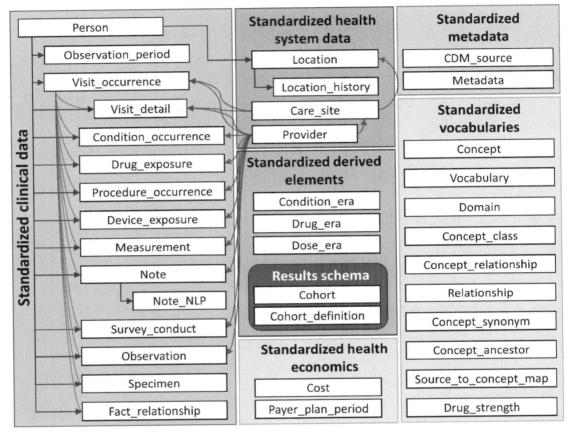

图 7-1　CDM 6.0 版数据表概览（未展示全部表间关系）

CDM 为支持典型的观察性研究目的而进行了优化：① 识别某些进行了医疗干预（药物治疗、手术、医疗政策变化等）的患者群体和结局（疾病状况、手术、其他药物治疗等）；② 根据不同的参数描述患者群体特征，如人口统计学信息、自然病史、诊疗服务、效用与成本、发病率、治疗方案和治疗路径等；③ 预测个体患者的医疗结局；④ 评价干预措施对人群的效果。为了满足上述优化，CDM 的开发遵循以下原则。

适用性：CDM 旨在以最有利于分析的方式组织并提供数据，而不是满足医疗服务提供者或医保支付者的运营需求。

数据保护：所有关于患者身份和保密信息的数据都应受到限制，如姓名、准确的出生日期等；但如果研究明确需要更详细的信息，特殊情况下也可提供，如对婴儿研究时需要准确的出生日期。

域的设计：域（Domain）是在以人为中心的关系数据模型中建模的，每条记录至少要获取人的身份和日期；关系数据模型是将数据表示为由主键和外键链接的表集合的模型。

域的基本原理：如果域具有分析用例（如疾病状况）且具有其他方面不适用的特定属性，那么在实体关系模型中会被标识并且被单独定义；所有其他数据可以作为观察值以"实体-属性-值"的结构保存在观察表中。

标准化术语表：CDM 采用标准化术语表来标准化这些记录中的内容，术语表涵盖了所有必要和适当的医疗健康相关概念标准。

复用现有术语表：如果可能，这些概念可以从国家、行业标准化组织、术语定义组织或计划中获得，最大可能保证复用性。

维护源编码：即使所有的编码都被映射到了标准化术语表，CDM 模型仍会存储原始编码以确保不丢失任何信息，便于溯源。

技术中立：CDM 不需要特定技术，它可以在任何关系数据库中实现，如 Oracle、SQL Server 等，也可作为 SAS 分析数据集。

可扩展性：CDM 针对数据处理和计算分析进行了优化，以适应不同规模的数据源，包括含高达数亿人和数十亿临床观察案例的数据库。

向后兼容性：既往 CDM 所有的变更在 Github 存储库[2]中都有清晰的描述，旧版本的 CDM 可以很容易在当前版本中创建，并且不会丢失先前存储的信息。

在具体的应用场景中，我们可能是针对专病去进行研究，需要基于或参照 CDM 去构建相应的专病数据模型。图 7-2 描述了一个面向专病优化的数据模型。

## 7.1.3　标准化术语集

标准化术语集（Standardized Vocabularies）是 OHDSI 研究网络的基础部分，也是通用数据模型（CDM）的组成部分。它通过规范数据内容来实现定义、方法和结果的标准化，为通过远程网络实现研究和分析奠定基础。通常情况下，观察性医疗数据会以统一编码的结构化数据或自由文本形式呈现，但数据的描述方式不尽相同。科研人员在对数据进行整合、分析和挖掘的同时，面临着描述方式不统一的难题。OHDSI 不仅要求数据格式上的统一，还要求数据内容上的统一。

面向医学词汇的分类方法规模大、复杂性高，词汇内容涉及医疗保健的各个方面，例如诊疗操作、药物、医疗器械等，包括医疗保健机构在对患者数据进行采集、分类以及分析时使用的受控词表、术语表、层级结构或本体。大部分术语集是由具有长期授权的公共机构和政府机构进行维护的，如世界卫生组织（WHO）编制的国际疾病分类法（ICD），最近已完成第 11 版（ICD11）的更新和发布。

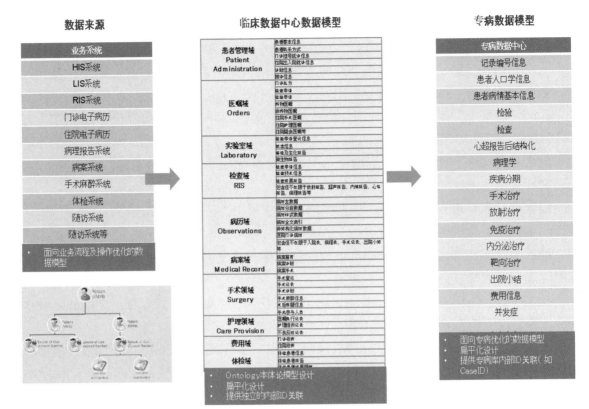

图 7-2　面向专病优化的数据模型

各国（或地区）政府还创建了具有符合本国国情特色的修订版本，如国际疾病分类法第十版临床修订版（美国）ICD10CM、国际疾病分类法第十版临床修订版（德国）ICD10GM等。通常，每个国家、地区、医疗体系和机构都有各自的分类方法，并且使用的方法往往仅适用于他们自己。术语集数量繁多且形式各异，大大降低了系统间的互操作性。为了解决这一问题，跨国组织应运而生，并开始制定能够广泛应用的标准，如系统化临床医学术语表（SNOMED CT）和观测指标标识符逻辑命名与编码系统（LOINC）。在美国，卫生信息技术标准委员会（HITAC）建议国家卫生信息技术协调员（ONC）将 SNOMED CT、LOINC和 RxNorm（药物词表）作为在通用平台上使用的标准，以便实现全国医药卫生信息系统之间的数据交换。

OHDSI 开发了 OMOP CDM，它是一个面向观察性医学研究的全球标准。OMOP 标准术语集是 CDM 模型的一部分，有两个主要目的：一是作为医学词汇的公共存储库，供各种机构使用，二是供研究者对数据进行标准化和映射。

标准化术语集向社会免费开放，其所有词汇都需要按照通用格式进行整合。因此，这样的整合避免了原始术语集的异构性，方便科研人员规范处理和分析。所有词汇由 OHDSI术语集团队定期更新和合并。

## 7.1.4 队列

健康观察型数据，也称为真实世界数据，是与患者健康状况相关或与患者医疗服务相关的各种来源的数据，这些数据并非出于研究目的而收集，因此这些数据可能并不能直接显示我们感兴趣的临床数据要素。

例如，健康保险理赔数据库旨在获取针对某种症状（如血管性水肿）提供的所有医疗服务，并且仅针对此目的获取实际状况信息，用于合理报销相关费用。如果希望将此类观测数据用于研究目的，通常不得不编写一些算法来获得数据中我们真正感兴趣的内容。换句话说，我们通常需要运用某些临床事件表现的定义去建立队列。因此，如果我们想在保险理赔数据库中识别血管性水肿案例，可以把急诊室记录中的血管性水肿的诊断代码作为一种逻辑定义，以区别于随访照护记录中描述的过去发生的血管性水肿事件。此外，当数据被用于其他目的时，我们必须了解每个数据库设计的初衷，必须仔细考虑队列在各种医疗数据中可能的细微差异。

### 1．队列是什么

在 OHDSI 研究中，队列定义为在一段时间内满足一个或者多个入选标准的一组人，其在整个 OHDSI 分析工具和网络研究中都是研究问题的主要构建模块。队列通常与研究中的其他队列独立定义，可以重复使用。例如，血管性水肿队列定义了人群中所有的血管性水肿事件。

队列可能出现如下的情况，包括：① 一个人可能属于多个队列；② 一个人可能在多个不同的时间段属于同一队列；③ 同一时间段内，一个人可能不在同一队列里；④ 一个队列可能有零个或者多个成员。建立队列的方法主要有两种：基于规则的队列、基于概率的队列。

### 2．基于规则的队列定义

规则用来描述在队列中的患者。定义这些规则在很大程度上取决于队列设计者个人的专业领域知识以及其对目标治疗领域的知识来建立队列纳入标准。基于规则的队列定义是在特定时间段内（如"在最近六个月出现这种症状"）明确规定一个或者多个入选标准（如"血管性水肿患者"）。队列入选标准的成分如表 7-1 所示。

表 7-1　队列入选标准的成分

| 标准成分 | 定　义 |
| --- | --- |
| 域 | 存储数据的通用数据模型的域（如"操作""药物暴露"）定义了临床信息的类型，以及在该通用数据模型中允许代表的概念 |
| 概念集 | 一种与数据无关的表达方式，定义了一个或者多个所关注的临床特征的标准概念。因为这些概念集代表了临床特征在医学概念集中的映射，概念集可跨不同的观察健康数据使用 |
| 特定域的属性 | 与临床特征相关的其他属性 |
| 时序逻辑 | 纳入标准与事件之间关系的时间间隔（如所述症状需要在暴露开始之前 365 天发生） |

### 3．基于概率的队列定义

基于概率的队列是使用概率模型来计算患者在队列中的可能性。尽管基于规则的队列定义是队列定义中一种广泛使用的方法，但是依据必要的专家共识来建立研究队列可能非常耗时。基于概率的队列设计是基于规则的一种队列替代方法，可加快队列属性的选择过程。在这种方法中，有监督的机器学习可以从一组有标记的示例（案例）中学习队列成员的相关属性，更好地确定表型的特征定义。

### 4．队列建立的有效性

构建队列的策略取决于专家对疾病定义的临床严格程度的共识，也就是说，队列设计取决于要回答的研究问题。研究人员可以自行决定严格程度的阈值来研究感兴趣的队列，比如说可以选择建立一个队列定义，获得的一切信息是最低标准。

队列定义是尝试从记录的数据中推断出我们想要观察的内容，这就引出了一个问题，这次尝试取得了多少成就。通常，与金标准（如人工抽样审查）相比，基于规则的队列定义或概率算法是对队列建立的验证。

### 5．队列示例

我们用一个实际的案例介绍队列的建立过程。如图 7-3 所示，首先用简单的规则建立全样本病例库，比如通过住院科室 ID 筛选特定的科室，然后在字段"术后诊断/病室首页诊断"包含特定的术语"直"或者在字段"病理诊断"包含"直肠/直乙"。这样，通过简单的条件，尽可能保证目标病例能入库。当然，某些情况下会有一些病例被误筛，这时要尽可能改进入库条件。

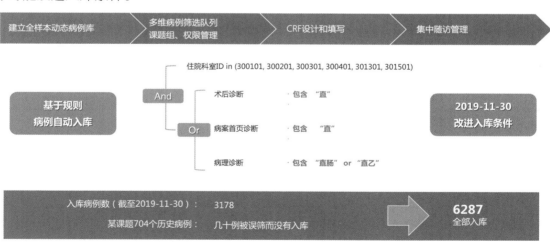

图 7-3　基于规则建立全样本病例库

全样本病例库如图 7-4 所示。

图 7-4 全样本病例库示例

全样本病例库筛选出来后，需要从大样本中快速、准确地组合筛选治疗方案，从而筛选出所需的科研队列。比如在图 7-5 中，通过年龄、分化程度、免疫组化 EGFR、免疫组化 HER2 等四个指标，进一步筛选出包含 5 个患者的科研队列。

图 7-5 多维度科研队列筛选

我们还可以通过可视化（韦恩图）从多个病例库（可能是不同来源的）进行患者队列的检索与筛选，如图 7-6 所示。

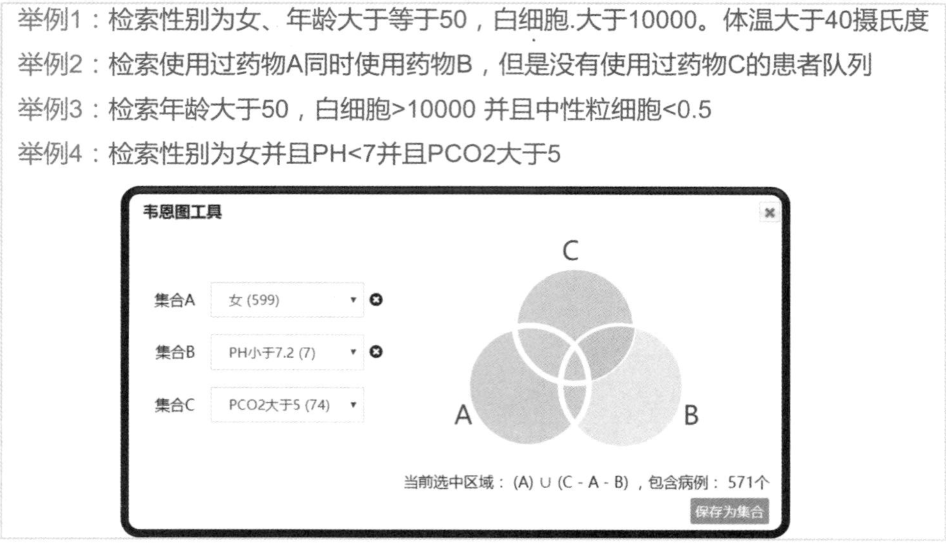
举例1：检索性别为女、年龄大于等于50，白细胞.大于10000。体温大于40摄氏度
举例2：检索使用过药物A同时使用药物B，但是没有使用过药物C的患者队列
举例3：检索年龄大于50，白细胞>10000 并且中性粒细胞<0.5
举例4：检索性别为女并且PH<7并且PCO2大于5
韦恩图工具
集合A
女 (599)
集合B
PH小于7.2 (7)
集合C
PCO2大于5 (74)
C
A
B
当前选中区域：(A) ∪ (C - A - B)，包含病例：571个
保存为集合

图 7-6　韦恩图患者队列构建

## 7.1.5　从数据到证据

全球的医疗保健体系都面临一个共同的挑战：如何运用过去学到的知识，为未来做出更好的决策？有些研究主张建立一个可学习型医疗保健体系，宗旨是：生成并应用最佳证据，协同患者和医生共同做出医疗选择；推动在患者护理过程中自然获得患者的数据进行分析，产生和发现真实世界的证据；确保卫生服务的创新、质量、安全和价值。但实践证明，从患者水平的数据到可靠的证据的过程是困难的，没有从数据到证据的单一明确路径。实际上既没有单一的“数据”概念，也没有单一的“证据”概念。

医疗保健体系中拥有不同类型的观察性数据库，可能是在同一机构中（单中心），也可能是多中心的。这些数据库与医疗保健系统本身一样有很强的多样性，反映了不同的人群、医疗机构和数据获得的过程。整个数据分析与决策的过程需要具备广泛的临床、科学和技术能力，非常复杂，具体体现在以下几点：

- 需要对健康信息学有透彻的理解，包括患者和医疗服务提供者之间的互动、临床系统到最终存储库的全程数据来源情况、数据采集和管理过程中可能出现的偏差等。
- 需要掌握流行病学原理和统计方法，才能将临床问题转化为观察性研究，进而产生相关的答案。
- 需要具备一定的技术能力，才能对包含数百万例患者的数据集实施和执行有效的数据科学算法，而这些数据集往往需要进行数年的随访。
- 需要临床知识来整合观察性数据网络中获取的证据与其他信息来源获得的证据，并确定这种新知识应如何影响健康政策和临床实践。

因此，很少有人会拥有所有必要的技能和资源，从而成功地独自完成从数据到证据的过程。取而代之的是，此过程通常需要多个组织和个人之间的协作，以确保使用最适当的方法来分析最佳的可用数据，从而给所有相关方提供决策过程中可以信任和使用的证据。

## 7.1.6 证据与数据质量

为了支撑数据和证据之间的关联，我们强调让证据质量可信的属性。可信的证据应该是可重复的（repeatable），这意味着研究人员针对任何特定问题，使用相同方法对相同数据进行分析时，应该得到完全一致的结果。这个最基本的要求隐含的概念是，证据是使用特定输入并执行一系列规定程序的结局，且在这个过程开始后不需要任何人工干预。更理想的情况是，可信的证据应该是可重现的（reproducible），也就是说，不同研究人员应该能够完成相同的任务，即基于指定的数据库，执行指定的分析，得到相同的结果。这里提到的可重现和可重复，是不同的概念。

大部分观察性医疗健康数据并不是以研究为目的而进行收集的。例如，电子健康档案主要记录关键信息以便为患者提供诊疗服务，医保报销数据主要用于提供报销依据。如果以研究为目的收集的数据质量很差（垃圾数据输入），那么使用该数据得出的研究结果的质量也必定很差（垃圾结果输出）。因此，医疗健康领域观察性研究中的一个重要问题是评估数据质量，目的在于回答：所收集数据的质量能否满足我们的研究目的？

医疗数据质量高通常意味着数据能够用于特定用途，且具有完整性、有效性、一致性、及时性和准确性。但是，数据不大可能是完美的，对于某个特定的研究目的而言，保障其质量可能已经足够了。数据质量很难直接观察，可以用一些方法进行评估，如一般评估法和特定研究背景评估法。

影响数据质量的过程有很多，当医生开始记录其想法时，就已经开始出现数据质量降低的问题了，需要将数据质量管理融入数据生命周期的每个环节。

① 数据采集和整合：数据质量问题可能源于手动输入错误、偏倚（如报销时虚报医药费）、电子健康档案中表格的错误连接、使用默认值替换缺失值等。

② 数据存储和知识共享：潜在的数据质量问题源于缺乏规范的数据模型归档和元数据。

③ 数据分析：数据质量问题包括不正确的数据转换、不正确的数据解读、使用不适当的分析方法。

④ 数据发布：数据质量问题可能源于发布数据供后续使用的过程中。

通常，我们使用的医疗数据是已经完成采集和整合的，因此对于步骤①中数据质量的改善几乎无能为力；但如果是从一开始就介入研究项目的设计，确实有一些手段去控制此步骤的数据质量。图 7-7 为医疗文本数据处理示例，原始数据是非结构化的病理诊断文本，包含对病理影像肿瘤分期的诊断，我们需要通过多种机器学习手段结合人工标注，将其结构化；进而通过聚类等方法，将其变成标准化的数据，如肿瘤从 T0 到 T4 的不同分期（或

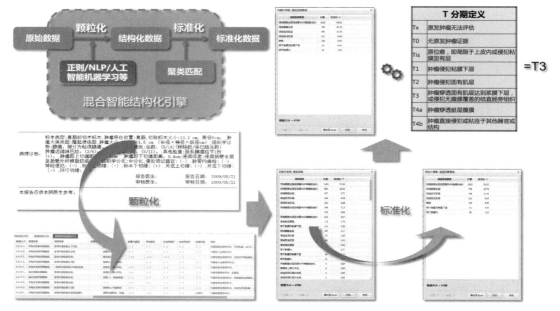

图 7-7　医疗文本数据处理示例

构化；进而通过聚类等方法，将其变成标准化的数据，如肿瘤从 T0 到 T4 的不同分期（或者是无法判断分期 Tx）。

同样，我们通常接收的数据已有特定的形式，因此对步骤②数据质量的改善所能做的工作也很有限，但是通过将所有观测数据转换为通用数据模型（CDM），或者在采集的过程中就遵循 CDM 的规范，也可以把控其质量。步骤③（数据分析）也可以由我们把控。在队列研究中，关于数据分析的质量问题，一般不建议使用"数据质量"这一术语，而是使用临床有效性、软件有效性和方法有效性等术语。

# 7.2　医疗数据共享的现状及挑战

## 7.2.1　医院内部数据共享现状

医院内部的数据共享逐步由多对多集成模式转化到数据服务总线（ESB）模式，如图 7-8 所示。ESB 是一种体系结构，能够将消息（数据）在多种通信协议之间路由、在多种格式之间转换。这种模式可以降低连接各异构应用系统的工作量，降低相连接的应用系统之间的耦合度，从而提高整个系统的灵活性和面对变化的响应速度。

基于 ESB 可以构建全院数据中心，含有的数据内容如图 7-9 所示。通过专业的医疗行业服务总线，将数据汇聚到院内的临床数据中心（Clinical Data Repository，CDR）、运营数据中心（Operational Data Repository，ODR）、科研数据中心（Research Data Repository，RDR），如图 7-10 所示。在全院数据中心基础上，进一步构建平台上的服务和应用。

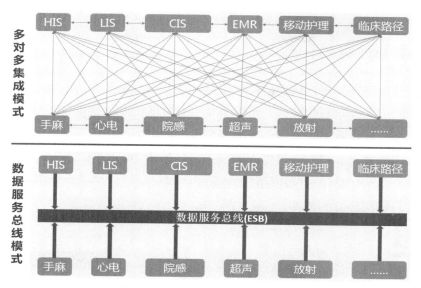

图 7-8　院内数据共享和集成模式

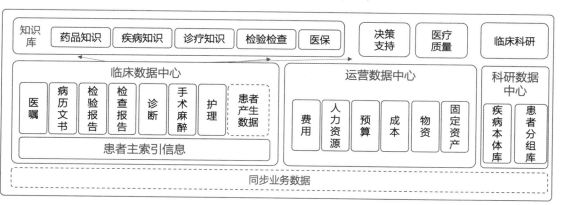

图 7-9　全院数据中心数据内容

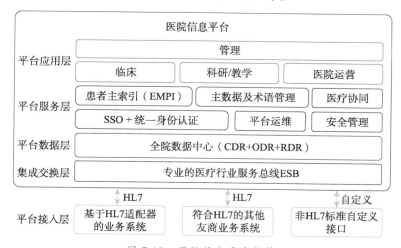

图 7-10　医院信息平台架构

## 7.2.2　多中心数据协同现状

医学科研是医院尤其是三级医院持续发展的动力，是衡量医院的医疗水平、学术水平高低的重要标志。医院自身的数据，具体到某个专病队列时，数据量往往有限，多中心科研平台的建设能较好地解决数据量和数据多样性等问题。

在数据协同方式上，目前的多中心科研平台多采用中心数据库方式，如图 7-11 所示，各合作医院根据需求，将经过脱敏后的数据提供给中心平台；中心平台则提供各种智能化的工具，提升分析和研究的效率。

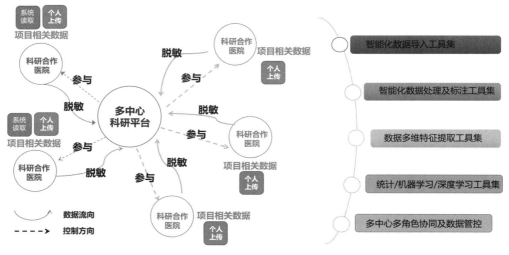

图 7-11　多中心科研平台

## 7.2.3　医疗数据共享协作挑战

前述分析了医疗数据的特点和医疗数据共享的现状，现有的医疗数据共享系统或科研平台，还面临着以下挑战：

❖ 仅提供基本的科研流程管理，在线分析数据工具不足或缺少，无法满足科研人员的科研实践需求。

❖ 医疗数据具有异构性、大体量及实时性的特点，对数据处理的要求高。

❖ 各系统、各中心的医疗数据标准不一，对数据整合/融合的要求高。

❖ 医疗数据的隐私性，对多中心平台传统的中心化数据存储方式提出了挑战，需要采用新的技术手段去保护数据，避免隐私泄露。

❖ 医疗数据的高价值，需要建立有效的监管和跟踪手段，知道数据被谁用，怎么用，用了多少，以保护数据提供者的利益，激发参与者持续高质量的维护和贡献新数据。

# 7.3 医疗数据共享平台的架构设计

## 7.3.1 业务架构

面向科研应用的医疗数据共享平台的业务应用架构的设计如图 7-12 所示，在设计业务应用架构时兼顾了单中心与多中心的情况。其中大部分模块已讲述，部分功能简介如下：
① 增加了应用层和门户层，这是系统要实际运行和运营必备的部分；② 增加了数据安全体系尤其是隐私计算模块，这部分在 7.4 节中会详细阐释；③ 针对多中心的情况，增加了多中心病例等级注册上报的模块，具体的院间联盟实现方式在 7.4 节中介绍。

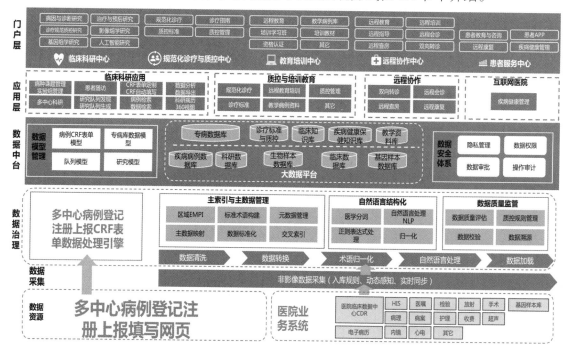

图 7-12　医疗数据共享平台业务应用架构

## 7.3.2 业务流程分析

根据 7.1、7.2 节的介绍，我们可以梳理出面向科研应用的医疗数据共享平台的核心业务流程，如图 7-13 所示，分为如下 5 个步骤。

① 专病库（群）构建：从 HIS、EMR/HER、LIS 等业务系统（数据源）筛选相应的数据，构建专病库（群）。

② 科研病例筛选：通过多维度复合查询和筛选，多维度筛选科研病例。

③ 队列生成与管理：通过自动或手动入组出组，生成并管理试验组队列。

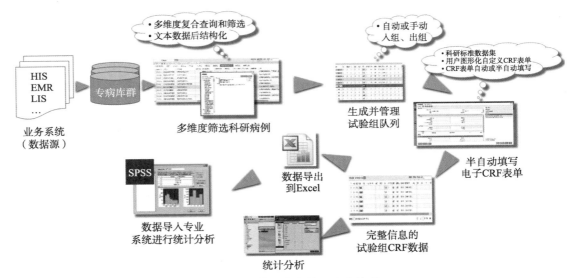

图 7-13　科研平台核心业务流程

④ CRF 表单填写：基于形成的科研标准数据集，定义 CRF（病例报告表，Case Report Form）表单。

⑤ 统计分析：在线或将数据导入专业系统，进行统计分析或其他高级应用。

## 7.3.3　数据流设计

面向科研的医疗数据共享平台数据流设计如图 7-14 所示，通过前置库从各业务系统或临床数据中心备份库中采集诊疗数据，对于历史数据，采取批量采集的方式；对于增量数据，通过增量机制进行增量采集。由于同一个患者在不同科室的就诊情况相互影响，在后续某学科科研库的数据清洗、整合、疾病建模等过程中，可能需要获取患者在其他科室的就诊信息；同时，临床科研数据库数据入库规则与患者主索引有关，即以患者为主线，如果患者在不同的科室提供的信息有差异，可能在业务系统中会被视为两个不同的患者，因此在科研库中需要合并成一个患者，才能确保患者诊疗信息的完整性和准确性。

## 7.3.4　智能化设计

从医疗大数据平台的数据流设计可以看出，几乎每个环节都需要高质量的数据处理服务，包括人工智能方法的接入。

### 1. 数据对接与采集

医疗健康、基因组学的数据特点，决定了其数据对接方式的多样性。对于临床数据，平台通过与 HIS、LIS、EMR、PACS、RIS 等各医疗信息系统的数据库和集成平台的数据库进行对接；对于组学等体量特别大的数据，需要专业领域的工具支撑。

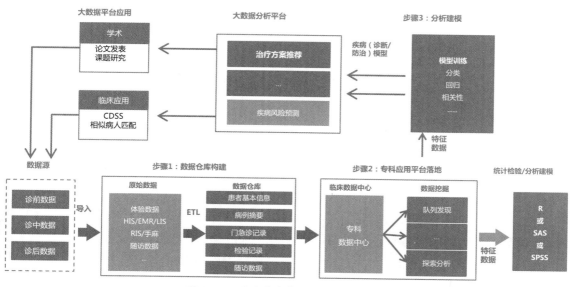

图 7-14  医疗大数据平台数据流设计

在数据正式进入平台前，需要将原始数据通过必要的规则转换为符合要求的数据。个人医学、生物信息数据需要进行数据脱敏、伦理管理，才能建立主索引。

**2．数据规范（术语集）**

在数据清洗流程启动之前，需要建立平台的数据规范，即主数据，以便打通不同来源的数据。医疗行业的主数据规范有很多，哪怕同一类型的数据（如诊断），在不同的应用场景也会采用不同的数据规范（如 ICD-10、SNOMED-CT 等）。

**3．数据清洗**

平台需要通过逐级迭代工具算法实现数据清洗应用，如图 7-15 所示。首先，清洗应用根据具体数据来源的系统主数据规范对其原始数据进行清洗。对于不符合系统主数据规范的数据，存在两种可能性：一是该数据单元是错误的数据，需要做相应处理；另一种是系统主数据不够完整，需要更新。

当某数据单元的数据出现了错误时，清洗应用通过内置的清洗规则对数据进行纠正，并由用户补充自定义规则。同时，平台的 AI 模型持续地学习人工的数据纠正，逐步提升数据自动纠正的准确性。对于基于自然语言的医学文本数据，平台通过病历结构化模型，将原始文本中的重要字段提取出来。

平台可以通过基于深度学习的语义模型建立各来源的主数据标准与平台主数据之间的映射，提高归一化的效率。比如，针对药品归一，可以先用人工标注的方式，将一个机构的药品名和平台的药品名进行映射，同时将这些映射用于模型训练，逐渐实现自动化归一。

**4．全流程 AI 建模支持**

平台在设计和实现中，需要让用户动态开发和部署 AI 模型，用于临床科研和临床应

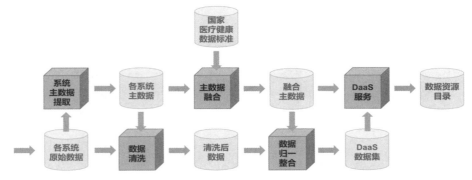

图 7-15　智能化数据清洗

用。比如病历后结构化功能，将系统文档中难以查询的、非结构化的数据（如病史、手术记录、病理报告、影像报告等）抽取和分解为易查的、结构化的、具有医学意义的数据，使得临床文本数据处理可以在一个非常精确的水平，进而使得医院和医生从这些数据中获得真正的临床价值和科研价值。后结构化的内容具体包括：既往史、家族史、婚育史、月经史、个人史、体征、病理、体检头部、手术、不良事件、体格检查等。

目前的主要挖掘方式包括：① 采用基于正则表达式的文本挖掘方法，对历史数据，业务系统中现有信息项进行挖掘；② 采用基于非结构化数据洞察引擎，运用自然语言处理（NLP）进行自动分析，判断文本所用的语法结构，自动筛选大量文档，将这些文档中难以查询的、非结构化的数据，抽取和分解为易查的、结构化的、具有医学意义的数据。

图 7-16 为平台化病历后结构化应用的全流程。

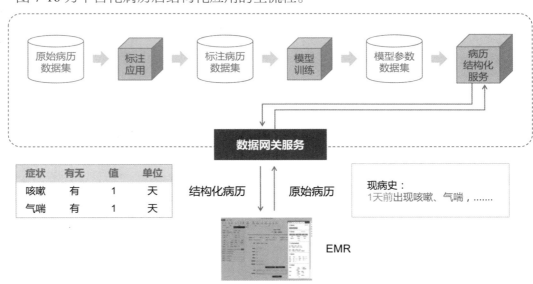

图 7-16　病历后结构化建模支撑

用户首先通过资源目录或者数据查询所需的病历数据，随后建立标注项目，邀请其他科研合作者对原始数据进行标注。标注工作的参与者可以通过平台内置的医疗标注应用对原始病历标注，并将标注好的结果导出到平台，形成新的标注数据集。病历标注完成后，用户可通过自建算法或者使用平台提供的后结构化算法对模型进行训练。模型训练结束后，用户可在平台内建立一个病历结构化的 AI 服务，用于临床科研。

# 7.4　医疗数据共享平台的技术支撑

## 7.4.1　动态数据架构应用

根据 7.3 节中的业务流程、业务架构、数据流设计和隐私计算的要求，本节将围绕平台的动态数据架构设计方案展开介绍，如图 7-17 所示。平台通过信息系统对接和数据上传等方式导入临床、生物信息等多模态数据，在数据脱敏后，以数据集形式存储到平台。平台的每个数据集都有相应的管理者，在平台内使用时需要得到管理者的动态授权，不能离开平台使用。

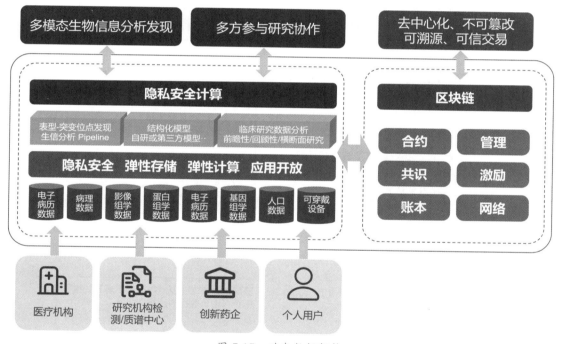

图 7-17　动态数据架构

由于数据和数据结构有动态调整的需求，平台采用仓储式的数据仓库模式进行支持，实现多模态数据（临床信息系统文本数据、病理、影像数据、基因组学、蛋白质组学等）在隐私保护前提下的价值共享，实现多方参与的联合协作研究，从而实现在数据协作中"不分享原始数据，分享数据的价值"。

平台支持对数据集存储资源、计算资源进行弹性管理，以可用不可见或可用可见的数据申请使用授权方式实现数据所有权和使用权的分离；通过数据治理、主数据管理、资源目录、数据检索等提供统一的数据服务；通过各种平台内置的和用户自行开发的医疗、生信、AI 等专业应用对数据进行分析、统计和模型训练；数据应用的结果以数据集的方式存储在平台上，平台通过区块链记录数据演化的整个过程，形成存证，实现数据的全生命周期管理；通过智能合约，将协作中的数据以资产化方式进行价值流通。

平台还支持部分中心化+多节点分布式的部署模式，对不同级别的数据进行分类存储，兼顾数据的安全性和高效利用。

## 7.4.2 隐私安全计算应用

医疗数据具有极强的隐私属性，应考虑完整的隐私安全计算，解决数据保护和数据共享这两个看起来相互冲突的需求。隐私安全计算方便每位科研工作者广泛地与机构内外的其他科研工作者合作，并保证科研协作时的数据的所有权、数据安全和隐私。

图 7-18 展示了医疗数据共享平台从传统方法过渡到隐私计算示例。

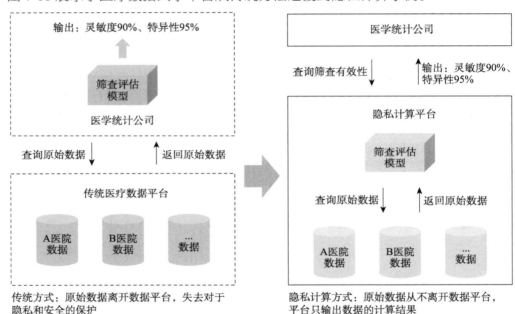

图 7-18　隐私计算示例

研究人员需要评估某专病（如癌症）筛查手段的灵敏度和特异性，传统的做法是，他会与科研平台签署一个保密协议，在科研数据平台中查找相关患者的数据，将数据导出后对数据进行统计或建模，评价该筛查手段的灵敏度和特异性。这样操作的结果会使患者的原始数据离开平台，而平台从此失去对于这部分数据的安全和隐私保护。这类仅依靠法律、行政来保证数据安全和隐私的做法存在巨大的隐患。在基于隐私计算理念设计的系统中，原始数据本身禁止输出，只有数据的再生数据、数据的计算结果、数据的建模被输出。在上面的例子里，患者的临床数据不离开平台，筛查评估模型被授权在平台内部使用数据并完成计算，平台只需要输出筛查评估模型的结果。

隐私安全计算的整体设计从底层开始，采用高性能存储、容器编排、沙盒计算、联邦学习、区块链、智能合约、差分隐私等技术，解决数据全生命周期过程中的安全授权使用、隐私保护、价值分享等一系列技术挑战，让科研工作者可以高效地分工合作。

具体的技术实现也有多种选择，可参见第 3、4、5 章；关于区块链、隐私计算和 SOLAR 平台的实现案例，也可以参考第 6 章数据交易平台的设计内容。

## 7.4.3　区块链技术应用

区块链技术具有分布式对等、数据块链式、防伪造和防篡改、可溯源、透明可信、高可靠性等优势，实现数据操作全生命周期的存证记录，通过智能合约实现价值交易各方的权益。区块链技术应用有利于建立更有效的信任机制，优化业务协作机制和流程，降低资产交易和事务处理成本，以及提高事务处理的透明性和安全可靠性。

医疗数据共享平台可以通过部署在研究院所、医院及合作机构等组织下的平台节点形成可靠的联盟链。联盟链内的成员互相信任、公开平等，各方皆可通过部署在本地的节点对区块链的数据存储、分析及使用等服务功能进行调用。区块链记录数据采集、存储、分析处理、发布与关联融合、归档等演化环节的过程，形成存证，实现数据集的每个发布、使用均有存证记录，每个更改都有验证机制。智能合约将协作中的数据以资产化方式进行价值流通，如图 7-19 所示。

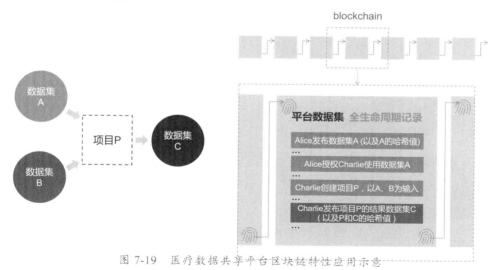

图 7-19　医疗数据共享平台区块链特性应用示意

## 7.4.4　多中心灵活部署

医疗数据共享平台作为一个数据汇总及分析协作平台，必须兼顾"安全"和"开放"这两个貌似矛盾的需求。一方面，每位科研工作的参与者对于科研数据本身和数据处理过程的知识产权都非常关注，期望平台在整个科研过程中保证数据安全；另一方面，科研工作者期待平台的数据安全保障不要影响科研工作效率，在平台上能够迅速找到所需的数据，便捷地处理数据，高效地与其他科研工作者进行项目协作。针对单中心平台内部的数据共享，会进行区块链存证；针对多中心跨平台的数据共享，将在智能合约中进行管理。针对单中心平台，构建临床研究+精准医疗多方协作生态，如图 7-20 所示。

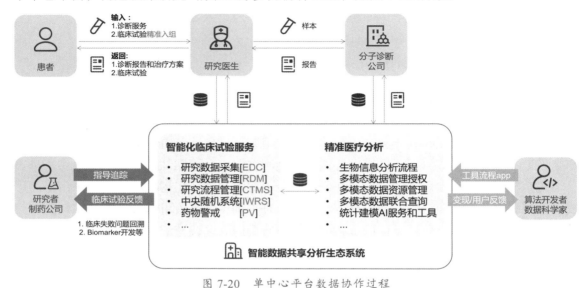

图 7-20　单中心平台数据协作过程

针对跨平台数据共享，基于隐私计算平台协议和智能合约构建合作的联盟，如图 7-21 所示。

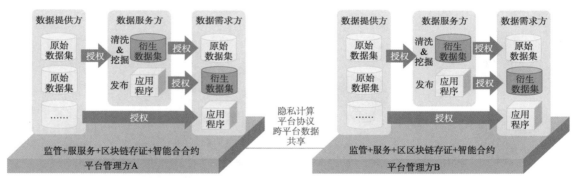

图 7-21　多中心平台数据协作过程

## 7.4.5　全流程数据管理技术

平台提供多种数据检索方式，方便用户找到其研究工作需要的数据。数据检索的设计原则是，用户在发现数据资源时不应该受到过多限制，但是必须在获得数据所有者的明确授权后才能查看数据内容并使用数据。平台允许对各种数据颗粒度的访问授权，最细可以达到数据单元级别。

### 1．数据上传及发布

数据在上传时，会生成上传记录的区块链存证；在发布拟共享给他人使用的数据时，可选择发布范围（平台内部或面向整个合作联盟体系）、发布数据公开性（私有或公开），以及指定数据的价值，也就是其他用户使用该数据集时要付出的代价。完成数据上传、删除或者数据发布后，都会使用区块链存证进行记录。

### 2．数据广场

平台的数据以数据集的方式组织，用户可以通过"数据广场"浏览、查找平台所有的数据集。每个数据集都有一个明确的管理者（所有者），当平台用户想在平台内查看或者使用数据时，需要向这个管理者申请使用授权。在数据使用的过程中，原始数据不离开平台；当然，如果是完全公开的数据集，或者是购买了原始数据的数据集，就不存在这个限制。

### 3．数据授权机制

对他人所分享的私有数据，可发起使用申请，在进行申请时，用户将付出相应的成本。数据的授权使用智能合约进行管理。

### 4．智能检索

数据的智能检索贯彻"数据最小可用原则"，用户通过查询服务精确找到目标数据集，找到查询结果对应的数据所有者，获得授权后才能使用。

查询服务分为两种：① 多模态数据查询服务，对于符合平台数据规范的数据集，可以授权数据查询服务，让用户以类似数据库查询的方式，精确地找到所需的数据；② 图形化查询语句，平台提供友好的图形化查询语句构建工具，用户可以利用简单的勾选和逻辑关系配置查询条件，平台会自动产生对应的 SQL 语句，对数据进行查询。

## 7.4.6　激励机制应用

平台可以提供基于积分的激励机制。积分支出主要用于申请数据集授权、申请存储等，积分收入主要来源于账号开通、项目创建、数据集发布等。当然，也可以用其他机制来帮助平台有效地运营。

# 本章小结

本章完整介绍了医疗数据共享中涉及的医疗数据的特点与相关概念，分析了医疗数据共享的现状和挑战，对平台的业务流程、架构、数据流等进行了初步设计，尤其是重点探讨了区块链与隐私计算技术在医疗场景的应用。医疗健康领域的区块链和隐私计算用于数据共享的研究方兴未艾，目前的探索还处在较初步的阶段，不管是应用场景结合还是底层技术方面，都有许多要攻克的难关。

# 习 题 7

1. 在医疗健康科研平台的应用场景中，院内的数据共享与院间的数据共享场景，有哪些异同？对区块链和隐私安全计算的需求又会产生什么样的影响？

2. 有人认为，医疗数据（如电子病历本身）可以通过写入区块链实现共享。这样做的优缺是什么？

# 参考文献

[1]　Observational Health Data Science and Informatics．The Book of OHDSI[M/OL]．

[2]　OHDSI/CommonDataModel[OL]．

# 第8章　知识与数据共建共享

前几章从不同技术和不同应用场景角度探讨了数据共享的问题。数据能够共享的前提是数据已经产生，但很多时候需要去协同共建数据，知识同样如此。本章从科研范式变革的需求出发，介绍知识与数据协同共建、共享的设计和实现。

## 8.1　科研范式变革

重大的科学发现已经从随机性和偶然性演变成有基础、有计划、有目标的系统工程。图 8-1 展示了由系统工程产生的一系列科学突破，AlphaFold 是基于大型数据库和相关工具进行蛋白结构预测的生物信息工程，对生命科学产生了重要影响。当人工智能与基础科学研究相结合，又带来了新的变革，一些大型互联网公司已在建设系统性的基础人工智能平台，用于数据驱动的基础科学研究，如 AI for Life Science、AI for Earth Science。在达摩院发布的《2022 十大科技趋势》中，AI for Science 居首位，以机器学习为代表的人工智能技术正在与科学研究深度融合。借助机器学习在高维空间的表示能力，人类可以构建复杂系统，并用于发现潜在的物理新规律。

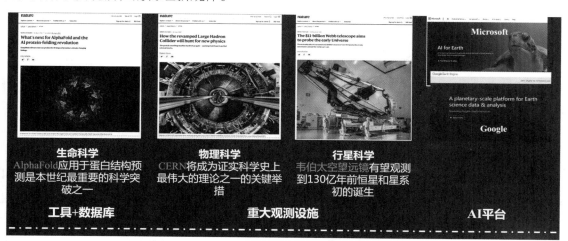

图 8-1　科研基础设施与研究产出

当下，计算正在成为前沿科研工作者群体最主要的科研手段，习惯了"小农作坊"和"分散式"科研模式的科研工作者正面临全新的局面：不光一系列以"计算"作为前缀的学科（计算物理/化学/生物学/天文学等）在走向成熟，甚至对于主要依赖实验的群体，"计算"

的渗透率也正在变得越来越高——表征数据分析、自动化，等等，无不依赖计算；而计算依赖于算法，依赖于平台，更依赖于数据和知识。

接下来的若干年，我们将见证科研范式的巨大变革——由"作坊模式"转变为"平台模式"。在平台模式下，科学家需要形成科研共同体，承担不同的角色，既是贡献者，也是使用者。显然，我们需要知识去更有效地发现问题，需要工具去智能化提取数据，以支撑研究，需要模型和引擎的支撑，以便快速完成推理的过程，也需要一站式的平台进行协作。不同于经验范式和系统范式，新的范式可以称为数据驱动的科学研究范式。这种以"数据—模型—知识"为核心、多学科协作、相互渗透的新研究范式，需要平台为底座进行支撑，通过整合全球数据、共享全球知识，构建"开放+共建共享+协作"的一站式的在线科研协作平台，整合"数据+知识+算法+算力"，推动数据驱动科研范式的演化。

本章在介绍知识与数据共建共享时，主要参照了作者团队在深时数字地球中的研究实践。深时数字地球大科学计划（Deep-time Digital Earth，DDE）是 2019 年由中国科学家发起的国际大科学计划，得到了全球科学家的积极响应，并由英国、俄罗斯、中国、德国等国家地质调查局，以及国际地层委员会、国际沉积学家协会、国际古生物协会、国际数字地球科学协会、美国石油地质协会等 9 个国际学术组织共同提议，经国际地科联投票通过，成为首个大科学计划，执行期 10 年（2019—2028）。2023 年 1 月份，党中央、国务院正式批复，同意深时数字地球国际大科学计划作为我国牵头组织的国际大科学计划正式立项。

深时数字地球大科学计划的总体目标是聚焦地球数十亿年演化历史（"深时"），建立全球科学家协作研究联盟，构建地球科学知识图谱，打造专业化程度高的"地学谷歌"，实现生命演化、物质演化、气候演化和地理演化等重大科学问题的突破，识别全球资源与能源矿产的宏观和区域分布规律，建设地球科学大数据创新平台和人才高地，为实现联合国 2030 年可持续发展目标和人类命运共同体的建设做出重要贡献。

图 8-2 为 DDE 科研基础设施的概念架构，以数据、知识、计算、场景四大中台引擎服务能力建设为抓手，形成深时探索引擎（Deep-time Engine），构建云上数据，驱动地学研究环境并链接全球科学家在线协作，围绕大科学问题，以数据驱动研究为核心手段，实现四大演化科学问题的突破；以 Deep-time.org 平台为载体，实现科研范式的变革。

（1）算力网络层

由个人、社区、机构等计算节点共同组成的全球云计算的算力网络层，为计算服务引擎提供支持，用来满足处理平台大量、快速、高效的计算需求。

（2）数据网络层

通过暗数据点亮、元数据搜集、科学数据获取与链接等手段，构建数据网络层，为数据服务引擎提供支持，用来满足平台各类数据的搜集、分类、管理、检索等需求。

（3）知识网络层

通过专家知识系统、知识图谱构建、众包知识百科等方法，形成知识网络层，为知识服务引擎提供支持，满足平台知识的发现、建模、管理、应用等需求。

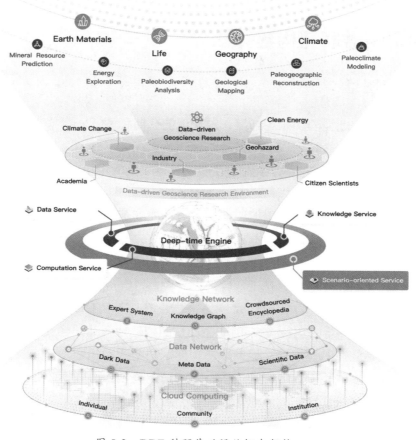

图 8-2　DDE 科研基础设施概念架构

（4）深时探索引擎

深时探索引擎是 DDE 服务平台的核心，包括 4 大引擎，分别是数据服务引擎、计算服务引擎、知识服务引擎和场景服务引擎，为用户提供全面的深时地学服务。

（5）云上服务层

基于 DDE 服务平台，构建一个一站式云上的数据驱动的地球科学科研环境（Data-driven Geoscience Research Environment，DDRE），支撑全球科学家开放协作，为可持续发展目标（Sustainable Development Goal，SDG）所覆盖的气候变化、清洁能源、地质灾害、行业应用等领域赋能。

（6）科研应用层

在 DDE 平台的支撑下，为地学应用场景建立定制化的工作流程，实现多学科的交汇融合，支撑矿产资源预测、古地理重建、地质编图等地学场景。

（7）演化赋能层

基于 DDE 平台云上科研基础设施服务能力，推动数据驱动地球科学范式变革的进程，推进人类对深时数字地球物质演化、生命演化、地理演化和气候演化四大科学问题的探索。

## 8.2　知识图谱联邦构建算法

### 8.2.1　知识图谱

　　知识是人类对客观世界认知的结晶，对知识的存储和表示一直是人类研究的方向，这里介绍知识图谱的基本概念。知识图谱（Knowledge Graph，KG）是知识表示的一个重要分支，以符号形象化表示物理世界中的客观概念及其之间的相互联系以及客观事物的属性。知识图谱的基本构成单位是<实体，关系，实体>三元组，实体之间通过关系联系在一起，以此构成复杂的知识图状网络。知识图谱使用人类能够识别的字符串表示三元组各元素，作为图结构还能被计算机很好地保存和识别。相比于一般的图数据，知识图谱自带语义，实体之间的关系蕴含逻辑含义和规则。正是因为以上优点，知识图谱作为人类结构化知识的一种存储形式，引起了学术界和工业界的广泛关注[6]。

　　知识图谱的构建一般包含信息抽取、知识融合、知识计算等步骤。信息抽取（Information Extraction，IE）是一种自动化或者半自动化地从结构化或者非结构化的信息中抽取实体、关系、实体属性等信息的技术。信息抽取是构建知识图谱的基础，首先从各种类型的数据源中抽取出实体、属性和实体之间的关系，才能在此基础上形成本体化的知识表达。知识融合是指在从信息源获取新知识后对知识进行整合，消除实体之间的矛盾和歧义，使得实体表示更加准确，其关键技术包括：实体对齐、指代消减等。知识计算就是将融合后的知识进行质量评估，将质量评估合格的知识添加到知识库中，以此确保知识库的质量，避免在知识库中出现错误知识。下文将从信息抽取的角度，阐述联邦算法在知识图谱构建中的应用。

　　信息抽取在知识图谱的构建过程中起到至关重要的作用，主要包含三个过程：实体抽取、属性抽取和实体关系抽取。实体抽取是指从非结构化文本中抽取实体的过程；在得到实体后，需要从文本中抽取实体之间的关系，关系将实体连接起来，构成网状的知识结构；属性抽取目标是从文本中抽取特定实体的相关属性，以此来丰富实体的语义。实体关系抽取主要有两种方法：基于流水线的方法和联合抽取的方法。基于流水线的方法将实体关系抽取分成两个独立的任务，即命名实体识别[7][8]和关系抽取[9][10]。首先，命名实体识别用于抽取文本中的实体，然后利用关系抽取方法判别所有实体对之间的关系类型。这种方法将命名实体识别和关系抽取两个任务分开，模型设计相对较为简单，但是存在一些缺点：两个任务之间的信息无法相互利用；由于采用流水线的方法，即命名实体抽取在前、关系抽取在后，因此实体抽取造成的错误会传递到关系抽取。由于这些缺点的存在，近些年联合抽取的方法渐渐吸引了人们的注意，利用多任务训练的方法或者设计共享的编码器使得命名实体抽取和关系抽取之间可以相互利用信息，从而提升两种任务的表现，还能避免基于流水线方法产生的错误传递。现有的联合抽取模型总体上可以分为两大类：共享参数的联合抽取模型和联合解码的联合抽取模型。共享参数的联合抽取模型通过共享参数实现联合的目的，这些参数可以是输入特征或者是内部的隐层状态。然而由于采取独立的解码算法，因此会导致实体抽取模型和关系抽取模型之间的交互相对较弱。联合解码算法被用于解决以上问题，但是需要在自解码模型特征的丰富性与联合解码的精确性之间进行权衡。

## 8.2.2 联邦学习补充介绍

目前，主流联合抽取模型的性能都是建立在集中式训练的基础上，即将所有的数据集中在一起训练模型，这种方法在开放领域较为有效，因而开放领域的联合抽取模型具有较好的性能。但是在一些如医学或者地学的特定领域，由于存在医患或者地质空间和矿产资源等隐私信息，使得不同数据持有方之间不能直接共享数据。再者，机器学习模型的反向攻击可以逆向推理出训练数据中的敏感信息。

在这些情况下，联邦学习作为一种高效的隐私保护方法应运而生。第 4 章已经对联邦学习进行了方法原理的介绍，这里再简单回顾和补充。联邦学习（Federated Learning，FL）在 2016 年由谷歌公司提出[11]，用于建立移动终端与服务器之间的共享模型，在保证用户的隐私安全的前提下，可以有效利用这些移动终端的海量数据资源。联邦学习作为一种模型分布式协同训练的方法，一般涉及客户端和中央服务器两种节点，客户端负责在本地数据上训练模型，中央服务器负责将各客户端上传的模型进行聚合并更新全局模型。具体流程可以概述为：多个客户端将模型在本地数据上进行训练，然后将更新后的模型参数上传到中央服务器，再由中央服务器对多个客户端模型参数进行聚合，从而得到最终的模型。在联邦训练的过程中，客户端一直保留各自的数据，与服务器交互的过程只发生模型参数交换。

联邦学习本质上是一种模型分布式训练框架，在中央服务器的协调下，由多个客户端协同，解决机器学习问题的一种模型构建的方法。假定有 $n$ 个客户端 $U_1, U_2, \cdots, U_n$，均拥有各自的本地数据集 $D_i$，将所有本地数据集中成为总的数据集 $D = D_1 \cup D_2 \cup \cdots \cup D_n$，在 $D$ 上训练出的模型为 $M_{\text{Global}}$。联邦学习不直接将所有数据聚合在一起训练得到模型 $M_{\text{Global}}$，而是由各参与方根据中央服务器传递的初始参数 $w_G$ 训练本地数据得到新的参数 $w_G'$，再将更新后的参数变化量 $w_G'$ 或 $\delta = w_G' - w_G$ 传送到中央服务器，中央服务器根据各客户端上传的参数或梯度对联邦全局模型 $M_{\text{Fed}}$ 进行聚合更新。联邦学习还需要保证模型 $M_{\text{Fed}}$ 与模型 $M_{\text{Global}}$ 之间的差距足够小，即

$$\left| M_{\text{Fed}} - M_{\text{Global}} \right| < \xi$$

其中，$\varepsilon$ 为任意小的正数，称为联邦学习算法具有 $\varepsilon$-精度损失。

根据数据的不同情况，联邦学习可以分为三类，分别是横向联邦学习、纵向联邦学习和联邦迁移学习，如图 8-3～图 8-5 所示。设 $D_i$ 为第 $i$ 客户端的本地数据集，$\chi$ 为特征空间，$y$ 为样本空间，$\lambda$ 为样本 ID 空间，这三个空间构成了完整的训练数据集 $(\chi, y, \lambda)$。

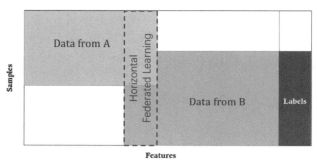

图 8-3　横向联邦学习

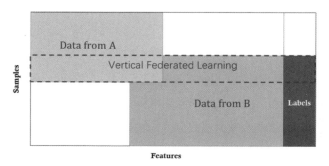

图 8-4　纵向联邦学习

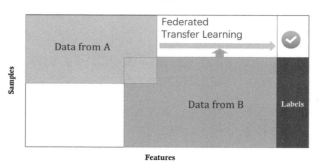

图 8-5　联邦迁移学习

横向联邦学习，又称为基于样本的联邦学习，一般应用在数据的特征空间相同但样本空间不同的情况。例如，两家处在异地的银行虽然顾客群体分布不同，但是服务种类大致一样，这种情况适用于横向联邦学习。

纵向联邦学习，又称为基于特征的联邦学习，即数据中的特征空间分布不同但样本空间分布相同。例如，处在同一城市中的两个不同商业机构受众极其相似，但是服务种类不一样。纵向联邦学习将不同的特征进行聚合，并以隐私保护的方式计算训练损失和梯度，从而用多方的数据协同构建模型。

联邦迁移学习应用于数据在特征空间和样本空间均不同的情况。例如，处在中国的银行和美国的证券交易所，两者的服务对象和服务种类都不相同，可以使用迁移学习技术为联邦学习的整个样本空间和特征空间提供解决方案，从两个数据集有限的公共样本集中学习特征空间的公共表示，然后对一侧的特征样本进行预测。

联邦学习的训练过程有多种变体，了解典型的联邦学习训练过程有助于理解联邦学习的算法实现和通信过程。中央服务器一般包含两部分，分别是协调器和聚合器。协调器用于协调各客户端的训练过程和客户端与服务器之间的通信过程。聚合器负责将各客户端的模型更新进行聚合，形成新的模型。典型的联邦训练过程如下。

① 系统初始化。中央服务器发布建模任务并寻求可参与的客户端，持有数据的客户端根据自身的情况提出联合建模的需求。多个客户端和中央服务器达成协议后，联合建模过程被确定，中央服务器向各客户端发布模型初始化参数和训练程序。

② 局部计算。每个选定的客户端通过执行训练程序，在本地数据集上对模型进行训练，完成一定次数的本地训练后，将其本地模型上传到中央服务器，以用于全局模型聚合。

③ 聚合。中央服务器对收到的各客户端的模型进行聚合，一旦聚合了足够数量的模型，其余客户端的产生的模型将被中央服务器忽略。模型的聚合方法包含不同的种类，如用于隐私保护的安全聚合、用于提高通信效率的有效压缩聚合等。

④ 模型更新。中央服务器完成本轮聚合后，进行全局模型的更新，并将更新后的全局模型广播给参与的客户端，然后开始新一轮的联邦训练，即重复②～④步骤，直到满足停止条件。

在联邦训练的过程中，各客户端仅对模型进行训练而不对模型进行预测，即模型训练阶段只负责对模型进行训练，不使用此模型进行预测任务。只有停止迭代后的中央服务器将最终广播给各客户端的模型才用于预测。

联邦学习的一个重要目的是保障数据隐私安全，因此在进行联邦训练的过程中可以通过叠加一些其他技术来提升安全性和隐私性，如在模型的聚合过程中使用同态加密等方法，或在上传参数的过程中使用加密算法等方法。

## 8.2.3 联邦联合抽取模型

下面以 DDE 中的地学知识图谱构建为例介绍联邦联合抽取模型。地球科学知识图谱是识别地壳中自然资源的重要信息来源，这种图状的数据结构可以帮助地质学家分析矿物资源的分布，从而估计未知自然资源的准确位置。构建地学知识图谱首先需要从非结构化文本中抽取实体和关系等基本构成元素，但是在全球科学协作体系中，各数据持有方之间有可能无法直接共享原始数据。如果将各数据持有方的数据收集到中央机器中进行模型训练，可能导致数据安全和隐私问题，所以通过联邦学习算法解决这个问题。

首先，明确联合抽取的定义。联合抽取任务由两个子任务组成，分别是命名实体识别（NER）和关系抽取（RE）。给定一个输入序列 $W = [w_1, w_2, \cdots, w_n]$，其中 $w_i$ 表示序列中的第 $i$ 个元素，命名实体识别的任务是抽取出序列中所有的实体并组成实体集合 $E = \{e_i\}_{i=1}^{m}$，$m$ 表示序列中实体的数量。当获得序列中所有实体后，关系抽取旨在识别集合 $E$ 中任意实体对 $<e_i, e_j>$ 之间的对应关系 $r_i \in \{R \cup NA\}$，$R$ 表示预先定义的关系种类，NA 表示实体对之间不具有关系类型。最终抽取得到的实体和关系以三元组 $<s, r, o>$ 的形式存储在图数据库中，$s \in E$ 表示三元组中的主体实体，$o \in E$ 表示三元组中的客体实体，$r \in R$ 表示实体对之间的关系。

下面介绍训练和测试用的数据库。该数据库由本书作者团队自行创建，选择地学中的沉积学作为背景学科，标记了可以用于联合抽取的语料库。首先，定义实体种类和关系种类。我们定义了 6 种粗粒度的实体类型和 6 种关系种类。实体类型有岩石种类、地质结构、地质成分、地质时间、地理位置和地质属性。关系种类包括包含关系（Contain）、生成关系（Generate in）、位于（Locate in）、相关（Relate with）、呈现（Take on）和构造（Make up）。我们使用基于跨度的标记方案来标记实体和关系，实体标记的格式为<开始索引，结束索引，实体类型>。关系的标记格式为五元组，如<主体实体开始索引，主体实体结束索引，客体实体开始索引，客体实体结束索引，关系类型>，前两个表示主体实体的开始索引和结束索引，中间两个元素表示客体实体的开始索引和结束索引，最后的元素表示关系种类。图 8-4 为具体的标注案例。

| Sentence | ["Paleogene", "lacustrine", "dolomicrite", "of", "Unit", "II", "of", "the", "lower", "Xingouzui", "Formation", "in", "the", "southern", "part", "of", "the", "Qianjiang", "Depression", ",", "China" "forms" "201c", "tight", "carbonate", "201d", "hydrocarbon", "reservoirs", "that", "can", "be", "divided", "into", "the", "following", "four", "dolomicrite", "types", ":", "dolomicrite", ",", "muddy", "dolomicrite", ",", "sandy", "dolomicrite", ",", "and", "gypsiferous", "dolomicrite", "."] |
|---|---|
| Entities | [[0, 3, "ROC"], [9, 11, "GS"], [13, 19, "LOC"], [20, 21, "LOC"], [23, 25, "GC"], [39, 40, "ROC"], [41, 43, "ROC"], [44, 46, "ROC"], [48, 50, "ROC"]] |
| Relations | [[0, 3, 9, 11, "Make_up"], [39, 40, 13, 19, "Loc_in"], [41, 43, 13, 19, "Loc_in"], [44, 46, 13, 19, "Loc_in"], [48, 50, 13, 19, "Loc_in"]] |

图 8-4 沉积学文本的标注案例

基于标注好的数据集，我们设计了沉积学领域实体关系联合抽取的框架。

设有 $c$ 个沉积学数据客户端 $U = \{U_1, U_2, \cdots, U_c\}$，每个客户端的本地数据被表示为 $D = \{D_1, D_2, \cdots, D_c\}$。联邦联合抽取是在数据机分布式的设置下，由中央服务器协调下，由各客户端协同训练一个用于实体关系联合抽取的模型，客户端 $U_i$ 的本地数据 $D_i$ 不会被暴露给其他客户端，因此可以很好地保护客户端的隐私数据。

联合抽取模型是实现联邦联合抽取的基础。通常，一个端到端的联合抽取模型包含三层神经网络：表示层、编码器和解码器。表示层负责将输入的文本序列转化为低维稠密向量表示；编码器用于编码序列中的语境信息，以捕获序列中不同位置词元之间的依赖关系；解码器（包括 NER 解码器和 RE 解码器）利用实体信息和关系信息生成对应标签的概率。

我们使用 BERT[12]预训练语言模型[13][14]作为表示层，将输入文本转化为低维稠密向量。然后使用递归神经网络模型作为上下文编码器，以聚合 NER 和 RE 的相关信息，将编码得到的表示作为解码器的输入，生成实体关系种类的概率，如图 8-5 所示。

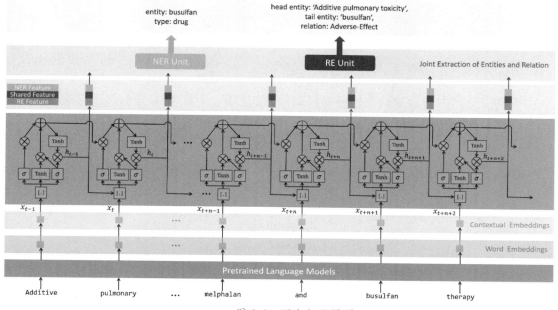

图 8-5　联合抽取模型

与 LSTM[15]中的神经元相似，神经单元状态 $c_t$ 通过将输入表示 $x_t$ 和前一单元的隐藏状态 $h_{t-1}$ 级联后获得：

$$\widetilde{c}_t = \tanh(\mathrm{Linear}([x_t; h_{t-1}]))$$

与 LSTM 相似，模型使用门单元进行神经元分区。门单元可以根据输入表示 $x_t$ 和前一单元的隐藏状态 $h_{t-1}$ 获得，门单元根据神经元中的信息是否对任务有用将候选单元状态 $c_t$ 中的信息进行划分。门单元可以通过以下公式得到：

$$\widetilde{e} = \mathrm{gating}(\mathrm{soft\,max}(\mathrm{Linear}([x_t; h_{t-1}])))$$

$$\widetilde{r} = 1 - \mathrm{gating}(\mathrm{soft\,max}(\mathrm{Linear}([x_t; h_{t-1}])))$$

其中，gating() 是门函数，其输出类似二进制形式。在此过程中生成实体门和关系门，用于对实体信息和关系信息进行裁剪，保留有用的信息而舍弃无用的信息。这两个门单元将候选单元状态 $c_t$ 划分为两个特定任务分区和一个共享分区。这些分区的生成方式如下：

$$p_s = \widetilde{e} \circ \widetilde{r}$$

$$p_e = \widetilde{e} - p_s$$

$$p_r = \widetilde{r} - p_s$$

其中， $p_s$ 表示共享分区的表示， $p_e$ 表示实体分区的表示， $p_r$ 表示关系分区的表示。共享分区包含对两个任务都有价值的信息，可以用于 NER 和 RE。通过共享分区，模型可以对 NER 和 RE 两个任务之间的信息交互进行建模，从而提升模型在两个任务上的表现。

然后对前一单元状态 $c_{t-1}$ 执行分区操作，从而过滤掉前一单元状态中无用的信息，并且保留有价值的信息；对候选单元状态 $c_t$ 的信息和前一单元状态 $c_{t-1}$ 进行结合，以此生成三个分区的最终表示：

$$p_e = p_{e,c_{t-1}} \circ c_{t-1} + p_{e,\tilde{c_t}} \circ \tilde{c_t}$$

$$p_r = p_{r,c_{t-1}} \circ c_{t-1} + p_{r,\tilde{c_t}} \circ \tilde{c_t}$$

$$p_s = p_{s,c_{t-1}} \circ c_{t-1} + p_{s,\tilde{c_t}} \circ \tilde{c_t}$$

由于共享分区中包含对两个任务都具有价值的信息，因此将共享分区的信息合并到其他两个分区，然后利用存储单元 $m$ 在 LSTM 中存储合并后的信息：

$$m_e = p_e + p_s$$

$$m_r = p_r + p_s$$

$$m_s = p_s$$

再使用激活函数得到对应分区的表示：

$$h_e = \tanh m_e$$

$$h_r = \tanh m_r$$

$$h_s = \tanh m_s$$

当前单元状态 $c_t$ 由存储单元中的分区信息生成，该信息将在下一次迭代中使用：

$$c_t = \mathrm{Linear}([m_e, m_r, m_s])$$

$$h_t = \tanh(c_t)$$

联合抽取模型中的单向编码器用于对文本中每个位置的词元进行编码，以捕获上下文的语义信息。最后将这些信息输入解码器，生成特定任务中对应类别的概率分布，即实体类别的概率分布 $Y^{\mathrm{NER}}$ 和关系类别的概率分布 $Y^{\mathrm{RE}}$ 。

对于沉积学中联合抽取模型训练过程中数据不能直接共享的问题，通过联邦联合抽取框架来解决。遵循联邦训练过程中的一般设置，将此框架建模为两部分：控制每轮通信和模型聚合的中央服务器，以及执行本地训练的多个客户端。因此存在两种模型，即本地模型和全局模型。本地模型位于客户端且使用客户端的本地数据进行训练，训练结束后，其参数将上传到中央服务器。全局模型部署在中央服务器中，被限制访问每个客户端的本地数据集，以保护隐私数据。假设中央服务器是可信的第三方，即不会在训练过程中对每个客户端进行恶意攻击。

鉴于各数据持有方的抽取目标可能相同也可能不同，我们设计了两种联邦训练方法，以提升联合抽取模型的泛化性。当客户端之间的抽取目标相同时，即各客户端的本地数据使用相同的标注方法并且实体类型和关系类型都相同时，采用通用联邦训练；当客户端之间的抽取目标不同时，即各客户端本地数据的标注方法不同或者实体种类和关系种类不同，采用个性化联邦训练。

通用联邦学习是最常见的联邦训练方法，涉及本地模型更新和全局模型更新。由于各客户端之间的数据服从独立同分布，因此通用联邦训练过程将整个联合抽取模型进行联邦训练，如图 8-6 所示。

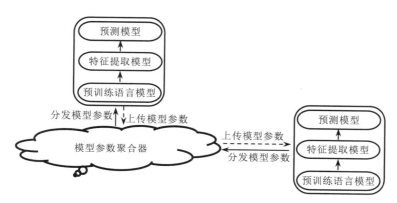

图 8-6　通用联邦联合抽取训练

设有 $n$ 个客户端，在每轮训练过程开始前随机选择 $m$ 个客户端，作为本次参与训练的客户端。中央服务器将全局模型广播到每个被选择到的客户端，作为本地模型的初始化。在训练过程中，交叉熵作为联合抽取模型的损失函数，第 $i$ 个客户端模型的损失函数可以定义为

$$L_i(\Theta) = -\frac{1}{|D_i|}\left\{\log p(Y_i^{\mathrm{NER}} \mid X_i, \Theta) + \log p(Y_i^{\mathrm{RE}} \mid X_i, \Theta)\right\}$$

客户端 $U_i$ 在本地数据 $D_i$ 上训练模型，并且使用以下公式对模型的参数进行更新：

$$\theta_i = \theta_i - \alpha\frac{\partial L_i}{\partial \theta_i}$$

其中，$\theta_i$ 表示客户端 $U_i$ 模型的参数。

训练结束后，客户端将更新后本地模型的参数上传到中央服务器，中央服务器将上传的模型参数进行存储。当最后一个客户端将模型参数上传到中央服务器后，中央服务器对所有上传的模型参数进行聚合：

$$\theta = \sum_{i=1}^{n}\frac{|D_i|}{\sum_{j=1}^{m}|D_j|}\theta_i$$

其中，$|D_i|$ 表示客户端 $U_i$ 本地数据的数量。在此过程中，中央服务器可以被视为可信的第三方，以确保客户端在上传模型参数的过程中不会受到非法攻击。

全局模型更新的过程可以看作多个模型参数融合的过程。中央服务器收集所有参与训练客户端的模型参数，然后采用参数聚合算法对全局模型进行更新，这里选择 FedAvg[11] 作为中心模型的聚合算法。全局模型完成更新后，中央服务器将其广播给所有被选择进行

下一轮训练的客户端，以实现下一轮的联邦训练。当达到模型的收敛条件后，联邦训练停止。

通用联邦训练的最终模型由中央服务器生成并且广播给各客户端进行预测任务，所以所有客户端的本地模型都相同，只适用于客户端数据服从独立同分布的情况。如果客户端之间的数据不服从独立同分布或者客户端之间的抽取目标有差别，这种通用的联邦训练方式便不再适用，即通用的联邦训练方法不能满足每个客户端的个性化提取目标，为此借鉴个性化联邦学习[16]，我们设计了个性化联邦联合抽取模型。个性化联邦训练不同于通用的联邦训练过程，目的是满足不同客户端的个性化提取目标，如图 8-7 所示。

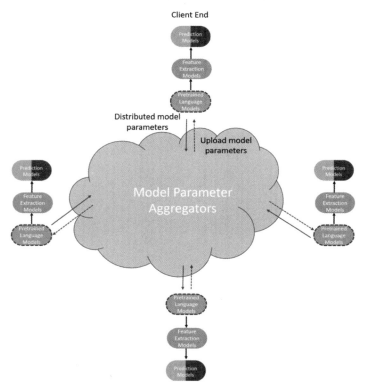

图 8-7　个性化联邦联合抽取训练

与通用联邦训练过程相同，在训练开始前中央服务器首先选定参与训练的 $m$ 个客户端，然后将全局模型广播到选定的 $m$ 个客户端。客户端基于本地数据训练模型，并且使用梯度下降的方式更新模型参数。

同样，嵌入层负责将输入文本转化为低维稠密向量，以便后续计算；编码器负责学习序列的上下文语义信息；解码器对编码器学习到的特征进行解码，获得对应标签的概率。编码器在不同的提取任务上学习不同的上下文语境信息，解码器对不同的特征进行解码，导致编码器层和解码器随着提取任务的变化而变化。嵌入层将输入序列转化为低维稠密向量，不同提取任务中的词嵌入可以相同，这样就提供了一种新的联邦训练方法。因此，可以将嵌入层视为联邦训练中的独立模块，在联邦训练过程中可以收集不同客户端本地数据的语义信息，以提高不同客户端联合抽取模型的性能。

基于以上分析，训练过程将联合抽取模型分为两个模块：本地模块和更新模块。本地模块包括用于捕获本地数据中特定上下文语义信息的编码器和解码器，因不同客户端的提取目标而异，差异体现为模型参数而不是模型结构。更新模块的目的是捕获不同客户端本地数据的语义信息，并通过联邦训练来丰富嵌入语义，包含其他客户端的本地信息的语义信息。客户端 $U_i$ 的模型参数为 $\theta_i$，则本地模块和更新模块的参数分别为 $\theta_i^l$ 和 $\theta_i^u$。两个模块的参数更新过程为：

$$\theta_i^l \leftarrow \theta_i^l - \alpha \frac{\partial L_i}{\partial \theta_i^l}$$

$$\theta_i^u \leftarrow \theta_i^u - \alpha \frac{\partial L_i}{\partial \theta_i^u}$$

客户端本地模型训练结束后，将更新模块的参数 $\theta_i^u$ 上传到中央服务器，而本地模块的参数 $\theta_i^l$ 保存在本地。当所有参与训练客户端的更新模块参数收集后，中央服务器使用参数聚合算法实现全局模型参数的更新，将更新后的参数广播到被选定的客户端，开始新一轮的训练过程。与通用联邦训练过程相比，个性化联邦训练过程只将联合抽取模型的一部分参数进行上传，这将减轻联邦训练过程中的通信负担，从而提升模型的训练速度。

各客户端训练速度不一定相同，所以当客户端训练结束将更新模块的参数上传到中央服务器后，中央服务器将上传的参数进行存储。当所有客户端结束训练后，中央服务器对存储的参数进行聚合，以此来更新全局模型。与通用联邦训练过程相同，FedAvg[11]作为参数聚合算法。参数聚合过程如下：

$$\theta^u = \sum_{i \in P_t} \frac{|D_i|}{\sum_{j \in P_t} |D_j|} \theta_i^u$$

参数聚合后，形成新的全局模型，该模型仅由嵌入层构成。在下一轮通信中，中央服务器向每个选定的客户端广播新的全局模型，以进行下一次联合训练，直到全局模型收敛。

为了验证联邦联合抽取模型的性能，在标记的沉积学领域数据集上和开放领域数据集上对模型进行测试。模型在各数据集上的表现如表 8-1 所示。

表 8-1　模型在各数据集上的表现

| 模型 | | Multi-head | Multi-head (+AT) | Table-Sequence | PURE | Patition-Filter | FedJ (IID) | FedJ (non-IID) |
|---|---|---|---|---|---|---|---|---|
| ACE04 | ent | 81.16 | 81.64 | 88.60 | 88.80 | 89.3 | 88.24 | 88.72 |
| | rel | 47.14 | 47.75 | 59.60 | 60.20 | 62.5 | 61.06 | 62.26 |
| ACE05 | ent | - | - | 89.50 | 89.70 | 89 | 88.86 | 88.34 |
| | rel | - | - | 64.30 | 65.60 | 66.8 | 64.78 | 63.99 |
| ADE | ent | 86.40 | 86.73 | 89.70 | - | 89.6 | 89.65 | 90.88 |
| | rel | 74.58 | 75.52 | 80.10 | | 80.00 | 81.25 | 82.37 |
| WebNLG | ent | - | - | - | | 98.00 | 97.14 | 98.52 |
| | rel | - | - | - | | 93.60 | 92.07 | 95.33 |

| 模　型 | | Multi-head | Multi-head (+AT) | Table-Sequence | PURE | Patition-Filter | FedJ (IID) | FedJ (non-IID) |
|---|---|---|---|---|---|---|---|---|
| SciERC | ent | - | - | - | 66.60 | 66.80 | 65.89 | 67.87 |
| | rel | - | - | - | 35.60 | 38.40 | 37.82 | 37.79 |
| CoNLL04 | ent | 83.90 | 83.61 | 90.10 | - | - | 90.11 | 89.86 |
| | rel | 62.04 | 61.95 | 73.60 | - | - | 73.81 | 72.35 |
| Sediment-ological | ent | 74.78 | 76.06 | 79.96 | 80.37 | 81.32 | 80.55 | 80.12 |
| | rel | 44.00 | 44.59 | 59.32 | 62.15 | 63.03 | 62.49 | 61.36 |

由实验结果可知，分布式方法训练得到的联合抽取模型相较于集中式训练得到的联合抽取模型，性能较为接近。Patition-Filter 模型在 ACE04、ACE05 等数据集上具有微小的性能损失，这是由联邦学习的局限性造成的，但是总体上与集中式训练得到的结果较为接近。在 ADE 和 WebNLG 数据集上，联邦联合抽取模型（FedJ）的性能略高于集中式训练得到的模型，这可能是由于不同客户端整体上构成一种集成学习，使得最终训练得到的模型性能更好。

# 8.3　知识共建共享平台

下面以 DDE 实践为例介绍知识共建共享平台，即知识图谱平台的设计和实现。

## 8.3.1　知识共建共享平台总体设计

### 1．平台目标

知识共建共享平台的目标是利用自然语言处理、深度学习、语义网、云计算、区块链等技术，以"协同共建、共享应用"为主线，研发开放协同、智能高效、安全可控的知识图谱构建平台，实现知识图谱持续构建更新与质量控制机制，实现多人协同与人机协同相结合的知识图谱科学高效构建、持续更新管理、有序共享服务和知识演化分析等功能。

### 2．平台架构

根据平台前述定位目标，围绕知识图谱构建管理到应用服务的全生命周期，我们以 DDE 系统的建设为例，介绍 DDE 知识图谱平台的总体架构，并描述其与 DDE 大数据和大平台的关系，如图 8-8 所示。DDE 知识图谱平台总体上由共性的技术中台、知识图谱构建软件、知识图谱共享应用软件三部分组成。知识图谱技术中台为知识图谱构建软件、共享应用软件提供共性技术（工具）的支撑，避免共性技术（工具）的重复研发。知识图谱平台通过统一的知识图谱引擎为 DDE 大数据、大平台提供知识图谱服务。

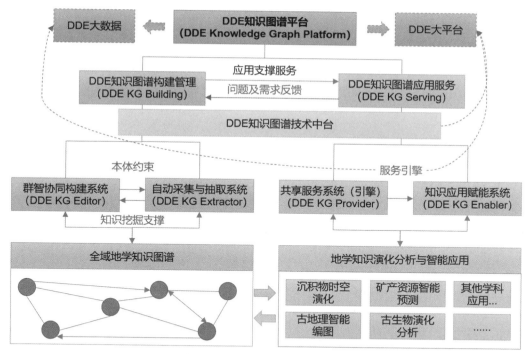

图 8-8　DDE 知识图谱平台总体架构

（1）知识图谱技术中台

知识图谱技术中台是为了避免知识图谱平台中不同软件系统所需的共性技术的重复研发，加速软件系统开发，缩短软件系统开发周期，方便共性技术升级，而设置的中间平台。技术中台通常以组件或服务的形式为软件系统提供支撑服务。在 DDE 中，知识图谱技术中台主要包括：网络信息爬取技术；自然语言处理技术，如中文分词、词性标注、命名实体识别、词向量表示、词义相似度计算、文本分类等；用于回归、分类、聚类、降维的机器学习或深度学习常用算法模型，如 $k$-Means 算法、贝叶斯算法、支持向量机（SVM）、随机森林决策树（RF）、卷积神经网络（DNN）、循环神经网络（RNN）、长短期记忆网络（LSTM）、双向长短期记忆网络（BiLSTM）、双向迁移编码器表示模型（BERT）等。

（2）知识图谱构建软件系统

知识图谱构建软件系统主要用于支撑知识图谱的构建管理，包括：知识图谱群智协同构建系统（DDE KG Editor）和自动采集与抽取系统（DDE KG Extractor）。DDE 知识图谱构建有以下两个模式。

①　知识图谱群智协同构建系统（DDE KG Editor）：面向地学领域专业科研人员，主要实现自上而下的群智协同的地学知识图谱构建，特别是地学知识图谱模式层（本体）的构建及其更新管理。

②　知识图谱知识自动采集与抽取系统（DDE KG Extractor）：基于网络文本、科技论文、专著等，实现多模态地学知识语料信息的自动化采集与清洗；利用自然语言处理、知

识抽取、对齐融合等技术，主要实现自下而上的地学知识图谱构建，特别是地学知识图谱大规模实例层（事实性知识）的构建及其更新管理。

这两个系统形成自上而下和自下而上相结合，以及多人（群智）协同和人机协同相结合，地学知识图谱科学将高效构建，持续更新模式，为全域地学知识图谱的构建提供坚实的软件工具基础。

（3）知识图谱共享应用软件

知识图谱共享应用软件主要支撑用于地学知识图谱的应用服务，包括：知识图谱共享服务系统（DDE KG Provider）和知识应用赋能系统（DDE KG Enabler）。

① 知识图谱知识共享服务系统（DDE KG Provider）：面向全球地学科研人员及相关政府管理部门和产业部门，通过在线应用、接口访问、文件下载等多种形式，提供分类分级、安全有序的地学知识图谱共享服务功能。

② 知识图谱知识应用赋能系统（DDE KG Enabler）：面向地学领域专业研究人员，基于全域地学知识图谱，提供学科或主题科技资源智能搜索与关联推荐、知识演化分析、推理计算与预测等应用赋能功能，支撑大数据 - 大知识两轮驱动的地学创新研究。

上述两个系统形成了从基础共享到专业应用两个层次的地学知识图谱应用服务，为全面发挥地学知识图谱促进地学创新科学研究的能力提供软件工具支持。

## 3．知识图谱平台技术路线

DDE 知识图谱平台将采用云原生微服务架构，基于云服务环境，利用自然语言处理、深度学习、区块链等技术，构建统一的 DDE 知识图谱技术中台，实现技术功能的复用，总体技术路线如图 8-9 所示。

（1）基础设施层

DDE 知识图谱平台运行在云服务环境下，采用由公有云和私有云共同组成的混合云模式，提供 DDE 知识图谱的存储、计算能力和安全保障。公有云由阿里云提供服务，私有云主要依靠中科院地理科学与资源研究所的私有云设施，按照"按需使用、无缝扩展"的原则提供云服务。

（2）研发技术

DDE 知识图谱平台研发涉及的技术主要包括数据库技术（Neo4j、Gstore、Virtuoso 和 MySQL 数据库等）、知识图谱表达语言及软件编程技术工具（RDF、OWL、Java、Python 等）、机器学习模型（RNN、LSTM、随机森林、支持向量机等模型）、自然语言处理技术（StanfordNLP、GPT-3、BERT、Transformer 等模型）等。

（3）技术中台

面向 DDE 知识图谱平台各软件系统及其他支撑的应用系统，将上述核心技术进行整合集成，实现知识图谱平台的共性技术，形成统一的技术中台，提供常用技术的复用共享。技术中台提供的功能主要包括：知识语料爬取与规范化处理技术、知识抽取技术（实体抽

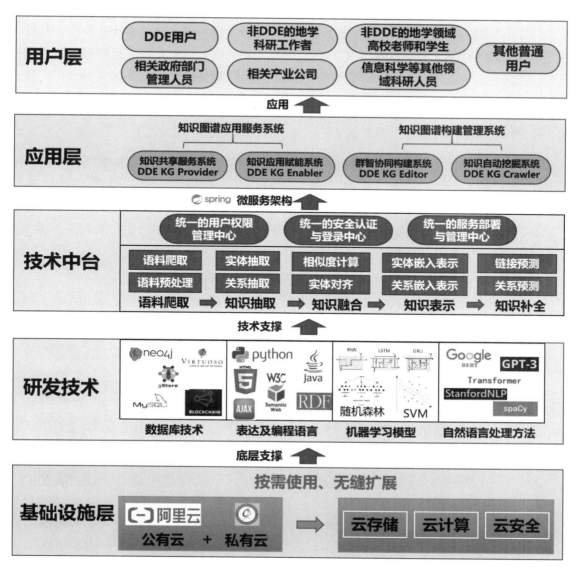

图 8-9　DDE 知识图谱平台总体技术路线

取、关系抽取）、知识融合技术（相似度计算、实体对齐）、知识表示（实体嵌入表示、关系嵌入表示）、知识补全（链接预测、关系预测）等知识图谱专业技术，以及统一用户权限管理、统一安全认证与登录、统一服务部署与管理等功能。

（4）应用层

基于 DDE 知识图谱技术中台，集约高效研发知识图谱构建管理系统，包括：群智协同构建系统（DDE KG Editor）和知识自动挖掘系统（DDE KG Crawler），实现 DDE 知识图谱本体和实例的构建与管理；集约高效研发知识图谱应用服务系统，包括：知识共享服务系统（DDE KG Provider）和知识应用赋能系统（DDE KG Enabler），实现 DDE 知识图谱的共享服务和深度应用服务，通过知识图谱引擎对外提供统一的知识服务接口。

具体实现时，DDE 知识图谱平台可采用 Virtuoso、JanusGraph 或 Neo4j 主流图数据库进行知识图谱的存储，支持 SparSQL 查询，采用 GeoJSON、GML 等数据格式进行地理空间坐标的存储，地图服务遵循 OGC 地理信息规范，利用 spaCy 等自然语言处理包，通过 HTML5、Ajax 等多客户端的自适应，高效交互应用。

### 4．开发实例

为了实现群智协同构建系统，我们开发了 Geoscience Knowledge Graph Collaborative Editor（以下简称 Editor），2019 年 10 月正式启动，已经顺利迭代至第二版本。Editor 系统面向地学领域专业科研人员，主要实现自上而下的群智协同的地学知识图谱协同构建与管理，特别是地学知识图谱模式层（本体）的构建及其更新管理，也包括实例层（事实性知识）的构建管理，如图 8-10 所示。

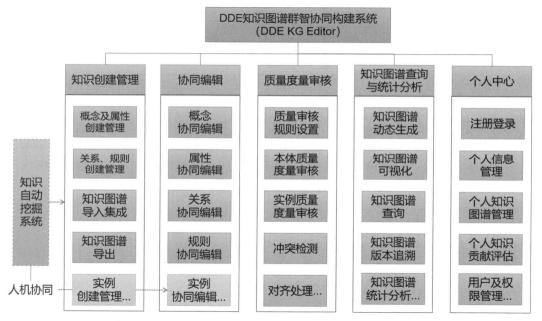

图 8-10　DDE 知识图谱群智协同构建系统功能架构

Editor 系统是一种用于收集、编辑和组织本体和实例的知识工具，首页如图 8-11 所示，可以将地学领域中最基本的本体、实例及其对应关系进行梳理，形成专业知识图谱。

Editor 系统的用户包括在地球科学领域具有一定研究和专业背景的人，特别是学者、专家和科学家。

通过全球专业平台，Editor 系统目前已经建立了 61848 个节点和 62529 个关系，包括地层学、古生物学、年代学、沉积学、火成岩学、变质岩石学、矿物学、古地理学、构造学、地磁与古地磁、地貌学、地球物理学、地质填图、数学地球科学、地表地球化学、石油地质学、水文地质学、地热学、基础本体论、工程地质学、矿床的典型应用案例。

图 8-11 Editor 系统首页

特别地，为了后续能够溯源到每个知识创建者创建知识的情况和更改的记录，还对每条知识的撰写和修改进行记录；同时，系统约束了每位使用者下载知识的数量，并能够在系统中查询到使用人员下载知识节点的情况，以方便追踪溯源。相应的构建和下载记录都存证在区块链上。

## 8.3.2 知识图谱共建共享机制

DDE 知识图谱的建设从设计之初就定下了"协同共建、共享应用"的原则，依靠全球地学科研人员，在统一的 DDE 知识图谱平台上，共同高效建设高质量的知识图谱；同时，面向全球地学科研人员有序开放共享地学知识图谱，支撑全球范围的地学创新研究。为此，探索建立可持续的共建共享机制至关重要。

**1．知识图谱共建机制**

DDE 知识图谱涉及学科多、规模大，为了高效推进 DDE 知识图谱的高质量建设，必须建立"小核心、大网络"的共建模式，即以 DDE 18 个学科工作组及相关任务组为核心，通过良好的激励机制和知识产权保护机制，吸引全球地学科研人员共同参与 DDE 知识图谱建设，形成 DDE 知识图谱协同共建的全球大网络。

（1）核心团队稳定建设机制

按照 DDE 国际大科学计划的总体分工安排，各学科工作组负责本学科领域知识图谱的建设、质量审核与更新维护工作，平台、数据、标准等相关任务组配合。学科工作组组长总体牵头协调，组织国内外团队，进行学科知识图谱建设工作分工；根据团队成员工作完成情况及质量，进行后继任务及相关资源的配置，包括但不限于参与 DDE 相关项目、共享 DDE 云计算资源及数据资源等。

通过 DDE 学科工作组核心团队的稳定建设，基本形成覆盖固体地球各学科较为完善的知识图谱骨架，作为吸引全球地学科研人员参与 DDE 知识图谱共建的重要基础资源。

（2）全球网络合作共建机制

面向全球地学知识图谱研究应用的相关组织机构及科研人员，通过共享交换、积分奖励等多种形式，吸引开展 DDE 知识图谱合作共建。

① 对于国际/国内地学知识图谱应用机构或个人，利用 DDE 知识图谱及其 DDE 大数据、云计算等其他资源，支撑其应用研究或合作开展研究，鼓励其将应用研究中形成的知识图谱反哺到 DDE 知识图谱平台。

② 对于国际/国内地学科研人员，通过共享 DDE 资源的机制，鼓励其参与 DDE 知识图谱的共建。根据其录入的知识数量和质量核定积分，依据积分情况，向其开放共享 DDE 拥有的数据、知识、云计算及软件工具资源。

（3）知识图谱审核机制

DDE 学科工作组组长作为本学科知识图谱审核的总牵头人，负责组织本学科知识图谱审核团队。

① 在全球范围邀请本学科领域知名专家作为知识图谱固定的审核编辑。在 DDE 平台上宣传介绍学科领域知识图谱评审专家，并在知识图谱元数据中注明评审专家，给予专家学术荣誉和知识产权保护。

② 通过计算机系统自动查找建立学科领域知识图谱审核专家库，向学科知识图谱工作组组长推荐审核专家，由组长最终指派审核专家，同样给予专家学术荣誉和知识产权保护。对于评审专家，同样根据其评审的知识数量和质量核定积分，依据积分情况，向其开放共享 DDE 拥有的数据、知识、云计算及软件工具资源。

在 DDE 知识图谱文件、应用系统和各类出版物上明确标识所有参与建设和审核 DDE 知识图谱的贡献人，充分保护和体现所有参与 DDE 知识图谱共建人员的知识产权和贡献。

2. 知识图谱共享机制

DDE 知识图谱无偿向全球地学科研人员、公益组织及政府管理部门开放使用。任何使用 DDE 知识图谱的机构和人员应在其应用成果及其相应的出版物上明确标识 DDE 知识图谱的来源以及知识图谱贡献者要求引用的相关文章。

全球地学科研人员、公益组织及政府管理部门可无偿使用 DDE 知识图谱，但不具有散发权、发布权和转让权。任何计划散发、发布 DDE 知识图谱的机构和个人必须征得 DDE PI 同意，并签署合作协议，明确标识 DDE 知识产权后方可散发和发布。

任何计划将 DDE 知识图谱用于商业目的的机构和个人必须征得 DDE PI 同意，并签署合作协议，承诺保护 DDE 知识产权后，方可有偿使用 DDE 知识图谱。

### 8.3.3 区块链及隐私计算技术应用

全域地学知识图谱作为全球专家共建共享的研究成果，针对知识拥有者希望参与知识图谱群智构建过程，贡献自身知识并声明知识产权，但不愿意公开知识细节的场景，以及基于边缘计算的知识访问控制模型，可利用具备隐私保护能力的知识存储证明方法，实现"我的知识我做主"的知识共享模式。通过区块链和联邦学习方法等，确保分布式环境下地学知识图谱协同编辑的安全性和公平性，使得参与各方使用本地的地学数据协同训练深度学习模型并保证本地数据的隐私性，不会造成数据泄露。以区块链智能合约实现地学知识图谱自治社区的运行和维护，引入公钥基础设施的分布式身份认证，确保知识图谱构建专家身份的真实性，并通过带权重的民主投票方式、关联分析、用户评分等方式，建立知识图谱的专家价值贡献综合评估模型，通过价值贡献、信誉预言机、专家相互评价三种方式建立学科专家的知识贡献统计模型，实现专家知识贡献的量化，进而构建面向全球地学科研人员的知识图谱可持续构建激励机制。

## 8.4 数据共建共享系统

数据的"共建"与"共享"同等重要。图 8-12～图 8-14 描述了数据共建共享系统的业务架构、应用架构和数据架构。与单纯的数据共享系统不同，共建共享系统增加了数据中台、数据发现等模块，这些都是用于数据的发现与构建。

下面以数据架构为例进行简单阐释。

（1）数据源

数据源主要有 7 类：国家地调局档案/数据库、学术组织已有数据库、学术研究机构已有数据库、出版商或商业企业数据库、期刊文献数据、互联网数据/数据库、志愿者共享数据。

（2）湖仓一体数据存储

湖仓一体技术是 DDE 数据网络底层存储支撑，包含从各数据源整理构建的元数据库，从数据源构建实体数据库群，从数据源构建出的链接数据库（数据本身存储管理还在数据所有者，DDE 只是通过链接方式对接这类数据）。

（3）DDE 数据网络

DDE 数据网络是践行开放共享理念的载体之一。DDE 不是把所有数据集中一起存储，而是通过链接和互操作协议及技术把全球各数据节点链接起来，成为数据网络。DDE 在统一时空框架下对网络数据进行逻辑融合。

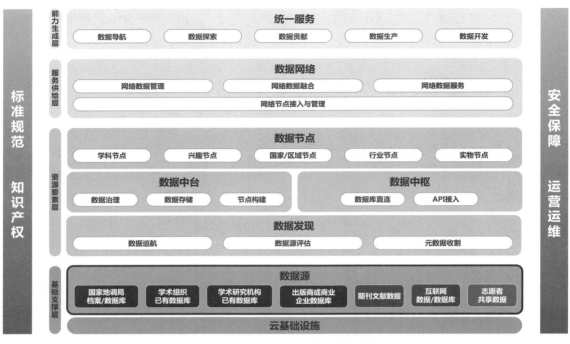

图 8-12　DDE 大数据业务架构

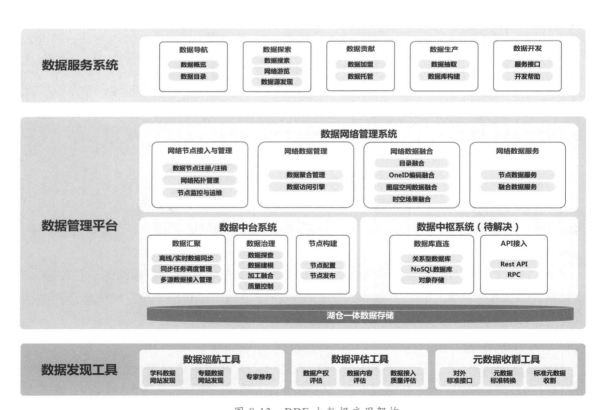

图 8-13　DDE 大数据应用架构

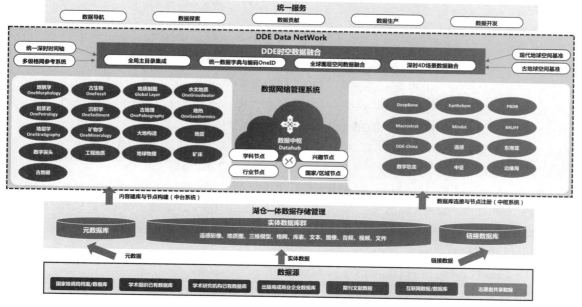

图 8-14　DDE 数据架构

（4）统一数据服务

统一数据服务主要包括数据导航、数据探索、数据贡献、数据生产和数据开发，从而 DDE 大平台和全球数据节点可以平等地从数据网络中获取数据服务。

# 本章小结

以知识和数据共同驱动科研范式变革为背景，本章介绍了数字化时代各领域的科研动力相继依托知识与数据；然后通过联邦联合学习技术解释了如何化数据为知识，并构成图谱，介绍了知识共建共享系统如何实现知识图谱的协同构建、共享利用；最后介绍了更具有泛化性的数据共建共享系统。

# 习 题 8

1. 请阐释你对数据与知识双驱动的理解。

2. 区块链在知识与数据共享中，在哪些环节发挥作用？如果数据和知识的规模扩大，如何保证系统的性能？

3. 联邦学习在知识图谱群智协同构建中的应用，与一般性的机器学习相比，有何异同？

4. 请根据你的理解，设计数据联盟的运行机制。

5. 请根据你的理解，设计数据网络的架构和技术实现路线。

# 参考文献

[1] 孙旭东，杜震洪，闾海荣，诸云强．DDE 架构体系——技术白皮书，2022 (10).

[2] 王成善，周成虎．"深时数字地球"国际大科学计划回顾与展望（PPT），2022 (7).

[3] 诸云强，闾海荣，王新兵．DDE 知识图谱平台建设实施方案（3.0 版），2021 (9).

[4] 欧科云链倡议发起"全球 Web3 数据联盟"共建共享繁荣链上生态，2022 (11).

[5] 助力数字经济．南方数据服务联盟在广州黄埔成立，2022 (6).

[6] S. Ji, S. Pan, E. Cambria, P. Marttinen, P. S. Yu．A Survey on Knowledge Graphs: Representation, Acquisition, and Applications．in IEEE Transactions on Neural Networks and Learning Systems, vol. 33, no. 2, pp. 494-514, Feb. 2022, doi: 10.1109/TNNLS.2021.3070843.

[7] Sang E F, De Meulder F．Introduction to the CoNLL-2003 shared task: Language-independent named entity recognition[J]．arXiv preprint cs/0306050, 2003.

[8] Ratinov L, Roth D．Design challenges and misconceptions in named entity recognition[C]// Proceedings of the thirteenth conference on computational natural language learning(CoNLL-2009). 2009: 147-155.

[9] Zelenko D, Aone C, Richardella A．Kernel methods for relation extraction[J]．Journal of machine learning research, 2003, 3(Feb): 1083-1106.

[10] Shi P, Lin J．Simple bert models for relation extraction and semantic role labeling[J]．arXiv preprint arXiv:1904.05255, 2019.

[11] McMahan B, Moore E, Ramage D, et al．Communication-efficient learning of deep networks from decentralized data[C]//Artificial intelligence and statistics. PMLR, 2017: 1273-1282.

[12] Devlin J, Chang M W, Lee K, et al．Bert: Pre-training of deep bidirectional transformers for language understanding[J]．arXiv preprint arXiv:1810.04805, 2018.

[13] Beltagy I, Lo K, Cohan A．SciBERT: A pretrained language model for scientific text[J]．arXiv preprint arXiv:1903.10676, 2019.

[14] Ma W, Cui Y, Si C, et al．CharBERT: character-aware pre-trained language model[J]．arXiv preprint arXiv:2011.01513, 2020.

[15] Sherstinsky A．Fundamentals of recurrent neural network(RNN) and long short-term memory（LSTM）network[J]．Physica D: Nonlinear Phenomena, 2020, 404: 132306.

[16] Fallah A, Mokhtari A, Ozdaglar A．Personalized federated learning: A meta-learning approach[J]. arXiv preprint arXiv:2002.07948, 2020.

# 第 9 章　其他行业应用案例

区块链在金融领域的精巧设计和稳健表现给人带来无限联想：如果这套优秀的机制能够跳出金融场景，在更多应用场景下，将电子货币交易抽象为更普遍的概念并发挥效用，那将是一番更为迅猛的繁荣景象。区块链潜力非凡，在各行业和领域都有相当可观的发展空间，甚至存在成为一系列信息应用的基石的可能性。随着区块链通用平台技术的逐步发展和实现，梦想映入现实。从最初的加密数字货币开始，区块链"大航海时代"已经来临，经过金融领域的业务拓展，进入了供应链、政务、数字版权、能源等领域，甚至尝试了电子商务、社交、共享经济等多种应用，在探索的道理上始终没有停下脚步。

对于涉及多方协同、需要共享数据的场景，只要将区块链作为公共账本，就有可能基于此技术获得额外的安全支持。所以，在原有的商业模式中，区块链的主流应用往往是替代性的创新。但区块链作为一个冗余容错机制，其低效率的表现引发的一些代价也会随之而来。在区块链推出之前，一定要好好想想：这样的改造到底值不值？

区块链是一种技术，更代表着去中心化的组织范式。区块链与具体应用领域的结合，不应仅仅使用特定的区块链平台，而应从新的角度对以往的业务流程进行重构和优化，甚至创造出以往无法实现的场景和生态，这才是区块链的真正价值所在。

或许下一个基于区块链技术的"爆款"应用将颠覆原有的产业模式。

本章将介绍目前区块链数据共享的几个应用场景，希望能启发读者产生更有趣、更有意义的应用思路。

## 9.1　供应链应用

### 9.1.1　场景和需求

供应链是人类社会活动中非常复杂的一套系统工程[1]，参与方包括信息流、物流、资金流在整个流程中的内容，包括商业活动中的核心企业、供应商、物流运输企业、客户等。一般而言，制造业的供应链从原材料的采购开始就会涉及生产、加工、包装、运输、销售等环节，因此供应链在主体上会涉及不同的行业、不同的企业，在地域上可能跨越不同的城市、省份甚至国家（或地区），供应链的整个流程中的上下游本质上是层层供应商、层层客户的关系，每个下游的业务和发展都与上游的供应有着紧密的联系，因此，供应链存在整个过程中。

从业务上，供应链有多种，如制造供应链、食品供应链、危化品供应链等，它们的共同特点是，不同企业之间相互协作，结合各自的优势，在市场上为用户提供商品或服务，组合成具有竞争力的大型商业联盟。表面上看只是一个供应链，实际上也是一个价值链，通过各节点的加工、运输、包装提高整个商品的价值，同时把利润带到各节点。每个环节对于整个业务参与方来说都是至关重要的，整体的效率和收益会直接影响到每个节点的材料质量和供货效率。例如，2000 年 3 月 17 日晚，飞利浦半导体生产基地发生火灾，尽管火势被迅速扑灭，但已造成包括爱立信、诺基亚在内的多家手机制造商的大量生产线陷于瘫痪，这次火灾直接影响到了下游客户厂商诺基亚和爱立信的手机业务，诺基亚根据自己在供应链管理中的经验和敏锐性迅速调整，增加芯片供应商，将损失降到最少。而爱立信由于上游厂家无法及时供货，没有及时识别风险，供应链响应机制迟缓，导致了后续业务上的损失。

供应链的管理对于链条上的企业生命至关重要，高效低成本的运作是供应链管理的目标，传统的供应链管理在信息网络技术的基础上有了很大的进步，包括常用的办公自动化系统、ERP 系统等都有效地支持了供应链系统的运行。但是由于传统的技术架构的限制，各方的信息系统数据不能做到有效可信的同步，信息流的同步更加低效；其次，各方系统的数据都由各方独立、集中地管理，有一定的风险会遭受有意无意的篡改，对外部不法黑客的防范也只能在系统外部增加防火墙策略和安全设备，不能通过技术底层协议来解决此类问题。因此，供应链管理的效率和成本都有一定的提高空间[2]。

供应链信息孤岛现象不能有效解决是影响整体行业效率提高的重要原因。比如，在涉及进出口的供应链业务场景中，相关企业都需要到海关办理手续，这些流程往往需要专人甚至专门部门负责，从而带动了报关行业的发展。但是报关手续的流程复杂、业务场景面广、容易出错都会影响企业进出口的效率。当前，政府也在积极推动无纸化的报关落地，并尝试采用区块链技术来更快速地实现各方信息的对齐和共识，此举也会加快该行业业务的信息化、自动化落地[3]。

## 9.1.2　区块链多方协调

区块链技术为供应链带来了很好的解决方案。区块链联盟各方都持有账本数据，并且数据的增加、修改、删除等动作都必须执行各方共同制定的智能合约并达成共识后，才能落入最后的数据账本。由于账本数据会存储在联盟各方中，这种方式很好地保证了数据的高可靠性，任意一方数据的丢失和损坏都不会造成太多影响，可以快速从其他方恢复数据。另外，这种技术架构可以很好地保证任意一方都不能私自对数据进行变更，所以与各方的相关业务方面的权利义务都可以通过智能合约来保障，有效地解决了公平、安全的问题。

我们从如下几方面来看区块链给供应链行业带来的好处[4]。

## 1．可追溯性

溯源是区块链的特征，也是供应链产业的需求与痛点所在。由于系统复杂、数据冗余、隔离等原因，对于有问题的商品，相关产业难以快速、有效、准确地进行追责和召回。但区块链系统可以实时获取整个过程中产生的数据，这些数据是不可篡改的且存储在联盟各方，有助于精确定位和有效追溯。区块链记录的数据包括产品原料从何处取材，中间在哪个工厂生产，商品包装加工在何处，运输由哪个企业负责，销往哪个城市、哪个超市等，这些信息都可以在区块链系统中快速获取，有助于社会公共事件的应急处理。

## 2．不可篡改性

一方面，传统系统中的数据往往会被黑客攻破，企业的品牌影响力也会因此下降，这对企业来说影响很大；另一方面，出于各种目的，系统内部的管理员也存在获取并修改数据的可能性。这些场景从技术层面难以规避，解决这类问题往往需要额外的管理成本。而区块链技术通过巧妙的协议设计有效地利用数字签名、加密算法、分布式存储等技术，可以解决篡改问题，使篡改难度大大增加，从技术上保证了数据的不可篡改性。

## 3．透明性

透明性体现在多方面。在数据方面，各链的商业方共同拥有数据，全部透明，任何一方都可以实时获取数据，进行验证分析，如供应链上的金融机构可以看到业务方的回款情况，经销商可以看到产品的质检报告等，会大大提高业务的商业互信程度，加快物流和金融的流通效率。另一个透明性体现在智能合约上。由商业各方共同制定供应链的智能合约，其内容与各方利益密切相关，使其不以其中一方或多方意志为转移，从而达到公平的效果。

以上是区块链技术的优势，也是供应链行业的痛点问题，所以区块链技术在供应链行业的应用和落地有着得天独厚的条件，很多细分行业都有很强的业务全流程信息可视化、协作成本的降低等诉求。社会也期待着这些行业有实质性的技术创新和进步，包括食品安全、疫苗溯源、药品和器件溯源等都是全社会关注的焦点问题。

在食品安全领域，主要的挑战包括责任方不愿意在食品安全事故发生时拿出数据，一对一对接物流信息可视化导致运营成本过高等。

区块链分布式账本正好凭借其多方记账、不可篡改的特性，解决了供应链追踪、保障食品全流程安全等问题，从种植、加工、运输、上架等多个环节上进行记录和追踪，如 IBM 与沃尔玛的相关合作。2017 年 8 月，IBM 宣布成立食品安全联盟，将在食品领域进行更大范围的探索应用，涉及雀巢、沃尔玛、泰森食品和联合利华等合作企业。

从业务角度，区块链技术可以解决供应链场景的两大问题，一是提高商业参与方的造假成本，二是定位和召回效率可以在商品发生事故后得到提升。

因为加入联盟链是有准入机制的,而特殊行业的业务参与方也会包括政府的监管单位,再加上写入区块链的数据中都会包含参与方的数字签名,所以一旦发现数据真实性问题,相关企业和组织是无法抵赖的,虚假数据的操作会对其诚信和品牌造成很大的不良影响,甚至负法律责任,所以提高了企业数据造假的成本。区块链系统会详细记录商品的基本属性、检查信息、物流和加工信息,对于控制事故影响范围和召回工作有很大的帮助。一旦发生事故,商品的销售区域情况可以在区块链上快速找到。

## 9.2 版权溯源与原创性保护应用

### 9.2.1 场景和需求

美国出版商协会定义的数字版权保护(Digital Rights Management,DRM)是指"在数字内容交易过程中对知识产权进行保护的技术、工具和处理过程"。DRM 是采取信息安全技术手段在内的系统解决方案,在保证合法的、具有权限的用户对数字信息(如数字图像、音频、视频等)正常使用的同时,保护数字信息创作者和拥有者的版权,根据版权信息获得合法收益,并在版权受到侵害时能够鉴别数字信息的版权归属及版权信息的真伪。数字版权保护技术就是对各类数字内容的知识产权进行保护的一系列软硬件技术,用以保证数字内容在整个生命周期内的合法使用,平衡数字内容价值链中各角色的利益和需求,促进整个数字化市场的发展和信息的传播。具体来说,包括对数字资产各种形式的使用进行描述、识别、交易、保护、监控和跟踪等过程。数字版权保护技术贯穿数字内容从产生到分发、从销售到使用的整个内容流通过程,涉及整个数字内容价值链[4]。

目前,数字版权保护方式主要通过传统版权登记保护和电子数据登记备案方式,电子备案可以有两种选择:第一,在行业协会等第三方平台进行电子数据登记备案;第二,选择技术背景强并可信的第三方支撑平台存证和认证,在数字版权归属权产生纠纷时,提供初步证据,结合官方人工登记,与防侵权相互补充。

在互联网数字新时代,信息传播异常简单,普通人非常容易具备零成本复制、秒级传播的能力,产品的生产与传播日益快捷,在互联网时代的数字版权具备这样的特点:每个人都可以成为创作者和版权人;数字内容不断进化,版权市场空前繁荣,版权意识全面提升,付费消费数字内容普遍化;数字作品碎片化日趋严重,随时随地产生,收费也趋向于小额快速结算;传播途径众多:自媒体、移动网络、游戏、短视频、微博、微信、朋友圈阅读器等。

在这种环境下,侵犯版权几乎不需要什么代价。而在维权方面,目前业界还普遍沿袭纸质作品时代通过版权登记来确认版权所有人,然后结合公权力保障作品所有人的权益,这种在印刷品时代行之有效的版权登记确认方式,到了互联网时代就显示出其弊端,如涉程烦琐、成本高昂等。为一件作品登记到相关部门确定版权，整个流程通常需要数百元到数万元不等的费用，版权确定周期一般为半个月甚至几个月，因此版权登记和确认的时间和经济成本都非常高；即使获得版权后，也不能有效地保障作品权益，当版权被侵犯时只能诉诸法律，而举证、确权、验证等环节手段匮乏，难度和时间代价也非常大；即使最终能够赢得官司，权利人维权获得的收益与其付出也不相匹配；此外，相关法律制度的尚不完善也使侵犯版权这种不正之风存在滋生的空间[5]。

总的来说，现有数字存证和版权维护存在以下问题[7]：

❖ 传统版权保护效率低，无法应对数量庞大的数字化作品，而经过注册再发布早已失去内容时效。网络时代的数字化作品具有高产出、快传播的特点。

❖ 传统的版权保护费用过高，导致网络作者大多不注册版权，不受保护，导致侵权行为频频发生。

❖ 取证难，维权更难。原创作者在作品被发现抄袭后，无法拿出侵权证据，难以获取具有法律效力的证据。

❖ 维权周期较长。版权存证制度难以与版权相关的交易流程接轨，造成交易周期拉长，内容制作方活动受限。

❖ 有效行情难以形成。种类繁多、标准缺失的数字作品，在原创作者和相关机构之间难以公平有效地分配内容消费的收益，不能形成有效的市场。

总结起来，数字时代版权保护首先要解决的问题就是侵权容易、维权难。在目前网络时代，实名制并未得到有效执行，侵权者基本上是以匿名的方式存在，人数众多，难以确定侵权的目标人群；付费制度与习惯尚未形成，网民版权意识淡薄，解决这个问题的难度进一步加大。长此以往，会导致知识创新者辛苦创新换来的回报不如盗版者，盗版者不劳而获，使创新者丧失创新动力，拿来主义盛行，创新意识淡薄等现象将会在整个社会中产生，此消彼长，将会给国家和社会带来难以估量的经济损失。

## 9.2.2　区块链迅捷存证

在互联网环境下，一个便捷、安全、可信和低廉的版权保护方式可以为原创者带来巨大的价值，更好地满足作品传播和交易的需求[8]。

区块链由分布式数据存储、点对点传输、共识机制、加密算法等技术组合扩展而来，具有不可篡改、信息透明、可追溯和可信共享等特点，区块链与产业结合将具有两个非常有价值的特点：一是解决多个主体之间的信任问题，如跨公司、跨利益集体等，实现数据孤岛的连通和信息可信共享；第二，商业流程自动化，解决交易双方的信任问题，提高交易的便捷性，智能合约运行在区块链可信的环境中。

利用区块链的去中心化和可追溯特性，以区块链技术为基础的数字版权解决方案能够更好地保护数字资产。总的来说，区块链版权系统的优势如下。

### 1．对作者权益的快速有效保护

如何快速有效地保障作者权益，这是互联网时代面临的新挑战。在互联网时代，高速的数据传播使得新技术在数字产业中的保密特性几乎不复存在。当一种新的技术被发明出来后，数字产业往往会将这种技术以超出传统产业几倍甚至几十倍的速度在行业内普及开来，产业的特性使得技术能够更快地投入实际应用，但也会使创作者的权益更易受损。区块链技术可以使作者的作品版权免受他人侵害，从而获得最大的权益保护。

### 2．版权保护去中心化，维权成本降低，维权效率提高

区块链技术将给数字行业的版权保护带来新的变革，在传统的知识产权保护过程中，版权保护中心机构的执行效率和保护成本差强人意，导致知识产权存在取证难、周期长、成本高、赔偿低等问题，区块链具有的功能正好匹配了这种市场的需求，将版权保护中心机构的角色从裁判转变为监督，将信息存储在区块链共享账本网络系统中，互联互通、多方存储、实时共享、无法任意篡改，大大提高了维权效率，降低了维权成本。

### 3．构建版权互信，形成数字有效市场，推动数字产业良性发展，打通版权信息孤岛

区块链还可以与数字产业的特性保持良好的一致性。目前，数字产业处于信息孤岛模式，每个版权方都维护着一本单独的易被篡改或虚构的账本，这些账本的分散性对保护数字版权的原创性造成了很大的困扰。而区块链技术能结合合法的时间戳，有效防止账本被篡改、进行确权，追溯并快速问责，保护版权原创性。

数字产业具有极强的创新性和对日常生活最直接的技术依赖度，著作权的有效保护对数字产业的发展方向具有决定性作用。如果版权得不到保护，后果不堪设想，区块链技术可以很好地保护版权，然后对数字产业的方向进行修正，对创作者和其他人员的收入进行有效的保障

区块链技术与数字版权的结合给整个行业带来了明显的变化，目前国内各大公司基本上都是通过基于联盟链的数字版权与存证系统来尝试数字行业与区块链的结合。

基于区块链数字版权技术建立版权联盟，由版权运营方、著作权所有人、消费者代表、可信机构联合，通过区块链、大数据、人工智能等技术，确保创作者的版权权益，每条版权信息都不能篡改，可以随时追溯。区块链版权存证的所有信息即时同步至公证处，作为联盟链的组织和节点之一，公证处和版权局保证在任何时刻都能出具具有最高司法效力的公证证明。可信时间戳由国家授权中心提供。区块链版权服务包含四部分：版权存证，版权检测追踪，侵权存证，版权资产共享。

- ❖ 版权存证：写入区块链的存证数据是通过哈希算法计算出来的指纹，并根据用户的需要生成可供用户保留的存证，纸质书面报告也可以根据用户的需要提供。数字指

纹比对查询是在客户需要核实存证指纹时提供的。

❖ 版权检测跟踪：特征生成，基于版权作品的内容特征进行联盟链注册；提供重点网站自动爬虫，将监测到的内容与作品匹配；持续追踪并进一步分析、匹配已开展侵权行为预取证的内容，待确认侵权行为后，直接开展侵权行为取证。

❖ 侵权证据保存：在版权服务中迅速调用侵权取证接口，在发现侵权行为时抓取侵权网站页面取证，并在版权平台保存取证结果；永久保存且不可篡改的数据，将侵权固化为证据保存，具有法律效力。版权服务为保证侵权方对侵权内容采取相应处理，对已进行侵权存证操作的侵权内容提供持续的侵权监测、侵权追踪等服务。

❖ 版权资产共享：明确数字资产拥有者后，版权资产共享平台可追溯使用相关资产，并保证安全；版权的交易与存证相结合，在原创者与相关机构之间实现公平分配。

该方案在以下几方面有效地利用了区块链的独特特点。

❖ 安全可信：引入生态参与方，如版权局、公证处、内容平台等作为参与节点上链，基于数字证书的身份识别，以及基于中心化的 PKI 系统，确保各方安全可信地在区块链上协作。

❖ 实时注册：创作即确权，可以在区块链上实时、安全、可靠地保存下来，并建立多节点备份机制，快速地与公证等节点确认确权信息；便于第三方核实，其无法篡改的特性也为信息安全可靠提供了保障。

❖ 公平公正：为确保服务公平、公正、公开，促进行业健康成长，提供链上信息查询服务，任何个人和机构都可以查询所有版权确权、侵权证明等数据。

❖ 统一收益服务平台：任何节点都可以对链上的节点信息进行完整备份，有利于便捷管理和内容消费收益公平透明划分的统一收益服务平台由原创者和相关机构共同维护。

版权溯源领域也是整个市场和行业风向中的一个重要热点。

首先，区块链技术渗透到文化产业，政府是积极支持的。区块链被明确为"十三五"国家信息化的重要战略方向，也得到了中央网信办、文化部等文化产业相关职能部门的公开倡导，相信在知识产权保护领域，区块链将大有可为。

其次，区块链版权的巨大市场需求的需要。数据显示，截至 2017 年 12 月，中国网民规模达到 7.72 亿，移动网民 7.53 亿，网络游戏用户 4.17 亿，网络文学用户 3.53 亿，网络直播用户 3.44 亿，在线视频和在线音乐用户均超过 5 亿，从产值上看，中国网络版权行业整体产值超过 5600 亿元，2020 年中国区块链市场规模可达 5.12 亿元。

再次，为区块链创造良好的社会氛围和消费环境来构建版权付费体系，民众的付费意识和付费商业体系不断增强。《2017 年中国网络新媒体用户调研报告》显示，33.8%的新媒体用户产生过内容使用付费行为，用户数字内容付费规模达 2123 亿元，同比增长 28%；可以看出，中国网民对版权付费的认知度有了很大的提高。

但是，区块链在版权溯源方面的工作仍然有很长一段路要走。

首先，区块链版权应用面临的极大挑战是付费商业模式和付费意识的不健全。数字时代信息大爆炸，相对于人们有限的注意力，知识产品资源和传播资源已经不再稀缺，吸引用户关注和流量反而成为有使用价值和交换价值的事情，电视台和视频网站免费提供资讯、娱乐节目，商业模式是通过免费的内容吸引用户，然后把用户，准确地说是把用户的注意力作为流量卖给广告主，从而用广告费覆盖各种支出，实现盈利；数字时代已经普遍采用了这种独特的商业模式，资源的稀缺性可以在这种环境中带来最大的价值。

其次，区块链自身的技术成熟度也将对其应用规模形成制约。区块链技术目前仍处于研发布局阶段，性能、隐私保护、可扩展性等诸多技术风险和难点尚待攻克，还没有形成全国统一的技术标准和规范，对于区块链的版权应用场景，能否成功获得商户和消费者的认可并取得商业成功，是一大难题。

再次，区块链版权能否深入发展的关键在于现有法律体系对区块链价值的认可与兼容。如果不能匹配其他法律、政策、经济、社会、人文等因素，即使区块链版权具有技术优势，也没有发挥潜力的空间，版权制度从诞生之初就是一种调节私人权益和公共利益的机制。侵权是非常复杂的利益纠葛，需要综合法律、经济、技术、社会等手段来解决，不能仅仅在工具处理层面寄希望于区块链来彻底解决。

可喜的是，区块链目前有一些正面事件在法律层面对数字版权进行了应用。

首先，最高院针对区块链固定证据的"真实性"出台了认可的司法解释。最高人民法院审判委员会第1747次会议于2018年9月3日通过，自2018年9月7日起施行《最高人民法院关于网络法院审理案件若干问题的规定》(以下简称《规定》)。《规定》第11条提到，经电子证据收集、固定和防篡改的技术手段或经电子取证存证平台认证，当事人提交的电子数据经电子签名、可信时间戳、哈希值校验、区块链等证明真实的，互联网法院应当予以确认。区块链技术电子存证以司法解释的方式进行法律确认，在国内尚属首次。

其次，区块链电子存证的法律效力也被杭州互联网法院于2018年6月28日首次予以确认，这也被认为是区块链存证在我国司法领域的法律效力首次得到确认。本案原告举证称，原告将享有著作权的相关作品刊登在其经营的网站上。区块链系统将侵权网页的自动抓取和侵权页面的源码识别通过第三方存证平台进行，并将这两项内容和压缩包如调用日志计算成哈希值上传到区块链，作为证据提交法院。杭州网院审理后认为，通过自动抓取程序进行网页截图和源码识别，这种可信度较高的电子数据可以确保真实的来源。以上电子数据均采用符合相关标准的区块链技术进行存证固定，同时保证了可靠性；电子数据可以作为本案侵权认定的依据的前提是确认哈希值的验算一致，并能与其他证据相互印证。

杭州网院相关负责人表示：应秉持开放中立的态度进行个案分析认定，对固定电子数据采用区块链等技术手段进行存证；既不能因区块链等技术本身属于新的复杂技术手段而排斥或提高其认定标准，也不能因该技术具有难以篡改、删除的特点而降低认定标准，其证据效力应根据电子数据的相关法律规定进行综合判断。

"《规定》的出台表明了我国司法领域对于'证据'的开放态度，区块链作为一种'分布式存储技术'具有不可逆、不可篡改的特性，可以在固定证据的'真实性'方面发挥重要作用。"中国银行法学研究会理事肖飒在接受记者采访时说。"但我们必须明白，在现实世界中发生的事件不能单纯依赖区块链技术，如航空保险理赔纠纷，尽管区块链技术本身对固定证据有优势。《规定》提到区块链'入证'优先在互联网法院适用，这是对应互联网法院的案件类型，在互联网上发生并履行完毕，从而避免了前述类似保险纠纷的问题，使得区块链技术证明事件真实发生的可能性大大增加，我们判断，受此利好影响，未来在区块链创业领域，针对证据研发的课题会越来越多，创新和创业也会相应增加。"

# 9.3 房屋租赁应用

2016 年 2 月，时任国务院总理李克强主持召开国务院专题会议，提出对北京城市副中心和集中承载地的具体要求。2017 年 4 月 1 日，中共中央、国务院发出通知，河北省雄安新区（简称雄安新区）正式挂牌成立。通知中将这个新区定位为"继深圳经济特区、上海浦东新区之后又一具有全国性意义的新区"，"千年大计，国家大事"，成为"疏解北京非首都功能的集中承载地"是新区的主要任务。

2017 年 12 月 6 日，时任国务院总理李克强在国务院常务会议上指出："打通数据查询和互认通道，逐步满足政务服务部门对自然人和企业身份验证、纳税证明、不动产登记、学位学历证明等 500 项数据查询的需求，促进业务协同办理，提高政务服务效能，避免企业和群众多头奔波。

传统的房屋租赁业务要想完成一套房屋的租赁，主要有以下步骤。一是找房阶段。租客一般是通过电话联系中介，在租房信息网上查找房源，确认房源的位置和时间，再去看房，选定一个自己能够接受的价格位置，最后交定金、签合同、准备入住。二是入住期间。选择居间租房，租客、房东双方一旦签约，则需缴纳房租；有相当数量的出租屋，家具家电设备都需要租客自己购买。三是退房环节。定金常常不能全额退还，原因是租期内自然损耗；无论是搬家还是贱卖，房客自己购买的家具、家电设备如何处理都是个难题。此外，租客最大的烦恼在于，随时面临解约或提高租金的风险，即使签订了租赁合同[9]。

雄安房屋租赁是政府主导的新模式，由于过度依赖土地财政推动城镇化建设的发展模式，在一定程度上抑制了居民消费和市场主体活力，容易出现资源配置失衡、投机炒作、房地产价格上涨、经济运行和金融风险等问题，因此，在住房租赁这一新型模式的发展过程中，中央给雄安的定位有一点，就是改革开放的先行区，也包括房地产管理的改革，试图找出一个既能发展房地产又能控制房地产价格的解决方案。为促进我国住房市场"租购并举"，近年来，国家为推动住房租赁市场发展推出了多项举措。多家互联网机构及众多知名房企起纷纷进军房屋租赁市场。

如何确定"真人、真房、真住"，是目前租房场景中主要存在的一个核心问题。比如，通常租房的第一步大多是找中介，而在找中介的时候遭遇时间金钱被骗的案例比比皆是。找到好的房源，常常要考虑租房的成本，如中介成本、定金等。有相当一部分租房人群是刚毕业的大学生，押一付三的定金压力很大，于是就会落入黑中介的圈套。房屋入住后也不能高枕无忧，房屋维修后续服务亟待重视。有些租赁公司在出租后服务态度不友善，只由租房人自行解决，在日常的房屋维修中也不会给予相应的帮助。同时，房地产交易市场存在交易过程不透明、程序烦琐、欺诈风险、公共记录错误等问题，导致租赁市场健康发展受到较大影响[10]。

采用区块链技术后，这些问题都有不同程度的解决方案。区块链网络系统上的任何信息都是不可篡改的，而且是全程可追溯的，因此中介机构在房东提供房源信息后，再也不能对信息进行扭曲。通过与政府部门数据联动的方式，实现对上链信息及填报人操作信息的有效追溯，对上链信息可靠性进行核实。监管机构可以在区块链上找到各种金额数据，对经营者进行违规操作的处罚。

雄安新区管委会曾在区块链平台上发布了关于雄安新区购房政策的相关信息，明确提出在区块链平台上存储房产等相关信息。市民个人数据账户系统、雄安房屋租赁大数据管理系统、数字诚信应用平台三个重要领域也被雄安新区管委会在阐述"数字雄安"框架时提及。

通过区块链，各种信息将完整安全地存储在数据区块中，实现数据的公正客观，这是区块链的核心优势之一，即信息透明且不可篡改。区块链技术的应用能够实现对土地所有权、房契、留置权等信息的记录和追踪，确保相关文件的精确性和可核查性，在应用区块链技术的同时，还能够实现无纸化、实时交易。从具体操作上来看，区块链技术应用于房屋产权保护，能够共享产权信息、避免产权交易过程中的欺诈行为、提升不动产行业运营效率。

雄安房屋租赁平台以区块链为基础，与教育局、财政局、房屋局、社保局、房屋营运商共同打造联盟链，并使部分中介机构以房屋营运商的身份参与其中。如果从传统的技术层面上来看，区块链技术的应用首先要剔除的就是中介，但从中介的积极参与中，我们似乎看到了中介在去中介化过程中的另一种可能，即成为提供房源租赁信息服务的角色，"从中介转变为信息服务提供者"（Information Service）。区块链中除了记录房东的个人信用、以往租房记录、房客评价等信息，还会记录租客的个人信用、租房记录、房东评价等信息。同时，租赁过程、结果透明公开，实现公平租赁的同时，还会将租售同权即租赁存证、租赁合同、转让信息等信息串起来；利用分布式账本，确保信息共享互通。租房的各环节信息都记在区块链上，每个流程都会进行相互验证，租客再也不用担心碰到假房东、租到假房子了[11]。

## 9.4　云存储应用

云存储是一种在线存储（Cloud Storage）的模式，即将数据存储在多个虚拟服务器上，而不是一个专属的服务器，这些服务器通常由第三方托管。一些公司通过向其购买或租用存储空间的方式来满足数据存储的需求，运营大型数据中心。数据中心运营商在后端存储基于客户需求的虚拟化资源，并以存储资源池（Storage Pool）的方式提供。这些资源其实在服务器主机数量众多的情况下都有可能被分配[12]。

云存储的概念与云计算类似，是指通过集群应用、网格技术或分布式文件系统等功能，通过应用软件，将网络中大量的不同类型的存储设备集合起来协同工作，在保证数据安全、节省存储空间的同时，共同对外提供数据存储和业务访问服务的一种系统。用户可以通过任何联网装置，在任何时间、任何地点方便地在云端连接数据。

Amazon、阿里云等传统中心化云服务的成本主要来源于建设数据中心、员工薪酬等。但随着业务量的增长，在数据中心消耗全球约 1.1%～1.5% 的电力（并且这种耗电量仍以每年 60% 的速度增长）的情况下，使用中心化的云存储架构提供数据存取服务既昂贵又低效。再加上用户账号密码被盗的新闻屡见不鲜，这都证明了用户资料的安全几乎不可能在这样的架构下得到保障。

数据中心已经成为云存储发展的瓶颈，采用去中心化后，存储费用将仅为中心化存储的 1%～10%，云存储的价格将会逐渐降低。就像 Uber 对闲置车辆资源的分配一样，人们也可以通过去中心化的云存储平台，将额外的硬盘空间进行租赁并获得相应的收益。目前，暴风、Enigma、Maidsafe 等平台开始了类似尝试。

## 9.5　区块链分布式共享应用

区块链是一种新型的去中心化协议，在没有任何中心化机构审核监管的情况下，可以安全地存储交易或其他数据。不需要架设任何服务器，相关应用就能运行在基于区块链的云计算平台上。区块链的基础设施将云计算基础推向大众，而不是替代现有的云计算技术。区块链云可以被认为是"瘦云"，而不是传统的云计算基础设施。所以，它更适合智能合约的运行。我们可以把智能合约理解为商业逻辑，通过在区块链中运行虚拟机来完成。虚拟机这个名称是从传统云计算中借用的，实际上是由区块链的共识机制联系起来的这些去中心化的计算机所构成的虚拟网络，其作用是执行具体的计算机程序。

像以太坊这样的平台，其逻辑程序在物理服务器上运行，但其实不用去管这些服务器是怎么运行的，因为在服务器上帮你打理的是俗称矿工的其他用户。这是一个与众包类似的矿工根据自身硬件使用量获得报酬的流程，因此可以通过对交易确认和状态交换的加密记录来实现传统云计算架构的扁平化[13]。

# 本章小结

区块链的行业应用已经在各行业落地开花，除了深入应用于金融领域，还在供应链场景、版权溯源与原创性保护场景、房屋租赁场景、可信媒介场景、云存储场景、分布式共享等领域得到了应用，更多细分领域应用也在酝酿和发展中。总体来说，区块链也在慢慢地"脱虚向实"，从"昔日王谢堂前燕"，开始逐步"飞入寻常百姓家"。在一代又一代技术人员的不断努力下，在未来，我们会看到更多、更务实的行业应用。

# 习 题 9

1. 请思考可能与区块链和隐私保护相结合的应用场景，并结合现有的场景进行分析，设计出升级后的流程方案。

# 参考文献

[1] CRISTOPHER M. Logistics and supply chain management:strategies for reducing costs and improving services (4E)[M]. [S.l]: Financial Times Press, 2011.

[2] MIN S, MENTZER J T. Developing and measuring supply chain management concepts[J]. Journal of business logistics, 2004, 25 (1): 63-99.

[3] SWEENEY E. Towards a unified definition of supply chain management:the four fundamentals [J]. International journal of applied logistics, 2011, 2(3): 30-48.

[4] 张玉洁,孙慧英.基于区块链技术的制造业供应链管理研究[J].西部财会,2022, (05): 77-79.

[5] 李宁. 大数据时代数字出版资源的版权保护研究[J]. 中国科技纵横, 2019 (23): 242-243.

[6] 李支. 大数据时代我国数字版权保护的困境和出路[J]. 海南热带海洋学院学报, 2020, 27 (3): 91-94.

[7] 倪佳纯. 基于区块链技术的数字版权保护问题[J]. 中阿科技论坛(中英文), 2021 (10): 188-191.

[8] 赵双阁, 李亚洁. 区块链技术下数字版权保护管理模式创新研究[J]. 西南政法大学学报, 2022, 24 (01): 75-85.

[9] 谈锦钊. 提高住房租赁比重是新时代所需[J]. 小康, 2018, No.331 (02): 6-6.

[10] 程志轩. 基于区块链的可信房屋租赁应用的研究[D]. 南京:南京邮电大学, 2022. DOI: 10. 27251/d.cnki.gnjdc. 2022.001236.

[11] 陈奇龙. 基于区块链的租房平台[D]. 浙江师范大学，2019. DOI:10.27464/d.cnki.gzsfu.2019. 000391.

[12] 杨杰，谭道军，邵金侠. 云计算中存储数据安全性研究[J]. 重庆邮电大学学报(自然科学版)，2019, 31 (05): 710-715.

[13] 陆明远，张帆. 基于私有区块链的分布式信息安全系统设计[J]. 电子设计工程，2021, 29 (07): 54-57+62. DOI:10.14022/j.issn1674-6236.2021.07.012.

# 第 10 章 展　望

本书简要对数据的前世今生进行了回顾，同时探索了共享这种看似利他但本质上对于个体更有利的行为在人类群体中诞生和不断演化的过程。本书还用相当篇幅介绍了区块链和隐私计算的相关技术，以及在数据共享中的实战案例。

人类对数据共享的探索一直在持续，尤其是在科学数据共享方面。2016 年，Mark D. Wilkinson 等人在 Scientific Data 发表了论文 *The FAIR Guiding Principles for scientific data management and stewardship*，系统讨论了关于数据共享的 FAIR 原则，即数据要符合可查找（Findable）、可访问（Accessible）、可互操作（Interoperable）和可重用（Reusable）四项基本原则。

（1）可查找（Findable）

使用数据的第一步是找到它们。机器可读的元数据对于自动发现数据集和服务至关重要，因此这是公平化过程的重要组成部分。

（2）可访问（Accessible）

用户找到所需数据后，他们需要知道如何访问这些数据，可能包括身份验证和授权。

（3）可互操作（Interoperable）

数据通常需要与其他来源的数据进行集成，还需要与应用程序或工作流进行互操作，以便进行分析、存储和处理。

（4）可重用（Reusable）

数据共享的最终目标是优化数据并使其能够重用，为此应详细描述元数据和数据，以便在不同的环境中复制和/或组合它们。这是现实世界中关于数据共享的一些普遍原则，当然，要完全达到并不容易。

人类的智慧与技术凝结而成的产物可以统称为科技。而对于科技周期来说，当前比较具备共识的一些观点是，从 1820 年开始，社会科技的发展可以分为工业化周期（1820—1870年）、电周期（1870—2020 年）和正在逐步迈入的生命科学周期（2020 年及之后）。

## 1．工业化周期

工业化周期是指以蒸汽机与工业广泛结合的 1820 年至 1870 年时期，自由主义经济思想、自由贸易主张的开始萌芽。典型代表是，为了获得更多的商品市场和原料产地，英国率先开展并完成工业革命，并成为世界工厂。蒸汽机与工业的广泛结合，正是在这个时期下诞生的产物。所以我们也把其称为机械文明时代。

## 2．电周期

19 世纪 70 年代，发电机从小规模的实验模式逐步发展成熟，能够支撑工业化应用的发电机问世。不久之后出现了能把电能转化为机械能的电动机。此后，电力开始作为一种新的能源，用于带动机器，开始补充和逐渐取代蒸汽动力。1882 年，德普勒发现了远距离送电的方法，爱迪生建立了美国第一个火力发电站，电力成为一种优良而价廉的新能源。它的广泛应用推动了电力工业和电器制造业等一系列新兴工业的迅速发展。人类历史从"蒸汽时代"跨入了"电气+工业时代"。

1920 年至 1970 年的 50 年间，全球半导体行业发展迅猛。1918 年前后，人们发现了半导体材料，并且在 1920 年发现了半导体材料所具有的光敏特性。这些也为超大规模的集成电路做了必要的准备铺垫。有赖于集成电路的大规模生产，计算机开始走向民用化进程。人们将一台计算机经过通信线路与若干终端直接连接，最简单的局域网雏形出现了。此后，随着多个互联网版本的更替，基于互联网的商业公司开始出现，并且充分与通信、社交、网上贸易进行融合，计算机开始民用化。

在这个阶段，生物学的基础研究也在日趋紧密地和互联网进行融合，临床循证医学、基因组学等生物及医学学科也充分借助计算机的大型算力取得了许多突破性进展。这个时代是以碳基基础的计算机为主体的社会、科技、经济、文明高速发展的时期。

## 3．生命科学新周期

作为这个星球上具有高度智慧的孤独生物，当我们开始思考自己是谁、为什么存在时，我们就开始观察、总结这个世界，并且试图探寻客观世界、个人身体运作的机制和秘密。从对天圆地方的描述，到对日月星辰的痴迷，嫦娥飞天奔月，后羿不悔射日，这些无不是人类对于外界的不断探索。而这些追寻与探索最根本的目的是指向更加透彻地了解事物的本质，追求更为卓越的生命质量和尽可能长的生命长度。在人类的时间的纵向追求上，我们希望"向天再借五百年"，而具体到个人，我们希望获得无穷的智慧和不尽的能力。

2020 年至 2070 年，我们可以预期，碳基生命的人类智慧将在以硅基基础的计算机的帮助下，实现更快速的增长和繁荣。

我们甚至可以谨慎却乐观地猜想，在这个生命科学的新时期，也许未来是这样的一种形态：每个生命体都会嵌入基于硅基的微型计算机，这个计算机负责将每个个体的行为、经历和记忆转成能够被计算机理解的信息并存储。而每个人体内的微型计算机将与其他人体内的微型计算机形成集群。这样的集群携带了人类这个物种的集体经验、知识和智慧，人们将能够通过简单的命令方便地分享个人的经验和数据，也可以有选择性地下载和学习前人总结归纳好的知识，并快捷地一键式学习并应用于自己所需要的场景。

在这个时候，人类可以说是通过精密硅基设备进行精准计算、运行和维护的人－机（人类主要以碳基物质作为生命基础，计算机则是以硅基为基础的工具。人－机指代人类与计算机高度耦合，甚至计算机的某些元件嵌入人类身体，进行常态化的运行和维护）。每个人将有一个独立拥有的"数据小匣子"，里面装着的是每个自然人的所有数据和知识。数据共享成了一个思维、一个意识的指令。数据共享是了解他人的方式，也是最快速的社交方式，同时是所有人类构建知识图谱和数据库的方式。我们可以被授权访问到他人的开放共享数据库，并且选择性地学习对方的数据和知识，以调整优化自己的运行状态，也可以有权保留自己的状态。可以想象，优质的数据、知识将会在总体上趋于相似，但是拥有独具一格的特质仍然能让这个个体成为独特且有高价值的对象。

　　璀璨星河，几千年来的人类文明积累的数据和知识如天上的繁星，万千光点，却散落于幕布之间。共享这种行为最开始也许只是为了帮助在原始社会中恶劣外界自然条件下的人能够更好地生存，是一种荒野求生的必要技能，但是在不断的发展中，无意中促进了优质数据、优质资源趋同且最大化利用。这些源于遥远年代播下的种子，在未来，将有可能成为促进文明快速演进的重大助推力，并开出盛大而浪漫的文明之花。